beck'sche reihe

Dieses Lexikon zum Völkermord an den Juden soll auf knappem Raum präzise Informationen über die wichtigsten Ereignisse, Begriffe, Institutionen, Lager, Ghettos und Mordstätten wie auch über wichtige Personen bieten. Es enthält neben fast 200 Sachartikeln mehr als 200 Kurzbiographien. Neben begriffsgeschichtlichen Stichworten wie Antisemitismus, Judenfrage, Holocaust, Shoah, Endlösung der Judenfrage stehen ereignisbezogene Artikel (wie zum Beispiel Aktion Erntefest, Evian, Novemberpogrome, Wannsee-Konferenz) und Beiträge über alle wichtigen Konzentrations- und Vernichtungslager, Ghettos und Orte von Massakern wie Babij Jar, Jasenovac oder Jedwabne. Darüber hinaus bietet das Lexikon Hintergrundartikel zu komplexen Themen wie etwa Generalplan Ost, Jüdischer Widerstand oder Rettung. Die Verfasser sind ausgewiesene Experten und international renommierte Historiker, die den aktuellen Stand der Forschung berücksichtigen und bei den größeren Artikeln auch auf weiterführende Literatur hinweisen.

Wolfgang Benz ist Professor für Antisemitismusforschung an der Technischen Universität Berlin. Er hat zahlreiche Werke zur Geschichte des «Dritten Reiches» und der Judenverfolgung vorgelegt, darunter *Die Juden in Deutschland* (Hrsg., ^{4}1996), *Der Holocaust* (^{5}2001) und *Geschichte des Dritten Reiches* (2000).

Lexikon des Holocaust

Herausgegeben von
Wolfgang Benz

Verlag C.H. Beck

Redaktion: Angelika Heider und Monika Schmidt

Die Deutsche Bibliothek – CIP-Einheitsaufnahme

Ein Titeldatensatz für diese Publikation ist bei
Der Deutschen Bibliothek erhältlich

Originalausgabe

Satz: Fotosatz Janß, Pfungstadt
Druck und Bindung: Druckerei C.H. Beck, Nördlingen
Umschlagabbildung: Auschwitz-Birkenau 1976,
Foto: © Barbara Klemm
Umschlagentwurf: +malsy, Bremen
Printed in Germany
ISBN 3 406 47617 1

www.beck.de

Inhalt

Vorbemerkung

Die Notwendigkeit eines Lexikons zum Völkermord an den Juden bedarf wohl kaum der Begründung. Dem Bedürfnis, auf knappem Raum präzise Informationen über die wichtigsten Ereignisse, Begriffe, Institutionen, Lager, Ghettos und Mordstätten wie auch über wichtige Personen – Täter, Opfer, Beteiligte – zu finden, soll mit fast 200 Sachartikeln und etwas mehr als 200 Kurzbiographien entsprochen werden. Die Verfasser sind ausgewiesene Experten und international renommierte Historiker, sie geben Auskunft auf dem aktuellen Stand der Forschung und verweisen in allen größeren Artikeln auf grundlegende und weiterführende Literatur. Die Artikel informieren in unterschiedlicher Dichte und auf mehreren Ebenen. Neben begriffsgeschichtlichen Stichworten wie Antisemitismus, Judenfrage, Holocaust, Shoah, Endlösung der Judenfrage stehen ereignisbezogene Lemmata (wie z. B. Aktion Erntefest, Evian, Kindertransporte, Novemberpogrome, Polenausweisung, Wannsee-Konferenz) und faktenorientierte Artikel über alle wichtigen Konzentrations- und Vernichtungslager, Ghettos und Orte von Massakern wie Babij Jer, Jasenovac, Kamenez-Podolsk, Łódź oder Ponary. Einige Artikel bieten Hintergrundinformationen zu komplexen Inhalten (Generalplan Ost, Ghetto, Jüdischer Widerstand, Rettung), andere behandeln die Wirkungsgeschichte des Holocaust wie die Artikel über Film, Literatur, Nachkriegsprozesse, Wiedergutmachung.

Die Artikel über Länder von Albanien bis Weißrussland und vom Generalgouvernement zum Protektorat Böhmen und Mähren widmen sich nicht nur den politisch definierten Territorien, die als Schauplätze des Holocaust von Bedeutung waren, sie schließen auch Staaten ein, die für die Emigration oder die Rettung von Juden eine wichtige Rolle spielten wie Schweden und die Schweiz, Spanien und Portugal, die USA und Palästina. Mit eigenen Artikeln sind darüber hinaus Regionen und Landschaften bedacht, die im historischen Geschehen des Holocaust in irgendeiner Form besondere Beachtung verdienen: Bačka, Bessarabien, Bukowina, Mazedonien, Oberschlesien, Polesje, Serbien und Banat, Transnistrien.

Im Interesse der Lesbarkeit wurde in der Regel darauf verzichtet, Termini aus dem Jargon der Mörder in distanzierende Anführungszeichen zu setzen. Selbstverständlich haben sich Autoren, Redaktion und Herausgeber deshalb die Begriffe aus dem Wörterbuch des Unmenschen nicht zu eigen gemacht. Stichworte wie Arisierung oder Judenfrage stehen also ohne Anführungszeichen; zu wenigen Ausnahmen haben wir uns jedoch entschlossen, weil dabei Menschen und ihre Schicksale direkt angesprochen sind: so erscheinen beispielsweise «Mischlinge» nur in dieser Form.

Zu danken ist Ingeborg Medaris, die das Projekt von Anfang an koordinierte, alle Zeit den Überblick behielt und das Manuskript technisch betreute. Die Redaktion lag in den Händen von Angelika Heider und Monika Schmidt, in der Endphase unterstützt von Christina Herkommer. Wie viele Autoren arbeiten sie alle im Zentrum für Antisemitismusforschung der Technischen Universität Berlin. Mit einer einzigen Ausnahme (Albrecht Schmelt) sind alle biographischen Artikel des Lexikons von Karsten Krieger verfasst worden.

Berlin, April 2002 Wolfgang Benz

Aktion Erntefest. Deckname für die Erschießung der Juden in den Lagern bei Lublin. Nach dem Aufstand am 14. Oktober 1943 im → Vernichtungslager → Sobibór erließ Heinrich Himmler den Befehl, die Juden in den Arbeitslagern des Distrikts Lublin zu ermorden. Die folgende A. am 3. und 4. November 1943 betraf das → Konzentrationslager → Majdanek und die Arbeitslager → Trawniki und → Poniatowa sowie eine Reihe weiterer kleiner Lager; die Arbeitslager wurden anschließend aufgelöst. An den Erschießungen nahmen unter der Leitung des SS- und Polizeiführers des Distrikts Lublin Jacob Sporrenberg mehrere Tausend Angehörige der Waffen-SS (→ SS) und → Polizei sowie des SD und eine SS-Einheit aus → Auschwitz teil. In Trawniki, wo sich auch Frauen und Kinder aus dem → Warschauer Ghetto befanden, wurden 8000–10 000 Menschen erschossen; in Majdanek, wohin Insassen aus kleineren Lagern gebracht worden waren, 17 000–18 000 und in Poniatowa ca. 15 000 Personen. Jüdische Arbeitskommandos mussten die Leichen verbrennen, bevor sie selbst erschossen wurden. Insgesamt wurden bei der A. zwischen 42 000 und 43 000 Juden ermordet.

Markus Meckl

Lit.: Helge Grabitz, Wolfgang Scheffler, Letzte Spuren. Ghetto Warschau – SS-Arbeitslager Trawniki – Aktion Erntefest, Berlin 1988. – Dieter Pohl, Von der «Judenpolitik» zum Judenmord. Der Distrikt Lublin des Generalgouvernements 1939–1944, Frankfurt am Main u. a. 1993, S. 170–174.

Aktion Reinhardt. Tarnbezeichnung für die Ermordung und Ausplünderung von Juden im → Generalgouvernement. Nach dem Einfall der deutschen Truppen in die → Sowjetunion, der sowohl die Eingliederung des polnischen Distrikts Ostgalizien (Lemberg) in das Generalgouvernement wie des Bezirks Białystok in die Provinz Ostpreußen wie die Ghettoisierung (→ Ghetto) der ansässigen oder dorthin geflüchteten Juden zur Folge hatte, vermehrten sich seit Herbst 1941 im östlichen Generalgouvernement die Anzeichen für eine grundsätzliche Änderung der deutschen Judenpolitik. Massentötungen in eigens eingerichteten Tötungsanlagen, wie sie im Reich bei der sog. → Euthanasie an Geisteskranken bereits erprobt worden waren, sollten die willkürlichen örtlichen Erschießungen ablösen. Himmler beauftragte den SS- und Polizeiführer im Distrikt Lublin Odilo Globocnik mit der Leitung der als «Geheime Reichssache» eingestuften «Judenumsiedlung» im Generalgouvernement, die im Verlauf die Bezeichnung A. erhielt. (Die Bezeichnung wird entweder auf den in der Startphase der A. verstorbenen Reinhard Heydrich bezogen oder auf den Staatssekretär im Reichsfinanzministerium Fritz Reinhardt, den Organisator des «Reinhardt-Programms» zur Ankurbelung der Wirtschaft durch staatliche Darlehen. Das letztere liegt sowohl wegen der Finanzierung wirtschaftlicher Vorhaben der SS im Generalgouvernement durch Darlehen aus dem Reinhardt-Programm wie wegen der Vereinnahmung und Verwaltung der aus der A. zusammengeraubten und realisierten Geldmittel auf einem Sonderkonto des Reichsfinanzministeriums nahe, ist aber konkret nicht nachweisbar. In den zeitgenössischen Akten finden sich beide Lesarten, Reinhardt und Reinhard.) Globocnik baute in Lublin eine Dienststelle (Abteilung Reinhard[t]) auf und ließ ab Oktober 1941 eigene Häftlingslager mit → Gaskammern errichten (zunächst → Bełżec, dann → Sobibór und als letztes → Treblinka), die alle in abgelegenen Gegenden nahe der alten deutsch-sowjetischen Demarkationslinie lagen und über einen Bahnanschluss verfügten. Die Kanzlei des Führers stellte ihm Personal der → Aktion T 4 zur Verfügung (1943: 92 Personen), das die Vergasungen der Euthanasie durchgeführt hatte. In den Ausbildungslagern → Trawniki und → Majdanek/Lublin bildete die → SS meist aus Ukrainern rekrutierte Wach- und Hilfsmannschaften für die → Vernichtungslager aus. Zur Lagerung der den Opfern abgenommenen Gegenstände wurden die zum KZ Lublin gehörenden Hallen des «Alten Flugplatzes» hergerichtet. Mit der Räumung des Lubliner Ghettos, dessen Insassen in Bełżec vergast wurden, begann am 17. März 1942 die «Umsiedlungsaktion». Im Mai 1942 setzten auch in den anderen beiden Lagern die Tötungsaktionen ein. Anfang Juni, zwei Tage nach dem Tod Heydrichs, lässt sich für Globocniks Ausrottungsprogramm erstmals die Tarnbezeichnung A. nachweisen. Als erster Lagerkommandant von Bełżec fungierte der seit Sommer 1941 im Generalgouvernement einschlägig tätige Inspekteur der deutschen Euthanasieanlagen Christian Wirth (der «wilde Christian»), der im August 1942 zum Inspekteur der Vernichtungslager der A. ernannt wurde. Himmler plante, die A. noch 1942 beenden zu können. Die Massenmorde in Sobibór und vor allem Treblinka, wo auch «Zigeuner» (→ Sinti und Roma) zu den Opfern gehörten, gingen 1943 jedoch weiter, denn inzwischen gehörten auch Juden aus dem → Deutschen Reich, → Österreich, dem → Protektorat Böhmen und Mähren, der → Slowakei, → Frankreich und den → Niederlanden zu den Opfern der A. Getötet wurde in den Lagern der A. mit dem Kohlenmonoxid aus Motorabgasen, die man in die im Sommer 1942 massiv vergrößerten Gaskammern leitete. Die Leichen warf man wegen des Fehlens von Krematorien zunächst in Gruben. Um die Spuren restlos zu beseitigen, mussten jüdische Arbeitskommandos sie später ausgraben und verbrennen (→ Enterdungsaktion). Die Gesamtzahl der in der A. ermordeten Juden wird auf 1,75–2 Millionen geschätzt, nicht gerechnet die Toten aus Transporten, die noch 1944 im Rahmen der A. nach Auschwitz gingen.

Offensichtlich war die A. von Himmler von Beginn an auf eine totale «Verwertung» der deportierten Juden angelegt. Für die wenigen Arbeitsfähigen, die sog. Arbeitsjuden, galt das Prinzip der → Vernichtung durch Arbeit und ihnen drohte als Zeugen der Tod; alle, auch die nach der Selektion sofort Vergasten, wurden ihrer gesamten Habe beraubt, neben Kleidung und Gebrauchsgegenständen vor allem ihrer Wertsachen wie Geld, Edelmetalle, Edelsteine und Schmuck. Den Gesamtwert des von der A. bis Ende 1943 zusammengeraubten Guts gab Globocnik mit rund 180 Millionen RM an. Organisatorischer Ausdruck dieser Verwirtschaftlichung des Judenmords war die Übernahme aller Konzentrations- und Vernichtungslager durch das kurz vor Beginn der A. errichtete → SS-Wirtschaftsverwaltungshauptamt unter Oswald Pohl, dem Reichsbankpräsident Walther Funk und sein Vizepräsident Emil Puhl erlaubten, die Reichsbank als «Waschanstalt» für die erheblichen Geld- und Devisenbeträge einschließlich der Sparbücher der Opfer der A. und als Depot für deren sonstige Wertgegenstände einschließlich ihrer ausgebrochenen Zahngoldplomben zu benutzen. Der Erlös aus allen Wertsachen wurde vom Reichsfinanzministerium auf dem fiktiven Konto «Max Heiliger» der Reichshauptkasse zugunsten des Reiches gutgeschrieben und floss offenbar auch in den sog. Reinhardt-Fonds, aus dem wiederum SS-Wirtschaftsbetriebe wie die Ost-Industrie GmbH (Osti) und die Deutschen Wirtschaftsbetriebe (DWB) Darlehen in Millionenhöhe erhielten. Nach dem Krieg wurden die Hauptverantwortlichen für die A., darunter Pohl, sein Stellvertreter August Frank, ferner Funk und Puhl, von alliierten Militärgerichten in Nürnberg (→ Nürnberger Prozesse) und von polnischen Gerichten zur Rechenschaft gezogen; Himmler und Globocnik hatten bereits bei Kriegsende Selbstmord begangen.

Hermann Weiß

Lit.: Yitzhak Arad, Bełżec, Sobibór, Treblinka. The Operation Reinhard Death Camps, Bloomington 1987. – Bertrand Perz, Thomas Sandkühler, Auschwitz und die «Aktion Reinhard» 1942–1945. – Judenmord und Raubpraxis in neuer Sicht, in: Zeitgeschichte 26 (1999), S. 283–316. – Adalbert Rückerl, NS-Vernichtungslager im Spiegel deutscher Strafprozesse. Belzec, Sobibor, Treblinka, Chelmno, München 1977. – Hermann Weiss, Offener Brief an Wolfgang Benz wegen Reinhard(t), in: H. Graml u. a. (Hrsg.), Vorurteil und Rassenhaß, Berlin 2001, S. 443–450.

Aktion T 4. Mit der Abkürzung T 4 tarnte das Hauptamt II der Kanzlei des Führers die Behörde, die im Rahmen der → Euthanasie die Ermordung von Patienten in den Heil- und Pflegeanstalten des → Deutschen Reiches – die A. –, betrieb. T 4 stand für die Adresse der Organisation in der Berliner Tiergartenstraße 4. Die Behörde begann im Oktober 1939 mit der Erfassung der Patienten aller deutschen Heil- und Pflegeanstalten und beschäftigte bald über 300 Mitarbeiter. Um die zentrale Steuerung der Patientenmorde zu verschleiern, traten die Teilorganisationen der T 4 nach außen unter verschiedenen Bezeichnungen auf: Die «Reichsarbeitsgemeinschaft Heil- und Pflegeanstalten» (RAG) war für Erfassung und Registrierung der Kranken zuständig, die «Gemeinnützige Stiftung für Anstaltspflege» für Personalangelegenheiten. Die «Gemeinnützige Kranken-Transport GmbH» (Gekrat) organisierte den Transport der Patienten in die Mordzentren. Die «Zentralverrechnungsstelle Heil- und Pflegeanstalten» trieb Pflegegelder für bereits ermordete Patienten ein und erwirtschaftete damit zusätzliche Mittel zur Finanzierung der Aktion. Die Teilorganisationen unterstanden der Kontrolle der Kanzlei des Führers. Rund 100 «T 4-Experten» arbeiteten beim Aufbau der → Vernichtungslager im → Generalgouvernement mit (→ Aktion Reinhardt).

Peter Widmann

Lit.: Götz Aly (Hrsg.), Aktion T 4 1938–1945. Die Euthanasie-Zentrale in der Tiergartenstraße 4, Berlin 1995.

Aktion 1005 s. Enterdungsaktion

Aktion 14 f 13. Mit der Bezeichnung A. tarnten die Mitarbeiter der → Aktion T 4 und des → Inspekteurs der KL beim Reichsführer SS die Ermordung von KZ-Häftlingen im Rahmen der → Euthanasie. 14 f 13 lautete das Aktenzeichen der Aktion bei der Inspektion der Konzentrationslager. Die → SS nutzte dabei zwischen 1941 und 1943 die im Rahmen der Euthanasie geschaffenen Tötungszentren in den früheren Heil- und Pflegestätten Bernburg, Sonnenstein und Hartheim, um kranke, nicht mehr arbeitsfähige oder aus anderen Gründen unerwünschte Häftlinge zu ermorden. Zur Selektion reisten Ärzte der T 4-Behörde in die → Konzentrationslager und wählten zusammen mit den Lagerärzten der SS Häftlinge aus vorbereiteten Listen aus. Medizinische Untersuchungen wurden lediglich vorgetäuscht. Die SS spiegelte den Häftlingen vor, man verlege sie zur Erholung. Die Zahl der Opfer lag zwischen 10000 und 20000 Menschen.

Peter Widmann

Lit.: Götz Aly (Hrsg.), Aktion T41938–1945. Die Euthanasie-Zentrale in der Tiergartenstraße 4, Berlin 1995. – Walter Grode, Die «Sonderbehandlung 14 f 13» in den Konzentrationslagern des Dritten Reiches. Ein Beitrag zur Dynamik faschistischer Vernichtungspolitik, Frankfurt am Main 1987.

Albanien. Die in der Frühen Neuzeit nicht unbedeutende jüdische Gemeinde A. schrumpfte bis zum 20. Jahrhundert erheblich. Der Zensus von 1930 ermittelte nur 204 Personen. 1938/1939 wanderten 100–200 Juden aus Mitteleuropa zu. Gut 500 Juden lebten im 1941 angegliederten Kosovo, wo sich zudem mindestens 250 Flüchtlinge aus anderen Teilen → Jugoslawiens einfanden. Seit 1939 war A. italienisches Protektorat (→ Italien) und damit den opportunistischen Rassengesetzen Mussolinis unterworfen. So wurden 1940 die Juden der Küstenstadt Durrës ins Landesinnere deportiert, 1941 ihre kosovarischen Glaubensgenossen interniert. Die deutsche Forderung nach Auslieferung wiesen die Italiener jedoch zurück, mit Ausnahme eines Falles von 51 Personen, die 1942 im Lager Banjica erschossen wurden. Nach der italienischen Kapitulation nahmen die Deutschen zunächst Rücksicht auf die nunmehr nötige Kabinettsbildung in Tirana, bevor sie im Frühjahr 1944 in überraschenden Aktionen mehr als 300 Juden verhafteten. Diese wurden, wie 88 bereits 1941 ergriffene Juden aus Kosovska Mitrovica, über das Lager → Sajmište nach → Bergen-Belsen deportiert; von ihnen konnten etwa 100 überleben. Wenn vergleichsweise viele Juden der Verhaftung entgingen, so ist dies der Hilfsbereitschaft der albanischen Bevölkerung zu verdanken.

Kaspar Dreidoppel

Lit.: Gerhard Grimm, Albanien, in: Wolfgang Benz (Hrsg.), Dimension des Völkermords. Die Zahl der jüdischen Opfer des Nationalsozialismus, München 1991, S. 229–239. – Apostol Kotani, The Hebrews in Albania During Centuries, Tirana 1996.

Alliierte Reaktionen. Neueren Forschungen zufolge waren die Regierungen in Großbritannien und den USA bereits im Herbst 1942 über die Ermordung Tausender Jüdinnen und Juden in → Auschwitz und anderen → Vernichtungslagern informiert. Am 17.12. 1942 verurteilten die Alliierten in einer gemeinsamen Erklärung den Völkermord. Auch wenn es nicht in ihrer Macht lag, den Holocaust zu verhindern, so war doch ihr Interesse an der → Rettung der europäischen Juden nicht zuletzt aufgrund antisemitischer Ressentiments gering; ein militärisches Eingreifen wurde zu keinem Zeitpunkt erwogen.
Die Alliierten unterließen es, Nachrichten über die Judenvernichtung systematisch zu verbreiten; aus politischem Kalkül wurden sie weder in der Propaganda (z. B. über das britische Radio BBC) gegen das NS-Regime eingesetzt, wodurch viele Juden hätten gewarnt werden können, noch in der konkreten Außenpolitik. Insbesondere Großbritannien fürchtete, jüdische Flüchtlinge (→ Emigration) aufnehmen zu müssen oder nach → Palästina einreisen zu lassen, was seinen Interessen im Nahen Osten im Weg stand. Die USA befürchteten vor allem, dass die Einwanderung von Flüchtlingen die Arbeitslosenzah-

len erhöhen würde und dass mit den Juden zugleich NS-Agenten ins Land geschleust würden; auch die restriktive Einwanderungspolitik wurde damit gerechtfertigt. Zudem behaupteten sie, es gäbe nicht genügend Transportkapazitäten (Schiffe) für die zu erwartenden Flüchtlingszahlen. Darüber hinaus wurden auch die Forderungen nach Bombardierung der Vernichtungslager von den Kriegsministerien abgelehnt, da humanitäre Aktionen angeblich das vorrangige Ziel des militärischen Sieges behindert hätten. Doch wäre etwa ein Luftangriff auf Auschwitz spätestens ab März 1944, als die Alliierten den Luftraum über Europa beherrschten, ohne weiteres möglich gewesen und hätte sogar im Zusammenhang mit wichtigen Kriegsoperationen erfolgen können. Auch ohne Beeinträchtigung der alliierten Kriegsführung hätten also mehrere Zehn-, wenn nicht Hunderttausend Menschenleben gerettet werden können.

Claudia Schoppmann

Lit.: Richard Breitman, Staatsgeheimnisse. Die Verbrechen der Nazis – von den Alliierten toleriert, München 1999. – Martin Gilbert, Auschwitz und die Allierten, München 1982. – David S. Wyman, Das unerwünschte Volk. Amerika und die Vernichtung der europäischen Juden, Ismaning 1986.

Allija Beth s. Emigration, s. Palästina

Amelot. Jüdische Selbsthilfeorganisation, die sich nach dem Einmarsch deutscher Truppen in Paris im Juni 1940 konstituierte. Der Name leitete sich von dem Sitz der Organisation in der Pariser Rue Amelot her. Gründungsmitglieder waren mehrheitlich jüdische Immigranten, die ein breites politisches Spektrum repräsentierten: Zu A. gehörten Mitglieder der Fédération des Sociétés Juives de France (FSJF), der Poale Zion, des → Bund und anderer jüdischer Gruppierungen. Personeller Mittelpunkt der Organisation war seit August 1940 David Rapoport. Der Fokus der Aktivitäten lag auf praktischen Hilfsmaßnahmen für jüdische Immigranten und Flüchtlinge (→ Emigration). A. unterhielt mehrere Suppenküchen und leistete finanzielle und rechtliche Hilfestellung. Seit der Zwangsvereinigung der Juden in Frankreich in der Union Générale des Israélites de France (UGIF) im Winter 1941 operierte A. im Untergrund. Als im Juli 1942 Massendeportationen einsetzten, versteckte die Organisation jüdische Kinder und verhalf Erwachsenen durch gefälschte Papiere zur Flucht (→ Jüdischer Widerstand). Im Juni 1943 wurde David Rapoport verhaftet und deportiert. Eine neue Führung unter Abraham Alpérine formierte sich. Anfang 1944 gehörte A. zu den Initiatoren des verschiedene Widerstandskräfte umfassenden Comité Général de Défense. A. bestand bis zum Ende der deutschen Besatzung.

Anja von Cysewski

Lit.: Jacques Adler, The Jews of Paris and the Final Solution. Communal Response and Internal Conflicts, 1940–1944, New York, Oxford 1987. – Zosa Szajkowski, The Organisation of the UGIF in Nazi-occupied France, in: Jewish Social Studies 9 (1947), S. 239–256.

Anielewicz, Mordechaj (1919 od. 1920–1943), Kommandeur des Warschauer Ghetto-Aufstandes. A., in einem Warschauer Armenviertel aufgewachsen, schloss sich der sozialistisch-zionistischen Jugendorganisation Haschomer Hazair an. Nach der polnischen Kapitulation floh er zunächst nach Wilna. Seit Anfang 1940 organisierte A., hauptsächlich aus Mitgliedern jüdischer Jugendorganisationen, den jüdischen Untergrund in → Polen, den er seit Sommer 1942 zum bewaffneten → Jüdischen Widerstand umfunktionierte. Im November 1942 wurde er zum Kommandeur der Żydowska Organizacja Bojowa (ŻOB) ernannt, die den Aufstand im → Warschauer Ghetto im April/Mai 1943 organisierte. Er fiel am 8. Mai 1943. In Israel wurde der Kibbuz Yad Mordechai nach A. umbenannt, wo sich ein Denkmal zu seinen Ehren befindet.

Antisemitismus. Der Begriff A. wurde 1879 – wohl im Umkreis des Journalisten Wilhelm Marr – von deutschen Judengegnern geprägt, um die Form einer sich wissenschaftlich verstehenden und rassistisch begründeten Ablehnung von Juden von der herkömmlichen religiösen Antipathie abzuheben. Die Wortbildung basiert auf sprachwissenschaftlichen und völkerkundlichen Unterscheidungen des ausgehenden 18. Jahrhunderts, die mit dem Begriff des Semitismus versuchten, den «Geist» der semitischen Völker im Unterschied zu dem der Indogermanen zu erfassen und abzuwerten. Dieser Neologismus war Ausdruck einer veränderten, säkularisierten Auffassung, Juden nicht mehr primär über ihre Religion zu definieren, sondern als Volk, Nation oder Rasse. A. wurde im späten 19. Jahrhundert zu einer politischen Ideologie und Protestbewegung in den modernen Nationalstaaten, die die rechtliche und politische Gleichstellung der Juden zu verhindern und später zu widerrufen versuchten: Juden sollten als Teil der modernen bürgerlichen Gesellschaft bekämpft und ausgeschlossen werden. Der rassisch-völkische A. wurde zur nationalistischen Integrationsideologie, die alle negativ bewerteten Zeiterscheinungen (Materialismus, Säkularismus, die «soziale Frage») den Juden anlastete. Judentum und Germanentum/Deutschtum standen als Chiffren für den Konflikt zwischen den Ideen der französischen Revolution und einer nationalistischen, antimodernistischen Weltanschauung. In und nach dem Ersten Weltkrieg verschärfte sich der A., da die Juden von der völkischen Rechten für den Krieg, die Niederlage von 1918 («Dolchstoßlegende») und die Revolution («Novemberverbrecher») verantwortlich gemacht wurden. Deutschland wurde als Opfer einer plutokratisch-jüdisch-marxistischen Verschwörung gesehen. In der Weimarer Republik verband sich der A. mit der grundsätzlichen Opposition gegen die Demokratie («Judenrepublik») und gewann so erheblich an politischem Gewicht. Der A. der frühen NSDAP (1920–1923) stellte lediglich eine Verdichtung und Radikalisierung der völkisch-imperialistischen Ideen aus der Zeit vor 1918 dar und unterschied sich kaum von dem anderer völkischer Organisationen, die eine fanatische antijüdische Propaganda betrieben. Die NSDAP gab sich im Februar 1920 ein Programm, das Juden aus dem Kreis der «Volksgenossen» und Staatsbürger ausschließen, sie als «Gäste» unter Fremdenrecht stellen und eingewanderte Juden ausweisen wollte. Ihr A. besaß einen Doppelcharakter als der «gefühlsmäßige Unterbau der Bewegung» (Gottfried Feder) und als propagandistisches Instrument, um die Verbitterung der Massen auf einen einzigen «Feind» zu lenken.

Hitler propagierte einen «A. der Vernunft», dessen Basis ein aus pseudowissenschaftlichen Theoremen zusammengesetztes sozialdarwinistisches Verständnis der weltgeschichtlichen Entwicklung als «Rassenkampf» bildete. Die → Judenfrage wurde als eine «Rassenfrage» formuliert, wobei sich in diesem Rassismus A., Rassenutopie, Gesellschaftsbiologie und Rassenhygiene verbanden. In diesem manichäischen Denksystem wurden die Juden anders als die anderen «Nicht-Arier», die in einer gedachten Rassenhierarchie auf eine niedrigere Stufe gestellt wurden, als mächtige «Gegenrasse» und «Negativtypus» dem Idealtyp des «Ariers» entgegengesetzt. Die Definition über das «Blut» war jedoch sekundär mit der eines vorgeblichen «jüdischen Geistes» verbunden, denn man sah in Liberalismus, Kapitalismus, Bolschewismus und Freimaurertum gleichermaßen den Ausdruck des jüdisch-materialistischen Geistes wie Herrschaftsinstrumente des Judentums. Das «internationale Judentum» wurde als treibende Kraft hinter allen innen- wie außenpolitischen Problemen gesehen, da ihm ein Streben nach Weltherrschaft zugeschrieben wurde, wie es die in der NSDAP früh rezipierten → Protokolle der Weisen von Zion zu belegen schienen. Hitler sah deshalb einen Weltkonflikt zwischen Juden und «Ariern» voraus, da nach seiner Auffassung das Judentum nicht nur das deutsche, sondern alle Völker bedrohte («Rassentuberkulose der Völker»), so dass das Ziel der Politik letztlich die «Entfernung der Juden überhaupt» sein musste. In der Vorstellung vom Kampf ums Dasein, in dem Völker erbarmungslos Krieg um Lebensraum führen, liegt die Verbindung des A. mit der Rassenutopie und mit dem kolonialen Lebensraum-Konzept. Hitler drohte in seinen Reden mehrfach, das Ergebnis eines «von den Juden verschuldeten» Krieges werde nicht die Ausrottung der europäischen Völker, sondern die des Judentums sein. Der nationalsozialistische A. basierte jedoch nicht nur auf der → Rassentheorie, sondern bediente sich aller Motive der antisemitischen Tradition. Deshalb changierte das Bild des «Juden» zwischen der Vorstellung eines übermächtigen Feindes und dem des «Untermenschen», der parasitär in anderen Völkern lebt, deren Staaten zerstört und das Rassenniveau durch Rassenmischung senkt. Für diesen rabiaten und pornografisch konnotierten A. steht exemplarisch das Hetzblatt → Der Stürmer.

Der A. der NSDAP unterschied sich von dem primär literarischen des Kaiserreichs durch seine Umsetzung in eine terroristische Politik. Ihr verbal aggressiver A. war nicht Handlungsersatz, sondern Wegbereiter der Tat. Auch wenn es keinen konkreten Aktionsplan gab, so lag doch der Völkermord in der Logik des rassistischen A., denn zu seinen Wesenselementen gehörte die Weigerung, eine Regelung für eine dauerhafte deutsch-jüdische Koexistenz zu finden, da er nicht auf einen Zustand der Apartheid, sondern auf eine völlige «Entfernung» der Juden zielte. Das dynamische Zusammenspiel von Parteigliederungen und staatlichen Organen radikalisierte sich, nachdem der A. 1933 zur Staatsdoktrin geworden war, von Boykottmaßnahmen schrittweise – wenn auch in Form einer zum Teil widersprüchlichen Politik –, zu einer immer umfassenderen rechtlichen, wirtschaftlichen und sozialen Ausschließung der Juden bis hin zu den → Novemberpogromen, den → Deportationen und zur → Endlösung der Judenfrage.

Werner Bergmann

Lit.: Werner Bergmann, Geschichte des Antisemitismus, München 2002. – Saul Friedländer, Das Dritte Reich und die Juden, Bd. 1: Die Jahre der Verfolgung 1933–1939, München 1998. – Hermann Graml, Reichskristallnacht. Antisemitismus und Judenverfolgung im Dritten Reich, München 1988. – Eberhard Jäckel, Hitlers Weltanschauung, Stuttgart 1981. – Jacob Katz, Vom Vorurteil zur Vernichtung, München 1989.

Antonescu, Ion (1882–1946), rumänischer General und Politiker; 1933 Generalstabschef; 1937 und 1938 Verteidigungsminister; 1940–1944 faktischer Staatschef → Rumäniens. A. veranlasste 1941–1943 u. a. die Enteignung, Vertreibung und Ermordung Zehntausender rumänischer Juden, zog jedoch seine erstmals im November 1941 Hitler gegebene Zusage zur → Deportation der noch in Rumänien befindlichen jüdischen Bevölkerung in die → Vernichtungslager zurück. Der letztlich ausschlaggebende Grund für dieses Handeln war, dass A. als Verbündeter Deutschlands spätestens ab Ende 1942 nicht mehr an einen Sieg der Achsenmächte glaubte und bei den Alliierten günstigere Bedingungen für Rumänien auf einer Nachkriegskonferenz zu erwirken hoffte. Am 1. Juni 1946 wurde er in Bukarest als Kriegsverbrecher hingerichtet.

Arbeitserziehungslager s. Konzentrationslager

Arierparagraph. Der A. wurde bereits seit Ende des 19. Jahrhunderts in antisemitischen Vereinen und Verbänden zum Ausschluss von Juden angewandt. Die Nationalsozialisten formulierten erstmals im Gesetz zur Wiederherstellung des Berufsbeamtentums (BBG) vom 7. 4. 1933 eine Bestimmung zur Ausschaltung von «Nichtariern». Beamte «nichtarischer Abstammung» waren in den sofortigen Ruhestand zu versetzen; als «nichtarisch» galt der 1. Verordnung zum BBG vom 11. 4. 1933 zufolge, wer einen Eltern- oder Großelternteil hatte, der der jüdischen Religion angehörte. Im Folgenden wurde ein «Abstammungsnachweis» verlangt, für den sieben Dokumente erforderlich waren: die Geburts- oder Taufurkunde des Bewerbers sowie die entsprechenden Urkunden seiner Eltern und Großeltern. Die Regelung im BBG wurde zur Grundlage zahlreicher weiterer Ausgrenzungen von «Nichtariern» aus verschiedenen Berufen, Verbänden und Organisationen. Bereits das Gesetz über die Zulassung zur Rechtsanwaltschaft vom 7. 4. 1933 ermöglichte die Zulassungsrücknahme von jüdischen Rechtsanwälten. Am 22. 4. 1933 wurde «die Tätigkeit von Kassenärzten nichtarischer Abstammung» verboten. Gleichzeitig trat beim Deutschen Apotheker-Verein, am 25. 4. 1933 bei allen Turn- und Sportvereinen und am 23. 7. 1933 beim Reichsverband Deutscher Schriftsteller der A. in Kraft. Die Zahl von «Nichtariern» an Bildungsinstitutionen wurde durch das Gesetz gegen die Überfüllung deutscher Schulen und Hochschulen vom 25. 4. 1933 eingeschränkt. Das Reichskulturkammergesetz vom 22. 9. 1933 schloss Juden und «jüdische → Mischlinge» von Rundfunk, Schrifttum, Theater, Musik und bildenden Künsten aus, das Schriftleitergesetz vom 4. 10. 1933 auch von jeglicher Pressearbeit. Die Erlaubnis, einen Erbhof zu besitzen, war seit dem Erbhofgesetz vom 29. 9. 1933 an «arische» Abstammung geknüpft. Das Wehrgesetz vom 21. 5. 1935 schloss Juden vom aktiven Wehrdienst aus. Bis zur 1. Verordnung zum Reichsbürgergesetz vom 14. 11. 1935 (→ Nürnberger Gesetze) gab es noch Ausnahmeregelungen beim A. für Frontkämpfer und deren Angehörige sowie für diejenigen, die vor dem 1. 8. 1914 verbeamtet worden waren, danach waren fast alle Juden und «jüdischen Mischlinge» von der nahezu vollständigen Ausgrenzung aus dem Berufs- und Vereinsleben betroffen.

Angelika Königseder

Lit.: Joseph Walk (Hrsg.), Das Sonderrecht für die Juden im NS-Staat. Eine Sammlung der gesetzlichen Maßnahmen und Richtlinien – Inhalt und Bedeutung, Heidelberg 1981.

Arisierung. Entstammt als Begriff dem Umfeld des völkischen → Antisemitismus, der schon in den 20er Jahren die Forderung nach einer «arischen Wirtschaftsordnung» erhob und darunter die vollständige Verdrängung der Juden aus dem Wirtschaftsleben verstand. Mitte der 30er Jahre tauchte das Wort A. im Behördenjargon auf und bezeichnete im weiteren Sinne den Prozess der wirtschaftlichen Verdrängung und Existenzvernichtung der Juden, im engeren Sinne den Eigentumtransfer von «jüdischem» in «arischen» Besitz. Als einer der größten Besitzwechsel der neueren deutschen Geschichte wurden bis 1939 auf dem Gebiet des → Deutschen Reiches allein 100 000 jüdische Unternehmen freiwillig oder gezwungenermaßen liquidiert oder an «arische» Erwerber verkauft.

Die A. vollzog sich nach 1933 jedoch nicht schlagartig, sondern als komplexer politischer Prozess, der zunächst schleichend begann und 1938/39 seinen Höhepunkt erreichte. Wachsende Einflussnahmen und -möglichkeiten von Partei- und Staatsinstitutionen einerseits und sich stetig verengende Handlungsspielräume der jüdischen Eigentümer andererseits waren für den Gesamtprozess charakteristisch. Rückblickend lassen sich mindestens fünf Radikalisierungsstufen identifizieren: Während in den ersten Jahren der NS-Herrschaft noch Unternehmensverkäufe zu halbwegs angemessenen Verkaufspreisen möglich waren, schalteten sich ab 1935/36 die Gauwirtschaftsberater der NSDAP als Genehmigungsinstanzen für A.verträge ein. Fortan wurde den jüdischen Eigentümern lediglich Inventar und Warenlager, nicht aber der eigentliche Firmenwert (Goodwill) vergütet. Seit 1936/37 verschärfte das Deutsche Reich die Devisenüberwachung und Devisengesetzgebung, so dass jüdischen Unternehmern selbst bei vagem Kapitalfluchtverdacht die Verfügungsrechte über ihr Eigentum entzogen werden konnten. 1937/38 kürzte das Reichswirtschaftsministerium die Importkontingente jüdischer Unternehmen und definierte verbindlich den Terminus «jüdischer Gewerbebetrieb». Am 26. April 1938 leitete die Verordnung über die Anmeldung des Vermögens von Juden die vollständige «Ausschaltung» der Juden aus der deutschen Wirtschaft ein, die nach den → Novemberpogromen 1938 in eine gesetzlich festgeschriebene Zwangs-A. aller jüdischen Unternehmen überführt wurde. Die unmittelbare Verantwortung für die Durchführung der A. lag in der Hand regionaler Institutionen, während sich das Deutsche Reich in erster Linie darauf konzentrierte, die Vermögenswerte von Juden durch Steuern, Zwangsabgaben und Sicherungsanordnungen zu konfiszieren bzw. auf Sperrkonten sicherzustellen. Mit der → Deportation der Juden aus Deutschland fiel ihr restliches Eigentum – darunter auch Grundstücke – endgültig in die Verfügungsgewalt des Staates, der mit der 11. Verordnung zum Reichsbürgergesetz vom 25. 11. 1941 auch das Vermögen der emigrierten Juden obligatorisch beschlagnahmte.

Die A. jüdischen Eigentums war insgesamt nicht nur ein politischer, sondern auch ein gesellschaftlicher Prozess, an dem zahlreiche gesellschaftliche Akteure und Profiteure beteiligt waren. Eine Vielzahl gesellschaftlicher (Ver-)Mittler, vor allem Rechtsanwälte, Makler und Banken, bahnte Verkaufskontakte zwischen jüdischen Eigentümern und «arischen» Erwerbern an und machte die A. für sich zu einer sprudelnden Einnahmequelle. Sachverständige der Industrie- und Handelskammern (IHK) bewerteten Inventar und Warenlager der jüdischen Unternehmen und beteiligten sich an der skandalösen Preisdrückerei gegen sie. Darüber hinaus waren bei vielen IHK A.kommissionen eingerichtet, bestehend aus nichtjüdischen Unternehmern, die auf das Schicksal ihrer jüdischen Konkurrenten Einfluss nehmen konnten. Die Warenlager der liquidierten Betriebe wurden an die Unternehmen der zuständigen Fachgruppe zum Spottpreis verramscht. Ende 1938 kulminierte die A. in einem regelrechten Bereicherungswettlauf «arischer» Erwerber. Auch der einfache «Volksgenosse» profitierte von der A., als in den Kriegsjahren das Eigentum deportierter und ermordeter Juden, vor allem Möbel und Einrichtungsgegenstände, aus ganz Europa zusammengeraubt und in zahlreichen deutschen Städten an die Bevölkerung versteigert wurde.

Insgesamt brachte die A. in der deutschen Gesellschaft einen wachsenden Kreis von Nutznießern und Profiteuren hervor, die ein Interesse daran hatten, von jüdischen Eigentümern nicht regresspflichtig gemacht werden zu können und auf diese Weise an das nationalsozialistische Herrschaftssystem gebunden wurden. Somit trug die Praxis der A. dazu bei, ein moralisches Resistenzpotential der deutschen Gesellschaft gegenüber der Judenverfolgung zu unterminieren.

Frank Bajohr

Lit.: Frank Bajohr, «Arisierung» in Hamburg. Die Verdrängung der jüdischen Unternehmer 1933–1945, Hamburg [2]1998. – Avraham Barkai, Vom Boykott zur «Entjudung». Der wirtschaftliche Existenzkampf der Juden im Dritten Reich 1933–1943, Frankfurt am Main 1987. – Helmut Genschel, Die Verdrängung der Juden aus der Wirtschaft im Dritten Reich, Göttingen 1966. – Peter Hayes, Irmtrud Wojak (Hrsg.), «Arisierung» im Nationalsozialismus. Volksgemeinschaft, Raub und Gedächtnis, Frankfurt am Main 2000.

Asscher, Abraham (1880–1950), Eigentümer einer Amsterdamer Diamantenfirma; Mitglied der zionistischen Bewegung; seit 1932 Vorsitzender der Amsterdamer jüdischen Gemeinde und Vorsitzender des ständigen Ausschusses der Union der Aschkenasischen Gemeinden. A. gründete als Reaktion auf die Judenverfolgung in Deutschland zusammen mit seinem Freund David Cohen das «Comite Vor Bijzondere Joodse Belangen» (Komitee für besondere jüdische Angelegenheiten), das er bis zu dessen Auflösung im März 1941 leitete. Auf Verlangen der deutschen Behörden bildete A. zusammen mit Cohen im Februar 1941 einen → Judenrat und versuchte als dessen Vorsitzender Juden vor der → Deportation nach → Polen zu retten (→ Niederlande). Am 23. September 1943 wurde er zusammen mit anderen Mitgliedern des Judenrates verhaftet und nach → Bergen-Belsen deportiert. Nach Kriegsende warf ihm die niederländische Regierung Kollaboration mit dem Feind vor; ein entsprechendes Verfahren wurde jedoch eingestellt. Nachdem ihn ein jüdisches Tribunal im Namen der jüdischen Gemeinden für schuldig befunden hatte, brach A. alle Verbindungen zur jüdischen Gemeinde ab.

Auerswald, Heinz (1908–1970), Rechtsanwalt; seit Juni 1933 Mitglied der → SS; Herbst 1939 bis April 1941 als Mitglied der Zivilverwaltung im besetzten Warschau zuständig für die Angelegenheiten der Volksdeutschen; April 1941 bis November 1942 Kommissar des → Warschauer Ghettos. A. versuchte zum einen die Wirtschaftsleistung des Ghettos zu fördern, was eine marginale Erhöhung der Lebensmittelrationen für die jüdischen Arbeitskräfte beinhaltete, andererseits die Ausbreitung von Epidemien zu verhindern, was am 15. November 1940 zur Abriegelung des Ghettos führte. Nach Beginn der Massendeportationen im Rahmen der → Aktion Reinhardt wurde A. im November 1942 Kreishauptmann in Ostrów und im Januar 1943 zur → Wehrmacht eingezogen. Ermittlungen bundesdeutscher Justizbehörden gegen A. in den 60er Jahren führten nicht zur Anklage.

Auschwitz. Größtes nationalsozialistisches → Konzentrations- und → Vernichtungslager, in unmittelbarer Nähe der im Oktober 1939 der Provinz → Oberschlesien zugeschlagenen polnischen Stadt Auschwitz (Oświęcim) gelegen. Der permanent expandierende Lagerkomplex erfüllte eine Reihe unterschiedlicher Funktionen und umfasste schließlich das Stammlager, Birkenau und Monowitz sowie 38 Außenlager. Als zentraler Schauplatz des Massenmords an den europäischen Juden steht A. synonym für die Verbrechen des «Dritten Reiches». Mindestens 1,1 Millionen Menschen wurden hier ermordet, die meisten waren Juden aus ganz Europa.

Das Lager entstand im Mai/Juni 1940 auf dem Gelände eines im Ersten Weltkrieg eingerichteten Saisonarbeiterlagers, das bis zum deutschen Einmarsch der polnischen Armee als Kaserne gedient hatte. Erster Kommandant von A. wurde Rudolf Höß. Zur selben Zeit ordnete Himmler auch anderswo an den Grenzen des → Deutschen Reiches den Bau von Konzentrationslagern an. Die hohe Aufnahmekapazität von bis zu 10 000 Häftlingen war wegen der zu erwartenden großen Zahl politischer Gegner kalkuliert worden. Angehörige polnischer Widerstandsgruppen und willkürlich verhaftete Polen stellten in den ersten beiden Jahren das Gros der Häftlinge in A. Als der IG Farben-Konzern im Frühjahr 1941 sein reichsweit viertes Werk zur Herstellung von synthetischem Kautschuk und Buna, einem aus Kohle gewonnenen Gummi, nahe der Stadt errichtete, wurde das Lager zur Drehscheibe des Zwangsarbeitereinsatzes (→ Zwangsarbeit). Bei seinem Besuch am 1. März 1941 befahl Himmler die Erweiterung des Stammlagers sowie den sofortigen Einsatz der Häftlinge beim Aufbau des IG Farben-Werks. Zwischen der → SS und dem Konzern entwickelte sich eine intensive Zusammenarbeit, die sowohl wirtschaftlichen Interessen galt als auch die Umsetzung rassenpolitischer Maßnahmen zur «Germanisierung» von Stadt und Region zum Ziel hatte. Im Gefolge des Überfalls auf die → Sowjetunion, insbesondere im Rahmen der im → Generalplan Ost entwickelten programmatisch gewaltsamen Konzepte zur Besiedlung des eroberten «Lebensraums» im Osten, erging am 26. September 1941 der Befehl zur Errichtung eines Lagers für mindestens 50 000 sowjetische Kriegsgefangene, die zum Arbeitseinsatz im Siedlungsprogramm vorgesehen waren. Etwa 3 km vom Stammlager entfernt entstand das Lager Birkenau, das nach dem Ausbleiben der massenhaft verhungerten sowjetischen

Kriegsgefangenen, ebenso wie → Majdanek, Konzentrations- und Vernichtungslager in einem wurde.
Erste Tötungsexperimente mit → Zyklon B fanden Anfang September 1941 im Stammlager statt. Die Opfer waren sowjetische Kriegsgefangene und andere, nicht mehr arbeitsfähige Häftlinge sowie oberschlesische Juden, die als Zwangsarbeiter im Einsatz für die → Organisation Schmelt ausgedient hatten. Insbesondere → Sinti und Roma wurden Opfer medizinischer Versuche. Die Massenvernichtung im Rahmen der → Endlösung der Judenfrage setzte zum Jahresanfang 1942 in einem umgebauten Bauernhaus im Lager Birkenau ein. Im Juni folgte der Umbau eines zweiten Bauernhauses zur → Gaskammer. Die ersten Opfer kamen aus Oberschlesien, dem → Generalgouvernement und dem → Protektorat Böhmen und Mähren. Im Gefolge von Himmlers zweitem Besuch am 17./18. Juli 1942 trafen Juden aus dem gesamten vom Deutschen Reich besetzten und eroberten Europa im Lager ein. Anders als in den Mordstätten der → Aktion Reinhardt war die Arbeitsfähigkeit der Häftlinge das Kriterium der Entscheidung über Leben und Tod; seit Anfang Juli 1942 praktizierten SS-Ärzte bei der Ankunft der Häftlingstransporte das Selektionsprinzip. Arbeitsfähige wurden insbesondere auf der Baustelle der IG Farben eingesetzt, die im Oktober 1942 mit dem Lager Monowitz das erste von einem Unternehmen der Privatwirtschaft initiierte und finanzierte Konzentrationslager errichteten. Die Lebenserwartung der Häftlinge lag dort bei durchschnittlich drei Monaten; rund 25 000 haben den Zwangsarbeitseinsatz nicht überlebt. Nach dem Vorbild der IG Farben verlegten auch andere deutsche Unternehmen ihre Betriebe nach A., um die billige Arbeitskraft der Häftlinge auszubeuten. Im Frühjahr 1943 war der Bau zweier weiterer riesiger Krematorien abgeschlossen – von insgesamt vier 1943 in Birkenau neu errichteten. Die systematische Massenvernichtung erreichte ihren Höhepunkt. A. wurde zum Zentrum des Judenmords. Der Lagerkomplex nahm ein solches Ausmaß an, dass im November 1943 die Untergliederung in die drei selbständigen Bereiche Auschwitz I (Stammlager), Auschwitz II (Birkenau und das 40 km² große SS-Interessengebiet) und Auschwitz III (Monowitz mit den Außenlagern) erfolgte. Ab Mitte Mai 1944 trafen dann in weniger als zwei Monaten weit über 400 000 ungarische Juden in Birkenau ein, von denen nur ein Bruchteil als arbeitsfähig selektiert wurde. Im Oktober 1944 gelang es Häftlingen des Sonderkommandos einen Aufstand zu initiieren und das Krematorium IV zu sprengen. Kurz darauf ließ Himmler die Tötungen einstellen und die Vernichtungsanlagen abbauen. Im Januar 1945 machte sich die SS angesichts der herannahenden sowjetischen Truppen überstürzt auf den Rückzug. Die Häftlinge wurden auf den → Todesmarsch in Richtung Westen geschickt; nur die nicht mehr gehfähigen blieben zurück. Am 27. Januar 1945 befreite die Rote Armee das Lager A.

Sybille Steinbacher

Lit.: Wacław Długoborski, Franciszek Piper (Hrsg.), Auschwitz 1940–1945. Studien zur Geschichte des Konzentrations- und Vernichtungslagers Auschwitz, 5 Bde., Oświęcim 1999 (polnisch 1995). – Yisrael Gutman, Michael Berenbaum (Hrsg.), Anatomy of the Auschwitz Death Camp, Washington u. a. 1994. – Sybille Steinbacher, «Musterstadt Auschwitz». Germanisierungspolitik und Judenmord in Ostoberschlesien, München 2000. – Bernd C. Wagner, IG Auschwitz. Zwangsarbeit und Vernichtung von

Häftlingen des Lagers Monowitz 1941–1945, München 2000.

Ausländer, Rose (geb. Rosalie Beatrice «Ruth» Scherzer, 1901–1988), deutsch-jüdische Dichterin. Die in Czernowitz (Bukowina) geborene A. emigrierte 1921 mit ihrem späteren Ehemann Ignaz A. in die USA, wo sie als Hilfsredakteurin der deutschsprachigen Zeitschrift «Westlicher Herold» in Minneapolis arbeitete und ihre ersten Gedichte veröffentlichte. Nach der Trennung von ihrem Ehemann kehrte A. 1931 zusammen mit dem Schriftsteller Helios Hecht nach Czernowitz zurück, wo sie als Journalistin arbeitete und Englischunterricht gab. 1939 erschien ihr Gedichtband «Der Regenbogen». In dem am 11. Oktober 1941 eingerichteten Czernowitzer Ghetto lernte A. Paul Celan kennen. Als ihr die → Deportation nach → Transnistrien drohte, tauchte A. unter und überlebte in Czernowitz bis zum Kriegsende. Anschließend zunächst in Bukarest und später in New York lebend, ließ sie sich schließlich 1965 in Düsseldorf nieder. Die zentralen Themen ihrer Lyrik behandeln die Verfolgungen sowie die Trauer um die verlorene Heimat (→ Literatur).

Austerlitz s. Drancy

Babij Jar (ukrain. Babyn Jar). Schlucht bei Kiew, in der eine der größten Massenerschießungen von Juden stattfand. Dem Einmarsch der → Wehrmacht am 19.9.1941 in Kiew folgte das Sonderkommando 4a der → Einsatzgruppe C, geführt von SS-Sturmbannführer Paul Blobel, der am 28.9.1941 die bevorstehende Exekution von mindestens 50000 der in der ukrainischen Hauptstadt vermuteten 150000 Juden nach Berlin meldete. Am 29. und 30.9.1941 wurden vom Einsatzkommando 4a mit Hilfe des Polizeiregiments Russland-Süd (→ Polizei), ukrainischer Miliz (→ Schutzmannschaften) und von der Wehrmacht unterstützt 33771 Juden in der Schlucht B. ermordet. Die Zahl entstammt dem Bericht Blobels vom 2.10.1941. Mehrsprachige Plakate hatten die Juden aufgefordert, sich nahe dem Exekutionsort zur «Umsiedlung» einzufinden. Nachdem sie Gepäck und Kleidung an Sammelstellen abgelegt hatten, wurden sie in die Schlucht getrieben und dort durch Genickschuss getötet. B. diente bis August 1943 weiter als Mordstätte, dann wurden in der → Enterdungsaktion des Sonderkommandos 1005, wieder unter Leitung Blobels, von jüdischen Arbeitskommandos die Leichen exhumiert und verbrannt, um die Spuren der Verbrechen zu verwischen.

Wolfgang Benz

Lit.: Klaus Jochen Arnold, Die Eroberung und Behandlung der Stadt Kiew durch die Wehrmacht im September 1941. Zur Radikalisierung der Besatzungspolitik, in: Militärgeschichtliche Mitteilungen 58 (1999), S. 23–63. – Helmut Krausnick, Hans-Heinrich Wilhelm, Die Truppe des Weltanschauungskrieges. Die Einsatzgruppen der Sicherheitspolizei und des SD 1938–1942, Stuttgart 1981. – Die Schoáh von Babi-Yar. Das Massaker deutscher Sonderkommandos an der jüdischen Bevölkerung von Kiew 1941 fünfzig Jahre danach zum Gedenken, hrsg. von Erhard Roy Wiehn, Konstanz 1991.

Bach-Zelewski, Erich von dem (1899–1972), Chef der SS-Bandenkampfverbände; 1930 Eintritt in die NSDAP, 1931 in die → SS; 1932 Mitglied des Reichstages; Juli 1934 Beförderung zum SS-Gruppenführer; 15. Februar 1936 Kommandeur des SS-Oberabschnitts Südost (Breslau), dort seit Juni

1938 auch Höherer SS- und Polizeiführer (HSSPF); Juni 1941 Ernennung zum HSSPF Rußland-Mitte; November 1941 Obergruppenführer. Seit dem 23. Oktober 1942 war B. Bevollmächtigter Himmlers für die «Bandenbekämpfung» und nahm persönlich an Judenmassakern in → Weißrußland (→ Polesje) teil. Anfang 1943 Kommandeur der 1. SS-Infanterie-Brigade. Seit dem 21. Juni 1943 war er als Chef der Bandenkampfverbände für die Bekämpfung der → Partisanen an der gesamten Ostfront verantwortlich. Als Kommandierender General im Raum Warschau war er im August 1944 für die Niederschlagung des Warschauer Aufstandes zuständig. Bis Kriegsende war B. Kommandeur verschiedener SS-Korps. Kronzeuge der Anklage vor dem Nürnberger Militärgerichtshof (→ Nürnberger Prozesse). 1951 von einer Münchener Spruchkammer zu zehn Jahren Arbeitslager verurteilt, von denen er nach einem Berufungsverfahren nur fünf Jahre ableisten musste, wurde er 1961 wegen seiner Beteiligung im Zusammenhang mit der Liquidierung des «Röhm-Putsches» zu viereinhalb Jahren Haft und 1962 wegen seines nach der Machtergreifung erteilten Befehls zur Ermordung von sechs Kommunisten zu lebenslanger Haft verurteilt. B. war einer der prominentesten Vertreter der NS-Rassenvernichtungspolitik, der für diese Verbrechen aber nicht gerichtlich belangt wurde.

Bačka (Batschka). Landstrich zwischen Donau und Theiß, der 1941 als Lohn für die loyale Unterstützung des deutschen Balkanfeldzugs an → Ungarn fiel. Die überwiegend ungarisch akkulturierte, einschließlich der Flüchtlinge aus Mitteleuropa rund 16 000 Personen zählende jüdische Bevölkerung der B. sah sich nunmehr dem amtlichen Budapester → Antisemitismus ausgesetzt. Rund 4000 männliche Juden wurden in Arbeitsbataillone der ungarischen Armee eingezogen, in denen insbesondere an der Ostfront viele an Hunger, Krankheit oder Misshandlung starben. In der B. kulminierte die Gewalt, als im Januar 1942 ungarische Armee- und Gendarmeriekräfte in Vergeltung sporadischer Widerstandsaktionen mindestens 3300 Personen ermordeten, vor allem Serben, aber auch mehr als 700 Juden. Diese Massaker riefen in der ungarischen Öffentlichkeit heftige Proteste hervor und zogen Ende 1943, nicht zuletzt als Signal an die Alliierten (→ Alliierte Reaktionen), die Verurteilung der Verantwortlichen nach sich, die jedoch fliehen konnten. Als die → Wehrmacht im März 1944 Ungarn besetzte, fielen die Juden der B. dem deutschen Vernichtungsapparat zum Opfer. Ende April wurden sie unter Beihilfe der ungarischen Gendarmerie in → Ghettos und Lagern interniert und im Mai und Juni überwiegend nach → Auschwitz verschleppt. Ausgenommen davon waren rund 700 Juden, die aufgrund des akuten Arbeitskräftemangels der letzten Kriegsphase im Reichsgebiet eingesetzt wurden. Sie stellten, zusammen mit jenen, die den ungarischen Arbeitsdienst durchstanden oder sich dem Widerstand anschlossen, das Gros der etwa 2000 Überlebenden.

Kaspar Dreidoppel

Lit.: Randolph L. Braham, The Politics of Genocide. The Holocaust in Hungary, 2 Bde., New York 1994. – Jaša Romano, Jevreji Jugoslavije 1941–1945. Žrtve genocida i učesnici narodooslobodilačkog rata (Jews of Yugoslavia 1941–1945. Victims of Genocide and Freedom Fighters), Belgrad 1980 (Zusammenfassung in engl. Sprache, S. 573–590).

Backe, Herbert (1896–1947), nationalsozialistischer Politiker; als Kind deutscher Eltern in Batumi (Georgien) aufgewachsen; nach dem Krieg Auswanderung nach Deutschland; ab 1920 Landwirtschaftsstudium in Göttingen (1923 Diplom); 1922 Eintritt in die SA, 1925 in die NSDAP, 1931 Bekanntschaft mit Hitler und Walther Darré; 1933 Tätigkeit im → SS-Rasse- und Siedlungshauptamt und Berufung zunächst zum Reichskommissar, dann zum Staatssekretär im Reichsernährungsministerium; 1936 Leiter der Geschäftsgruppe Ernährung beim «Beauftragten für den Vierjahresplan». Im Mai 1942 übernahm B. anstelle Darrés die Funktionen des Ernährungsministers und des Reichsbauernführers. Im April 1944 wurde er offiziell zum Minister ernannt. B. war für die Kürzung der Lebensmittelrationen der noch in Deutschland lebenden Juden und für die Ausbeutung der Nahrungsmittelbestände der besetzten Gebiete im Osten verantwortlich. Darüber hinaus war er an Planungen zur Aushungerung der sowjetischen Bevölkerung beteiligt, die den Tod mehrerer zehn Millionen Menschen in Kauf nahmen und einen Teil der geplanten rassistischen Neuordnung des im Osten zu erobernden «Lebensraumes» bildeten. Als Angeklagter im Nürnberger Wilhelmstraßenprozess (→ Nürnberger Prozesse) beging B. am 6. April 1947 Selbstmord.

Baeck, Leo (1873–1956), Rabbiner und Religionsphilosoph, in der Weimarer Republik und im Dritten Reich führende Persönlichkeit des deutschen Judentums. Studium am Jüdisch-Theologischen Seminar (Breslau) und an der Hochschule für die Wissenschaft des Judentums (Berlin), wo er 1897 zum Rabbiner ordiniert wurde. 1897 Rabbiner in Oppeln, 1907 in Düsseldorf, 1912–1943 in Berlin; 1922 Vorsitzender des Allgemeinen Rabbiner Verbandes; 1924 und 1927 Großmeister der B'nai B'rith-Logen; Vorstandsmitglied des Centralvereins Deutscher Staatsbürger Jüdischen Glaubens; 1929 Mitglied im Komitee der Jewish Agency for Palestine. 1933 wurde B. zum Präsidenten der Reichsvertretung der Deutschen Juden gewählt und versuchte in dieser Eigenschaft die bürgerlichen Rechte der Juden zu verteidigen und die Geschlossenheit des deutschen Judentums zu wahren. Im Januar 1943 ins Ghetto → Theresienstadt deportiert, gehörte er dort dem jüdischen Ältestenrat an. Nach der Befreiung des Lagers ließ sich B. 1945 in London nieder. Seit 1948 lehrte er als Professor für Religionsgeschichte am Hebrew Union College in Cincinnati. Sein Andenken wird vor allem durch die Leo Baeck Institute in Jerusalem, London und New York geehrt, die sein Wirken fortzusetzen versuchen.

Baky, László (1889–1946), ungarischer Politiker; in den 20er Jahren Mitglied mehrerer rechtsextremistischer ungarischer Organisationen; seit Mai 1939 führender Vertreter der Magyar Nemzeti Szocialista Párt (Ungarische National-Sozialistische Partei); nach der Besetzung → Ungarns durch die Wehrmacht am 19. März 1944 stellvertretender Staatssekretär im Innenministerium in der Regierung Döme Sztójay. Nach dem Putsch der Pfeilkreuzlerpartei am 15. Oktober 1944 war B. auch im Regime Ferenc Szálasis vertreten. B. zählte zu den Hauptverantwortlichen für die → Deportation der ungarischen Juden. Nach seiner Gefangennahme durch die US-Army wurde er im Oktober 1945 an Ungarn ausgeliefert und als Kriegsverbrecher hingerichtet.

Banat s. Serbien und Banat

Barasz, Efraim (1892–1943), Leiter der jüdischen Gemeinde in Białystok; Sohn einer wohlhabenden jüdischen Familie aus Wołkowysk (Woiwodschaft Białystok); schloss sich bereits als Jugendlicher der zionistischen Bewegung an (→ Zionismus); Ingenieurstudium in Deutschland; anschließend als Geschäftsmann tätig; seit 1934 Leiter der jüdischen Gemeinde in Białystok; seit Ende Juni 1941 Vorsitzender des dortigen → Judenrates. B. war über die Judenvernichtungen informiert, jedoch der Meinung, Arbeit werde einen gewissen Schutz gewähren. So warnte er einerseits vor Sabotageakten und bemühte sich andererseits, die Ghettobewohner in Arbeitsprogrammen unterzubringen. Zugleich koordinierte er seine Arbeit mit Mordechaj Tenenbojm und unterhielt Beziehungen zum → jüdischen Widerstand im Ghetto → Białystok, mit dem er sich jedoch kurz vor dem Ghettoaufstand überwarf. Ende August 1943, im Zuge der Räumung des Ghettos, wurden 25 000 Juden u. a. nach → Treblinka deportiert, B. und mehrere Hundert andere Juden von diesen getrennt und in das sog. kleine Ghetto, eine Straße des ehemaligen Białystoker Ghettos gebracht. Im September 1943 wurden diese Juden ins KZ → Majdanek deportiert, von wo aus die letzten Białystoker Juden in das Lager → Poniatowa gebracht und im November 1943 (→ Aktion Erntefest) ermordet wurden.

Barbie, Klaus (1913–1991), Leiter der Gestapo beim Kommandeur der Sicherheitspolizei und des SD in Lyon; 1932 Mitglied der NSDAP, seit dem 26. 9. 1935 der → SS. Tätigkeit beim SD in verschiedenen Dienststellen; 1939 SS-Untersturmführer; Januar 1941 bis März 1942 Tätigkeit bei der Sicherheitspolizei in Amsterdam, ab Mai 1942 in Frankreich; November 1942–1944 Chef der Gestapo in Lyon; seit dem 9. November 1944 SS-Hauptsturmführer; gegen Kriegsende Tätigkeit beim SD im Abschnitt Dortmund. B. war für die → Deportation von Juden sowie für die Folterung und Hinrichtung zahlreicher französischer Résistancekämpfer verantwortlich und wurde wegen seiner Grausamkeit als «Schlächter von Lyon» bekannt. Obwohl von den Franzosen als Kriegsverbrecher gesucht, gelang B. mit Hilfe des Counter Intelligence Corps der US-Armee 1951 die Flucht nach Bolivien, wo er sich unter dem Namen Klaus Altmann niederließ. 1983 nach Frankreich ausgeliefert, wurde B. am 4. Juli 1987 in Lyon zu lebenslanger Haft verurteilt.

Bassano s. Drancy

Batschka s. Bačka

Becher, Kurt Andreas Ernst (1909–1995), Leiter des Ausrüstungsstabes des Höheren SS- und Polizeiführers (HSSPF) in → Ungarn; Sohn eines Hamburger Kaufmanns; 1934 Mitglied der → SS, 1937 der NSDAP; bei Kriegsausbruch Schütze in der 1. SS-Reiterstandarte, die unter Führung Hermann Fegeleins im Raum Warschau Massenerschießungen vornahm. Die Einheit wurde zu Beginn des Russlandfeldzuges dem HSSPF bei der Heeresgruppe Mitte, von dem Bach-Zelewski, unterstellt und führte insbesondere im Gebiet der Pripjetsümpfe (→ Polesje) Massenerschießungen an Juden und anderen Zivilisten durch. 1942–1944 diente B. als Sachbearbeiter im SS-Führungshauptamt. Im März 1944 gelangte er nach Ungarn, wo er die im Familienbesitz befindlichen Anteile des Manfred-Weiß-Konzerns, des größten ungarischen Wirtschaftsunternehmens, für die SS erwarb. Im Auftrag Himmlers führte er die Verhandlungen mit dem jüdischen Hilfskomitee Waad Haezra Wehazala Bebudapest sowie mit Resző Kasztner, als deren Ergebnis rund 1700 Juden im August und Dezember 1944 mit dem sog. Kasztner-Transport aus → Bergen-Belsen in die → Schweiz transportiert wurden. Im Mai 1945 von den US-Militärbehörden verhaftet, wurde B. auf Empfehlung Kasztners aus dem Nürnberger Gefängnis entlassen. Von Adolf Eichmann 1961 als Zeuge zu dessen Verteidigung benannt, machte B. seine Aussage vor einem deutschen Gericht, da er in Israel selber als Kriegsverbrecher angeklagt worden wäre. Nach dem Krieg leitete er mehrere Handelsfirmen.

Beckerle, Adolf (1902–1976), deutscher Gesandter in Bulgarien; nach dem Abitur (1921) Studium der Wirtschaftswissenschaften in Frankfurt/Main; 1919 Mitglied des Jungdeutschen Ordens; August 1922 bis November 1923 Mitglied der NSDAP; September 1928 Eintritt in die SA und die NSDAP; Juli 1933 Führer der SA-Gruppe Hessen; September 1933 Polizeipräsident von Frankfurt; 1937 SA-Obergruppenführer; im Oktober 1939 für kurze Zeit als Polizeipräsident in → Łódź. Am 17. Juni 1941 wurde B. zum Gesandten in → Bulgarien ernannt. Im September 1944 von der Roten Armee verhaftet und in Moskau zu 25 Jahren Haft verurteilt, wurde er im Oktober 1955 vorzeitig in die Bundesrepublik Deutschland entlassen. In einem Prozess vor dem Oberlandesgericht Frankfurt wurde B. 1967 der Mitwirkung an der → Deportation von ca. 12 000 Juden aus Bulgarien in die → Vernichtungslager → Auschwitz und → Treblinka beschuldigt. 1968 wurde das Verfahren wegen Erkrankung des Angeklagten eingestellt.

Beitz, Berthold (geb. 1913), seit 1953 Generalbevollmächtigter des Krupp-Konzerns; ab 1967 Kuratoriumsvorsitzender der Alfried Krupp von Bohlen und Halbach-Stiftung. Im Juli 1941 übernahm B. im Auftrag des Reichswirtschaftsministeriums die Verwaltung der Erdölanlagen in Drohobycz und Borysław (Ostgalizien) sowie eine leitende Stellung in der «Beskiden-Öl-AG» (später «Karpathen-Öl-AG»). In dieser Position rettete er im August sowie im Oktober 1942 jeweils ca. 250 Juden vor dem Vernichtungslager → Bełżec, indem er sie als Facharbeiter für seine Ölgesellschaft reklamierte. Mit Hilfe seiner Frau Else versteckte er Juden in seinem Haus und seinem Büro (→ Rettung). Zugleich veranlasste er andere Juden, in die Wälder zu flüchten, wenn er von anstehenden Deportationen erfuhr. 1973 wurde ihm von der Gedenkstätte Yad Vashem der Titel «Gerechter unter den Völkern» verliehen.

Belgien. Trotz der 1937 erfolgten Zusicherung, das neutrale B. nicht anzugreifen, marschierten am 10. 5. 1940 deutsche Truppen ein; am 28.5. erfolgte die bedingungslose Kapitulation. Militärbefehlshaber der eingesetzten Militärverwaltung wurde Alexander von Falkenhausen. Verantwortlich für den SS- und Polizeiapparat war der Höhere SS- und Polizeiführer Richard Jungclaus, das Judenreferat leiteten nacheinander Kurt Asche, Fritz Erdmann und Félix Weidmann. Damals lebten schätzungsweise 90 000 Juden in B., von denen nur max. 10 % die belgische Staatsbürgerschaft besaßen. Als die deutsche Militärverwaltung am 28. Oktober 1940 die Registrierung aller Juden B. anordnete, meldeten sich 42 000 Personen. Viele hatten sich dem Befehl entzogen bzw. waren in den unbesetzten Teil Frankreichs geflohen. Die antisemitische Verfolgung beschränkte sich zunächst auf legislative Restriktionen; mit dem Verbot der Auswanderung ab 23. 10. 1941 begann die Vorbereitung zur → Deportation; ab 27. 5. 1942 war das Tragen des «Judensterns» (→ Kennzeichnung) verpflichtend. Kurz darauf, am 27. 7. 1942 wurde in Malines – zwischen Antwerpen und Brüssel – als Sammelstelle für die → Deportation das Polizei- und Durchgangslager Malines (Mecheln) eröffnet. Die ersten Razzien begannen, die größten fanden am 15./16. August und im September 1942 statt. Der Chef der belgischen Zivilverwaltung, Eggert Reeder, meldete keinerlei Bedenken an, jüdische Ausländer und Flüchtlinge preiszugeben; die belgischen Juden hingegen wollte er schützen. B. war das erste okkupierte westliche Land, aus dem jüdische Flüchtlinge deportiert wurden. Schon am 5. Dezember 1941 waren unter dem Vorwand der Repatriierung 83 polnisch-jüdische Familien aus Antwerpen nach → Polen geschickt worden. Im Juli 1942 erging der Befehl, alle arbeitslosen Juden hätten sich in Malines zu melden, um zum «Arbeitseinsatz in den Osten» transportiert zu werden. Der erste Deportationszug verließ Malines in Richtung → Auschwitz am 4. 8. 1942. Initiator der Deportationen war Adolf Eichmann, der im Juni 1942 «Sonderzüge zu je 1000 Personen» zum Arbeitseinsatz nach Auschwitz ankündigte. Aus B. war zunächst der Abtransport von 10 000 Juden vorgesehen; das Protokoll der → Wannsee-Konferenz im Januar 1942 ging von 43 000 Personen aus. Zunächst wurden polnische, tschechische, russische und staatenlose Juden deportiert, ab September 1943 waren die belgischen Staatsangehörigen einbezogen. Bis 31. 7. 1944 wurden aus Malines mindestens 25 124 Juden und 351 «Zigeuner» (→ Sinti und Roma) deportiert. Zu berücksichtigen sind darüber hinaus noch etwa 5034 Juden, die nach ihrer Flucht aus B. in → Frankreich festgenommen und später über → Drancy nach Auschwitz deportiert wurden. Unter den 1640 Überlebenden befand sich nur eine kleine Zahl der aus B. deportierten 5430 Kinder. Vielen Tausend Juden gelang es mit Hilfe der örtlichen Bevölkerung, aber auch durch Mitglieder des Widerstands, dem eine ganze Reihe von Juden angehörten, unterzutauchen und zu überleben (→ Jüdischer Widerstand, → Rettung). Der SD (→ Polizei) schätzte im Juni 1944, 80 % der noch im Land lebenden Juden hätten falsche Papiere. Im September 1944 wurde B. befreit.

Juliane Wetzel

Lit.: Serge Klarsfeld, Maxime Steinberg (Hrsg.), Die Endlösung der Judenfrage in Belgien. Dokumente, New York 1980. – Dan Michman (Hrsg.), Belgium and the Holocaust. Jews, Belgians, Germans, Jerusalem 1998. – Maxime Steinberg, L' étoile et le fusil, 3 Bde., Brüssel 1983–1986.

Bełżec. Vernichtungslager, errichtet unmittelbar neben dem gleichnamigen Dorf, im südöstlichen Teil des Distrikts Lublin an der Eisenbahnlinie Lublin-Lemberg, war das erste der drei im Zuge der → Aktion Reinhardt errichteten Todeslager. Als Versuchslager diente es zur Erprobung der wirksamsten Tötungsmethoden und der Logistik des Vernichtungsbetriebes, womit Funktionäre der → Aktion T 4 beauftragt wurden, u. a. Christian Wirth, erster Kommandant von B. und seit August 1942 Inspekteur aller drei → Vernichtungslager (B., → Sobibór und → Treblinka). Mit dem Bau des Lagers wurde im November 1941 begonnen, wofür die SS zunächst die Dorfbewohner, später Juden aus den nahegelegenen Städten einsetzte.

B. hatte nur eine Fläche von 270 mal 270 m und war in zwei voneinander getrennte und durch einen Zaun mit Zweigen getarnte Bereiche aufgeteilt. Das Lager I bildete den Verwaltungs- und Auffangbereich. Das Lager II, der Vernichtungsteil, umfasste die → Gaskammern, Leichengruben, Scheiterhaufen sowie Unterkünfte der jüdischen Sonderkommandos, die die Toten aus den Gaskammern schleppen und verbrennen mussten. Die ersten Versuche des Massenmords in B. wurden im Februar 1942 durchgeführt. Die systematisch organisierte Massentötung mit Kohlenmonoxid begann am 17. 3. 1942 mit der → Deportation von Lubliner Juden und lässt sich in folgende Phasen einteilen: 1. Mitte März bis Mitte April 1942 kamen die Opfer aus dem Lubliner Ghetto, den Distrikten Lublin und Lemberg, Ostgalizien und dem Reichsgebiet, 2. Ende Mai bis Mitte Juni 1942 wurden vorwiegend Juden aus dem Ghetto und dem Distrikt Krakau ermordet. Bis Mitte Juni wurden die Opfer in drei Gaskammern getötet, 3. Von Mitte Juli bis Anfang Dezember 1942 – in Betrieb waren sechs größere, neu gebaute Gaskammern – verschleppte man Juden aus dem Distrikt Krakau und der Gegend von Lemberg, Radom und Lublin nach B. Es gab auch Transporte mit den deutschen, österreichischen, tschechischen und slowakischen Juden, die vorher in die Übergangsghettos deportiert worden waren. An der Ermordung der Juden in B. beteiligte sich das deutsche und österreichische SS-Personal (30–35 Personen), dem 100–120 «Trawniki-Männer», in → Trawniki ausgebildete Wachmänner meist ukrainischer Herkunft (→ Schutzmannschaften), zugeteilt waren. Die Leichen der Getöteten wurden zunächst in Massengräbern verscharrt. Ab November 1942 begann das jüdische Sonderkommando, die Leichen auf Scheiterhaufen zu verbrennen. Bis März 1943 wurde B. aufgelöst und zerstört. Das Gelände ließ man umpflügen, bepflanzen und darauf einen Bauernhof errichten. Die Gesamtzahl der jüdischen Opfer in B. wird auf 600 000 geschätzt. Ende 1945 waren lediglich sieben Überlebende aus B. bekannt.

Wiesław Wysok

Lit.: Yitzhak Arad, Belzec, Sobibor, Treblinka. The Operation Reinhard Death Camps, Bloomington 1987. – Eugen Kogon, Hermann Langbein, Adalbert Rückerl (Hrsg.), Nationalsozialistische Massentötungen durch Giftgas, Frankfurt am Main 1995.

Bergen-Belsen (KZ). Das → Konzentrationslager B. wurde am 10. Mai 1943 als eines der letzten Konzentrations-Hauptlager ca. 50 km nördlich von Hannover eingerichtet. Als «Aufenthaltslager B.» sollte es in der Konzeption des Auswärtigen Amtes und des Reichsführer SS Himmler als Sammellager für jüdische Geiseln dienen. Gezielt sollten hier «tauschfähige» Juden interniert werden, die den USA und Großbritannien gegen finanzielle oder politische Gegenleistung bzw. den Austausch internierter Reichsdeutscher angeboten werden sollten. B. nimmt daher eine besondere Funktion innerhalb des KZ-Systems ein.

Zwischen Juli 1943 und August 1944 wurden in einem Barackenlager, das 1941/1942 als Lager für sowjetische Kriegsgefangene (Stalag XI C/311) genutzt worden war (ca. 20000 Todesfälle), vier Teillager eingerichtet: das «Sonderlager» für Juden aus → Polen mit Palästinazertifikaten und gekauften lateinamerikanischen Pässen oder «Promesas»; das «Neutralenlager» für spagniolische Juden aus Griechenland; das «Sternlager» für Juden aus den → Niederlanden, → Frankreich, Nordafrika, → Albanien und dem → Deutschen Reich, die ebenfalls über echte oder gefälschte Palästinazertifikate bzw. lateinamerikanische Pässe verfügten; das «Ungarnlager» für ungarische und slowakische Juden (→ Ungarn, → Slowakei), die im Zuge der «Kasztner-Aktion» in die → Schweiz transportiert werden sollten. Von den ca. 10000 «Austauschhäftlingen» gelangten nur 2580 in die Freiheit: Im Juni 1944 fand ein deutsch-palästinensischer, im Juli 1944 ein deutsch-britischer und im Dezember 1944 ein deutsch-amerikanischer Zivilgefangenenaustausch statt, bei denen jeweils 222, 66 und 136 Juden aus B. gegen internierte Reichsdeutsche ausgetauscht wurden. Zusätzlich durften im Februar 1944 365 spagniolische Juden in der Erwartung auf Entgegenkommen der Achsenmächte nach → Portugal und → Spanien, im März 1945 105 türkische Juden nach Istanbul sowie im August und Dezember 1944 1686 Juden des «Kasztner-Transportes» gegen Schmuck und Devisen in die Schweiz ausreisen. Das erhoffte Ausmaß an Verhandlungen mit den Westalliierten konnte jedoch nicht realisiert werden.

Ab 1944 nutzte das → SS-Wirtschaftsverwaltungshauptamt B. mit zusätzlichen Funktionen: ab März 1944 als Sterbelager für todkranke Häftlinge anderer Konzentrationslager («Erholungslager»), ab August 1944 als Durchgangslager für polnische Zwangsarbeiterinnen («Zeltlager», «Kleines Frauenlager») und ab Dezember 1944 als Auffanglager für die «Evakuierungstransporte» aus frontnahen Lagern («Großes Frauenlager», «Häftlingslager I und II»). Mitte März 1945 waren bis zu 47834 Häftlinge in B., obwohl die baulichen und hygienischen Bedingungen von Beginn an bereits unzulänglich gewesen waren. Chaos und Mangel prägten diese Phase. Insgesamt wurden mindestens 36400 Häftlinge Opfer von Hunger, Durst, Kälte und Seuchen. Mit der kampflosen Übergabe des Lagers am 15. April 1945 an britische Truppen setzten sofort Hilfsmaßnahmen der Alliierten ein; trotzdem starben weitere 13944 Menschen an den Folgen der Haft. Die noch lebenden ca. 6500 «Austauschhäftlinge» hatte die → SS vor der Befreiung in Richtung → Theresienstadt «evakuiert».

Im November 1945 wurden von 45 angeklagten SS-Angehörigen 31 für verantwortlich Befundene durch ein britisches Militärgericht («Belsen Trial») verurteilt, elf von ihnen (u. a. Josef Kramer, Irma Grese, Josef Hössler) zum Tod durch den Strang.

Alexandra Wenck

Lit.: Claus Füllberg-Stolberg (Hrsg.), Frauen in Konzentrationslagern. Bergen-Belsen, Ravensbrück, Bremen 1994. – Wolfgang Günther, «Ach Schwester, ich kann nicht mehr tanzen ...». Sinti und Roma im KZ Bergen-Belsen, Hannover 1990. – Eberhard Kolb, Bergen-Belsen. Vom «Aufenthaltslager» zum Konzentrationslager 1943–1945, Göttingen 1996. – Alexandra-Eileen Wenck, «Zwischen Menschenhandel und ‹Endlösung› – das Konzentrationslager Bergen-Belsen», Paderborn 2000.

Berger, Gottlob (1896–1975), Chef des SS-Hauptamtes; 1919–1934 Lehrer in

Württemberg; am 1. Januar 1931 Eintritt in die NSDAP und die SA, am 30. Januar 1936 Wechsel in die → SS; 1938 Chef des Ergänzungsamtes der SS; seit Juli 1938 verantwortlich für Leibeserziehung im SS-Hauptamt; seit dem 1. Januar 1940 Chef des SS-Hauptamtes; Februar 1943 bis 20. Januar 1945 Verbindungsmann Himmlers im Reichsministerium für die besetzten Ostgebiete; im September 1944 Niederschlagung des militärischen Aufstandes in der → Slowakei. Im Nürnberger Wilhelmstraßenprozess (→ Nürnberger Prozesse) wurde B. zu 25 Jahren Haft verurteilt, jedoch vom amerikanischen Hochkommissar zu 10 Jahren begnadigt und bereits am 16. Dezember 1951 entlassen.

Bessarabien. Gebiet zwischen den Flüssen Pruth und Dnjestr und dem Donaudelta, seit 1918 an Rumänien angeschlossen. 1930 lebten in B. 204 858 Juden; das entsprach einem Bevölkerungsanteil von 7,2 %. Infolge des Hitler-Stalin-Paktes verlangte die sowjetische Regierung per Ultimatum im Juni 1940 den Abzug der rumänischen Armee und Verwaltung aus B. Die rumänische Armee kehrte als Kriegspartner des → Deutschen Reiches im Juni 1941 zurück und verübte zahlreiche Massenmorde in B. General Ion Antonescu legitimierte die Massaker mit der Behauptung, «die Juden» hätten mit den sowjetischen Behörden kollaboriert. Auch die deutsche → Einsatzgruppe D war an den Morden beteiligt. Die Zahl der Ermordeten lässt sich schwer bestimmen, denn mehrere Tausend Juden hatten versucht, ins Innere der → Sowjetunion zu gelangen, und wurden dann von den deutschen und rumänischen Truppen überrollt. Im August 1941 ghettoisierte die neu errichtete rumänische Verwaltung die Juden. Sie deportierte ohne Absprache mit deutschen Dienststellen über 25 000 Juden über den Dnjestr. Daraufhin riegelten deutsche Kommandos die Brücken ab und ca. 65 000 Juden starben an Hunger, Erschöpfung und Mangelkrankheiten in provisorischen Sammellagern in B. Erst nach dem Vertrag von Tighina vom 30. August 1941 konnten die Juden in das unter rumänische Verwaltung gestellte Gebiet zwischen Dnjestr und Bug (→ Transnistrien) abgeschoben werden. Anders als im Fall der Juden der → Bukowina intervenierte in Bukarest niemand zugunsten der bessarabischen Juden außer dem Präsidenten der Föderation Jüdischer Gemeinden und dem Oberrabbiner. Bei der Zählung vom 20. Mai 1942 gab es nur mehr 227 Juden in B., die in der Wirtschaft eingesetzt waren. Da die meisten bessarabischen Juden bei den Fußmärschen ausgeplündert worden waren, besaßen sie, anders als die zumeist per Bahn deportierten Bukowiner, nichts zum Tauschen und konnten in Transnistrien nur selten ihr Überleben organisieren. Von den aus B. deportierten Juden hat weniger als ein Drittel überlebt. Als die Rote Armee im März 1944 Transnistrien zurückeroberte und die Juden nach B. zurückkehrten, wurden viele Männer zum Militärdienst eingezogen. Da B. unter sowjetischer Herrschaft zwischen der Moldaurepublik und der Ukraine aufgeteilt wurde, ist die Zahl der verbliebenen Juden kaum zu bestimmen.

In einem Standardwerk rumänischer Historiker zur Geschichte B. von 1994 wird behauptet, dass die rumänische Verwaltung keine chauvinistische Politik betrieben habe. Die Massenmorde und die Deportation von Hunderttausenden Juden werden nicht erwähnt.

Mariana Hausleitner

Lit.: Andrej Angrick, The Escalation of German-Rumanian Anti-Jewish Policy after the Attack on the Soviet Union, in: Yad Vashem Studies XXVI 1998, S. 203–238. – Yitzak Arad, Shmuel Krakowski, Shmuel Spector (Hrsg.), The Einsatzgruppen Reports, New York 1989. – Mariana Hausleitner, Rumänische Sonderwege. Pogrome und Hilfsaktionen, in: Wolfgang Benz, Juliane Wetzel (Hrsg.), Solidarität und Hilfe für Juden während der NS-Zeit, Bd. 1, Berlin 1996. – Ralf Ogorreck, Die Einsatzgruppen und die «Genesis der Endlösung», Berlin 1996. – Krista Zach, Rumänien, in: Wolfgang Benz (Hrsg.), Dimension des Völkermords. Die Zahl der jüdischen Opfer des Nationalsozialismus, München 1991, S. 381–410.

Best, Werner (1903–1989), Reichsbevollmächtigter in → Dänemark; seit 1919 Mitglied der DNVP; im November 1930 Übertritt zur NSDAP; 1931 Eintritt in die SA; 1931–1933 Mitglied des Landtages in Hessen; als Autor der sog. Boxheimer Dokumente, welche die geplanten nationalsozialistischen Zwangsmaßnahmen für den Fall einer Machtübernahme skizzierten, im Dezember 1931 aus dem hessischen Staatsdienst entlassen, nach der Machtübernahme Aufbau des hessischen Staatspolizeiamtes; im September 1933 wegen Ungehorsams entlassen. Als Führer des SD-Oberabschnitts Süd in München spielte B. eine wichtige Rolle bei der Niederschlagung des sog. Röhm-Putsches. Zusammen mit Heydrich 1934 Ausbau des Gestapa und der Gestapo; 1935 als Abteilungsleiter im SS-Hauptamt Sicherheitspolizei tätig; als Stellvertreter Heydrichs führende Funktion beim Aufbau des → Reichssicherheitshauptamtes (RSHA) und Chef des Amtes I (später II) des RSHA. Von August 1940 bis Juni 1942 war B. als Ministerialdirektor Zivilverwaltungschef beim Militärbefehlshaber in → Frankreich u. a. für die Bekämpfung der französischen Résistance zuständig. Im Juli 1942 Übertritt in den Auswärtigen Dienst; seit dem 5. November 1942 bis Kriegsende Bevollmächtigter des Deutschen Reiches in → Dänemark, wo er sich bemühte, die → Deportationen dänischer Juden wieder rückgängig zu machen. April 1944 SS-Obergruppenführer. Nach seiner Auslieferung an Dänemark wurde B. 1948 zum Tode verurteilt, schließlich aber begnadigt und 1951 in die Bundesrepublik Deutschland abgeschoben. Im März 1969 wegen seiner Verantwortung für Massenmorde in → Polen erneut in Haft genommen; 1972 Haftverschonung; 1983 Ende des Verfahrens wegen Verhandlungsunfähigkeit des Angeklagten.

Białystok (Ghetto). B. war das größte Ghetto im gleichnamigen Bezirk, der im Juli 1941 dem Gau Ostpreußen angegliedert wurde. Bereits am 26. Juli wurde das → Ghetto, in dem dann ca. 50000 Juden der Stadt Białystok und ihrer Umgebung lebten, errichtet. Von August 1941 bis November 1942 unterstand es einem zivilen Stadtkommissar, ab November 1942 der Sicherheitspolizei. Durch das Engagement Efraim Barasz', des Vorsitzenden des eingesetzten → Judenrats, gelang es, B. zu einem wichtigen Produktionsstandort zu machen, was die jüdischen Bewohner bis Anfang 1943 vor der → Deportation schützte. Die für Januar 1943 vorgesehene Deportation der Białystoker Juden wurde aus logistischen Gründen verschoben. Mittels Bestechung gelang es dem Judenrat, die Zahl der geforderten Opfer von 17000 auf 6300 Juden zu reduzieren. Diese weigerten sich, zum angegebenen Termin zu erscheinen, so dass die Deutschen das Ghetto stürmten und 2000 Juden sofort erschossen. Weitere 8000 wurden nach → Treblinka deportiert. Zwischen Februar und Mai 1943 gelang es, unter dem Kommando von Mordechaj Tenenbojm und Daniel Moszkowicz eine einheitliche und kampfbereite Widerstandsgruppe (→ Jüdischer Widerstand) im Untergrund zu formieren, in der auch Chaika Grossmann aktiv war. Als zwischen dem 17. und dem 31. August 1943 das Ghetto liquidiert wurde, leisteten die Aufständischen bis zum 20. August erbitterten Widerstand gegen die deutschen Truppen, bei dem es kaum eine Überlebenschance gab. Ein Teil der jüdischen Bevölkerung wurde sofort erschossen, die anderen wurden vor allem in → Auschwitz und Treblinka sowie in der → Aktion Erntefest ermordet.

Ulrike Hasenfuß

Lit.: Reuben Ainsztein, Jüdischer Widerstand im deutschbesetzten Osteuropa während des Zweiten Weltkriegs, Oldenburg 1993. – Chaika Grossmann, Die Untergrundarmee. Der jüdische Widerstand in Bialystok, Frankfurt am Main 1993.

Bikernieki. Im Wald von Bikernieki, einem Vorort von Riga (→ Lettland), wurden 1941/1942 etwa 46 500 Juden ermordet, unter ihnen 25 000, die aus dem → Deutschen Reich ins → Ghetto → Riga deportiert worden waren. Eine neue Gedenkstätte wurde am 30. November 2001, dem 60. Jahrestag des ersten Transports, der Riga erreichte, eingeweiht.

Wolfgang Benz

Lit.: Bernhard Press, Judenmord in Lettland 1941–1945, Berlin 1995.

Bjelaja Zerkow. Bjelaja-Zerkow, 70 km von → Kiew entfernt, war Schauplatz eines Massakers, bei dem Angehörige des Sonderkommandos 4a der → Einsatzgruppe C und der Waffen-SS (→ SS) zwischen dem 8. und 19. August 1941 mehrere 100 Juden erschossen. Die Kinder der Ermordeten wurden zunächst in einem Gebäude am Ortsrand eingesperrt, am 19. August wurde ein Teil von ihnen mit drei LKW abtransportiert und erschossen. Etwa 90 Kinder vom Säuglingsalter an blieben übrig, von ukrainischem Selbstschutz (→ Schutzmannschaften) bewacht, ohne jede Versorgung. Militärgeistliche der im Ort stationierten 295. Infanteriedivision der → Wehrmacht informierten den 1. Generalstabsoffizier, Oberstleutnant Helmuth Groscurth, der den Oberbefehlshaber der 6. Armee, Generalfeldmarschall Walther von Reichenau, unterrichtete. Groscurth, der wegen der Öffentlichkeit der Aktion und in Sorge um die «Manneszucht» der Wehrmachtssoldaten protestiert hatte, erhielt eine Rüge wegen der Unterbrechung der Exekution, die dann im Einvernehmen zwischen Wehrmacht und SS durchgeführt wurde. Alle Kinder wurden in einem Wald von ukrainischer Miliz erschossen, nachdem ein SS-Offizier dies seinen Männern nicht zumuten wollte.

Wolfgang Benz

Lit.: Ernst Klee, Willi Dreßen, Volker Rieß (Hrsg.), «Schöne Zeiten». Judenmord aus der Sicht der Täter und Gaffer, Frankfurt am Main 1988, S. 131–145.

Blobel, Paul (1894–1951), Führer eines SS-Sonderkommandos; seit dem 1. Oktober 1931 Mitglied der NSDAP und der SA; 1932 Übertritt zur → SS; seit November 1933 bei der Staatspolizei Düsseldorf; Juli 1934 bis Juni 1941 beim SD in Düsseldorf tätig. Als Kommandeur des Sonderkommandos 4a der → Einsatzgruppe C war B. vom Juni 1941 bis Januar 1942 für Massenerschießungen insbesondere von Juden sowie u. a. für die Leitung des Massakers von → Babij-Jar zuständig. Ab Juni 1942 war er als Führer des Sonderkommandos 1005 für die Durchführung der sog. → Enterdungsaktion verantwortlich. Im Nürnberger «Einsatzgruppenprozess» (→ Nürnberger Prozesse) am 10. April 1948 zum Tode verurteilt, wurde B. am 7. Juni 1951 hingerichtet.

Böhme, Franz (1892–1944), deutscher Militärbefehlshaber in → Serbien. Der Chef des österreichischen militärischen Nachrichtendienstes und Generalmajor im Generalstab wurde 1938 in die → Wehrmacht übernommen. Von April bis September 1941 war B. Kommandant des XVIII. Gebirgsjäger-Armeekorps in → Griechenland. Von September 1941 bis Dezember 1942 als deutscher Militärbefehlshaber in Serbien, war B. vor allem für die Bekämpfung von → Partisanen und für Massenerschießungen «verdächtiger» serbischer Zivilisten (Juden, Kommunisten, Demokraten, serbische Nationalisten) verantwortlich. In einem Befehl vom 10. Oktober 1941 ordnete er massenweise Verhaftungen unter der Zivilbevölkerung an und verfügte, dass für jeden getöteten deutschen Soldaten oder Volksdeutschen 100, für jeden Verwundeten 50 Verhaftete zu erschießen seien. Auf diese Weise wurden bis zum Dezember 1941 über 13 000 Männer erschossen. Seit Juni 1942 war B. Kommandeur der 2. Panzerarmee und Oberbefehlshaber der deutschen Truppen in → Jugoslawien. Im Juli 1944 kam er durch einen Flugzeugabsturz ums Leben.

Böhmen und Mähren s. Protektorat Böhmen und Mähren

Böttcher, Herbert (1907–1952), SS- und Polizeiführer (SSPF). In Proküls bei Memel geboren, zog B. als Abgeordneter der Deutschen Einheitspartei 1938 in das Parlament von Memel ein. Nach der deutschen Besetzung des Memelgebietes am 23. März 1939 in die NSDAP und die → SS übernommen, war B. bereits im April 1940 Obersturmbannführer. August bis Dezember 1940 Dienst bei der Wehrmacht, 1941 Polizeipräsident von Kassel, Anfang 1942 zeitweise beim SSPF in Kaunas (→ Litauen). Seit dem 28. April 1942 war B. SSPF im Distrikt Radom (→ Generalgouvernement, → Polen), wo er seit dem 5. August die → Deportation der ca. 330 000 Juden in das → Vernichtungslager → Treblinka leitete. Am 3. September erließ er einen Schießbefehl gegen Juden, die außerhalb des Radomer → Ghettos aufgegriffen wurden. Zudem war B. für die Einrichtung von Zwangsarbeitslagern sowie für die Sammlung des geraubten jüdischen Eigentums verantwortlich. Im Januar/Februar 1944 vertrat er kommissarisch den SSPF in Warschau und versuchte, im Juli 1944 die → Deportation der jüdischen Zwangsarbeiter nach → Auschwitz zu organisieren. 1945 an Polen ausgeliefert, wurde B. am 18. Juni 1949 wegen seiner Verantwortung für die Ermordung der Juden zum Tode verurteilt und 1952 hingerichtet.

Bogaard, Johannes (1891–1974), niederländischer Bauer in Nieuw Vennep südwestlich von Amsterdam. B. versteckte seit dem Beginn der → Deportationen aus den → Niederlanden im Juli 1942 während eines längeren Zeitraums jüdische Flüchtlinge auf seinem eigenen Hof sowie auf den Bauernhöfen von Nachbarn und Verwandten und rettete auf diese Weise ca. 300 Juden (→ Rettung). Sein Vater, einer seiner Brüder und sein Sohn wurden nach einer Razzia der niederländischen Polizei 1943 in ein → Konzentrationslager verschleppt, wo sie umkamen. 1963 wurde B. von der Gedenkstätte Yad Vashem mit dem Titel «Gerechter unter den Völkern» ausgezeichnet.

Bohn, Frank (1878–1945), amerikanischer Journalist, der 1940 zahlreichen nach → Frankreich geflohenen Sozialisten und Gewerkschaftern das Leben rettete. Nach der französischen Kapitulation kam B. im Auftrag des American Joint Labour Committee im Sommer 1940 im Hotel Splendid in Marseille an, von wo aus auch Varian Fry seine Rettungsaktionen unternahm. Artikel 19 des deutsch-französischen Waffenstillstandsabkommens vom 22. Juni 1940 sah die Auslieferung deutscher Flüchtlinge aus dem unbesetzten Teil Frankreichs an die deutschen Behörden vor. B. organisierte Ausreisepapiere, mit denen u. a. prominente Exilsozialdemokraten wie Erich Ollenhauer, Friedrich Stampfer, Erich Rinner, Herbert Weichmann und Curt Geyer über Spanien und Portugal in die USA oder Großbritannien emigrierten (→ Rettung).

Borissow. Exekutionsort bei → Minsk. Beim Einmarsch in → Weißrussland tötete die → Wehrmacht Tausende von Juden. Die Überlebenden wurden ghettoisiert (→ Ghetto). Im September und Oktober 1941 fanden mehrere Massenerschießungen in B. (nordöstlich von Minsk) statt, die letzte und größte am 20./21. 10. 1941. Der Leiter des Einsatzkommandos 8 der → Einsatzgruppe B, SS-Hauptsturmführer Werner Schönemann, hatte im September die Ermordung aller im Minskland lebenden Juden befohlen. Ein Teilkommando des Sonderkommandos 1 b unter SS-Obersturmführer Rudolf Grave führte diesen Auftrag mit Hilfe des weißrussischen Ordnungsdienstes (→ Schutzmannschaften) aus. Innerhalb von eineinhalb Tagen wurden 8000 Menschen erschossen, darunter alle Frauen und Kinder der jüdischen Bevölkerung. Man brachte sie zu bereits ausgehobenen Massengräbern außerhalb der Ortschaft, in die sie sich mit dem Gesicht nach unten legen mussten. Den größten Teil der Erschießungen führte die weißrussische Miliz durch.

Ulrike Hasenfuß

Lit.: Christian Gerlach, Kalkulierte Morde. Die deutsche Wirtschafts- und Vernichtungspolitik in Weißrußland 1941–1944, Hamburg 1999. – Helmut Krausnick, Hans-Heinrich Wilhelm, Die Truppe des Weltanschauungskrieges. Die Einsatzgruppen der Sicherheitspolizei und des SD 1938–1942, Stuttgart 1981.

Bosnien-Herzegowina s. Kroatien und Bosnien-Herzegowina

Bothmann, Hans (1911–1946), Kommandant des → Vernichtungslagers → Chełmno (Kulmhof); im Juni 1933 Eintritt in die → SS; nach der Besetzung Polens bei der Sicherheitspolizei in Posen tätig. B. übernahm im März oder April 1942 den Befehl über das für Chełmno zuständige Sonderkommando, wo er die Massenmorde bis zur Auflösung des Lagers im März 1943 leitete. Anschließend wurde B. das 85 Köpfe zählende Sonderkommando der SS-Division Prinz Eugen in → Jugoslawien unterstellt, wo es sich als Verstärkung einer Gendarmeriekompanie an Operationen gegen → Partisanen beteiligte. Im April 1944 kehrte B.s Einheit nach Chełmno zurück, um die Vergasungen wiederaufzunehmen. Im August 1944 beteiligte sich das Sonderkommando an der Auflösung des Ghettos von → Łódź. Anschließend leitete B. die endgültige Auflösung des Vernichtungslagers Chełmno. Nachdem er im Januar 1945 in den Westen Deutschlands geflohen war, wurde B. von britischen Militärbehörden verhaftet und erhängte sich am 4. April 1946 in Heide (Holstein).

Bouhler, Philipp (1899–1945), Leiter der Kanzlei des Führers (KdF); Sohn eines bayerischen Obersten; 1919 Mitglied des Deutschvölkischen Schutz- und Trutzbundes, seit Juli 1922 der NSDAP, deren zweiter Geschäftsführer seit Oktober 1922; im März 1925 Reichsgeschäftsführer der am 27. Februar 1925 wiedergegründeten NSDAP; am 17. November 1934 Ernennung zum Chef der KdF. Im Oktober 1939 wurde B. zusammen mit Karl Brandt von Hitler mit der Durchführung der sog. → Euthanasie beauftragt, dessen administrative und technische Realisierung vor allem B.s Mitarbeiter Viktor Brack übernahm. Gegen Kriegsende in amerikanische Gefangenschaft geraten, beging B. in Dachau Selbstmord.

Boykott. Erste reichsweite gegen die deutschen Juden gerichtete Maßnahme nach der nationalsozialistischen Machtübernahme, die die Parteileitung der NSDAP am 28. März 1933 für den 1. April anordnete. Offiziell wurde der B. als «reine Abwehrmaßnahme» gegen angebliche jüdische «Greuelpropaganda» aus dem Ausland deklariert. Zur Durchführung des B. jüdischer Geschäfte, Warenhäuser, Arztpraxen und Rechtsanwaltskanzleien wurden regionale «Aktionskomitees» gebildet. Das «Zentralkomitee zur Abwehr der jüdischen Greuel- und Boykotthetze» leitete Julius Streicher. Am Samstag, 1. April, 10 Uhr, sollte der B. im gesamten → Deutschen Reich beginnen. Tatsächlich setzten schon am Vortag Aktionen ein, die die unkontrollierten Schikanen, denen jüdische Gewerbetreibende in den vergangenen Wochen ausgesetzt waren, fortsetzten. Posten der SA und der HJ zogen vor jüdischen Geschäften, Arztpraxen und Anwaltskanzleien auf, um Kunden, Patienten und Mandanten am Betreten zu hindern. Jüdischen Richtern, Staatsanwälten und Rechtsanwälten wurde der Eintritt ins Gerichtsgebäude verwehrt. Geschäfte ausländischer Juden waren ausdrücklich von dem B. ausgenommen, in der Praxis wurde das allerdings nicht konsequent eingehalten. In den Hauptstraßen der größeren Städte versuchte man, gewalttätige Ausschreitungen zu unterdrücken, in Nebenstraßen und kleineren Ortschaften kam es jedoch zu Plünderungen. Nicht zuletzt ausländische Drohungen, im Gegenzug deutsche Waren zu boykottieren, aber auch die geringe innenpolitische Resonanz veranlassten die Regierung, den ursprünglich auf unbestimmte Zeit verhängten B. auf einen Tag zu beschränken. Aus Wirtschaftskreisen wurde zudem die Befürchtung geäußert, dass der B. in Anbetracht der ökonomischen Schwierigkeiten negative Auswirkungen haben könnte. Am 4. 4. 1933 wurde der B. offiziell für beendet erklärt. Mit dem von Regierung und Partei legitimierten und unterstützten B. wurden die bis dahin unorganisierten und dezentralen Aktionen gegen jüdische Gewerbetreibende kanalisiert. Damit wurde ein Signal für die ökonomische Diskriminierung, Ausplünderung und schließlich Ausschaltung der Juden gesetzt.

Angelika Königseder

Lit.: Avraham Barkai, Vom Boykott zur «Entjudung». Der wirtschaftliche Existenzkampf der Juden im Dritten Reich 1933–1943, Frankfurt am Main 1987.

Bozen. Das Polizeidurchgangslager B. in → Italien («Operationszone Alpenvorland»), im Sommer 1944 im Ortsteil Gries an der Reschenstraße (Via Resia) 80 auf einem Militärgelände eingerichtet, lag in unmittelbarer Nähe der Eisenbahnlinie über den Brenner. Die ersten Häftlinge trafen aus dem Lager → Fossoli di Carpi im Juli/August 1944 ein. Lagerkommandanten waren SS-Untersturmführer Karl Thito und sein Stellvertreter SS-Hauptscharführer Hans Haage, beide bereits in derselben Funktion in Fossoli tätig gewesen. Auf 1500 Personen angelegt, war das Lager zeitweise mit über 3500 Häftlingen belegt. Inhaftiert waren überwiegend → Partisanen, aber auch Juden, «Zigeuner» (→ Sinti und Roma) und alliierte sowie italienische Kriegsgefangene. Zum Lagerkomplex gehörten eine Reihe von Außenlagern, in denen die Häftlinge → Zwangsarbeit verrichten mussten. Der erste Deportationszug verließ B. am 24. Oktober 1944 nach → Auschwitz, weitere folgten nach → Mauthausen, → Flossenbürg und → Ravensbrück. Bis zur Evakuierung am 3. Mai 1945 waren mindestens 11116 Häftlinge in B. interniert, etwa 300 – darunter 13 Juden – sind im Lager selbst umgekommen. Heute erinnern nur noch die Außenmauern und ein Gedenkstein (1965 errichtet, 1985 erweitert) an die Existenz des Lagers.

Juliane Wetzel

Lit.: Carla Giacomozzi (Hrsg.), L'ombra del buio. Lager a Bolzano 1945–1995, Bolzano 1996. – Juliane Wetzel, Das Polizeidurchgangslager Bozen, in: Dachauer Hefte 5 (1989).

Brack, Viktor (1904–1948), Amtsleiter in der Kanzlei des Führers (KdF); seit 1929 Mitglied der NSDAP und der → SS; seit 1934 Adjutant Philipp Bouhlers; 1936 Leiter des Amtes II (Staats- und Parteiangelegenheiten) der KdF; schließlich Stellvertreter Bouhlers und SS-Oberführer. Seit Oktober 1939 war B. für die Organisierung der → Euthanasie zuständig, die ab Januar 1940 durchgeführt wurde, wobei erstmals Gas als Mittel zur Massentötung eingesetzt wurde (→ Aktion T4). Im Sommer 1941 stellte er für den Aufbau der → Vernichtungslager Personal mit Erfahrungen hinsichtlich des Einsatzes von → Gaswagen und → Gaskammern zur Verfügung. Wegen seiner Mitverantwortung an der Ermordung von über 50000 Insassen deutscher Heilanstalten wurde B. im Nürnberger Ärzteprozess 1947 zum Tode verurteilt und 1948 hingerichtet.

Bradfisch, Otto (1903–1994), Führer eines SS-Einsatzkommandos; 1922–1925 Studium der Volkswirtschaft; 1926 Jurastudium; 1. Januar 1931 Eintritt in die NSDAP; 1936 Tätigkeit beim bayerischen Innenministerium; März 1937 bis Juli 1938 Tätigkeit bei der Staatspolizei (Stapo) Saarbrücken, anschließend Leiter der Stapo in Neustadt; am 26. 9. 1938 Eintritt in die → SS. Ab Juni 1941 war B. Führer des Einsatzkommandos 8 bei der → Einsatzgruppe B. Seit April 1942 war er als Leiter der Stapo in → Łódź für die → Deportation der dortigen Juden ins → Vernichtungslager → Chełmno zuständig. Juli 1943 bis Ende 1944 kommissarischer Oberbürgermeister, seit Sommer 1944 auch Kommandeur der Sicherheitspolizei und des SD (KdS) von Łódź; gegen Kriegsende KdS in Potsdam. Nach dem Krieg zunächst als Karl

Evers untergetaucht und anschließend unter seinem richtigen Namen bei einer Versicherung angestellt, wurde B. 1958 verhaftet und am 21. Juli 1961 vom Landgericht München I zu 10 Jahren, am 18. November 1963 vom Landgericht Hannover zu 13 Jahren Haft verurteilt.

Brand, Joel (1907–1964), Mitglied des Waad Haezra Wehazala Bebudapest (Waad; Komitee zur Unterstützung jüdischer Flüchtlinge in → Ungarn); betrieb in den 30er Jahren eine Handschuhfabrik in Budapest; seit 1943 Leiter der Reisesektion der Waad. Nach der deutschen Besetzung Ungarns bestand das primäre Ziel der Waad in der Rettung der ungarischen Juden. Nachdem Eichmann am 25. April 1944 das «Blut-für-Ware-Abkommen» vorgeschlagen hatte, demzufolge eine Million Juden gegen 10000 Lastwagen und andere Waren ausgetauscht werden sollten, reiste B. am 19. Mai 1944 als Vermittler nach Istanbul, um Kontakte zum Joint Rescue Committee und zur Jewish Agency in Jerusalem aufzunehmen. Letztlich scheiterten die Verhandlungen an der Weigerung der britischen Regierung, ein «Abkommen mit der Gestapo» zu schließen, während sich die Amerikaner für eine Fortsetzung der Verhandlungen einsetzten. B.s Mission wurde endgültig zunichte gemacht, als die BBC am 19. Juli 1944 deren Ziele veröffentlichte.

Brandt, Karl (1904–1948), Generalkommissar für das Sanitäts- und Gesundheitswesen. Seit dem 1. März 1932 Mitglied der NSDAP; seit Sommer 1934 Begleitarzt Hitlers; nach dem Wechsel von der SA zur → SS rasche Karriere. In einem auf den 1. September 1939 rückdatierten Erlass Hitlers vom Oktober 1939 wurde B. zusammen mit Bouhler mit der Durchführung der → Euthanasie beauftragt. Durch Führererlass vom 28. Juli 1942 zum Generalkommissar für das Sanitäts- und Gesundheitswesen ernannt, war B. u.a. für die Koordinierung der Menschenversuche in den KZ verantwortlich (→ Medizinische Versuche). Seit dem 20. Juli 1944 SS-Gruppenführer und General der Waffen-SS. Im Nürnberger Ärzteprozess (→ Nürnberger Prozesse) wurde B. wegen seiner Verantwortung für die Menschenversuche und teilweise eigener Beteiligung an ihnen am 20. August 1947 zum Tode verurteilt und am 2. Juni 1948 hingerichtet.

Brest. Verwaltungszentrum der Oblast B. im südwestlichen → Weißrussland, das am 23. Juni 1941 von der deutschen → Wehrmacht besetzt wurde. Am 6. und 7. Juli 1941 fand in B. die größte Einzelexekution der ersten Kriegswochen in Weißrussland statt: Das Polizeibataillon 307 (→ Polizei) und Teile der 162. Infanteriedivision nahmen bei einer Großrazzia 4000–6000 jüdische Männer fest und fuhren sie zu vorbereiteten Gruben, wo sie vom Polizeibataillon und dem Einsatztrupp z. b. V. (zur besonderen Verwendung; → Einsatzgruppen) des Kommandeurs der Sicherheitspolizei und des SD (KdS) Lublin erschossen wurden. Das Anfang Dezember 1941 errichtete → Ghetto wurde am 15. und 16. Oktober 1942 aufgelöst. Personal der KdS-Außenstelle B., Gendarmerie, Schutzpolizei, die Polizeikompanie «Nürnberg» und Angehörige der polnischen → Schutzmannschaft ermordeten 16000–19000 Insassen. Diese wurden teilweise bereits im Ghetto getötet; ungefähr 15000 Menschen trieb man zum Bahnhof, pferchte sie in Güterwaggons und transportierte sie zu der Vernichtungsstätte → Bronnaja Gora. Nur etwa 10–15 Brester Juden erlebten die Befreiung durch die Rote Armee am 28. Juli 1944.

Babette Quinkert

Lit.: Christian Gerlach, Kalkulierte Morde. Die deutsche Wirtschafts- und Vernichtungspolitik in Weißrußland 1941–1944, Hamburg 1999. – Wassili Grossman, Ilja Ehrenburg, Das Schwarzbuch. Der Genozid an den sowjetischen Juden, Reinbek 1994. – Paul Kohl, Der Krieg der deutschen Wehrmacht und der Polizei 1941–1944. Sowjetische Augenzeugen berichten, Frankfurt am Main 1995.

Bronnaja Gora. Bei der an der Bahnlinie zwischen Brest und Baranowitschi, 20 km nordöstlich von Bereza-Kartuska gelegenen Eisenbahnstation B. errichteten die Deutschen im Mai und Juni 1942 eine Vernichtungsstätte. Anwohner mussten riesige Gruben ausheben. Der Weg vom Bahnhof zu diesen Massengräbern wurde mit Stacheldraht abgezäunt. Zwischen Juni und November 1942 wurden hier mindestens 30000, möglicherweise auch 50000 Menschen erschossen. 20000–25000 Opfer waren Jüdinnen und Juden aus → Brest, Kobryn, Antopol und Bereza-Kartuska. Über die Herkunft der anderen Ermordeten weiss man bis heute kaum etwas. Es ist auch unklar, ob die Einrichtung und Leitung bei der Außenstelle Brest des Kommandeurs der Sicherheitspolizei und des SD oder beim Einsatzstab des Befehlshabers der Ordnungspolizei im nahen Kobryn lag, und wie sich die Erschießungskommandos zusammensetzten.

Babette Quinkert

Lit.: Christian Gerlach, Kalkulierte Morde. Die deutsche Wirtschafts- und Vernichtungspolitik in Weißrußland 1941–1944, Hamburg 1999. – Wassili Grossman, Ilja Ehrenburg, Das Schwarzbuch. Der Genozid an den sowjetischen Juden, Reinbek 1994.

Brunner, Alois (geb. 1912), enger Mitarbeiter Eichmanns; 1931 Mitglied der österreichischen NSDAP, seit 1938 der → SS; seit August 1938 Tätigkeit in der von Eichmann gegründeten Zentralstelle für jüdische Auswanderung in Wien, deren Leitung B. im Oktober 1939 übernahm. B. war zwischen Oktober/November 1939 und Oktober 1941 für die → Deportation von mährischen und Wiener Juden ins → Generalgouvernement zuständig. Im Februar 1943 überwachte er in → Griechenland die Deportation der Juden Salonikis. Als Leiter des Lagers → Drancy in → Frankreich (2. Juli 1943 bis 17. August 1944) beaufsichtigte er im September 1943 den Abtransport der Juden aus Nizza und Umgebung über Drancy nach → Auschwitz. Ende September 1944 hielt er sich in Bratislava auf, um die Deportation der slowakischen Juden abzuschließen. B., einer der meistgesuchten Kriegsverbrecher, hält sich seit 1954 in Syrien auf. Die syrische Regierung lehnte 1984 mehrere Auslieferungsersuchen ab. Ob er noch lebt, ist ungeklärt. Am 2. März 2001 wurde er in Paris in absentia zu lebenslanger Haft verurteilt.

Buchenwald (KZ). Das Konzentrationslager B. gehörte zur zweiten Generation nationalsozialistischer → Konzentrationslager. Es wurde im Juli 1937 eröffnet und lag am Rand der Stadt Weimar auf dem Ettersberg. Das Häftlingslager wurde von den Gefangenen errichtet und bestand nach Fertigstellung aus drei Teilen: dem «großen Lager», dem «Zeltlager», das im Oktober 1939 zunächst für polnische Gefangene errichtet wurde, und dem «kleinen Lager», das 1942 als Quarantänestation entstand und in der Schlussphase zum Sterbelager vor allem für jüdische Häftlinge wurde. Neben dem Bereich des Häftlingslagers wurden die SS-Verwaltung, die Unterkünfte für die Angehörigen der → SS und die lagereigenen Wirtschaftsbetriebe erbaut. Die ersten Häftlinge waren politische Gegner, Zeugen Jehovas, Kriminelle, sog. BV-Häftlinge (befristete Vorbeugehaft), die «Berufsverbrecher» genannt wurden, und zunächst nur vereinzelt jüdische Häftlinge. Die Lebensbedingungen der jüdischen Häftlinge waren immer deutlich schlechter, ihre Sterblichkeitsrate lag höher als die der anderen Gefangenen. Im September 1938 wurden mehrere Tausend Juden von → Dachau nach B. verlegt und nach den → Novemberpogromen vom 9. 11. 1938 wurden 9828 Juden nach B. verschleppt. Die meisten von ihnen wurden mit der Auflage, Deutschland zu verlassen, nach einiger Zeit wieder entlassen. Im September/Oktober 1939 wurden polnische und staatenlose Juden nach B. deportiert.

Anfangs besetzten die kriminellen Häftlinge nahezu alle Positionen der sog. Häftlingsselbstverwaltung, ab Mitte 1938 gelang es dann den politischen Gefangenen nach und nach Schlüsselstellungen zu erobern. Damit begann der illegale Widerstand, der vor allem von kommunistischen Häftlingen in den letzten Kriegsjahren effektiver als in jedem anderen KZ organisiert wurde. Bis Kriegsbeginn arbeiteten die Gefangenen vorwiegend im Lageraufbau sowie im Steinbruch. Im Laufe des Krieges entstanden 129 Außenkommandos, in denen Häftlinge aus nahezu allen europäischen Nationen vor allem für die Rüstung arbeiteten. Das Hauptlager wurde ab 1941 zunehmend ein Ort des Massenmords und Sterbens. Kranke Häftlinge wurden entweder deportiert oder im Lagerrevier getötet, mehrere Tausend sowjetische Kriegsgefangene wurden durch Genickschuss ermordet. Im Oktober 1942 wurden nahezu alle jüdischen Häftlinge nach → Auschwitz deportiert. Von den osteuropäischen Juden, die ab dem Sommer 1944 in großer Zahl als Sklavenarbeiter in die Außenlager verbracht wurden, starben viele an den Arbeits- und Lebensbedingungen oder auf den → Todesmärschen der letzten Tage. Von den ca. 240 000 Häftlingen des Konzentrationslagers B. und seiner Außenlager wurden ca. 34 000 Tote registriert, die tatsächliche Zahl der Opfer liegt aber bei mindestens 50 000 Menschen.

Barbara Distel

Lit.: David Hackett (Hrsg.), Der Buchenwald-Report, Weimar 1996. – Eugen Kogon, Der SS-Staat, München 1946. – Harry Stein, Juden in Buchenwald 1937–1942, Weimar 1992. – Ders., Konzentrationslager Buchenwald 1937–1945, Göttingen 1999.

Bühler, Josef (1904–1948), Staatssekretär der Regierung Frank im → Generalgouvernement; Jurist; Staatsanwalt beim Landgericht und Oberlandesgericht München. B., der seit 1930 enge Kontakte zu Hans Frank besaß, trat erst 1933 in die NSDAP ein. Seit Dezember 1939 arbeitete er im Krakauer Amt (später Regierung) des Generalgouverneurs, wo er Chef des Amtes (ab März 1940 Staatssekretär) wurde und seit Mai 1940 auch als Franks Stellvertreter fungierte. B. wirkte an den meisten antijüdischen Verordnungen im → Generalgouvernement mit und nahm als Vertreter der Regierung des Generalgouvernements an der → Wannsee-Konferenz teil, wo er sich dafür einsetzte, dass baldigst mit der sog. → Endlösung der Judenfrage im Generalgouvernement begonnen werde. Nachdem er als Zeuge im Nürnberger Hauptkriegsverbrecherprozess aufgetreten war, wurde er an Polen ausgeliefert (→ Nürnberger Prozesse). Dort wurde er 1948 vom Obersten Nationalgericht zum Tode verurteilt und hingerichtet.

Bürckel, Josef (1895–1944), Gauleiter und Reichsstatthalter in → Österreich; 1920–1927 als Lehrer tätig; 1925 Eintritt in die NSDAP; seit 1926 Gauleiter in der Pfalz; seit 1930 Mitglied des Reichstages; seit dem 17. Juni 1936 Reichskommissar für das Saarland. Am 25. April 1938 wurde B. zum Reichskommissar für die Wiedervereinigung Österreichs mit dem Reich und 1939 zum Gauleiter und Reichsstatthalter in Wien ernannt, wo er zwar persönliche Bereicherungen bei der → Arisierung jüdischen Vermögens abstellte, andererseits jedoch die Entrechtung und → Deportation der Juden in → Österreich vorantrieb. Im Februar 1939 wurde B. mit der kommissarischen Leitung der Zivilverwaltung im → Protektorat Böhmen und Mähren und im August 1940 mit der Leitung der Zivilverwaltung in Lothringen betraut, wo er die Judendeportationen ins Lager → Gurs veranlasste («Bürckel-Aktion»). B. war nach dem Zusammenbruch der deutschen Front 1944 für die Räumung von Metz verantwortlich, was Hitler verärgerte. Möglicherweise war dies der ausschlaggebende Grund für B.s Selbstmord.

Bürckel-Aktion s. Gurs

Bütefisch, Heinrich (1894–1969), Vorstandsmitglied der IG-Farben; Chemiestudium in Hannover, 1920 Promotion und Beschäftigung bei der BASF; 1927 Prokurist im Ammoniakwerk Merseburg; 1930 Direktor der chemischen Produktion in Leuna; 1931 Mitglied im technischen Ausschuss der IG Farben; 1934 Mitglied im sog. Freundeskreis Reichsführer SS; 1936 Mitarbeiter Carl Krauchs beim Vierjahresplan; 1937 Mitglied der NSDAP, 1939 der → SS, wo er bis zum Obersturmbannführer (1943) befördert wurde. B. übernahm 1941 die Leitung des Werks zur Herstellung synthetischen Benzins in → Auschwitz und führte Verhandlungen über den Einsatz der Häftlinge zur → Zwangsarbeit. Wegen der Versklavung von Zwangsarbeitern 1948 im IG Farben-Prozess (→ Nürnberger Prozesse) zu sechs Jahren Haft verurteilt, wurde B. nach seiner Entlassung 1951 u.a. Mitglied des Aufsichtsrates der Ruhr-Chemie-AG, Aufsichtsratsvorsitzender der Kohle-Öl-Chemie-GmbH Gelsenkirchen und Leiter des Technischen Expertenkomitees der Internationalen Konvention der Stickstoffindustrie. 1964 verlieh ihm Bundespräsident Lübke das Große Bundesverdienstkreuz, forderte es aber nach öffentlichen Protesten wenige Tage später zurück.

Bukowina. Gebiet zwischen Dnjestr im Norden und Czeremosch im Süden, 1918 an Rumänien angeschlossen. Im Süden der B. verschlechterte sich die Lage der Juden bereits, als im September 1940 die Eiserne Garde und General Ion Antonescu an die Macht kamen. Seitdem waren Übergriffe an der Tagesordnung. Den Norden der B. mit der Stadt Czernowitz musste → Rumänien Ende Juni 1940 infolge eines Ultimatums der → Sowjetunion räumen. Etwa 10000 Juden wurden von den sowjetischen Behörden 1940/41 nach Sibirien deportiert. Als sich die Rote Armee nach Kriegsbeginn aus dem Norden der B. zurückzog, nahm sie viele Männer im wehrdienstfähigen Alter mit. Daher ist es schwer festzustellen, wieviele Juden beim Einmarsch der rumänischen und deutschen Truppen im Juli 1941 umgebracht wurden. Der damalige Bürgermeister von Czernowitz, Traian Popovici, schätzte, dass von den 100 000 Einwohnern nur noch 65 000–70 000 in der Nordbukowina waren. Eine Einheit der deutschen → Einsatzgruppen beteiligte sich an den Morden, die wie in → Bessarabien als Bestrafung vorgeblicher Kollaboration mit den Sowjetbehörden legitimiert wurden. Im August 1941 begannen die → Deportationen Bukowiner Juden nach → Transnistrien. Da die deutsche Militärverwaltung erst am 30. August 1941 dieses Gebiet vertragsgemäß der rumänischen Verwaltung überließ, wurden viele Juden in provisorischen Sammellagern entlang des Dnjestr festgehalten. Dort erhielten sie keine Verpflegung, viele starben an Hunger und Mangelkrankheiten. Als im September 1940 die Deportationen direkt nach Transnistrien gingen, hatten die Interventionen einiger Rumänen Erfolg, die Antonescu auf die wirtschaftlichen Folgen hingewiesen hatten. 16 000 Juden konnten vorläufig in der B. verbleiben. Für die Juden hatte sich besonders der Czernowitzer Bürgermeister eingesetzt, der auch ca. 5000 Juden auf eigene Initiative Aufenthaltspapiere ausstellen ließ. Nach seiner Absetzung 1942 wurden diese Juden auch nach Transnistrien deportiert. Erst Ende 1942 wurden die Deportationen aus der B. eingestellt. In Transnistrien kamen von den über 90 000 deportierten Bukowiner Juden etwa die Hälfte um. Im März 1944 befreite die Rote Armee Transnistrien und die überlebenden Bukowiner Juden kehrten in ihre Heimat zurück. Über 22 000 nahmen 1945/1946 die Möglichkeit der Ausreise nach Rumänien wahr. Von dort emigrierte die Mehrheit nach → Palästina oder in andere Länder.

Mariana Hausleitner

Lit.: Hugo Gold (Hrsg.), Geschichte der Juden in der Bukowina, 2 Bde., Tel Aviv 1958/1962. – Mariana Hausleitner, Juden und Antisemitismus in der Bukowina zwischen 1918 und 1944, in: Krista Zach (Hrsg.), Rumänien im Brennpunkt, München 1998. – Raul Hilberg, Die Vernichtung der europäischen Juden, Bd. 2, Frankfurt [2]1990. – Radu Ioanid, The Holocaust in Romania, Chicago 2000. – Dalia Ofer, Life in the Ghettos of Transnistria, in: Yad Vashem Studies, XXV (1996), S. 229–273. – Isak Weißglas, Steinbruch am Bug. Bericht einer Deportation nach Transnistrien, Berlin 1995.

Bulgarien. Als Nutznießer des Bündnisses mit Deutschland gewann B. große Territorien hinzu, so nach dem Balkanfeldzug 1941 Nordmazedonien von → Jugoslawien sowie Ostmazedonien und Thrazien von → Griechenland: Zu den 50 000 (meist sephardischen) Juden im bulgarischen Altreich kamen weitere 13 000. Im Januar 1941 wurde das antijüdische Gesetz zum Schutz der Nation (mit religiös geprägten Definitionskriterien) verabschiedet, im August 1942 das «Judenkommissariat» geschaffen. Kommissar Aleksander Belev unterzeichnete am 22. 2. 1943 mit dem deutschen «Judenberater» Theodor Dannecker ein Abkommen über die → Deportation von 20 000 Juden. Im März 1943 wurden die aus den ehemals griechischen (4100) und jugoslawischen (7280) Gebieten zusammengetriebenen Juden an den neuen Grenzen den Deutschen zur Deportation nach → Treblinka übergeben: Weniger als Hundert überlebten. Die Aktion gegen die zur Planerfüllung benötigten «unerwünschten» Altreich-Juden wurde jedoch nach einem Einspruch des Parlaments, der Kirche und anderer Faktoren abgebrochen. Trotz des deutschen Drucks begnügte sich Sofia mit der Umsiedlung der Stadtjuden in die Provinz und mit Eigentumskonfiskationen. Die opportunistische Hinhaltepolitik mit Rücksicht auf innere Widerstände und den, seit der Kriegswende immer wichtiger werdenden, sog. alliierten Faktor, in der Hoffnung auf einen Sonderfrieden kulminierte am 30. 8. 1944 in der Aufhebung der Restriktionen gegen alle «bulgarischen Juden», den Staatsbürgern des Altreichs. Die «Fremdjuden» in den administrativ annektierten «neuen Provinzen» waren geopfert worden, da sie keinen Fürsprecher fanden und Sofias Bulgarisierungspolitik im Wege standen.

Hagen Fleischer

Lit.: Michael Bar-Zohar, Beyond Hitler's Grasp: The heroic rescue of Bulgaria's Jews, Holbrook, Mass. 1999. – Frederick B. Chary, The Bulgarian Jews and the Final Solution 1940–1944, Pittsburgh 1972. – Hans-Joachim Hoppe, Bulgarien, in: Wolfgang Benz (Hrsg.), Dimension des Völkermords. Die Zahl der Jüdischen Opfer des Nationalsozialismus, München 1991, S. 275–310.

Bund. 1897 als «Allgemeiner Jüdischer Arbeiter-Bund in Rußland, Litauen und Polen» in → Wilna gegründet, später nur B. genannt, war in der Zwischenkriegszeit die Partei der jüdischen Sozialisten in Polen. Er gehörte der Sozialistischen Internationale an und arbeitete vor allem mit der Polnischen Sozialistischen Partei (PPS) zusammen. Als strikter Gegner des → Zionismus verfocht er das Recht des jüdischen Volkes auf «kulturelle Autonomie» in Polen. In der zweiten Hälfte der 30er Jahre wurde der B. vor allem wegen seines entschiedenen Kampfes gegen alle Formen des → Antisemitismus zur bedeutendsten Organisation der jüdischen Bevölkerung in → Polen, die gerade bei Kommunalwahlen erfolgreich war. Im Herbst 1939 wurden Henryk Ehrlich und Wiktor Alter, die wichtigsten Repräsentanten des Vorkriegs-B., im sowjetisch besetzten Teil Polens verhaftet, in Moskau gefangen gehalten und im Dezember 1941 nach einem Schauprozess ermordet (→ Sowjetunion). Die Bundisten in → Warschau wirkten innerhalb und außerhalb des → Ghettos politisch weiter und veröffentlichten Untergrund-Publikationen, die bis in polnische Provinzstädte gelangten (→ Jüdischer Widerstand). Die Verhaftung einer Kurierin im Juni 1941, die eine Namensliste mit B.-Aktivisten bei sich trug, führte zur Ermordung vieler Bundisten in verschiedenen Städten. Auch während des Krieges verweigerten B.-Mitglieder lange Zeit die Zusammenarbeit mit zionistischen Organisationen und knüpften Beziehungen zum polnischen Untergrund. Erst ab Oktober 1942 schlossen sich junge Bundisten in → Warschau der Jüdischen Kampforganisation Żydowska Organizacja Bojowa (ŻOB) an, unter ihnen Marek Edelman, später einer der ŻOB-Kommandeure des Warschauer Ghetto-Aufstands. Nach dessen Niederschlagung beging der prominente B.-Vertreter Szmul Zygielbojm, Mitglied des Polnischen Nationalkomitees der Exilregierung in London, aus Verzweiflung über das Scheitern seiner Bemühungen, die polnischen Behörden in London und die westlichen Regierungen zur → Rettung der noch lebenden polnischen Juden zu mobilisieren (→ Alliierte Reaktionen), am 12. Mai 1943 Selbstmord.

Beate Kosmala

Lit.: Bernard K. Johnpoll, The Politics of Futility. The General Jewish Workers Bund of Poland 1917–1943, Ithaca 1967. – Gertrud Pickhan, Gegen den Strom. Der Allgemeine Jüdische Arbeiterbund «Bund» in Polen 1918–1939, Stuttgart 2001.

Burger, Anton (1911–1991), Kommandant des Ghettos → Theresienstadt; 1931 Mitglied der österreichischen NSDAP, deshalb 1933 unehrenhaft aus dem österreichischen Heer entlassen; anschließend illegaler Aufenthalt in Deutschland als Mitglied der Österreichischen Legion und Aufnahme in die SA; seit 1935 deutscher Staatsangehöriger. Nach seinem Wechsel in die → SS 1938 zunächst in Eichmanns Zentralstelle für jüdische Auswanderung in Österreich, seit Sommer 1939 in der Prager Zentralstelle tätig; 1941 Aufbau der Zweigstelle in Brünn (→ Protektorat Böhmen und Mähren), Ende 1942 Versetzung ins Judenreferat (IV B 4) des → Reichssicherheitshauptamtes; im Februar 1943 zusammen mit Dieter Wisliceny nach Saloniki (→ Griechenland) entsandt, um die → Deportation der mazedonischen Juden nach → Auschwitz zu organisieren, seit dem 5. Juli 1943 Lagerkommandant von Theresienstadt. Berüchtigt wegen seiner Brutalität, beteiligte er sich an der Zusammenstellung von Transporten nach Auschwitz und an Exekutionen in der Kleinen Festung Theresienstadt. Seit März 1944 Leiter des Judenreferats beim Befehlshaber der Sicherheitspolizei und des SD in Athen mit der Weisung, die Deportation der Juden Athens, Korfus und Rhodos' nach Auschwitz durchzuführen. Bei Kriegsende Internierung durch die Amerikaner in Salzburg. B. wurde erst 1947 als Kommandant von Theresienstadt identifiziert und entzog sich einer Verurteilung durch die US-Behörden im Juni 1947 durch die Flucht, inzwischen in der ČSR in absentia zum Tode verurteilt. Bis zu seiner Verhaftung im März 1951 unter falschem Namen lebend, floh er erneut am 9. April 1951 und lebte unter dem Namen Bauer mit wechselnden Vornamen illegal in Österreich und Deutschland. Seit 1962 hielt er sich als Wilhelm Bauer bis zu seinem Tod in Deutschland auf. 1992/1993 erklärte das Bayerische Landeskriminalamt, dass B. mit Wilhelm Bauer identisch war.

Chełmno (Kulmhof). Vernichtungslager im Warthegau (Wartheland). Im Auftrag des Gauleiters Arthur Greiser und des Höheren SS- und Polizeiführers Wilhelm Koppe errichtete das «Sonderkommando Lange» im November 1941 eine Gaswagenstation für die Ermordung vor allem der nicht arbeitsfähigen Juden des → Warthegaus. Dieses Sonderkommando hatte bereits 1940 im Rahmen der → Aktion T4 etwa 1500 Geisteskranke und Behinderte im ostpreußischen Soldau in Lastkraftwagen mit Giftgas getötet.

Das → Vernichtungslager C. bestand aus zwei Bereichen, die 4 km voneinander entfernt lagen: Das im Ort Chełmno als «Schloss» bezeichnete Herrenhaus war Sammelplatz für die Opfer und Ort der Ermordungen, im sog. Waldlager im angrenzenden Wald von Rzuchów wurden die Leichen vergraben und ab Sommer 1942 auch verbrannt. Das nach seinen Kommandanten «Sonderkommando Lange» und später «Sonderkommando Bothmann» benannte «Sonderkommando Kulmhof» bestand aus Mitgliedern der Sicherheitspolizei und des Schutzpolizeikommandos. Die etwa 10–15 Mann der Sicherheitspolizei hatten im Lager die zentralen Positionen inne. Ungefähr 80–100 Angehörige der Schutzpolizei waren in «Transport-», «Schloss-» und «Waldkommandos» aufgeteilt. Am 8. Dezember 1941 begann die Ermordung der Juden in der anfangs mit zwei, dann mit drei → Gaswagen ausgestatteten Vernichtungsstätte. Zunächst

wurden die Juden der näheren Umgebung mit Lastkraftwagen nach C. gebracht. Dort erklärte man ihnen, dass sie zum Arbeitseinsatz umgesiedelt würden, vorher jedoch baden und ihre Kleider zur Desinfektion abgeben müssten. Nachdem Angehörige des Sonderkommandos die Wertsachen eingesammelt und pro forma registriert hatten, trieben sie die Juden in den Gaswagen. Die Abgase des Auspuffs wurden in das Wageninnere geleitet und die Menschen dadurch erstickt.
Vorübergehend von der Vernichtung zurückgestellte jüdische Männer hatten die Leichen im Waldlager zunächst in Massengräbern zu verscharren, später dann zu verbrennen. Am 16. Januar 1942 begannen die → Deportationen aus dem Ghetto → Łódź nach C. Die Überfüllung des → Ghettos war unter anderem eine Begründung für die Errichtung des Lagers gewesen. Ab Herbst 1942 nahm der Umfang der Transporte erheblich ab, im Frühjahr 1943 endeten sie gänzlich – die gesamte jüdische Bevölkerung des Warthegaus, abgesehen von den verbliebenen Einwohnern des Ghettos in Łódź, war ermordet. Ende März 1943 wurde das Lager aufgelöst, das Schloss und der Verbrennungsofen gesprengt und das Sonderkommando nach → Jugoslawien versetzt. Im April 1944 kehrte jedoch ein Teil der früheren Angehörigen des Sonderkommandos zurück: Im Zusammenhang mit der bevorstehenden Auflösung des Ghettos in Łódź wurde beschlossen, die Vernichtungsaktionen in C. wiederaufzunehmen. Im ehemaligen Waldlager errichtete das Sonderkommando zwei Baracken und zwei Verbrennungsöfen. Am 23. Juni 1944 begannen die Transporte aus dem Ghetto von Łódź nach C. erneut, wurden nach drei Wochen jedoch wieder eingestellt: Die Kapazitäten hätten zur Ermordung Zehntausender innerhalb kürzester Zeit nicht ausgereicht; die Einwohner des Ghettos wurden nun nach → Auschwitz deportiert. Am 18. Januar 1945, mit dem Näherrücken der Roten Armee, verließ das Sonderkommando C.
Die Zahl der in C. Ermordeten beträgt insgesamt mindestens 152 000: In der ersten Lagerperiode – Dezember 1941 bis März 1943 – sind etwa 145 000, in der zweiten Lagerperiode – April 1944 bis Januar 1945 – mindestens 7000 Menschen vernichtet worden.

Carina Baganz

Lit.: Eugen Kogon, Hermann Langbein, Adalbert Rückerl (Hrsg.), Nationalsozialistische Massentötungen durch Giftgas, Frankfurt am Main 1983. – Adalbert Rückerl (Hrsg.), Nationalsozialistische Vernichtungslager im Spiegel deutscher Strafprozesse. Belzec, Sobibor, Treblinka, Chelmno, München 1977.

Claims Conference s. Conference on Jewish Claims against Germany

Clauberg, Carl (1898–1957), SS-Arzt in → Auschwitz; nach dem Ersten Weltkrieg Medizinstudium; seit 1932 an der Frauenklinik Königsberg tätig; Veröffentlichungen zur Frauenheilkunde; 1933 Mitglied der NSDAP. 1940 erweckte C. als Chef der Frauenklinik Königshütte durch seine Sterilisationsforschung Himmlers Interesse und erreichte, dass er seine teilweise tödlich endenden → medizinischen Versuche im Block 10 des KZ Auschwitz an Jüdinnen und «Zigeunerinnen» durchführen konnte. Aufgrund des Vormarsches der Roten Armee wurden C.s «Forschungen» ins KZ → Ravensbrück verlegt. Bei Kriegsende in sowjetische Kriegsgefangenschaft geraten und 1948 zu 25 Jahren Haft verurteilt, wurde er 1955 nach Deutschland entlassen. Noch im selben Jahr verklagte ihn der Zentralrat der Juden wegen «Körperverletzung an weiblichen jüdischen Häftlingen». C. starb noch vor Prozessbeginn in der Untersuchungshaft.

Cohen, David (1882–1967), Professor für Alte Geschichte in den → Niederlanden; schloss sich 1904 der zionistischen Bewegung an (→ Zionismus); Mitglied des jüdischen Rates in Den Haag (später in Amsterdam); gründete 1933 mit Abraham Asscher das Comité voor Bijzondere Joodse Belangen, wo er Vorsitzender des Unterausschusses für jüdische Flüchtlinge wurde; seit 1934 Mitglied des ständigen Ausschusses der aschkenasischen Gemeinden; gehörte nach der deutschen Besetzung der → Niederlande zu den Förderern des jüdischen Koordinierungsausschusses und bildete zusammen mit Asscher am 12. Februar 1941 den → Judenrat (Joodse Raad). Wegen seiner Zusammenarbeit mit den Deutschen war C. während des Krieges von verschiedenen Seiten heftiger Kritik ausgesetzt. Am 23. September 1943 wurde er zusammen mit anderen Mitgliedern des Joodse Rad nach → Westerbork, anschließend nach → Theresienstadt deportiert. Nach dem Krieg leitete die niederländische Regierung gegen ihn ein Verfahren wegen Kollaboration mit dem Feind ein, das jedoch eingestellt wurde. 1947 wurde C. von einem jüdischen Gemeindegericht der Kollaboration für schuldig befunden. Das Urteil wurde 1950 aufgehoben. C., der seine akademische Tätigkeit wieder aufnahm, wurde in der Öffentlichkeit nicht wieder aktiv.

Conference on Jewish Material Claims against Germany. 1951 von 23 jüdischen Verbänden ins Leben gerufene Organisation mit zweifacher Zielsetzung: zum einen sollte der israelische Anspruch unterstützt werden, von der Bundesrepublik Deutschland finanzielle Mittel für die Rehabilitierung von Opfern der nationalsozialistischen Verfolgung in Israel zu erhalten, und zum anderen sollten Ansprüche für NS-Verfolgte geltend gemacht werden, die außerhalb Israels lebten. Die Bezeichnung «Konferenz für jüdische materielle Ansprüche gegen Deutschland» verdeutlichte, dass lediglich materielle Ansprüche angemeldet werden konnten; eine Sühne für die Verbrechen war damit nicht verbunden. Vorsitzender der C. war Nahum Goldmann. Am 10. September 1952 unterzeichneten die C. und die Bundesrepublik nach langwierigen Verhandlungen in Luxemburg zwei Protokolle. Demnach verpflichtete sich die Bundesrepublik, ein Bundesentschädigungsgesetz zu erlassen, das für den Verlust des Lebens, für Freiheitsberaubung, Gesundheits- und Körperschäden, Verlust von Besitz und Einkommen, Ausbildungsschäden und Schädigung der wirtschaftlichen Aussichten materielle Leistungen vorsah. Darüber hinaus erhielt die C. gemäß einem gleichzeitig zwischen Israel und der Bundesrepublik unterzeichneten Abkommen 450 Millionen DM aus der an Israel in Waren zu zahlenden Summe von 3,45 Milliarden DM. Diese Globalzahlung wurde im zweiten Protokoll festgehalten. Die Verpflichtungen wurden von der Bundesrepublik eingelöst. Mit den erhaltenen finanziellen Mitteln unterstützte die C. zahlreiche jüdische Gemeinden in 39 Ländern bei ihrem Wiederaufbau und förderte kulturelle und erzieherische Initiativen. Mehr als 200000 jüdische Opfer des Nationalsozialismus erhielten darüber hinaus individuelle finanzielle Hilfe. Die C.

schloss auch mit einigen deutschen Firmen – wie IG-Farben, Krupp und AEG – Abkommen, die die Entschädigung von Zwangsarbeitern regelten (→ Wiedergutmachung). 1960 beschloss die C. die Gründung einer Gedächtnisstiftung für jüdische Kultur, die seit 1965 tätig ist. Die C. kam im Mai 1965 zu ihrer letzten Sitzung zusammen.

Angelika Königseder

Lit.: Nana Sagi, Die Rolle der jüdischen Organisationen in den USA und die Claims Conference, in: Ludolf Herbst, Constantin Goschler (Hrsg.), Wiedergutmachung in der Bundesrepublik Deutschland, München 1989, S. 99–118.

Conti, Leonardo (1900–1945), Reichsgesundheitsführer; 1919–1923 Medizinstudium; in der völkischen deutschen Studentenbewegung tätig; Freikorpsmitglied und Teilnahme am Kapp-Putsch; 1919–1922 Mitglied der DNVP, anschließend der Deutsch-Völkischen Freiheitspartei, 1923 Eintritt in die SA, 1927 in die NSDAP; seit 1925 praktischer Arzt; 1929 Mitbegründer des Nationalsozialistischen Deutschen Ärztebundes; 1930 Wechsel zur → SS; 1933 Berufung in das preußische Innenministerium; April 1939 bis August 1944 Reichsgesundheitsführer; als Nachfolger G. Wagners Chef des NSDAP-Hauptamts für Volksgesundheit; seit August 1939 Leiter der Abteilung Gesundheitswesen im Reichsministerium des Inneren und im preußischen Innenministerium; beging nach seiner Verhaftung am 19. Mai 1945 in Flensburg Selbstmord. C. war an Berufsbeschränkungen für jüdische Ärzte beteiligt und befürwortete → medizinische Versuche an Häftlingen im KZ → Buchenwald.

Czerniaków, Adam (1880–1942), Vorsitzender des Warschauer → Judenrates; Chemieingenieur; 1927–1934 Stadtrat in Warschau; 1931 in den polnischen Senat gewählt; vor dem Krieg Vorstandsmitglied der jüdischen Gemeinde Warschaus; seit dem 4. Oktober 1939 Vorsitzender des Judenrates in Warschau. Wegen seiner Zusammenarbeit mit den deutschen Behörden ist C. bei Zeitgenossen und Historikern stark umstritten. Am 23. Juli 1942 nahm er sich das Leben, um bei den → Deportationen vor allem der jüdischen Kinder aus dem → Warschauer Ghetto nicht mitwirken zu müssen.

Dachau (KZ). Am 22. März 1933 wurde auf Veranlassung des damaligen Münchner Polizeipräsidenten Heinrich Himmler in einer leerstehenden Munitionsfabrik bei D. das erste → Konzentrationslager in Bayern für 5000 Gefangene eröffnet. Es war das einzige KZ, das bis zum Zusammenbruch des Regimes bestanden hat. Bis zur Befreiung durch die US-Armee am 29. April 1945 wurden mehr als 200 000 Gefangene aus 27 Ländern eingeliefert, rund 32 000 Todesfälle wurden registriert. Die ersten Häftlinge des Lagers D., auch die ersten jüdischen Gefangenen, waren politische Gegner der Nationalsozialisten. Später kamen weitere Gruppen, die dem Regime nicht genehm waren: Zeugen Jehovas, Homosexuelle, → Sinti und Roma und von der Justiz verurteilte Personen nach Verbüßung ihrer Gefängnisstrafe. Im Frühjahr 1938 begann mit dem Eintreffen österreichischer Gefangener die Internationalisierung der Häftlingsgemeinschaft, am Ende waren die Deutschen eine Minderheit. Die Gefangenen arbeiteten zunächst im Lagerbereich, im Straßenbau und in Handwerksbetrieben. In den letzten Kriegsjahren gewann die Arbeitkraft der KZ-Häftlinge immer stärkere Bedeutung für die Rüstungsindustrie. Es entstand ein dichtes Netz von bis zu 160 Dachauer Außenlagern und Arbeitskommandos, die zumeist unmittelbar neben Rüstungsfabriken errichtet wurden. In den zwei größten Außenlager-Komplexen bei Mühldorf am Inn und bei Landsberg/Kaufering arbeiteten Ende 1944 mehrere Zehntausend, zumeist jüdische Gefangene unter katastrophalen Bedingungen; die Todesrate stieg steil an. Himmler und Theodor Eicke, der zweite Kommandant des Lagers D. und spätere → Inspekteur der KL, also aller Konzentrationslager, machten D. zum Modell und Musterlager, dessen Organisationsschema mit detaillierten Reglements bis auf örtliche Abweichungen für alle Konzentrationslager verwendet wurde. In ihnen sollten die Gegner des Regimes zum Schweigen gebracht werden, ihre Existenz sollte darüber hinaus die Bevölkerung in Schrecken versetzen. 1933 begannen die SS-Männer, die wenige Jahre später den millionenfachen Mord durchführten, in D. ihre Ausbildung zu Massenmördern.

In den Jahren vor dem Krieg lebten die Häftlinge unter der ständigen Bedrohung, Gesundheit oder Leben durch eine der «Lagerstrafen» zu verlieren, die jeder SS-Mann verhängen konnte oder in den Selbstmord getrieben zu werden. Im Laufe der Kriegsjahre wurden die Dachauer Gefangenen zunehmend von großen Mordaktionen bedroht: Hunderte fielen medizinischen Experimenten (→ Medizinische Versuche) zum Opfer, kranke und jüdische Häftlinge wurden in der → Aktion 14 f 13 deportiert, mindestens 4000 sowjetische Kriegsgefangene wurden in D. erschossen. Die meisten Häftlinge verloren jedoch im Laufe der letzten Monate vor der Befreiung ihr Leben, durch Krankheit und Erschöpfung oder auf den → Todesmärschen, mit denen die SS die Lager vor den anrückenden Befreiern evakuieren wollten.

Barbara Distel

Lit.: Wolfgang Benz, Barbara Distel (Hrsg.), Dachauer Hefte. Studien und Dokumente zur Geschichte der nationalsozialistischen Konzentrationslager, Dachau 1985-. – Nico Rost, Goethe in Dachau, Berlin 1999. – Stanislav Zamečník, Das war Dachau, Luxemburg 2002.

Dänemark. Die rund 6000 Mitglieder zählende jüdische Gemeinde in D. hatte sich nach 1933 um etwa 4500 Flüchtlinge aus dem → Deutschen Reich, → Österreich und der Tschechoslowakei vermehrt, von denen jedoch bis zum Einmarsch der deutschen Truppen am 9. April 1940 rund 3000 weitergewandert waren. Wie in → Norwegen und → Schweden handhabten auch die dänischen Behörden bis 1938 die Bestimmungen gegenüber jüdischen Einwanderern und Asylanten zunehmend restriktiver und erkannten Verfolgung der Rasse wegen nicht als Asylgrund an. Arbeitsgenehmigungen wurden an Asylanten kaum vergeben. Lediglich bei landwirtschaftlichen Ausbildungsplätzen verfuhr man großzügiger. Eine Reihe privater Hilfsorganisationen wie das «Komitee vom 4. Mai 1933» der dänischen jüdischen Gemeinde erleichterten den Flüchtlingen das Überleben. Nach der Besetzung des Landes ging es der deutschen Politik vor allem um die Ausnutzung der wirtschaftlichen Ressourcen D.s und die Sicherung der strategischen Verbindung nach Norwegen. Dies hoffte man mit der Gewährung einer eingeschränkten Souveränität D.s erreichen zu können. Maßnahmen gegen Juden blieben daher Einzelfälle und im Wesentlichen auf antisemitische Aktionen der anfangs nur zurückhaltend unterstützten dänischen Nationalsozialisten beschränkt. Auch nach der Ersetzung des Berufsdiplomaten Cecil von Renthe-Fink durch Werner Best als neuem Reichsbevollmächtigten im November 1942 änderte sich das dänisch-deutsche Verhältnis zunächst nicht grundlegend. Erst als im Sommer 1943 die Verschlechterung der militärischen Lage der Achsenmächte in D. zu Streiks, antideutschen Demonstrationen, Sabotageakten und schließlich zum Rücktritt der Regierung führte, befahl Hitler einen härteren Kurs auch in der → Judenfrage. Nach Verstärkung der deutschen → Polizei in D. und unter Ausnutzung des militärischen Ausnahmezustandes sollten die überwiegend in Kopenhagen ansässigen Juden in der Nacht vom 1./2. Oktober 1943 deportiert werden. Über eine undichte Stelle in der deutschen Gesandtschaft wurde der Termin vielen Juden noch rechtzeitig bekannt. Der deutschen Polizei und ihren dänischen Helfern fielen daher statt der erwarteten 6000 nur 284, nach weiteren Razzien insgesamt 474 Juden in die Hände, davon etwa ein Viertel jüdische Asylanten. Der Fehlschlag war auf die Flucht von weit über 7000 Juden zurückzuführen, die, unterstützt von improvisierten dänischen Hilfsorganisationen und dem dänischen Widerstand, zwischen September und November 1943 nach Schweden fliehen konnten (→ Rettung). Die meisten von ihnen flohen erst, nachdem die Dänen am 2. Oktober über den Rundfunk von der Bereitschaft Schwedens erfuhren, alle jüdischen Flüchtlinge aus D. aufzunehmen. Eine dänische Notregierung erreichte in zähen Verhandlungen, dass die verhafteten Juden nicht nach → Auschwitz, sondern in das «Altersghetto» → Theresienstadt deportiert und dort bevorzugt behandelt wurden. Nach Verhandlungen Himmlers mit dem schwedischen Diplomaten Graf Bernadotte erlaubte das → Reichssicherheitshauptamt in den letzten Kriegswochen, dass am 15. April 1945 alle überlebenden dänischen Juden (52 waren inzwischen verstorben) vom schwedischen Roten Kreuz in Theresienstadt abgeholt und mit Omnibussen nach Schweden gebracht wurden. Die dank der aktiven Solidarität ihrer nichtjüdischen Mitbürger gelungene, freilich auch von natürlichen Gegebenheiten begünstigte Rettung der dänischen Juden war ein einmalig positives Ereignis im Holocaust.

Hermann Weiß

Lit.: Bent Blüdnikow u. a. (Hrsg.), «Føreren har befalet!». Jødeaktionen Oktober 1943, Kopenhagen 1993. – Herbert Pundik, Die Flucht der dänischen Juden 1943 nach Schweden, Husum 1995. – Hermann Weiß, Dänemark, in: Wolfgang Benz (Hrsg.), Dimension des Völkermords. Die Zahl der jüdischen Opfer des Nationalsozialismus, München 1996, S. 167–185. – Leni Yahil, The Rescue of Danish Jewry. Test of a Democracy, Philadelphia 1969.

Daluege, Kurt (1897–1946), Chef der Ordnungspolizei (Orpo); 1923 Eintritt in die NSDAP, 1928 in die → SS; September 1933 Chef der preußischen → Polizei, die er einer «Säuberungs-» und Nazifizierungsphase unterzog und so zu einer wesentlichen Stütze bei der Konsolidierung des NS-Regimes machte; 1936 Chef der Orpo und Stellvertreter Himmlers für den Polizeibereich; 20. April 1942 SS-Obergruppenführer. Nach dem Attentat auf Heydrich war D. als stellvertretender Reichsprotektor des → Protektorats Böhmen und Mähren für die brutalen Vergeltungsmaßnahmen u. a. gegen die Bewohner Lidices verantwortlich. Nach seiner Verhaftung bei Kriegsende wurde er im

Mai 1946 an die ČSR ausgeliefert, zum Tode verurteilt und am 23. Oktober 1946 hingerichtet.

Dannecker, Theodor (1913–1945), Mitarbeiter Adolf Eichmanns; 1932 Eintritt in die NSDAP und → SS; 1934 Angehöriger der SS-Verfügungstruppe; seit 1935 beim SD; 1937 Mitarbeiter Eichmanns im Judenreferat des SD-Hauptamtes; September 1940 bis Juli 1942 Leiter des Judenreferats der Gestapo in Paris; Januar 1943 Organisierung von → Deportationen aus → Bulgarien, September 1943 bis Januar 1944 aus → Italien, Frühling und Sommer 1944 aus → Ungarn. Im Dezember 1945 von der US-Armee interniert, beging D. in der Haft Selbstmord.

Danzig-Westpreußen. Der 1939 gebildete Reichsgau D. umfasste die Stadt Danzig sowie Teile der ehemals preußischen Provinz Westpreußen, Großpolens und Zentralpolens (→ Polen). Nach den ersten Austreibungen der polnischen Bevölkerung im Rahmen der Terrorwelle vom September 1939, die vor allem von Kommandos der Sicherheitspolizei, der Danziger NSDAP und des «Selbstschutzes» ausgeführt wurde, folgte eine Politik der zwangsweisen Eindeutschung. Das Gebiet sollte frei von jeglichem polnischen und jüdischen Einfluss gemacht werden. Die Danziger Juden hatten schon vor dem Einmarsch der Deutschen unter antijüdischen Maßnahmen des Senats zu leiden gehabt, so dass ein Großteil von ihnen bereits vor dem Krieg ausgewandert war. Einem Drittel der verbliebenen 1500 Juden gelang noch nach Kriegsausbruch die Emigration. Im September 1939 wurden im schnell eingerichteten → Konzentrationslager → Stutthof Hunderte von Polen und Juden aus Danzig interniert. Die übrige jüdische Bevölkerung wurde 1941 ins → Warschauer Ghetto oder nach → Theresienstadt deportiert.

Andrea Rudorff

Lit.: Czesław Łuczak, Arthur Greiser. Hitlerowski władca w Wolnym Mieście Gdańsku i w Kraju Warty [Arthur Greiser. Der nationalsozialistische Machthaber in der Freien Stadt Danzig und im Wartheland], Poznań 1997. – Volker Rieß, Die Anfänge der Vernichtung «lebensunwerten Lebens» in den Reichsgauen Danzig-Westpreußen und Wartheland 1939/40, Frankfurt am Main 1995. – Dieter Schenk, Hitlers Mann in Danzig. Albert Forster und die NS-Verbrechen in Danzig-Westpreußen, Bonn 2000.

Darquier de Pellepoix, Louis (Louis Darquier, 1897–1980), Organisator antijüdischer Maßnahmen der Vichy-Regierung 1942–1944. Als bekannter Antisemit im Mai 1942 als Nachfolger Xavier Vallats zum Chef des Commissariat Général aux Question Juives des Vichy-Regimes ernannt. D. koordinierte in enger Zusammenarbeit mit den deutschen Behörden in Paris die → Deportation französischer Juden aus dem nicht besetzten Teil → Frankreichs nach → Auschwitz. Seine Verwaltung führte brutale, rassistisch motivierte Judenverfolgungen durch. Nachdem ihm die Deutschen Inkompetenz vorgeworfen hatten, gab er 1944 seine Stellung auf und floh nach Spanien, wo er bis zu seinem Tode lebte.

Deportation. Austreibung und Strafe war jahrhundertelang die wesentliche Absicht der D., im 20. Jahrhundert kamen zwei neue Ziele dazu, die Umsiedlung bestimmter ethnisch, religiös, sprachlich definierter Bevölkerungsgruppen, die man mit Begriffen wie Austausch oder Transfer, schließlich «ethnische Flurbereinigung» umschrieb. Die Gewinnung von Arbeitskraft bildete im Zweiten Weltkrieg einen Grund zur Massendeportation. Die Zwangsrekrutierung von Arbeitern für die deutschen Kriegsanstrengungen war mit der D. von 2,8 Millionen «Ostarbeitern» aus der → Sowjetunion und von 1,7 Millionen Polen ins → Deutsche Reich verbunden; zusammen mit Kriegsgefangenen, Angeworbenen und KZ-Häftlingen befanden sich im Zweiten Weltkrieg über 8 Millionen deportierte «Fremdarbeiter» in Deutschland. Ab Frühjahr 1944 wurden 100 000 ungarische Juden zur Sklavenarbeit für die deutsche Flugzeugproduktion rekrutiert und deportiert.

Die Vertreibung rumänischer Juden aus der → Bukowina und → Bessarabien nach → Transnistrien 1941 und 1942 nahm den Tod der Abgeschobenen durch Hunger und Mord billigend in Kauf: Diese D. enthielt ein neues Element, das der Vernichtung. Der → Madagaskarplan war der Prototyp eines solchen Vernichtungsprojekts. D. als Methode des Genozids war erstmals im Frühjahr 1915 gegen die Armenier im Osmanischen Reich aus nationalen und religiösen Gründen praktiziert worden: In Karawanen wurden sie aus der Türkei nach Syrien und ins Zweistromland getrieben, durch Überfälle von Kurden und Aserbeidschanern, durch periodische Massaker in Lagern, durch Hunger und Epidemien waren bis Herbst 1916 von zwei Millionen deportierten Armeniern schätzungsweise 1,5 Millionen Todesopfer.

Enthielt die mörderische Vertreibung der Armenier noch Elemente der Spontaneität, so waren die D. der Juden und der → Sinti und Roma im deutschen Herrschaftsgebiet unter nationalsozialistischer Ideologie exakt geplante Aktionen, die nach einer Anfangsphase mit Stationen in → Ghettos und Lagern auf polnischem und baltischem Territorium, in denen zunächst die Arbeitskraft der Deportierten ausgebeutet wurde, in der Endphase direkt in Vernichtungsstätten wie → Treblinka, → Bełżec, → Chełmno, → Auschwitz und andere führte. Deren Zweck bestand in der massenhaften Tötung nach Ankunft. Die Ermordung durch Giftgas war die Weiterentwicklung der Tötung durch → Pogrom, Massaker und Massenerschießung, die ultimative Perfektionierung des D.-zieles. Die Evakuierung der → Konzentrationslager 1944/1945 durch → Todesmärsche bildete die letzte Form nationalsozialistischer D.

Wolfgang Benz

Lit.: Israel W. Charny (Hrsg.), Encyclopedia of Genocide, 2 Bde., Santa Barbara 1999.

Deutsches Reich. Zu Beginn des Jahres 1933 lebten in Deutschland mehr als 500 000 Bürger jüdischen Glaubens. Ziel der von einem rassistisch begründeten → Antisemitismus geleiteten Nationalsozialisten war schon vor Errichtung der Diktatur, die Juden langfristig aus Deutschland zu vertreiben. Noch gab es keine einheitliche Strategie für dieses Vorhaben. Lokale Gewaltaktionen in den ersten Wochen richteten sich zunächst gegen politisch Engagierte sowie in Gerichten, Universitäten und dem Handel tätige jüdische Deutsche. Nach dem zentral organisierten, landesweiten → Boykott gegen «jüdische» Geschäfte, Kanzleien und Arztpraxen vom 1. April 1933 schloss der NS-Staat mit dem «Berufsbeamtengesetz» Juden aus dem Staatsapparat aus. Der → Arierparagraph war künftig den Behörden Legitimation sowohl für neue Berufsverbote, als auch für vielfältige Verfolgungsmaßnahmen auf kommunaler Ebene. Aus außenpolitischen und wirtschaftlichen Gründen erfolgte zwischen Sommer 1933 und Ende 1934 eine Verschiebung der Aktivitäten auf die lokale Ebene. Ungeachtet offizieller Anordnungen gegen neue antijüdische Aktionen wurden dort Ausgrenzungsinitiativen auf wirtschaftlichem Gebiet oder in kommunalen Einrichtungen intern von Ministerien und NS-Führung toleriert.

1935 hatte sich der NS-Staat innen- und außenpolitisch konsolidiert. Hitlers Stellvertreter Rudolf Hess verbot im April allen NSDAP-Mitgliedern jeden «persönlichen Umgang» mit Juden. In der Folge kam es zu lokalen Ausschreitungen von SA und Partei, im Mai in München, im Juli in Berlin. Im Sommer inszenierte die NS-Führung eine bisher beispiellose Medienkampagne, mit der Juden zu Kriminellen abgestempelt werden sollten. Vor diesem Hintergrund verboten immer mehr Kommunen Juden den Besuch von Stadtbädern, Märkten und anderen Einrichtungen. Parallel wurden von den Ministerien neue antijüdische Gesetze, vor allem in der Wirtschaft, vorbereitet. Hitlers Pläne harmonierten mit diesen Vorhaben, allerdings sollte vermieden werden, dass durch zu rigide Maßnahmen Juden der öffentlichen Fürsorge zur Last fielen.

Mit den → Nürnberger Gesetzen wurden im September 1935 die Staatsbürgerrechte der jüdischen Deutschen beschränkt und ihnen die Eheschließung mit Nichtjuden verboten. Die rassistische Definition des Begriffs «Jude» in der 1. Verordnung zum Reichsbürgergesetz schuf eine legale Grundlage für weitere Verfolgungen. Obwohl die NS-Führung Ende 1935 erneut Einzelaktionen verbot, unterstützte sie weiter intern die Radikalisierung durch die Kommunen. Die 1936/1937 zunehmenden Initiativen von Städten und Gemeinden, z.B. die Isolierung jüdischer Patienten in Krankenhäusern, Behinderungen in Handel und Gewerbe sowie die Diskriminierung jüdischer Armer in der öffentlichen Fürsorge, koordinierte der Deutsche Gemeindetag.

Drei Faktoren änderten dann seit Herbst 1937 die Bedingungen für den Fortgang der Judenverfolgung grundlegend: 1. Die konkrete Vorbereitung eines Krieges, 2. die Verdopplung der jüdischen Bevölkerung unter deutscher Herrschaft durch die Annexion → Österreichs im März 1938 und 3. die rapide sinkenden Emigrationsmöglichkeiten für immer mehr aufgrund der bisherigen Repressalien verarmte Juden. Auf diese Situation reagierend, wurde die Judenverfolgung durch Göring seit dem Frühjahr 1938 stärker zentralisiert und koordiniert. «Jüdische» Vermögen wurden erfasst, neue Berufsverbote wurden erlassen und spezielle Kennkarten für Juden bis zum Herbst eingeführt. KZ-Einweisungen von über 2500 «vorbestraften» Juden im Juni infolge einer Anordnung Hitlers und Ausschreitungen, wie in Berlin im Juli von Goebbels provoziert, verschärften die Situation der Verfolgten.

Während der Sudetenkrise radikalisierten sich die antijüdischen Pläne. Ghettoisierung und → Zwangsarbeit wurden erstmals von der SS, aber auch von Ministerien diskutiert. Ende Oktober 1938 ließ die NS-Führung im Reichsgebiet ca. 17000 Juden polnischer Staatsangehörigkeit verhaften und viele von ihnen nach Polen deportieren (→ Polenausweisung). Zwei Wochen später wurden während der staatlich organisierten → Novemberpogrome im gesamten D. weit über 100 Menschen ermordet, Tausende Geschäfte und Synagogen zerstört und unzählige Wohnungen geplündert. Bis zu 30000 Männer sperrte man in → Konzentrationslager, um ihre → Emigration zu erzwingen. Nach der «Reichskristallnacht» fanden in Berlin mehrere Ministerkonferenzen zur Neuorientierung der Verfolgungspolitik statt. Die NS-Führung beschloss ein totales Gewerbeverbot für Juden, die → Arisierung jüdischen Besitzes und verhängte eine Sondersteuer von einer Milliarde RM über die jüdische Bevölkerung. Die Vertreibung wurde mit allen Mitteln noch einmal forciert und gleichzeitig wollte man nun die Nichtemigrationsfähigen von der «deutschen» Gesellschaft isolieren. Im Rahmen des unter Görings Leitung strikt arbeitsteilig organisierten Programms überwachten SS und Gestapo die Zwangsemigration und den Aufbau separater «jüdischer» Schul-, Kultur- und Fürsorgeeinrichtungen sowie der «Reichsvereinigung der Juden in Deutschland», der alle Juden künftig als Zwangsmitglieder angehörten. Für die Einrichtung von «Judenhäusern», die Zwangsumsetzung jüdischer Mieter in bestimmte, bald überfüllte Häuser, zeichneten hingegen die Kommunen verantwortlich. Die Arbeitsverwaltung organisierte den Zwangseinsatz arbeitsloser Juden. Im Sommer 1939 waren schon über 20000 in ihren Heimatstädten, aber auch in dutzenden Arbeitslagern, in isolierten Kolonnen mit Bau- und Hilfsarbeiten beschäftigt.

Nach dem Überfall auf → Polen entschieden Hitler und die NS-Führung die deutschen Juden in naher Zukunft nach Polen «auszusiedeln». Im Rahmen der Kriegsversorgung erhielten diese keine Kleiderkarten und nur reduzierte Lebensmittelrationen. Im Februar 1940 deportierte man über tausend Juden aus Pommern nach Polen, Tausende Ende Oktober aus Baden, der Pfalz und dem Saargebiet nach → Frankreich. Die geplanten Massentransporte aus dem gesamten D. ins → Generalgouvernement vertagte die NS-Führung jedoch immer wieder. Die Arbeitsverwaltung konnte deshalb im Laufe des Jahres 1940 den Zwangseinsatz auf alle deutschen Juden ausweiten. Zu Beginn des Jahres 1941 betrug die Zahl jüdischer Zwangsarbeiter schon 41000. Aufgrund akuten Arbeitskräftemangels beschäftigte man die Mehrheit jetzt in Industrie und Rüstung, immer aber in separaten Abteilungen.

Im September 1941 stigmatisierte der NS-Staat die ca. 160000 noch im Altreich wohnenden jüdischen Deutschen öffentlich durch die Einführung des «Judensterns» (→ Kennzeichnung). Juden unterlagen einem Sonderrecht, durften sich nicht mehr frei bewegen und waren von öffentlichen Einrichtungen ausgeschlossen. Die meisten von ihnen lebten in «Judenhäusern» oder Lagern. Alle Arbeitsfähigen, inzwischen über 50000, darunter viele Alte und Jugendliche, standen im Zwangseinsatz. Am 18. Oktober begannen die Massenverschleppungen, organisiert durch das Reichssicherheitshauptamt. Kurz darauf entzog die NS-Führung mit der 11. Verordnung zum Reichsbürgergesetz den Deportierten, aber auch den zuvor Emigrierten ihre deutsche Staatsangehörigkeit, ihr Vermögen «verfiel» dem Staat. Nach den ersten Transportwellen Richtung Osten fingen im Sommer 1942 die → Deportationen alter Menschen nach → Theresienstadt an. Mit der → Fabrik-Aktion begann Ende Februar 1943 die letzte Phase der Massendeportationen. Aus dem Reichsgebiet wurden insgesamt über 130000 jüdische Deutsche deportiert und in ihrer Mehrheit ermordet. Die zurückbleibenden, in sog. Mischehen lebenden Juden bzw. die sog. → Mischlinge, wurden in den Jahren 1943 und 1944 ähnlichen Verfolgungsmaßnahmen wie die zuvor Deportierten ausgesetzt. Auch sie mussten in «Judenhäuser» ziehen und Zwangsarbeit leisten. Ihre zu Beginn des Jahres 1945 geplante Deportation scheiterte teilweise infolge des Kriegsverlaufs. Von den einstmals über 500 000 Juden lebten am Ende des Krieges nur noch wenige Tausend in Deutschland. Hatten noch bis in den Krieg hinein Hunderttausende durch Flucht, meist ausgeplündert, ihr Leben retten können, so gelang dies mindestens 160 000 Menschen nicht. Sie wurden Opfer der NS-Rassenpolitik.

Wolf Gruner

Lit.: Wolfgang Benz (Hrsg.), Juden in Deutschland 1933–1945, München 1993. – Saul Friedländer, Das Dritte Reich und die Juden. Bd. 1: Die Jahre der Verfolgung 1933–1939, München 1998. – Wolf Gruner, Die NS-Judenverfolgung und die Kommunen. Zur wechselseitigen Dynamisierung von zentraler und lokaler Politik 1933–1941, in: Vierteljahrshefte für Zeitgeschichte 48 (2000), S. 75–126. – Peter Longerich, Politik der Vernichtung. Eine Gesamtdarstellung der nationalsozialistischen Judenverfolgung, München 1998.

Ding-Schuler, Erwin-Oskar (1912–1945), SS-Lagerarzt in → Buchenwald; als Medizinstudent 1933 Eintritt in die NSDAP, 1936 in die → SS, 1937 Examen und Promotion, seit November 1939 erster Lagerarzt im KZ Buchenwald, seit dem 31. August 1943 Leiter der Abteilung für Fleckfieber- und Virusforschung am Hygiene-Institut der Waffen-SS in Weimar-Buchenwald. D. führte → medizinische Versuche an ca. 1000 Personen mit Gift, Fleckfieber-, Gelbfieber-, Pocken-, Typhus- und Cholerabazillen durch. Am 11. August 1945 beging er in Freising Selbstmord.

Dinter, Artur (1876–1948), Schriftsteller und Gauleiter; 1903 Promotion in Chemie; 1908 Mitbegründer des Verbandes der Bühnenschriftsteller; 1917 Veröffentlichung des rassenantisemitischen Romans *Die Sünde wider das Blut* (Auflage 1934: 260 000), der später zur Triologie *Die Sünde wider die Zeit* erweitert wurde; 1919–1922 im Vorstand des deutsch-völkischen Schutz- und Trutzbundes; 1925 Gauleiter der NSDAP in Thüringen; Herbst 1927 Gründung der Geistchristlichen Religionsgemeinschaft (seit 1933 Deutsche Volkskirche, die 1936 rund 200 000 Anhänger zählte), mit der er eine christliche Heilslehre ohne alle jüdischen Bestandteile entwickeln wollte; wegen seiner Überspanntheiten am 30. September 1927 von Hitler als Gauleiter abgesetzt; am 11. Oktober 1928 aus der NSDAP ausgeschlossen und seit der Machtübernahme zunehmend kaltgestellt (Mai 1937 Verbot der Deutschen Volkskirche, 1939 Ausschluss aus der Reichsschrifttumskammer). D.s Einfluss bei Teilen des nationalistischen deutschen Bürgertums beruhte insbesondere auf seinen antisemitischen Romanen, in denen er in der Blutvermischung der Rassen das Wirken der jüdischen Weltverschwörung erblickte. Seine Gegenvorschläge (Verbot der Rassenmischung, Ausschluss der Juden aus dem öffentlichen Leben) nahmen die → Nürnberger Gesetze geistig vorweg.

Dirlewanger, Oskar (1895–1945), Kommandeur einer SS-Sondereinheit; 1919–1921 als Mitglied von Freikorpseinheiten an der Niederschlagung verschiedener kommunistischer Streiks und Aufstände beteiligt, wobei sich D. den Ruf besonderer Brutalität erwarb; 1922 Eintritt und nach seinem Austritt oder Ausschluss 1926 Wiedereintritt in die NSDAP; 1934 Verurteilung zu zwei Jahren Zuchthaus wegen Landfriedensbruchs aufgrund von Ausschreitungen des von ihm geführten Esslinger SA-Sturmbanns (1932); 1937–1939 Teilnahme am Spanischen Bürgerkrieg. Im Mai 1940 Aufnahme D.s in die Waffen-SS, wo er das sog. Wilddieb-Kommando Oranienburg ausbildete, das am 1.9.1940 als Sonderkommando Dirlewanger in den Raum Lublin verlegt wurde. D.s Einheit wurde bis Frühjahr 1942 in → Polen und dem Westen der → Ukraine, bis Mitte 1944 in → Weißrussland und in der zweiten Jahreshälfte 1944 wieder in Polen sowie in der → Slowakei eingesetzt. Die Truppe, seit 1943 zur Brigade verstärkt, wurde mit Berufskriminellen sowie vorbestraften SS- und Wehrmachtangehörigen, seit November 1944 auch mit politischen Gefangenen aufgefüllt und war u.a. an der Niederschlagung des Warschauer Aufstandes im August sowie des slowakischen Aufstandes im Oktober 1944 beteiligt. In Polen und Weißrussland beging die Sturmbrigade Dirlewanger derartige Grausamkeiten, dass im August 1942 vom SS-Hauptamt ein Ermittlungsverfahren eingeleitet, jedoch im Januar 1945 auf Befehl Himmlers eingestellt wurde. Als 36. Waffengrenadier-Division der SS wurde sie bei Kriegsende vollkommen vernichtet. D. starb am 7. Juli 1945 nach schweren Misshandlungen in französischer Haft.

Displaced Persons. Sammelbegriff für alle Personen, die als Folge des Zweiten Weltkrieges durch Kriegseinwirkungen und deren Folgen aus ihrer Heimat geflohen, vertrieben oder verschleppt worden waren. In der Praxis handelte es sich bei den etwa 7 Millionen D. um Zwangs- und Fremdarbeiter, Kriegsgefangene und befreite Konzentrationslagerhäftlinge. Eine vergleichsweise kleine Gruppe der D. stellten die etwa 50000–75000 jüdischen Überlebenden dar. Eine Repatriierung wie bei den nichtjüdischen D. kam hier nur in westliche Herkunftsländer in Frage, die Rückführung nach Osteuropa, woher die meisten Juden kamen, war wegen des dort herrschenden gewalttätigen → Antisemitismus und der Zerstörung der jüdischen Gemeinden weitgehend ausgeschlossen. Für die Betreuung der Nichtrepatriierbaren richteten die westlichen Besatzungsarmeen D.-Lager ein, die offiziell assembly centers hießen. Die Größe der Lager variierte von 50 bis zu über 7000 Insassen; sie bestanden aus ehemaligen Kasernen, Kriegsgefangenen- und Zwangsarbeitslagern, Industriearbeitersiedlungen, Zeltkolonien, Hotels, Appartementhäusern, Garagen, Ställen, Klöstern, Krankenhäusern, Sanatorien, Schulen und ähnlichem. Nahrungsmittel, Kleidung, Medikamente und Unterkünfte stellten die westlichen Besatzungsarmeen; die «United Nations Relief and Rehabilitation Administration» (UNRRA), eine Hilfsorganisation der Vereinten Nationen, verwaltete die Lager, lieferte Zusatzversorgung, entwickelte Gesundheits- und Fürsorgeprogramme und organisierte Erholungsmöglichkeiten. Seit Juli 1947 übernahm die «International Refugee Organization» (IRO) die Aufgaben der UNRRA. Unterstützt wurde sie dabei von zahlreichen internationalen jüdischen Hilfsorganisationen. Von Beginn an war das Leben in den jüdischen D.-Lagern jedoch von der Eigeninitiative der Überlebenden geprägt, die zu einem mannigfaltigen Erziehungssystem und zahlreichen kulturellen Aktivitäten führte.

Internationale Aufmerksamkeit erhielten die jüdischen D., als ihre Zahl sich 1946 infolge von Pogromen in Polen auf über 200 000 erhöhte. Dadurch stieg der politische Druck auf Großbritannien, den zionistischen Forderungen der D. nachzugeben und die restriktive Palästina-Politik, die es als Mandatsmacht betrieb, zu lockern. Obwohl mehrere Zehntausend Juden → Palästina in den ersten Nachkriegsjahren auf illegale Weise, meist auf Flüchtlingsschiffen, erreichten, setzte eine große Emigrationswelle erst nach der Gründung des Staates Israel und der siegreichen Beendigung des israelischen Unabhängigkeitskrieges 1948/1949 ein. Gleichzeitig lockerten auch die USA ihre Einwanderungsbestimmungen, wo ebenfalls eine große Anzahl jüdischer D. eine neue Heimat fand. Infolge der Auswanderung konnten die meisten der etwa 70 jüdischen D.-Lager 1949/1950 geschlossen werden, nur Föhrenwald bei München bestand bis Februar 1957; in den letzten Jahren war es Wohnort für psychisch und physisch gebrochene Überlebende, die aus den verschiedensten Gründen nicht auswandern konnten.

Angelika Königseder

Lit.: Angelika Königseder, Juliane Wetzel, Lebensmut im Wartesaal. Die jüdischen DPs (Displaced Persons) im Nachkriegsdeutschland, Frankfurt am Main 1994.

Dora-Mittelbau (KZ). Nach der Bombardierung der Heeresversuchsanstalt Peenemünde sollte die deutsche Raketenproduktion in unterirdische Fabriken verlegt werden. Für dieses Vorhaben traf am 28. 8. 1943 der erste Transport mit 107 Häftlingen aus → Buchenwald in Dora im südlichen Harz ein. Sie begannen im Stollen eines aufgelassenen Bergwerks mit den Arbeiten für eine unterirdische Fabrik zur Montage der Rakete A 4 (V 2). Zunächst wurden die Gefangenen direkt in Stollen untergebracht, wo sie in mörderischem Tempo bis zur völligen Erschöpfung arbeiten mussten. Unzureichende Ernährung, das Fehlen hygienischer Einrichtungen und medizinischer Versorgung ließ die Todeszahlen bis zur Fertigstellung eines Barackenlagers im Sommer 1944 sprunghaft ansteigen. Am 1. 10. 1944 wurde aus dem Buchenwalder Außenlager «Dora» der selbstständige Lagerkomplex «Mittelbau», es entstanden 40 Außenlager. Im November 1944 produzierten 32 475 Gefangene die Höchstzahl von 662 V 2-Raketen. Im Winter 1944/1945 stieg die Zahl der Gefangenen, durch die aus → Auschwitz und anderen Lagern Evakuierten drastisch an. Mitte März wurde die Raketenproduktion eingestellt, am 4. April 1945 begann die Evakuierung der Gefangenen. Am 11. April 1945 wurden die letzten 700 nicht transportfähigen Häftlinge von amerikanischen Truppen befreit. Insgesamt waren im Lager D. und seinen Außenlagern 50 000–60 000 Gefangene inhaftiert. Die Anzahl der jüdischen Häftlinge, die den schlimmsten Quälereien ausgesetzt waren, blieb relativ gering, nur in einigen Außenlagern stieg ihr Anteil bis zu etwa 10 % an. Schätzungen der Gesamtzahl der Opfer liegen zwischen 10 000 und 26 500 Toten.

Barbara Distel

Lit.: Angela Fiedermann, Torsten Heß, Markus Jaeger, Mittelbau-Dora. Ein historischer Abriß, Berlin 1993. – André Sellier, Zwangsarbeit im Raketentunnel, Lüneburg 2000. – Jens-Christian Wagner, Produktion des Todes. Das KZ Mittelbau-Dora, Göttingen 2001.

Dorpmüller, Julius (1869–1945), Reichsverkehrsminister; 1893–1907

Regierungsbaumeister bei der preußischen Eisenbahndirektion Saarbrücken; 1907–1917 Ingenieur bei der kaiserlich-chinesischen Staatsbahn, anschließend Flucht von China über Rußland nach Deutschland; 1922 Präsident der Reichsbahndirektion Oppeln, 1926 der Reichsbahndirektion Essen; 1926–1945 Generaldirektor der Deutschen → Reichsbahn; 1933 Beiratsvorsitzender des Unternehmens Reichsautobahnen; 1937–1945 Reichsverkehrsminister. D., nach Kriegsende als reiner Verwaltungsfachmann betrachtet, trug die Hauptverantwortung für die Bereitstellung der Transportzüge, mit denen Juden aus ganz Europa deportiert wurden.

Drancy. Sammel- und Durchgangslager für Juden, am 20. 8. 1941 in dem nordöstlich von Paris gelegenen Vorort Drancy eingerichtet. Der ursprünglich für Sozialwohnungen geplante und noch nicht fertiggestellte hufeisenförmige Gebäudekomplex befand sich nur ca. 50 m vom Marktplatz entfernt. In D. waren französische Juden und zum größten Teil jüdische Einwanderer und Flüchtlinge gefangen. Bis zum 1. 7. 1943 verwaltete die Pariser Polizeipräfektur das Lager, es unterstand jedoch von Beginn an der Kontrolle des Judenreferates der Gestapo. Zur Organisation und Bewachung des Lagers wurden Angehörige der französischen Polizei und Gendarmerie eingesetzt. Ab Juli 1943 leitete die → SS das Lager allein, Lagerkommandant war SS-Hauptsturmführer Alois Brunner. Die Außenbewachung erfolgte weiterhin durch die französische Gendarmerie. Nach dem Vorbild der nationalsozialistischen → Konzentrationslager errichtete die Gendarmerie 1941 in D. eine «Häftlingsselbstverwaltung» aus überwiegend französischen Häftlingen. Sie war ab Juli 1943 für die Aufrechterhaltung der inneren Ordnung des Lagers verantwortlich. Das Lager war zumeist völlig überbelegt (heute leben in dem Gebäudekomplex 369 Menschen; in das Lager D. waren bis zu 7000 Menschen gepfercht) und es gab kaum sanitäre Einrichtungen. Eine große Zahl der Häftlinge starb an der permanenten Unterversorgung mit Lebensmitteln. In D. gab es kaum politische oder kulturelle Aktivitäten, jedoch kontinuierlich bis zur Auflösung des Lagers jüdische Gottesdienste. D. besaß drei Nebenlager in Paris. Im Lager Austerlitz, im November 1943 eingerichtet, waren ca. 400–500 männliche und weibliche jüdische Partner aus «Mischehen» inhaftiert. Hier, wie auch im Lager Lévitan, mussten die Zwangsarbeiter Beutegut des «Einsatzstabes Reichsleiter Rosenberg» für den Transport nach Deutschland verpacken. Das Lager Lévitan hatte etwa 200 Häftlinge, Juden aus «Mischehen» und «Halbjuden». Im Lager Bassano waren ca. 60 Häftlinge zur Herstellung von Wehrmachtskleidung abgestellt. Alle drei Nebenlager wurden am 12. 8. 1944 aufgelöst, die Häftlinge nach D. verlegt. Von dort gingen zwischen dem 22. 6. 1942 und dem 17. 8. 1944 etwa 70 Transporte mit ca. 67 000 Juden nach → Auschwitz-Birkenau, sechs nach → Sobibor, → Majdanek, → Kaunas/Reval (Tallin) und → Buchenwald. Nur etwa 2000 der Deportierten überlebten. Am 17. 8. 1944 verließ die SS das Lager mit 51 Geiseln, die schließlich nach → Buchenwald deportiert wurden. In D. verblieben 1518 Internierte. Am 9. 5. 1976 wurde vor dem heutigen Wohnkomplex ein Mahnmal eingeweiht, heute erinnern dort zusätzlich ein Güterwaggon und eine kleine Dauerausstellung an die Geschichte des Lagers.

Gioia-Olivia Karnagel

Lit.: Jacques Durin, Drancy 1941–1944, Le Bourget 1988. – Anne Grynberg, Les camps de la honte. Les internés juifs des camps français 1939–1944, Paris 1991. – Maurice Rajsfus, Drancy. Un camp de concentration très ordinaire 1941–1944, Levallois-Perret 1991.

Duckwitz, Georg Ferdinand (1904–1973), Diplomat; seit 1928 Geschäftsmann in Kopenhagen; 1932 Eintritt in die NSDAP; 1933–1935 Mitarbeiter im Außenpolitischen Amt Alfred Rosenbergs, das er jedoch aus eigener Entscheidung wieder verließ; seit 1939 Schifffahrtssachverständiger an der deutschen Gesandtschaft in Kopenhagen und mit Beginn des Zweiten Weltkriegs als Agent der deutschen Abwehr in → Dänemark tätig. Im Oktober 1943 informierte D., unter schweigender Duldung durch Werner Best, die Führer der dänischen Sozialdemokratie über die deutschen Pläne zur → Deportation der dänischen Juden und ermöglichte so, dass diese heimlich nach → Schweden gebracht und gerettet wurden (→ Rettung). Nach dem Krieg trat er in den diplomatischen Dienst der Bundesrepublik Deutschland ein; 1951 Generalkonsul, 1955–1958 Botschafter in Dänemark. 1971 wurde D. durch Yad Vashem als «Gerechter unter den Völkern» ausgezeichnet.

Ebensee s. Mauthausen

Eberl, Irmfried (1910–1948), Arzt im Rahmen der → Euthanasie und erster Kommandant von → Treblinka; Studium der Medizin in Innsbruck; 1931 Eintritt in die NSDAP; im Februar 1940 Übernahme der Euthanasie-Anstalt Brandenburg/Havel, im Juni 1940 Wechsel zur Anstalt Bernburg/Saale (→ Aktion T4). In beiden Einrichtungen wurden unter E.s Leitung mindestens 18000 Menschen ermordet. Nach Beendigung der Aktion T4 wurden dort KZ-Häftlinge im Rahmen der → Aktion 14 f 13 vergast. E. war am Aufbau des → Vernichtungslagers → Treblinka beteiligt und bis Ende August 1942 dessen erster Kommandant. In diese Zeit fällt die Ermordung von mindestens 280000 Menschen. Anschließend leitete er wieder die Anstalt Bernburg und praktizierte nach Kriegsende als Arzt in Blaubeuren. Am 8. Januar 1948 durch die US-Militärbehörden festgenommen, beging er am 16. Februar 1948 in der Haft Selbstmord.

Edelman, Marek (geb. 1921), Kommandeur im Warschauer Ghettoaufstand. E. war Mitglied der jüdisch-sozialistischen Partei → Bund und schloss sich im November 1942 der Żydowska Organizacja Bojowa (ŻOB; → Polen) an. Als Stellvertreter Mordechaj Anielewicz' war er einer der Führer des Warschauer Ghettoaufstandes im April/Mai 1943. E., dem die Flucht aus dem Ghetto gelang, beteiligte sich anschließend im August 1944 am Warschauer Aufstand der polnischen Untergrundbewegung. Nach dem Krieg Tätigkeit als Arzt in Lódż; Veröffentlichung verschiedener Bücher zum Aufstand im → Warschauer Ghetto; seit 1980 Mitglied der Gewerkschaftsbewegung Solidarność. Am 17. April 1998 wurde E. die höchste Auszeichnung des polnischen Staates, der Weiße-Adler-Orden verliehen.

Edelstein, Jakob (1903–1944), Vorsitzender des → Judenrats im Ghetto → Theresienstadt; aufgewachsen in Brünn (Mähren); seit 1926 Mitglied verschiedener zionistischer Organisationen; seit 1933 Leiter des Palästina-Büros der

Jugendorganisation Hechaluz in Prag; seit Mai 1939 mit Zustimmung der Gestapo mehrere Reisen ins Ausland, um Wege zur Beschleunigung der jüdischen → Emigration aus dem → Protektorat Böhmen und Mähren zu finden. Dezember 1941 bis Januar 1943 «Judenältester» im Ghetto Theresienstadt; am 18. Dezember 1943 nach → Auschwitz deportiert, wo er und seine Familie am 20. Juni 1944 ermordet wurden.

Eichmann, Adolf (1906–1962), Judenreferent im → Reichssicherheitshauptamt (RSHA); seit dem 1. April 1932 Mitglied der österreichischen NSDAP und → SS, nach deren Verbot Übersiedlung nach Deutschland und Eintritt in den SD; seit dem 1. Oktober 1934 im Berliner SD-Hauptamt für die Judenfrage (Referat II/112) zuständig; August 1938 Organisation der Zentralstelle für jüdische Auswanderung in Wien (→ Österreich); seit Januar 1939 Leitung der Berliner → Reichszentrale für jüdische Auswanderung; im Dezember 1939 Übernahme des Referates IV D 4 (Auswanderung und Räumung) innerhalb des Amtes IV (Gestapo) des RSHA, anschließend des Referates IV B 4 (Judenangelegenheiten und Räumung). Bei der → Wannsee-Konferenz am 10. Januar 1942 Protokollführer. Im März 1944 Führer eines Sonderkommandos in Budapest zur → Deportation der ungarischen Juden nach → Auschwitz. E. war als maßgeblicher Organisator des Genozids für die Deportation von über drei Millionen Juden aus dem deutschen Machtbereich zuständig. 1946 Flucht aus US-Gefangenschaft, nach verschiedenen Aufenthalten schließlich Ausreise nach Argentinien, wo er unter dem Namen Ricardo Klement lebte. Dort spürte ihn der israelische Geheimdienst auf und entführte ihn im Mai 1960 nach Israel, wo er im Dezember 1961 zum Tode verurteilt und am 1. Juni 1962 hingerichtet wurde.

Eichmann-Prozess. Seit 1934 war Adolf Eichmann innerhalb des Sicherheitsdienstes der → SS mit Judenfragen beschäftigt, ab Dezember 1939 als Referatsleiter IV D 4 (Auswanderung und Räumung) und später IV B 4 (Judenangelegenheiten und Räumung) im → Reichssicherheitshauptamt. In dieser Funktion organisierte er während des Zweiten Weltkrieges mit wenigen Mitarbeitern die → Deportation der Juden aus dem deutschen Einflussbereich Europas in die → Konzentrationlager, → Ghettos und → Vernichtungslager. Nach dem Krieg wurde er verhaftet und kam in ein Internierungslager, aus dem er 1946 entwich. Später lebte er unter falschem Namen in Argentinien. Im Mai 1960 entführte ihn der israelische Geheimdienst von dort nach Israel. Der Hauptorganisator des Massenmords sollte dort auf Grund des 1950 erlassenen Gesetzes zur Bestrafung von Nationalsozialisten und ihren Kollaborateuren vor Gericht gestellt werden. Trotz umfänglicher Verhöre und Voruntersuchungen eröffnete bereits am 10. April 1961 der israelische Generalstaatsanwalt Gideon Hausner mit der Verlesung der 15 Anklagepunkte in der Strafsache 40/61 den E. vor dem Bezirksgericht Jerusalem unter dem Vorsitz von Richter Moshe Landau. Hausner, der seine Anklage auf die Beweiskraft von über 100 Zeugen und 1648 Dokumenten stützen konnte, bezichtigte Eichmann der «Verbrechen gegen das jüdische Volk» und anderer, seit den → Nürnberger Prozessen international anerkannter Straftatbestände wie «Verbrechen gegen die Menschlichkeit» und «Mitgliedschaft in verbrecherischen Organisationen». Die Verteidigung stellte wegen der illegalen Entführung Eichmanns und der erst nach der Straftat geschaffenen gesetzlichen Grundlage für ihre Bestrafung die Zulässigkeit des E. grundsätzlich in Frage. Außerdem bezweifelte sie das Recht des Staates Israel, Verbrechen, die bereits vor seiner Gründung begangen worden waren, zu bestrafen. Auch stellte sie die Eignung jüdischer Richter in Frage, im E. objektiv verfahren und urteilen zu können. Das Gericht wies die Einwände zurück und betonte u. a., dass die Verbrechen Eichmanns nach allgemeiner Meinung schon zur Tatzeit und auch nach deutschem Recht strafwürdig gewesen seien. Auch sei die Einbindung der Richter in ihre jeweilige Gesellschaft ein generelles Problem und kein spezifisch israelisches, somit auch kein stichhaltiger Ablehnungsgrund. Die Richter sahen schließlich in der Bestrafung von Verbrechen gegen das «jüdische Volk» ein Gründungsziel des Staates Israel.

Die Beweisaufnahme enthüllte die vielfältigen persönlichen Verstrickungen Eichmanns in die Organisation der Massentötung von Juden aus fast ganz Europa. So hatte er im Januar 1942 als rechte Hand Heydrichs das Protokoll der → Wannsee-Konferenz geführt, hatte sämtliche Vernichtungslager von → Chelmno und → Auschwitz bis zu den Lagern der → Aktion Reinhardt inspiziert und die dortigen Verhältnisse gebilligt und noch 1944 in Himmlers Auftrag persönlich die Deportation der ungarischen Juden (→ Ungarn) nach Auschwitz organisiert. Eichmann, der bereits vor Kriegsende und aus eigener Kenntnis Zeugen gegenüber die Zahl der während des → Holocaust ermordeten Juden mit sechs Millionen angegeben hatte, erklärte sich in allen Anklagepunkten für unschuldig. Seine Verteidigung bemühte sich, den typischen Schreibtischtäter, der bei keiner Mordaktion persönlich Hand angelegt hatte, als kleines Rädchen im Getriebe des Vernichtungsapparates der SS darzustellen, der nur die ihm erteilten Befehle pflichtgetreu ausgeführt habe. Eichmann selbst unterstrich mit seinem Auftreten, vor allem durch seine beflissene Mitarbeit während des Prozesses, den von der Verteidigung beabsichtigten Eindruck absoluter persönlicher Subalternität, die die Philosophin Hannah Arendt als Prozessbeobachterin u. a. veranlasste, ihr Buch über den E. mit dem vielfach missverstandenen Untertitel «Von der Banalität des Bösen» zu versehen. Das Jerusalemer Gericht zog aus dem erdrückenden Beweismaterial der Anklage die strafrechtlich relevanten Schlüsse, dass Eichmann eine wesentliche und aktive Rolle bei der Durchführung des Judenmords gespielt habe und bei der Ausführung von verbrecherischen Befehlen mit größtem persönlichen Einsatz vorgegangen sei. Eichmann wurde, in allen Anklagepunkten schuldig gesprochen, am 15. Dezember 1961 zum Tod durch Erhängen verurteilt. Nach Ablehnung der Berufung durch den Obersten Gerichtshof des Staates Israel (29. Mai 1962) und der Begnadigung durch Israels Staatspräsident Yitzhak Ben Zvi wurde er am 1. Juni 1962 hingerichtet, seine Asche ins Meer gestreut. Die Wirkung des E. auf die Weltöffentlichkeit war beträchtlich. Für die öffentliche Meinung in Israel bedeutete Eichmanns Bestrafung einen Sieg der Gerechtigkeit zu einer Zeit, in der das Schicksal des Staates angesichts der Bedrohung durch die arabischen Nachbarstaaten noch ungewiss war. Israels Jugend erhielt erstmals ein detailliertes und umfassendes Bild der jüngsten Geschichte der Juden in Europa, das prägend war für die Vorstellung von einem wehrhaften Israel, aber auch für das Verhältnis zur Bundesrepublik Deutschland. In Deutschland wiederholten sich teilweise die bereits während der Nürnberger Prozesse geführten Diskussionen über die Schuld der Deutschen an den Verbrechen des Dritten Reiches. Der Anstoß, den die wissenschaftliche Erforschung des Nationalsozialismus und der jüdischen Geschichte, speziell in der Zeit des Holocaust, durch den E. erhielt, wirkte sich in den Jahren nach dem Prozess auch auf die Öffnung von Archiven und die Zusammenarbeit mit den deutschen Justizbehörden aus, die in den 60er Jahren damit begannen, die Schuld der Täter gründlicher zu ahnden, als es die deutschen Gerichte und Spruchkammern der ersten Nachkriegsjahre zu tun vermochten.

Hermann Weiß

Lit.: Hannah Arendt, Eichmann in Jerusalem, München 1964. – Jochen von Lang, Das Eichmannprotokoll. Tonbandaufzeichnungen der israelischen Verhöre, Frankfurt am Main u. a. 1985. – Avner L. Less, Schuldig. Das Urteil gegen Adolf Eichmann, Frankfurt am Main 1987. – Bernd Nellessen, Der Prozeß von Jerusalem. Ein Dokument, Düsseldorf 1964.

Eicke, Theodor (1892–1943), → Inspekteur der KL; 1923–1932 zunächst Kaufmann und anschließend Sicherheitsbeauftragter der IG-Farben; Dezember 1928 Eintritt in die NSDAP und SA, Juli 1930 Wechsel in die → SS; seit Juni 1933 Kommandant des KZ → Dachau; ab Mai 1934 Leitung der Übernahme und Neuordnung der KZ durch die SS; seit 4. Juli 1934 Inspekteur der Konzentrationslager und der SS-Totenkopfverbände; seit 14. November 1939 Kommandeur der (Waffen-) SS-Totenkopfdivision; 1942 SS-Obergruppenführer und General der Waffen-SS. Am 26. Februar 1943 kam er durch einen Flugzeugabsturz ums Leben. E. setzte die von ihm erstmals in Dachau angewandten grausamen Unterdrückungsmethoden als Inspekteur der KL für alle KZ durch.

Einsatzgruppen. Für den Vollzug des Judenmords in der deutsch besetzten → Sowjetunion werden gemeinhin die E. als mobile, nach dem Vorbild des → Reichssicherheitshauptamts organisierte «Truppe des Weltanschauungskrieges» verantwortlich gemacht. Der Ursprung dieser Sondereinheiten der Sicherheitspolizei und des SD liegt in dem schon in den Vorkriegsmonaten («Anschluss» Österreichs, Zerschlagung der Tschechoslowakei) von Himmler und Heydrich angewandten Konzept der radikalen Gegnerbekämpfung mittels rascher sicherheitspolizeilicher «Befriedung» neu hinzugewonnener Einflussgebiete begründet, das die deutsche Okkupationspolitik in Europa in je nach Region unterschiedlicher Form bis Kriegsende prägte und an dessen Durchsetzung neben den E. eine Vielzahl von Einheiten der → Polizei, → SS und der → Wehrmacht beteiligt waren.

Am Vorabend des deutschen Angriffs auf → Polen betraute der bald darauf zum Chef des Reichssicherheitshauptamts ernannte Heydrich die ihm unterstellten E. mit der «Bekämpfung aller reichs- und deutschfeindlichen Elemente in Feindesland rückwärts der fechtenden Truppe». Aufgrund der vorangegangenen Erfahrung von SS und Polizei im Umgang mit «Reichsfeinden» erwies sich diese vage Formel unter den Bedingungen des Krieges als hinreichend, um den sieben verschiedenen Armeekorps zugeordneten E. die Legitimation für die Erschießung von Angehörigen der polnischen Führungsschicht und von Juden zu liefern. Vereinzelte Proteste aus Kreisen der Armeeführung am Vorgehen der E. blieben aufgrund der von Wehrmachtseinheiten eigenverantwortlich an Zivilisten verübten Gräuel sowie des raschen Übergangs zur Zivilverwaltung ohne nachhaltige Wirkung, trugen aber dazu bei, Heydrich zum Erlass klarerer Verhaltensmaßregeln für die nachfolgenden Feldzüge zu bewegen, wobei die Härte der anvisierten Maßnahmen wesentlich vom Einsatzort und den spezifischen Zielen deutscher Besatzungspolitik abhing. Während Heydrich die für → Norwegen vorgesehenen E. im Frühjahr 1940 zur «korrekten» Durchführung ihrer Aufträge ermahnte, dehnte er ein Jahr später die Definition der Gruppe der «Reichsfeinde» für den Balkanfeldzug explizit auf Kommunisten und Juden aus.

In der Planungsphase zum «Unternehmen Barbarossa», des Überfalls auf die Sowjetunion, ermöglichte es das Interesse der Wehrmachtsführung an der Sicherung des Operationsgebiets sowie Hitlers Ermächtigung an Himmler zur Durchführung von «Sonderaufgaben im Auftrage des Führers, die sich aus dem endgültig auszutragenden Kampf zweier entgegengesetzter politischer Systeme ergeben», den Führern der vier E. größeren Freiraum bei der Umsetzung allgemein gehaltener Rahmenrichtlinien zu belassen. Dies erwies sich aus der Sicht der Berliner Zentrale als umso sinnvoller, je stärker die Situation am Einsatzort selbständiges sicherheitspolizeiliches Handeln erforderte. Entsprechend der Angriffsgliederung der Wehrmacht waren die E. den Heeresgruppen Nord (E. A unter Walter Stahlecker), Mitte (E. B unter Arthur Nebe) und Süd (E. C unter Otto Rasch) bzw. (E. D unter Otto Ohlendorf) dem im äußersten Süden der Front eingesetzten Armee-Oberkommando 11 zugeordnet und im Interesse größtmöglicher Mobilität in kleinere Untereinheiten («Einsatzkommandos», «Sonderkommandos», «Vorkommandos») aufgeteilt. Ihre personelle Stärke schwankte jeweils zwischen 600 (E. D) und 1000 Mann (E. A), die aus den Reihen der Ordnungspolizei und Waffen-SS wesentlich verstärkt wurden. Das Führungspersonal der E. war vom Reichssicherheitshauptamt ausgewählt worden; erfahrene SD-Offiziere fanden besondere Berücksichtigung.

Die von einigen Angehörigen der E. nach dem Krieg vertretene und von der historischen Forschung lange Zeit geteilte These, vor Angriffsbeginn sei die Übermittlung eines Führerbefehls zum Mord an den Juden erfolgt, lässt sich weder mit überlieferten zeitgenössischen Dokumenten noch anhand des Gangs der Ereignisse hinreichend stützen. Die in der Sowjetunion eingesetzten E. begannen unmittelbar nach Beginn des «Unternehmens Barbarossa» mit Exekutionen, gingen aber erst allmählich zur unterschiedslosen Erschießung aller Juden über. Im Kontext des von deutscher Seite als Vernichtungskrieg konzipierten Feldzugs operierten die E. Seite an Seite mit der Wehrmacht, die selbst tief in den Mord an Zivilisten – Juden, Kommunisten, «Zigeuner» (→ Sinti und Roma), Anstaltsinsassen – und Kriegsgefangenen involviert war. Träger der mörderischen Dynamik waren neben den «regulären» E. kleinere, im Grenzbereich zur Sowjetunion zusammengestellte Einheiten wie das in → Litauen operierende «Einsatzkommando Tilsit» und Kommandos des Befehlshabers der Sicherheitspolizei und des SD in Krakau (später E. z. b. V.; E. zur besonderen Verwendung). Mit der

Etablierung der Zivilverwaltung unter dem Reichsminister für die besetzten Ostgebiete stellten die E. weitgehend das Personal der Dienststellen des Befehlshabers bzw. Kommandeurs der Sicherheitspolizei und des SD, denen der Vollzug der Judenpolitik oblag.
Die Zahl der Opfer, die durch Massenerschießungen und Vergasungen unter Beteiligung der E. auf dem Gebiet der besetzten Sowjetunion ermordet wurden, wird auf weit über 500000 geschätzt. Während die Tätigkeit der E. im Rahmen des «Unternehmens Barbarossa» vergleichsweise gut dokumentiert ist und als Folge des Nürnberger E.prozesses (→ Nürnberger Prozesse) schon frühzeitig bekannt wurde, gehört die Involvierung von mobilen Einheiten der Sicherheitspolizei und des SD in Verbrechen in anderen Teilen des deutschen Einflussgebiets wie → Kroatien, → Rumänien, → Ungarn, → Slowakei, → Frankreich und → Luxemburg aufgrund der Quellenlage bisher zu den wenig erforschten Themenkomplexen.

Jürgen Matthäus

Lit.: Peter Klein (Hrsg.), Die Tätigkeits- und Lageberichte und die Einsatzbefehle der Einsatzgruppen der Sicherheitspolizei und des SD 1941/42, Berlin 1997. – Helmut Krausnick, Hans-Heinrich Wilhelm, Die Truppe des Weltanschauungskrieges. Die Einsatzgruppen der Sicherheitspolizei und des SD 1938–1942, Stuttgart 1981. – Ralf Ogorreck, Die Einsatzgruppen und die «Genesis der Endlösung», Berlin 1996.

Einsatzkommando Tilsit s. Einsatzgruppen, s. Litauen

Elkes, Elchanan (1879–1944), Vorsitzender des Ältestenrates im Ghetto von → Kaunas (→ Litauen); Medizinstudium in Königsberg, danach als Landarzt in → Weißrussland, anschließend in Kaunas tätig; seit Anfang August 1941 «Judenältester» im Ghetto Kaunas, wo er den → jüdischen Widerstand unterstützte. E. wurde im Sommer 1944 nach der Auflösung des nunmehrigen KZ Kaunas mit vielen anderen Überlebenden in das KZ Landsberg–Kaufering (→ Dachau) deportiert, wo er am 17. Oktober 1944 starb.

Emigration. Warum haben sich die deutschen Juden der Verfolgung nicht mehrheitlich durch Auswanderung entzogen? Zu den Gründen gehören die ökonomischen und administrativen Schwierigkeiten, die einer Ausreise im Wege standen, ebenso die Hindernisse, die den Juden aus Deutschland (und später aus ganz Europa) von potentiellen Aufnahmeländern in den Weg gelegt wurden. Der mit der E. fast immer verbundene Statusverlust und die für Immigrationsländer fehlende berufliche Qualifikation waren neben dem Selbstverständnis der hoch assimilierten deutschen Juden weitere Hindernisse.
1933 verließen etwa 38000 Juden das → Deutsche Reich, 1934 waren es knapp 23000. 1935 wanderten etwa 20000 Menschen aus. Die → Nürnberger Gesetze wirkten sich 1936 mit ca. 25000 Emigranten aus. Die scheinbare Beruhigung der Situation im Olympiajahr 1936 zeigte sich in nur 23000 Emigranten 1937. Die Verschärfung der judenfeindlichen Politik, demonstriert durch die Austreibung der polnischen Juden (→ Polenausweisung) im Oktober und vor allem durch die → Novemberpogrome, führte zur größten Auswanderungswelle mit 33000–40000 Menschen 1938 und 75000–80000 im Jahre 1939. Nach dem «Anschluss» im Frühjahr 1938 wurde → Österreich Experimentierfeld für die durch Behörden forcierte Auswanderung der jüdischen Minderheit. Nach

der Volkszählung vom März 1934 lebten in Österreich 191481 Personen israelitischer Konfession (nach der Definition der Nürnberger Gesetze wurde die Gesamtzahl auf 206000 geschätzt). Die Volkszählung vom 17. Mai 1939 wies noch 94601 Juden im Sinne der nationalsozialistischen Rassenideologie und 84214 «Glaubensjuden» aus. Es waren also rund 130000 österreichische Juden zwischen dem «Anschluss» und dem Beginn des Zweiten Weltkriegs emigriert. Sie flohen aus eigener Initiative, wichen aber auch dem Druck, den die von Adolf Eichmann im Auftrag des → Reichssicherheitshauptamtes gegründete «Zentralstelle für jüdische Auswanderung» in Wien seit August 1938 ausübte. Die Zentralstelle gab gegen eine Abgabe von 5 % des Vermögens Reisepässe aus und organisierte unter weiterer Ausplünderung die Ausreise. Als reine Verdrängungsbehörde kümmerte sich die Zentralstelle nicht um die Formalitäten der Immigration. Zugrunde lag die Idee, die Auswanderung mit jüdischem Geld zu finanzieren und durch Zwangsabgaben auch die E. armer Juden zu betreiben. Die Wiener Zentralstelle, die ab 1941 die → Deportationen in die → Vernichtungslager organisierte und damit eine wesentliche Funktion beim Völkermord innehatte, bildete das Modell der Berliner → Reichszentrale für jüdische Auswanderung, die im Januar 1939 eingerichtet wurde und deren Leiter ab Oktober 1939 Adolf Eichmann war.

Bis 1939 forcierte und bremste der NS-Staat die Auswanderung der deutschen Juden gleichzeitig. Die Verdrängung der Juden aus der Wirtschaft förderte deren E.willen, aber Vermögenskonfiskation und ruinöse Abgaben hemmten die Auswanderungsmöglichkeiten. Absicht des Regimes war es, → Antisemitismus zu exportieren, wenn die aus Deutschland vertriebenen verarmten Juden zum sozialen Problem in den Aufnahmeländern würden. Daran scheiterte im Juli 1938 die Konferenz in → Evian. Dem verstärkten Druck zur E. Anfang 1939 folgten massive Behinderungen bis zum Auswanderungsverbot im Herbst 1941.

Das bis 1935 unter Völkerbundsmandat stehende Saargebiet war ebenso erste Zuflucht für viele deutsche Juden wie bis 1938 Österreich und die Tschechoslowakei. Wichtigstes Exilland war 1933/1934 → Frankreich. Bis Herbst 1938 hatten sich ca. 11000 Juden auf die Britischen Inseln gerettet, nach der «Reichskristallnacht» durften noch einmal 40000 kommen. Generös war die rasche, unmittelbar nach den → Novemberpogromen einsetzende Hilfe für jüdische Kinder aus Deutschland. Tausende konnten mit Hilfe der → Kindertransporte gerettet werden. Die wichtigsten Exilländer waren → Palästina und USA. Aus unterschiedlichen Gründen war es jedoch besonders schwer, dorthin zu gelangen. Palästina war britisches Mandatsgebiet, und die einwanderungswilligen Zionisten, meist junge Juden, die sich gemeinsam auf das Siedlerdasein vorbereiteten, wurden nur in geringer Zahl nach einem komplizierten Quotensystem zugelassen. Von der Jewish Agency offiziell betreut, also legal, wanderten 1933–1936 max. 29000 Juden aus Deutschland nach Palästina, in den Jahren 1937–1941 waren es noch rund 18000. Die illegale Einwanderung (Alija Beth) war reich an Risiko und nur für einige Tausend Menschen insgesamt erfolgreich. Die USA waren das wichtigste Exilland überhaupt, in dem über 130000 deutschsprachige Juden Zuflucht fanden.

Der Ausbruch des Zweiten Weltkriegs bedeutete das Ende der meisten Auswanderungsmöglichkeiten durch Schließung von diplomatischen Vertretungen und durch den Wegfall von Transportgelegenheiten. 1940 konnten nur noch 15 000 Juden Deutschland verlassen, 1941 waren es noch 8000. Trotz des Auswanderungsverbots, das am 23. Oktober 1941 erging, sind in den Jahren 1942–1945 noch etwa 8500 Juden aus Deutschland entkommen. Nach den Arbeitsberichten des Zentralausschusses für Hilfe und Aufbau bzw. der Reichsvertretung der deutschen Juden verließen 1933–1941 zwischen 257 000 und 273 000 Juden Deutschland. Insgesamt wird die Zahl der jüdischen Emigranten aus Deutschland auf 278 500 geschätzt.

Wolfgang Benz

Lit.: Fritz Kieffer, Judenverfolgung in Deutschland – eine innere Angelegenheit? Internationale Reaktionen auf die Flüchtlingsproblematik 1933–1939, Stuttgart 2002. – Claus-Dieter Krohn u. a. (Hrsg.), Handbuch der deutschsprachigen Emigration 1933–1945, Darmstadt 1998.

Endlösung der Judenfrage. Terminus, der im Dritten Reich zuerst die Umsiedlung und dann die Vernichtung des jüdischen Volkes meinte. Die «Lösung der → Judenfrage» war als Metapher im öffentlichen Diskurs durch Traktate und Pamphlete seit den 40er Jahren des 19. Jahrhunderts präsent, der Begriff wurde aber nicht nur von Antisemiten verwendet. Unter «Lösung der Judenfrage» wurden ursprünglich auch Assimilations- und Siedlungsprojekte und emanzipatorische philosemitische Bestrebungen verstanden. Im Zeichen des rassistisch argumentierenden → Antisemitismus diente der Begriff der Verweigerung der Emanzipation und der Forderung nach diskriminierender Ausgrenzung der Juden wie Nichtzulassung zum öffentlichen Dienst, «Entjudung» der Presse und des öffentlichen Lebens, gesellschaftliche Ächtung von «Mischehen», Zurückdrängen des angeblich ökonomischen Einflusses der Juden.
Ab 1933 radikalisierte sich die Metapher bis zur E. In einem Dokument «Die Judenfrage», das anlässlich eines Vortrags beim Reichsführer SS Himmler im Dezember 1940 entstand, erscheint nicht nur der Terminus «Endlösung», sondern auch der Begriff «Anfangslösung» als Umschreibung der Übernahme der Initiative durch Sicherheitspolizei und SD. Dem sollte als zweiter Schritt die «Endlösung», getarnt als «Umsiedlung der Juden aus dem europäischen Wirtschaftsraum des deutschen Volkes in ein noch zu bestimmendes Territorium», folgen. Die Formulierung wurde spätestens ab Frühjahr 1941 auch im amtlichen Schriftverkehr verwendet (Hinweis Eichmanns am 12. 3. 1941 auf bevorstehende «Endlösung», Befehl Reichssicherheitshauptamt vom 29. 5. 1941) und am 31. 7. 1941 im «Bestellungsschreiben» Görings an Heydrich gebraucht: «Ich beauftrage Sie ... mir in Bälde einen Gesamtentwurf über die organisatorischen, sachlichen und materiellen Vorausmaßnahmen zur Durchführung der angestrebten Endlösung der Judenfrage vorzulegen.» Im Einladungsschreiben und als Tagesordnung der → Wannsee-Konferenz ist der Begriff als feststehender Terminus etabliert.

Wolfgang Benz

Lit.: Götz Aly, «Endlösung». Völkerverschiebung und der Mord an den Europäischen Juden, Frankfurt am Main 1995.

Enterdungsaktion. Unter dem Codenamen «Aktion 1005» getarnter Versuch, sämtliche Leichen der durch die → Einsatzgruppen im Osten sowie in den →

Vernichtungslagern ermordeten Menschen zu beseitigen, ohne Spuren zu hinterlassen. Die Entscheidung für diese Maßnahme kam neben Sicherheits- und Geheimhaltungsmotiven auch durch ernsthafte Hygieneprobleme infolge der überfüllten Massengräber zustande. Die E. begann im Juni 1942 unter der Leitung von SS-Standartenführer Paul Blobel, der im Vernichtungslager → Chelmno erste Verbrennungsversuche vornahm. Eine Gruppe von Angestellen mit Sitz in Lodz leitete die Verbrennung der Leichen der → Aktion Reinhardt im Sommer 1942 und 1943 in den Vernichtungslagern → Belzec, → Sobibor, → Treblinka sowie in Chelmno. Anfangs wurden die Leichen auf Rosten aufgeschichtet, mittels einer brennbaren Flüssigkeit entzündet, die Knochen wurden später zermahlen und die Asche verstreut. Später wurden Krematorien gebaut. Jedes Sonderkommando 1005 bestand aus einigen SD-Offizieren, die die Aktion beaufsichtigten, und einigen Dutzend Ordnungspolizisten, die die Arbeiter bewachten. Die zumeist jüdischen Gefangenen, die die Arbeit auszuführen hatten, wurden in regelmäßigen Abständen ermordet und ersetzt. Im Frühjahr 1943 veranlasste Blobel die beschleunigte Liquidierung der Massengräber. Im August 1943 wurden die Sonderkommandos 1005-A und 1005-B gebildet, die die Beseitigung der Leichen in → Babij Jar, Berditschew, → Bjelaja Zerkow, Uman, → Kamenez-Podolsk, Zamość, Łódź (Sonderkommando 1005-A) und in Dnjepropetrowsk, Kriwoi Rog, Nikolajew, Salaspils bei → Riga und Daugavpils (Sonderkommando 1005-B) durchführten. Weiterhin waren 2 Einheiten der Aktion 1005 (Sonderkommandos 7a und 7b und Einsatzkommandos 8 und 9) in → Weißrußland in Gomel, → Mogilew, Bobruisk, → Witebsk, Orscha und → Borissow sowie Sonderkommandos 1005 im Raum → Białystok und im → Generalgouvernement (Zamość, Lublin, Lvov/Lemberg) tätig. Im Oktober 1943 wurde das Sonderkommando 1005 Mitte mit Sitz in → Maly Trostinez gegründet, das Verbrennungen in → Minsk, Molodetschno, → Brest-Litowsk, → Pinsk, Kobryn, Łomża ausführte. Im Baltikum waren außer in → Riga Sonderkommandos 1005 in Paneriai (→ Ponary) und im Neunten Fort (→ Kaunas) sowie im Lager → Klooga (→ Estland) tätig. In → Serbien wurden ebenfalls in hoher Zahl Leichen ermordeter Juden verbrannt. Im Oktober 1944 wurden die Angehörigen der Kommandos 1005 in Salzburg konzentriert und von dort unter der Leitung von Blobel gegen jugoslawische → Partisanen eingesetzt.

Katrin Reichelt

Lit.: Eugen Kogon, Hermann Langbein, Adalbert Rückerl (Hrsg.), Nationalsozialistische Massentötungen durch Giftgas. Eine Dokumentation, Frankfurt am Main 1986. – Shmuel Spector, Aktion 1005 – Effacing the Murder of Millions, in: Holocaust and Genocide Studies 5 (1990), S. 157–173. – Leon Weliczker-Wells, Ein Sohn Hiobs, München 1979.

Eppstein, Paul (1902–1944), Vorsitzender des → Judenrats im Ghetto → Theresienstadt; 1927 Dozent für Soziologie an der Handelshochschule Mannheim, 1929 Direktor der Mannheimer Volkshochschule; seit 1933 Mitglied der Reichsvertretung der deutschen Juden, dort vor allem mit Verwaltungsfragen und sozialen Maßnahmen beschäftigt. Im Januar 1943 wurde E. zusammen mit Leo Baeck nach Theresienstadt deportiert. Dort war er von Januar 1943 bis September 1944 als

Nachfolger Jakob Edelsteins Vorsitzender des jüdischen Ältestenrates. Am 29. September 1944 wurde E. erschossen, angeblich weil den Deutschen eine von ihm vor Ghettoinsassen gehaltene Rede nicht gefallen hatte.

Estland. Die im Vergleich zu den anderen baltischen Staaten geringe Zahl von Juden in E. (Anfang 1941 etwa 4500) geriet mit dem deutschen Angriff auf die → Sowjetunion im Sommer 1941 in den Sog der Verfolgung. Nachdem kurz vor Beginn des «Unternehmens Barbarossa» etwa 500 Juden im Rahmen der sowjetischen «Säuberungen» zusammen mit mehr als 9000 nichtjüdischen Esten nach Sibirien deportiert worden waren, gelang der verbleibenden jüdischen Mehrheit die Flucht vor der anrückenden → Wehrmacht und den im Verband mit ihr operierenden Kräften der Sicherheitspolizei. Die zurückbleibenden rund 1000 Juden wurden Opfer der vom Sonderkommando 1a der Einsatzgruppe A unter Dr. Martin Sandberger im Verein mit der estnischen radikalen Rechten (Omakaitse) erzeugten Welle von Mord und Gewalt. Wie in → Litauen, → Lettland und der Westukraine erwuchs die antijüdische Gewaltbereitschaft nationalistischer Kreise zu erheblichen Teilen aus bodenständiger Judenfeindschaft, deren Virulenz sich als Folge der sowjetischen Annexion ab Mitte 1940 wesentlich verstärkte und zur Fixierung auf ein «jüdisch-bolschewistisches» Feindbild führte. Die von deutscher Seite in E. ergriffenen Maßnahmen gegen Juden entsprachen der in anderen Teilen des Baltikums geübten Praxis: der Enteignung, Konzentration (→ Deportation in das Zwangsarbeitslager Harku in der Nähe der estnischen Hauptstadt Tallinn) und → Kennzeichnung folgte die Ermordung. Bis Mitte Oktober hatten Sandbergers Männer 440 Juden umgebracht; bis zum Ende des Jahres erhöhte sich die Zahl auf mehr als 900, so dass E. als erstes deutsches Besatzungsgebiet «judenfrei» war. Mit der Auflösung der → Ghettos im Reichskommissariat Ostland, zu dem E. zusammen mit Lettland, Litauen und Teilen → Weißrusslands gehörte, und ihrer Umwandlung in → Konzentrationslager ab Mitte 1943 trafen zahlreiche Deportationstransporte mit Juden ein. Die Geschichte der verschiedenen Zwangsarbeits- und Konzentrationslager für Juden in E., u. a. in → Vaivara und → Klooga, ist bisher noch weitgehend unerforscht; fest steht, dass die Mehrheit der Gefangenen die Haft nicht überlebte. Mit Herannahen der Front im Sommer 1944 wurden die Lager aufgelöst, ihre Insassen ermordet oder nach Westen deportiert.

Jürgen Matthäus

Lit.: Dov Levin, Estonian Jews in the USSR, 1941–45, in: Yad Vashem Studies 11 (1976), S. 273–297.

Euthanasie. Mit dem Begriff E. (griechisch schöner Tod, heute Sterbehilfe) tarnte das nationalsozialistische Regime den Mord an Patienten von Heil- und Pflegeanstalten. Nach Beginn des Zweiten Weltkrieges glaubte die Kanzlei des Führers Gelegenheit zu haben, jenseits öffentlicher Aufmerksamkeit Menschen ermorden lassen zu können, die der NS-Ideologie zufolge «Menschenhülsen» und «Ballastexistenzen» waren und nicht den Idealen der «Rassenhygiene» entsprachen. Ein zu diesem Zweck gegründeter «Reichsausschuß zur wissenschaftlichen Erfassung von erb- und anlagebedingten schweren Leiden» organisierte die Registrierung behinderter Kinder und ihre Ermordung ab Oktober 1939 durch Gift oder Nahrungsentzug. Die Kinder-E. forderte bis Kriegsende mindestens 5000 Opfer. Für die Ermordung erwachsener Patienten schuf das Hauptamt II der Kanzlei des Führers eine eigene Organisation mit über 300 Mitarbeitern unter dem Tarnnamen T4 (→ Aktion T4). Hitler sanktionierte die Morde im Oktober 1939 in einem auf den Tag des Kriegsbeginns am 1. September 1939 rückdatierten Schreiben. Die T4-Behörde ließ sechs Heil- und Pflegeanstalten im → Deutschen Reich zu Tötungszentren mit → Gaskammern umgestalten: Grafeneck, Brandenburg, Bernburg, Hartheim, Sonnenstein und Hadamar. Dort fanden in den Jahren 1940 und 1941 den T4-Statistiken zufolge 70 273 Menschen den Tod. Alle Heil- und Pflegeanstalten des Reichs mussten Formulare zum Gesundheitszustand ihrer Patienten an die T4-Behörde senden, aufgrund derer ausgewählte Gutachter über Leben und Tod jedes Patienten entschieden. Trotz strenger Vorkehrungen zur Geheimhaltung verbreiteten sich in der Bevölkerung Gerüchte, die Anlass für Anfragen bei kirchlichen und staatlichen Stellen waren. Nachdem bei Staatsanwaltschaften Strafanzeigen wegen Mordes eingegangen waren und Kirchenvertreter offen protestiert hatten (→ Kirchen), ließ Hitler das Programm am 24. August 1941 unterbrechen. Nach kurzer Pause mordeten die E.-Ärzte trotzdem weiter, nun meist durch Gift, Medikamente und Nahrungsentzug. Neben körperlich und geistig Behinderten starben im Rahmen der E. auch Angehörige anderer Gruppen: Nicht mehr arbeitsfähige oder unerwünschte KZ-Häftlinge (→ Aktion 14 f 13) und Zwangsarbeiter, jüdische Patienten, Zeugen Jehovas, Alkoholiker, Prostituierte und Unangepasste. Insgesamt dürften der E. über 200 000 Menschen zum Opfer gefallen sein. Die Erfahrungen aus den Vergasungen von Patienten nutzte die → SS für den Aufbau der → Vernichtungslager im → Generalgouvernement (→ Aktion Reinhardt).

Peter Widmann

Lit.: Henry Friedlander, Der Weg zum NS-Genozid. Von der Euthanasie zur Endlösung, Berlin 1997. – Ernst Klee, «Euthanasie» im NS-Staat. Die «Vernichtung lebensunwerten Lebens», Frankfurt am Main 1983.

Evian. Auf Veranlassung des US-Präsidenten Franklin D. Roosevelt fand vom 6. bis 14. Juli 1938 unter Beteiligung von 32 Nationen im französischen Heilbad E. am Genfer See eine Konferenz statt, die Auswanderungsmöglichkeiten für die Juden im → Deutschen Reich und → Österreich eruieren sollte (→ Emigration). Etwa 20 jüdische und nicht-jüdische Organisationen – darunter auch die Reichsvertretung der deutschen Juden – hatten in Memoranden Wünsche und Anregungen niedergelegt. Das bescheidene Ergebnis von E. war auf die Haltung der Ländervertreter zurückzuführen, die die schlechte wirtschaftliche Situation ihrer jeweiligen Staaten hervorhoben, um überzeugend zu begründen, warum sie keine Flüchtlinge mehr aufnehmen konnten. Letztlich haben sich einige Länder zumindest bereit erklärt, ihre Immigrationsbestimmungen zu lockern und, sofern sie Flüchtlinge gemäß bestimmter Quoten aufnahmen, diese gänzlich auszuschöpfen. Konkret äußerte sich nur die Dominikanische Republik, die die Ansiedlung von Landwirten aus dem Kreis der Verfolgten zu vorteilhaften Bedingungen anbot. Ein wichtiges Ergebnis der Konferenz war die Einsetzung des permanenten Zwischenstaatlichen Komitees für die Flüchtlinge aus Deutschland (Intergovernmental Committee for Refugees) mit Sitz in London.

Juliane Wetzel

Lit.: Fritz Kieffer, Judenverfolgung in Deutschland – eine innere Angelegenheit? Internationale Reaktionen auf die Flüchtlingsproblematik 1933–1939, Stuttgart 2002. – David S. Wyman, Paper Walls. America and the Refugee Crisis, Amherst 1978.

Ewige Jude, Der. Als Ergänzung zu → Jud Süß gedacht, wurde die Figur des ewig wandernden Juden (Ahasverus) zum Titel des bekanntesten antisemitischen nationalsozialistischen Propagandafilms, der mit pseudo-dokumentarischen Mitteln den «niederträchtigen», angeblich unzivilisierten Charakter des «Weltjudentums» aufdecken sollte. Regie führte Fritz Hippler, gedreht wurde vor allem im → Ghetto → Lodz, die Premiere fand am 29. 11. 1940 statt. Der Film arbeitet mit traditionellen antijüdischen Stereotypen. Die Kamera versucht die Gesichter der Ghettobewohner so einzufangen, dass sie nur noch als «typisch jüdische» Fratzen ähnlich der Stürmer-Karikaturen (→ Der Stürmer) erscheinen. Besonders erschauern soll den Betrachter die Schächtszene, deren plastische, blutrünstige Darstellung Ekel erregt. Mit Hilfe von geschickt kombinierten Dokumentar- und Trickaufnahmen werden Juden mit Ratten verglichen. Eindeutig wird die Botschaft des Films durch die Einspielung von Ausschnitten aus Hitlers Rede vom 30. 1. 1939, in der er die Vernichtung des jüdischen Volkes prophezeite.

Juliane Wetzel

Lit.: Stefan Mannes, Antisemitismus im nationalsozialistischen Propagandafilm: Jud Süß und der Ewige Jude, Köln 1999.

Fabrik-Aktion. Letzte große Razzia zur → Deportation aller noch im → Deutschen Reich verbliebenen Juden – mit Ausnahme derjenigen, die, vor allem aufgrund ihrer Ehe mit einem Nichtjuden, als noch geschützt galten. Gleichzeitig sollten die in «Mischehe» lebenden jüdischen Zwangsarbeiter/innen aus den Industriebetrieben entfernt werden, um sie in Zukunft zu manuellen Arbeiten einzusetzen. Um, so Goebbels, die → Judenfrage im Altreich «schnellstmöglich» zu lösen, wurden auf Anordnung des → Reichssicherheitshauptamtes ab dem 27. 2. 1943 landesweit ca. 15 000 Juden vor allem an ihren Arbeitsstätten verhaftet; viele versuchten sich der Festnahme durch «Untertauchen» zu entziehen. Innerhalb einer Woche wurden 11 000 Personen deportiert, ca. zwei Drittel von ihnen aus Berlin.

Entgegen der Anordnung zur F. wurden in Berlin auch ca. 2000 in «Mischehe» lebende Juden und → «Mischlinge» in einem Gebäude der Jüdischen Gemeinde in der Rosenstraße inhaftiert. Gegen die befürchtete → Deportation ihrer Angehörigen protestierten dort tagelang Hunderte von Menschen, vor allem nichtjüdische Frauen. Die Freilassung der Verhafteten ab dem 6. 3. 1943 war jedoch vermutlich nicht das Ergebnis dieses beispiellosen öffentlichen Protestes, der die Machthaber zweifellos irritierte; vielmehr sollten aus dem Kreis der Internierten die letzten «ungeschützten» Mitarbeiter jüdischer Institutionen, die dann ebenfalls deportiert wurden, ersetzt werden.

Claudia Schoppmann

Lit.: Wolf Gruner, Die Fabrik-Aktion und die Ereignisse in der Rosenstraße. Fakten und Fiktionen um den 27. Februar 1943 – 60 Jahre danach, in: Jahrbuch für Antisemitismusforschung 11 (2002). – Gernot Jochheim, Frauenprotest in der Rosenstraße,

Berlin 1993. – Nathan Stoltzfus, Widerstand des Herzens. Der Aufstand der Berliner Frauen in der Rosenstraße – 1943, München, Wien 1999.

Fegelein, Hermann (1906–1945), Verbindungsoffizier Himmlers im Führerhauptquartier; August 1932 Eintritt in die NSDAP, April 1933 in die → SS und Karriere bei der Reiter-SS; Juni 1941 bis Mai 1942 Frontdienst; Mai bis Oktober 1942 im SS-Führungshauptamt tätig; nach Verwundung im Oktober 1943 Tätigkeit als Verbindungsoffizier Himmlers zum Führerhauptquartier. F. wurde am 29. April 1945 auf Befehl Hitlers wegen dessen Verärgerung über Himmlers Verhandlungen mit den Alliierten erschossen. F.s Einheit war in → Polen und in → Weißrussland an Massenerschießungen jüdischer Zivilisten beteiligt.

Fildermann, Wilhelm (1882–1963), führende Persönlichkeit der rumänischen Juden. F. war zwischen den Weltkriegen Vorsitzender der wichtigsten jüdischen Organisationen und setzte sich bei der Gewährung der rumänischen Staatsbürgerschaft für die Juden des sog. Regates (→ Rumänien in den Grenzen vor dem Ersten Weltkrieg) für die Unterstützung der jüdischen Flüchtlinge aus der → Ukraine sowie – angesichts des rumänischen Antisemitismus – für eine generelle Erhaltung der jüdischen Rechte ein. Er spielte eine wichtige Rolle für die Verhinderung des Planes, im Herbst 1942 die jüdische Bevölkerung Rumäniens in die → Vernichtungslager in Polen zu deportieren. 1948 floh er – nach Differenzen mit den rumänischen Kommunisten – nach Paris, wo er bis zu seinem Tode lebte.

Film. Angesichts der Schwierigkeiten, den Mord an den europäischen Juden sprachlich angemessen zu erfassen und begreifbar zu machen (→ Literatur), wird Bildern, zumal dem F., oft eine größere, vor allem sinnliche Überzeugungskraft zugetraut. So hatten die Westalliierten bereits im Herbst 1944 den Gedanken, die deutsche Öffentlichkeit nach Kriegsende mit Hilfe eines «atrocity film» über das Ausmaß der von Deutschen begangenen Verbrechen aufzuklären. F.teams dokumentierten deshalb die Befreiung der → Konzentrations- und → Vernichtungslager. Unter Mitwirkung Billy Wilders entstand aus diesen Aufnahmenu. a. der 22-minütige Kompilationsfilm *Todesmühlen*, der Ende Januar 1946 eine Woche lang in der amerikanischen Besatzungszone gezeigt wurde. Die Idee, den F.besuch obligatorisch zu machen, hatte die Militärregierung fallengelassen; nur vereinzelt knüpften lokale Stellen die Gültigkeit der Lebensmittelkarten an einen entsprechenden Kinostempel. Der Dokumentarfilm sollte beim deutschen Publikum Schuldgefühle wecken und eine nachhaltige Abkehr vom Nationalsozialismus bewirken. Die Besucherzahlen blieben allerdings hinter den Erwartungen zurück. Zeitgenössischen Umfragen zufolge hielt zwar die große Mehrheit der deutschen Zuschauer den F. für glaubwürdig, gleichzeitig wirkten aber die Unvorstellbarkeit des Grauens und die Unbarmherzigkeit der Kamera offenbar eher lähmend. Eine persönliche Verantwortung für das Gesehene lehnten die allermeisten ab.

In *Todesmühlen* werden die Juden unter den Gefangenen und Ermordeten noch nicht hervorgehoben. Der Kommentar ordnet die Opfer zuallererst ihren Nationalitäten zu. Juden nennt er – nach Protestanten und Katholiken – als verfolgte Religionsgemeinschaft; politische und «rassische» Verfolgung kommt so nicht in den Blick. Auch die meisten Spielfilme der unmittelbaren Nachkriegszeit erwähnen die Verfolgung und Ermordung der europäischen Juden bestenfalls beiläufig. Äußerst selten stehen jüdische Figuren im Zentrum deutscher Nachkriegsfilme, so etwa als KZ-Flüchtlinge in *Morituri* (Eugen York, 1948) und *Lang ist der Weg* (Herbert Fredersdorf, 1948) oder als Remigranten in *Der Ruf* (Josef von Baky/Fritz Kortner, 1949). In filmischen Erzählungen vom Leben im Nationalsozialismus, während des Krieges und in Nachkriegsdeutschland gibt es hingegen oft Nebenfiguren oder Einzelszenen, die eine Kenntnis der verzweifelten Lage der Juden zumindest andeuten (etwa in *Die Mörder sind unter uns*, 1946 und *Rotation*, 1949 von Wolfgang Staudte, später auch in der Roman-Verfilmung *Nackt unter Wölfen* von Frank Beyer, 1963). Die Massenvernichtung wird zunächst noch nirgends in Szene gesetzt. Oft nehmen sich die jüdischen F.figuren das Leben (*Ehe im Schatten* von Kurt Maetzig, 1947; *In jenen Tagen* von Helmut Käutner, 1947). Die Gründe für diese signifikanten Ausblendungen liegen nicht immer und allein in der Ignoranz und der Konzentration der Deutschen auf eigene Leiden, etwa auf das männliche Heimkehrer-Schicksal. Mitunter lässt sich eine gewisse Scheu vermuten, Leben und Sterben im Lager nachzustellen. Auch die Unbeholfenheit, eine Figur als Juden bzw. Jüdin auszuweisen, dürfte bisweilen aus dem Bemühen resultiert haben, kein antisemitisches Stereotyp zu reproduzieren.

Nicht nur historische Spielfilme, auch Dokumentarfilme bilden Wirklichkeit nicht einfach ab, sondern (re-)konstruieren sie. In der Art, wie sie dies tun und in welchem Maß sie es dem Publikum bewusst machen, unterscheiden sich einzelne Dokumentarfilmer des Holocaust beträchtlich. Neben den Aufnahmen der Alliierten von der Befreiung der Lager stehen ihnen die gleichermaßen stummen bzw. nachsynchronisierten F. der NS-Propaganda zur Verfügung. Darüber hinaus gehört es zum dokumentarischen Genre, Interviews mit Zeitzeugen zu führen, Experten zu befragen und ehemalige Orte des Geschehens zu besichtigen – Verfahren, die mit wachsendem zeitlichen Abstand von den Ereignissen immer größeren Raum einnehmen.

Alain Resnais hat *Nacht und Nebel* 1955 als Suche nach «einer Spur der Leichen, nach den Fußstapfen der Auswaggonierten» konzipiert: Die Kamera wandert über Gleise, Zäune und Baracken verlassener Lager. In stetem Wechsel mit den farbigen Bildern der Gegenwart erscheinen die Rückblenden in schwarz-weiss als bereits verschüttete Erinnerungen. Der impressionistische Sprechtext (verfasst von dem Überlebenden Jean Cayrol, für die deutsche Fassung bearbeitet von Paul Celan) folgt einer eigenen Dramaturgie, ist mal sarkastisch, mal tastend, bricht gelegentlich ab und verstummt somit hörbar. Kontrapunkte zu den Bildern setzt auch Hanns Eislers F.musik, die z.B. jede nationalsozialistische Selbstdarstellung durch «unpassende» Töne und Rhythmen unterläuft. Konventioneller geht Erwin Leiser 1960 in *Mein Kampf* mit dem Ausgangsmaterial um. Im Wesentlichen erklärt ein allwissender Erzähler die zu einer Chronologie gefügten Bilder aus der Zeit von 1918–1945. Ghetto-Aufnahmen, die die Nazis für Propaganda-Zwecke anfertigten und dann doch nicht verwendeten, weil sie Mitleidseffekte befürchteten, lässt er für sich sprechen. Durch Unterlegung von Bildern der deutschen Kriegsniederlage mit früheren O-Tönen Hitlers werden nationalsozialistische Versprechungen ironisiert und Lügen gestraft.

Solch bitteren, erkenntnisfördernden Witz treibt Marcel Ophüls in *Hotel Terminus* (1988) bei seinen vorgeblich gutmütig-trotteligen Befragungen von Sympathisanten des Lyoner Gestapochefs Klaus Barbie auf die Spitze. Während die Interviewpartner auf diese Weise arglos ihre Inhumanität preisgeben, unterstreicht das wiederkehrende Wanderlied eines Knabenchors das Makabre an Barbies Flucht, für die sich immer wieder neue Helfershelfer fanden. Eberhard Fechner hat in seiner Dokumentation des berüchtigten Majdanek-Prozesses alle Beteiligten einzeln vor der Kamera berichten lassen und deren Aussagen so gegeneinander geschnitten, dass die Überlebenden durch diesen F. – anders als im Gerichtssaal – Aufmerksamkeit und Respekt finden (*Der Prozeß*, 1983). Dagegen nutzt Eyal Sivan in *Ein Spezialist* (1998) die sensationelle Tatsache, dass der gesamte → Eichmann-Prozess in Jerusalem 1961 mit Synchron-Ton verfilmt wurde. In seinem Versuch, Hannah Arendts These von der «Banalität des Bösen» zu bestätigen, konzentriert er sich bei Auswahl, Schnitt und Verfremdung der bislang weitgehend unbekannten Aufnahmen nicht auf die vielen hundert Zeugen, sondern auf Eichmann als trockenen Technokraten. Sivan verzichtet auf jeden Kommentar, statt dessen verstärkt er die Geräusche: Man hört nicht nur Eichmanns merkwürdig gedrechselte Sätze, sondern auch, wie er schreibt, Papier bewegt, niest und atmet. Mit *Shoah* (1985) hat Claude Lanzmann demonstriert, dass auch Authentizität der Inszenierung bedarf. Indem er die Interviewten – Überlebende, Täter sowie Profiteure und Zuschauer von damals – auffordert, Gesten und Situationen nachzuspielen, durchleben diese das Erinnerte vor der Kamera erneut. Gleichzeitig bleiben die F.bilder strikt im Rahmen menschlicher Imagination. Lanzmann zeigt ausdrücklich keine historischen Aufnahmen. Die Vernichtung wird nicht dargestellt, sondern ästhetisch in Vorstellungen vom Abwesenden, Ausgesparten transformiert.

Shoah ist (auch in Titel und Länge) ein ausdrücklicher Gegenentwurf zur US-amerikanischen Fernsehserie *Holocaust* (1978). So viele reale Ereignisse wie nur möglich werden in dieses Familienmelodram eingebaut, alles wird bebildert, selbst der Tod in der → Gaskammer. Während sich die F.kritik zunächst an der Sentimentalisierung des Judenmords stieß, hielten bald viele der zu Einfühlung in die Opfer einladenden Serie zugute, dass es ihr wie keinem anderen Werk gelungen war, ein Massenpublikum aufzurütteln. Seitdem ist nicht nur der Begriff → Holocaust geläufig, sondern auch das Thema im Spielfilm präsenter. 1993 ist Hollywoods Erfolgsregisseur Steven Spielberg mit *Schindlers Liste* in der Visualisierung einen Schritt weiter gegangen, als er in vermeintlich dokumentarischem Schwarz-Weiss und Handkamera-Stil viele Details aus Berichten Überlebender ins Bild setzte, von denen keine Aufnahmen existieren. Der Film ist dafür überwiegend als erschütterndes Meisterwerk gerühmt, aber angesichts der relativen Erträglichkeit einer Story mit Ausnahme-Happy-End auch als Kitsch kritisiert worden. Besonders umstritten ist eine Szene, die zu Tode geängstigte Jüdinnen in → Auschwitz noch im geschlossenen Duschraum zeigt, dann jedoch die Figuren und das Publikum mit dem Schrecken davonkommen lässt, indem dieses Mal tatsächlich Wasser und nicht Gas austritt. Nicht wirklich gut enden *Das Leben ist schön* von Roberto Benigni (1997) und *Zug des Lebens* von Radu Mihaileanu (1998). Beide Filme erzählen ein Märchen und inszenieren es mit den Mitteln der Komödie. Benigni mimt selbst den Clown, der im Lager seinem kleinen Sohn weismacht, es handle sich um ein abenteuerliches Spiel, an dem sie freiwillig teilnähmen. Dessen Leben kann er dadurch retten, sein eigenes nicht. Ob es ihm indes auch gelingt, mithilfe der Lügengeschichte dauerhaft des Sohnes (Kinder-)Glauben an die Menschen zu bewahren, bleibt in dieser Parabel auf die Macht der Kunst am Ende fraglich. In Mihaileanus Film setzen die Bewohner eines Schtetls die Idee des «Verrückten» ins Werk und simulieren ihre eigene → Deportation nach → Palästina – ein Traum, zu schön, um wahr zu werden, wie sich herausstellt. Beiden Filmen ist in Verkennung der Komödie und ihres tragischen Kerns vereinzelt mangelnder Realismus und Verharmlosung vorgeworfen worden. Tatsächlich verdoppeln sie in entgegengesetzter Weise die Fiktionalisierung: In *Das Leben ist schön* erklärt der Vater die Insignien des Lagers zu bloßen Requisiten, während im *Zug des Lebens* alles selbstgefertigte Attrappe ist, um die Deutschen zu überlisten. Gerade die vorgetäuschte Harmlosigkeit lässt die Zuschauenden schaudern. Am Ende des 20. Jahrhunderts ist es möglich geworden, auf eine durch vorausgegangene F. geprägte Ikonographie des Holocaust anzuspielen und durch Aussparung grauenhafter Bilder das Unfassbare in Erinnerung zu rufen.

Ulrike Weckel

Lit.: Yizhak Ahren u. a., Das Lehrstück ‹Holocaust›. Zur Wirkungspsychologie eines Medienereignisses, Opladen 1982. – Brewster S. Chamberlin, Todesmühlen. Ein früher Versuch zur Massen-»Umerziehung« im besetzten Deutschland 1945–1946, in: Vierteljahrshefte für Zeitgeschichte 29 (1981), S. 420–436. – Annette Insdorf, Indelible Shadows. Film and the Holocaust, Cambridge u. a. [2]1989. – Jess Jochimsen, «Nur was nicht aufhört, weh zu thun, bleibt im Gedächtnis». Die Shoah im Dokumentarfilm, in: Nicolas Berg, Jess Jochimsen, Bernd Stiegler (Hrsg.), Shoah. Formen der Erinnerung: Geschichte, Philosophie, Literatur, Kunst, München 1996, S. 215–231. – Gertrud Koch, Die Einstellung ist die Einstellung. Visuelle Konstruktionen des Judentums, Frankfurt am Main 1992. – Yosefa Loshitzky (Hrsg.), Spielberg's Holocaust. Critical Perspectives on Schindler's List, Bloomington 1997. – Saul S. Friedman, Morris Zyrl, The Holocaust as Seen in the Movies, in: Saul Friedmann (Hrsg.), Holocaust Literature. A Handbook of Critical, Historical, and Literary Writings, Westport, London 1993, S. 604–622.

Fischer, Eugen (1874–1967), Anthropologe und Autor zahlreicher rassebiologischer Schriften; 1900 Habilitation in den Fächern Athropologie und Anatomie; wandte als erster 1908 die Mendelschen Vererbungsgesetze auf den Menschen an. 1927 Mitbegründung des Kaiser-Wilhelm-Instituts für Anthropologie, menschliche Erblehre und Eugenik, dessen Direktor er von 1927–1942 war; 1933–1935 Rektor der Universität Berlin; seit 1937 Mitglied der preußischen Akademie der Wissenschaften; 1940 Eintritt in die NSDAP; nach dem Krieg Ehrenmitglied in der Deutschen Anthropologischen Gesellschaft. F.s Propagierung der Rassenhygiene lieferte eine pseudowissenschaftliche Grundlage für die Entwicklung der NS-Rassenpolitik. Im Nürnberger Flick-Prozess (→ Nürnberger Prozesse) am 22. Dezember 1947 zu sieben Jahren Haft verurteilt, im August 1950 amnestiert.

Fischer, Ludwig (1905–1947), Chef der deutschen Zivilverwaltung im Distrikt Warschau; 1926 Eintritt in die NSDAP, 1929 in die SA, seit 1931 in der NSDAP-Reichsleitung beschäftigt; Oktober 1939 bis Januar 1945 Distriktschef (später Gouverneur) des Distriktes Warschau im → Generalgouvernement; im April und Mai 1943 zusätzlich kommissarischer Leiter des Distriktes Lublin. F. war für die Errichtung des Ghettos → Warschau und dessen Auflösung sowie für die Errichtung anderer → Ghettos im Distrikt Warschau verantwortlich und an der Organisierung von Terrorakten gegen Juden und andere beteiligt. Am 3. März 1947 wurde er in Polen zum Tode verurteilt und noch im selben Jahr gehängt.

Flossenbürg. Konzentrationslager, das vom 3. Mai 1938 bis 23. April 1945 in Nordostbayern nahe der tschechischen Grenze bestand. Für die Standortwahl waren neben der strategisch wichtigen Grenznähe vor allem die reichen Granitvorkommen ausschlaggebend. Während der sieben Jahre seiner Existenz entwickelte sich F. zu einem System mit ca. 100 Außenlagern und -kommandos. Die geographische Ausdehnung des Flossenbürger KZ-Komplexes zählt zu der größten aller → Konzentrationslager. Von den insgesamt mindestens 100 000 Häftlingen des KZ F. und seiner Außenlager kamen mehr als 30 000 ums Leben.
Die Häftlinge wurden in den Steinbrüchen der SS-eigenen Deutschen Erd- und Steinwerke (DEST) zur → Zwangsarbeit eingesetzt. Die Granitsteine wurden u. a. als Baumaterialien für die «Führerbauten» in Berlin und für das Reichsparteitagsgelände in Nürnberg geliefert. 1942 verlagerte die Rüstungsfirma Messerschmitt eine Teilproduktion des Jagdflugzeuges ME 109 nach F. Die überwiegende Anzahl der Häftlinge wurde nun in der Fertigung von Flugzeugteilen beschäftigt. Die Expansion der kriegswirtschaftlichen Häftlingsarbeit führte ab 1942 zu der gewaltigen Ausdehnung des Flossenbürger Lagersystems bis nach Böhmen und Sachsen. Bis Ende 1944 entstand das Netz der Außenlager, die organisatorisch der Kommandantur in F. unterstanden und deren Häftlinge in unterschiedlichsten Bau- und Rüstungsprojekten eingesetzt wurden. Trotz ständiger baulicher Erweiterungen erreichte das Lager nie die projektierte Ausbaustufe. Das ursprünglich für 1500 männliche Häftlinge geplante Stammlager F. wuchs bis 1945 auf über 15 000 Personen. Zunächst waren ausschließlich deutsche Gefangene, hauptsächlich sog. «BV-Häftlinge» (Befristete Vorbeugehaft), «Asoziale» und deutsche politische Häftlinge, aber auch Juden, Homosexuelle und Zeugen Jehovas in F. interniert. Ab 1940 änderte sich die Häftlingsstruktur grundlegend: Inhaftierte aus neunzehn Nationen wurden im Stamm- und den Außenlagern untergebracht. Politische Gefangene aus den besetzten Ländern Tschechoslowakei (→ Protektorat Böhmen und Mähren), → Polen, → Frankreich, → Belgien, → Niederlande und aus der → Sowjetunion bildeten das Gros der Gefangenen. Die zahlenmäßig größte Gruppe waren Osteuropäer, die fast zwei Drittel aller Internierten ausmachten. Mit der zunehmenden Bedeutung der Häftlingsarbeit für die Rüstungswirtschaft wurden auch Tausende Juden, vor allem aus → Polen und → Ungarn in die Lager des

KZ F. deportiert. Anfang des Jahres 1945 waren etwa 40000 Häftlinge im Komplex F. registriert, davon 25 000 in den Außenlagern. Einige dieser Nebenstellen waren reine Frauenlager. Insgesamt befanden sich fast 16000 Frauen in den Außenlagern. Die Todesrate der Häftlinge des Systems F. lag bei einem Drittel und war selbst im Vergleich mit anderen Konzentrationslagern extrem hoch. F. diente während der gesamten Zeit seines Bestehens als Exekutionsort. Mehrere Tausend Gegner des NS-Regimes, darunter 3000 sowjetische Kriegsgefangene, wurden im Lager ermordet. Drei Wochen vor der Befreiung wurden in F. namhafte Widerstandskämpfer des 20. Juli 1944 hingerichtet. Unter ihnen Dietrich Bonhoeffer, Wilhelm Canaris und Hans Oster.

Ab Februar 1945 entwickelte sich F. zur Auffangstation für die in Auflösung befindlichen KZ → Groß-Rosen und → Buchenwald. Am 16. April räumte die → SS F. Die Bewacher trieben über 10000 Häftlinge auf → Todesmärschen in Richtung → Dachau und Tirol. Am 23. April 1945 befreiten Einheiten der 3. US-Armee das Lager, in dem 1500 schwerkranke Häftlinge und über hundert Tote von der SS zurückgelassen worden waren.

Jörg Skriebeleit

Lit.: Toni Siegert, Das Konzentrationslager Flossenbürg gegründet für sog. Asoziale und Kriminelle, in: Martin Broszat, Elke Fröhlich (Hrsg.), Bayern in der NS-Zeit, Bd. 2: Herrschaft und Gesellschaft im Konflikt, München, Wien 1979, S. 429–492. – Jörg Skriebeleit, Die Außenlager des KZ Flossenbürg in Böhmen, in: Dachauer Hefte 13 (1999), S. 196–217. – Johannes Tuchel, Die Kommandanten des KZ Flossenbürg – Eine Studie zur Personalpolitik in der SS, in: Klaus Bästlein, Helge Grabitz (Hrsg.), Die Normalität des Verbrechens, Festschrift für Wolfgang Scheffler, Berlin 1994, S. 201–219.

Forster, Albert (1902–1952), Gauleiter; seit 7. November 1923 Mitglied der NSDAP und SA, im April 1926 Wechsel zur → SS; in den 20er Jahren für Julius Streichers Stürmer tätig; am 15. Oktober 1930 Ernennung zum Gauleiter in Danzig, wo er bei der Parlamentswahl vom 28. Mai 1933 für die NSDAP die absolute Mehrheit errang und die Regierung stellte. Seit dem 26. Oktober 1939 Gauleiter und Reichsstatthalter in dem neu gebildeten Reichsgau → Danzig-Westpreußen, wo er gegenüber der polnischen Bevölkerung eine brutale Verdrängungspolitik betrieb. 1946 wurde F. in einem britischen Kriegsgefangenenlager erkannt und an → Polen ausgeliefert, wo er am 29. April 1948 zum Tode verurteilt wurde. Das Urteil wurde vermutlich am 28. Februar 1952 vollstreckt.

Fossoli di Carpi. Polizei- und Durchgangslager. Das 1942 für Kriegsgefangene errichtete F. bei Carpi (Provinz Modena) in → Italien fiel im September 1943 in deutsche Hände; die ca. 5000 Kriegsgefangenen wurden in Lager im → Deutschen Reich verlegt. Am 5. Dezember 1943 neu eröffnet, fungierte der eine Komplex, das «Campo Nuovo» (Neues Lager), bestehend aus 8 Baracken (bis zu 1000 Personen) für jüdische und 7 Baracken (bis zu 2000 Personen) für politische Gefangene, seit der zweiten Februarhälfte 1944 (offiziell seit 15.3.) als Polizei- und Durchgangslager. Kommandanten waren SS-Untersturmführer Karl Thito und sein Stellvertreter SS-Hauptscharführer Hans Haage. Das aus Zelten bestehende «Campo Vecchio» (Altes Lager) für politische Gefangene, die nicht deportiert wurden, blieb unter italienischer Verwaltung. Die ersten Transporte aus F. nach → Bergen-Belsen bzw. → Auschwitz verließen Carpi am 19. und 22. Februar 1944. Die Kriegsereignisse veranlassten den Befehlshaber der Sicherheitspolizei und des SD Verona im Juli 1944 zur Verlegung der Häftlinge. Am 21. Juli 1944 wurden die ersten 80 Häftlinge von F. in das Lager → Bozen gebracht. Der letzte Transport verließ Carpi in Richtung Deutschland am 2. August, die verbliebenen Häftlinge (darunter ca. 300 Juden) wurden nach Bozen überstellt. Das Gelände in F. untersteht seit 1996 einer Stiftung, die sich um eine Teilrekonstruktion und die Einrichtung eines Erinnerungspfads bemüht.

Juliane Wetzel

Lit.: Roberta Gibertoni, Annalisa Melodi, Il campo di Fossoli e il Museo Monumento al Deportato di Carpi, in: Tristano Matta (Hrsg.), Un perscorso della memoria. Guida ai luoghi della violenza nazista e fascista in Italia, Trieste 1997. – Susan Zuccotti, The Italians and the Holocaust. Persecution, Rescue and Survival, Lincoln 1996.

Frank, Anne (1929–1945), jüdisches Mädchen; 1933 emigrierten Anne und ihre Familie von Frankfurt/Main nach Amsterdam. Am 9. Juli 1942 tauchte die Familie zusammen mit jüdischen Freunden in einem Hinterhaus in der Amsterdamer Prinsengracht 263 (das spätere Anne-Frank-Haus) unter. Am 4. August 1944 wurde das Versteck von der Gestapo entdeckt und die Familie deportiert. Die Mutter Edith starb am 6. Januar 1945 in → Auschwitz-Birkenau; Anne und ihre Schwester starben im März 1945 in → Bergen-Belsen; Vater Otto überlebte in Auschwitz. Ihr weltberühmt gewordenes *Tagebuch*, ein Zeugnis gegen nationalsozialistischen Terror, führte Anne vom 12. Juni 1942 bis zum 1. August 1944.

Frank, Hans (1900–1946), Gouverneur des → Generalgouvernements, Justizminister, Rechtsanwalt; 1923 Eintritt in die NSDAP und Teilnahme am Hitler-Putsch; 1928 Gründer des Bundes Nationalsozialistischer Deutscher Juristen; 31. Dezember 1933 bis 31. Dezember 1934 bayerischer Justizminister, von April 1933 bis Dezember 1934 als Reichskommissar zuständig für die Gleichschaltung der Justiz in den Ländern; 1933–1944 Führer (ab 1934 Präsident) der Akademie für deutsches Recht; 12. Oktober 1939 bis Januar 1945 Gouverneur des Generalgouvernements. F. wurde am 1. Oktober 1946 vom Internationalen Militärgerichtshof in Nürnberg wegen Kriegsverbrechen und Verbrechen gegen die Menschlichkeit zum Tode verurteilt (→ Nürnberger Prozesse). Er war maßgeblich verantwortlich für den nationalsozialistischen Terror im Generalgouvernement. Anders als die meisten Mitangeklagten bekannte er sich in Nürnberg schuldig. Während der Haft trat er zum Katholizismus über und schrieb seine Memoiren *Im Schatten des Galgens*, die 1953 posthum veröffentlicht wurden.

Frank, Karl-Hermann (1898–1946), sudetendeutscher Politiker; 1933 Eintritt in die Sudetendeutsche Partei (SdP); seit 1937 Stellvertreter Konrad Henleins in der SdP; 1938 Eintritt in die → SS und nach dem Münchener Abkommen (30. September 1938) stellvertretender Gauleiter der NSDAP; nach der Errichtung des → Protektorats Böhmen und Mähren als Höherer SS- und Polizeiführer für die → Polizei zuständig. Seit August 1943 war F., nominell dem Reichsprotektor Wilhelm Frick unterstellt, der tatsächliche Machthaber im Protektorat und für die repressive Politik gegenüber den Tschechen verantwortlich, so u. a. auch für das Massaker von Lidice nach dem Tode Heydrichs. Juli 1944 General der Polizei und Waffen-SS. Nach seiner Festnahme durch die Amerikaner an die ČSR ausgeliefert, zum Tode verurteilt und am 21. Mai 1946 in Prag hingerichtet.

Frank, Walter (1905–1945), Historiker und Präsident des Reichsinstituts für Geschichte des neuen Deutschlands. F. war bereits als Student ein überzeugter Antisemit und Anhänger der NS-Ideologie. Nach seiner Promotion über den antisemitischen Hofprediger Adolf Stoecker (1927) und seinem Buch über die französische Dritte Republik (1933), in dem er die verderbliche Rolle des «internationalen Judentums» darzustellen versuchte, präsentierte sich F. dem NS-Regime als wissenschaftlich ausgewiesener Historiker, der die Geschichtswissenschaft als «kämpfende Wissenschaft» in den Dienst des Regimes zu stellen trachtete. 1934 war F. als Referent im Amt Rosenberg sowie im Stab Rudolf Heß›, seinem künftigen Protegé, tätig. Seit Juli 1935 war er Leiter des Reichsinstituts für Geschichte des neuen Deutschlands, schaltete regimekritische Kollegen aus und übernahm 1936 die neu eingerichtete Forschungsabteilung → Judenfrage, eine Konkurrenz zu Rosenbergs Institut zur Erforschung der Judenfrage. Nach Heß' Englandflug am 10. Mai 1941 begann F.s Einfluss zu verblassen. Am 9. Mai 1945 beging er Selbstmord.

Frankreich. Während der ersten Jahre des NS-Regimes wurde F. zu einem der bevorzugten Emigrationsländer (→ Emigration), 1940 war fast die Hälfte der 300 000 in Frankreich lebenden Juden nicht im Lande geboren. Nach der Unterzeichnung des Waffenstillstands mit dem → Deutschen Reich am 22. 6. 1940 zerfiel F. in zwei Teile: die von Deutschland besetzte und unter Militärverwaltung gestellte Zone (zone occupée), die Paris, die gesamte Kanal- und Atlantikküste sowie West-, Nord- und Ost-F., aber auch die vom Reich annektierten Départements Elsass und Lothringen umfasste, sowie die unbesetzte Zone unter dem Vichy-Regime mit Marschall Philippe Pétain an der Spitze im Süden des Landes und in Zentral-F. In der «zone libre» lebten damals 145 000 Juden. Der äußerste Norden unterstand der Militärverwaltung in → Belgien, der äußerste Südosten → Italien.
Im September 1940 wurde SS-Hauptsturmführer Theodor Dannecker Leiter des Judenreferats der Gestapo in Paris, ihm folgte im Juli 1942 SS-Obersturmführer Heinz Röthke. Nachdem → SS und → Polizei am 7. Mai 1942, nun unter dem Höheren SS- und Polizeiführer Carl Oberg, alleinige Autonomie erreicht hatten und Himmler direkt unterstellt waren, lag die Durchführung der zunehmend schärferen Gesetze und Verordnungen weitestgehend in den Händen von radikalen Antisemiten aus der Eichmann-Schule. Noch unter Dannecker verließen die ersten fünf Transporte F. in Richtung → Auschwitz; am 27. März 1942 begannen die → Deportationen mit einem Transport von 1112 Juden (Männer) aus Compiègne. Um weitere Transporte zu garantieren, wurde am 16. und 17. Juli 1942 eine groß angelegte Razzia organisiert; entgegen der erhofften 25 000 Verhafteten konnten nur 12 884 Männer, Frauen und Kinder festgenommen

und zunächst im Vélodrôme d'Hiver interniert werden. Von dort wurden unmittelbar 6000 Frauen und Männer nach → Drancy verlegt und ab 19. Juli 1942 in mehreren Transporten nach Auschwitz deportiert. Vichys Regierungschef Pierre Laval hatte im Sommer 1942 den Deutschen jede Hilfe bei der geplanten Verhaftung der Juden zugesagt und damit die bisher in der unbesetzten Zone relativ geschützte jüdische Bevölkerung der Verfolgung preisgegeben. Ein «Judenstatut», das die Juden nach rassischen Kriterien einstufte und aus dem öffentlichen Dienst sowie aus anderen Berufen ausschloss, war bereits am 3. 10. 1940 erlassen worden. Seit dem 4.10. wurde per Gesetz auch die Inhaftierung «ausländischer Staatsangehöriger jüdischer Rasse» möglich. Im März 1941 richtete Vichy ein «Kommissariat für Judenfragen» unter Xavier Vallat ein. Die ersten Juden aus dem unbesetzten Teil F. verließen das Land in Richtung Auschwitz am 10. 8. 1942. Aus dem Transport vom 26. 8. 1942 aus Drancy wurden erstmals vor der Ankunft in Auschwitz arbeitsfähige Männer in Kosel aus den Waggons geholt, die in die Lager Blechhammer, Johannisdorf, Kochanowitz, Oderberg, Gogolin und Ottmuth gebracht wurden. Bei den Transporten bis September 1942, aus denen ein Teil der Männer in Kosel verblieb, waren im Verhältnis mehr Überlebende zu verzeichnen als bei jenen, die alle Deportierten direkt nach Auschwitz transportierten. Bis 4. November 1942 wurden die Deportationen vorübergehend ausgesetzt, da das Vichy-Regime eine weitere Übergabe von Juden verweigerte. Jedoch begünstigten die Kriegsereignisse das weitere Vorgehen der Deutschen; am 11. 11. 1942 besetzten sie in einem Blitzzug große Teile Vichy-Frankreichs; die italienischen Verbündeten okkupierten acht südliche Départements und Korsika, die nach dem italienischen Waffenstillstand mit den Alliierten am 8. September 1943 in deutsche Hände übergingen. Bei ihrem Abzug konnten die Italiener viele jüdische Flüchtlinge mitnehmen und in Sicherheit bringen; im italienischen Okkupationsgebiet F. waren sie bisher vor Deportationen geschützt gewesen.
Die Gesamtzahl der aus F. deportierten Juden beträgt ca. 74 000, von denen etwa 69 000 nach Auschwitz, 2000 nach → Majdanek (oder Sobibór), 2000 nach → Sobibór und 1000 nach → Kaunas deportiert wurden. Hinzuzurechnen sind noch etwa 1800 über andere Länder bzw. im Rahmen anderer Verfolgtengruppen oder einzeln deportierte Juden. Daraus ergibt sich eine Gesamtzahl von mindestens 75 800 jüdischer Deportierter. In den Internierungslagern bzw. bei sonstigen Verfolgungsmaßnahmen in F. starben mindestens 2000 Juden. Bei nur rund 2600 Überlebenden muss von ca. 75 200 Ermordeten ausgegangen werden. Davon waren ein Drittel Franzosen und zwei Drittel staatenlose Juden, darunter etwa 14 400 Polen, 6200 Deutsche, 2200 Österreicher und fast 3000 Rumänen, die nach F. emigriert waren.

Juliane Wetzel

Lit.: Serge Klarsfeld, Le mémorial de la déportation des Juifs de France, Paris 1978. – Serge Klarsfeld, Vichy – Auschwitz. Die Zusammenarbeit der deutschen und französischen Behörden bei der Endlösung der Judenfrage in Frankreich, Nördlingen 1989. – Michael R. Marrus, Robert O. Paxton, Vichy France and the Jews, New York 1983.

Franz, Kurt (1914–1998), Kommandant des → Vernichtungslagers → Treblinka; zunächst Metzgergehilfe, anschließend Koch; 1937 Eintritt in die SS und Wachdienst im KZ → Buchenwald; im September/Oktober 1939 bei der → Euthanasie als Koch in den Anstalten Grafeneck, Brandenburg, Hartheim und Sonnenstein eingesetzt. Im Frühjahr 1942 wurde F. ins Vernichtungslager → Belzec versetzt, wo er zunächst als Koch arbeitete und anschließend Schutzmannschaften ausbildete. Ende August oder Anfang September 1942 wurde er ins Vernichtungslager Treblinka überstellt, wo er zunächst als Stellvertreter Franz Stangls fungierte. Nach dessen Ablösung im August 1943 leitete F. als Lagerkommandant die Auflösung Treblinkas und wurde anschließend nach Triest zur Verfolgung von Juden und → Partisanen versetzt. F. galt in Treblinka als der grausamste unter den SS-Offizieren. Er misshandelte und ermordete willkürlich Häftlinge und hatte seinen Bernhardiner darauf abgerichtet, Menschen zu zerfleischen. Nach Kriegsende aus amerikanischer Gefangenschaft geflohen, arbeitete er in der Bundesrepublik Deutschland zunächst als Bauarbeiter, später wieder als Koch, bis er 1959 verhaftet wurde. Dabei kam ein Photoalbum aus seiner Zeit in Treblinka zutage, das «Schöne Zeiten» betitelt war. Am 3. September 1965 wurde F. vom Landgericht Düsseldorf zu lebenslanger Haft verurteilt.

Frick, Wilhelm (1877–1946), Reichsinnenminister, Reichsprotektor in Böhmen und Mähren, Jurist; während der «Kampfzeit» einer der engen Berater Hitlers; 1924–1933 Mitglied des Reichstages zunächst für die Deutschvölkische Freiheitspartei, seit 1925 für die NSDAP, deren Fraktionsvorsitzender F. 1928 wurde; Januar 1930 bis Januar 1931 Innen- und Volksbildungsminister in Thüringen; 30. Januar 1933 bis 18. Juli 1943 Reichsminister des Innern; danach Minister ohne Geschäftsbereich; seit dem 24. August 1943 Reichsprotektor im → Protektorat Böhmen und Mähren. F. war maßgeblich an der Zerstörung des Rechtsstaates und dessen Umformung in ein Instrument nationalsozialistischen Terrors verantwortlich. Am 16. Oktober 1946 wurde er nach seiner Verurteilung in den → Nürnberger Prozessen hingerichtet.

Fry, Varian (1907–1967), amerikanischer Journalist, der 1940–1941 in Marseille ca. 2000 Flüchtlinge rettete. F. kam im August 1940 im Auftrag des amerikanischen Emergency Rescue Committee nach Marseille, im Gepäck 3000 Dollar, ein Empfehlungsschreiben der Präsidentengattin Eleanor Roosevelt und eine Liste mit 200 Namen von vermutlich in → Frankreich lebenden Künstlern, die F. überreden sollte, in die USA auszuwandern. Nachdem die Vichy-Regierung dem Dritten Reich zugesagt hatte, alle deutschen Staatsangehörigen und Flüchtlinge auszuliefern, glich Marseille einer Falle, als F. das Centre Américain de Secours eröffnete. Er entschied, seine Hilfe nicht auf prominente Flüchtlinge zu beschränken und es gelang ihm, eine effektive Flüchtlingsorganisation aufzubauen, die auch nach seiner Ausweisung im September 1941 bis zu ihrer Zerschlagung im Juni 1942 weiter arbeitete. Maler wie Marc Chagall und Max Ernst; Schriftsteller wie Heinrich Mann, Lion Feuchtwanger und Franz Werfel, die Philosophin Hannah Arendt und viele Andere verdanken ihm ihre → Rettung. F. starb vergessen am 13. September 1967 in Easton im US-Staat Connecticut. Sein Andenken wurde posthum von vielen Institutionen geehrt, u. a. von Yad Vashem, wo ihm 1996 der Titel «Gerechter unter den Völkern» verliehen wurde.

Funk, Walther (1890–1960), Reichswirtschaftsminister; Studium der Rechte, Wirtschaftswissenschaften und Philosophie in Berlin und Leipzig; anschließend Tätigkeit als Wirtschaftsjournalist; seit 1916 Redakteur; 1920–1930 Chefredakteur der Berliner Börsenzeitung. 1931 Eintritt in die NSDAP und als persönlicher Wirtschaftsberater Hitlers Kontaktmann zur Großindustrie. Nach der Tätigkeit in verschiedenen Parteiämtern am 5. Februar 1938 Ernennung zum Reichswirtschaftsminister und Generalbevollmächtigten für die Kriegswirtschaft, im Januar 1939 auch zum Reichsbankpräsidenten. Seit August 1939 Mitglied des Ministerrates für die Reichsverteidigung, seit 1943 auch der Zentralen Planung. F. war für umfangreiche → Arisierungen jüdischen Vermögens zuständig und an der wirtschaftlichen Ausplünderung der besetzten Gebiete beteiligt. 1942 traf er ein Geheimabkommen mit Himmler, Gold (darunter Zahngold) sowie Vermögensbestände ermordeter Juden auf einem unter dem Namen «Max Heiliger» geführten Konto der SS gutschreiben zu lassen (→ Aktion Reinhardt). F. wurde in den → Nürnberger Prozessen wegen Kriegsverbrechen und Verbrechen gegen die Menschlichkeit zu lebenslanger Haft verurteilt, 1957 vorzeitig entlassen.

Galizien s. Generalgouvernement, s. Polen, s. Ukraine

Ganzenmüller, Albert (geb. 1905), Staatssekretär im Reichsverkehrsministerium; arbeitete seit 1928 bei der Deutschen → Reichsbahn; 1931 Eintritt in NSDAP und SA. Im Winter 1941/1942 erhielt G. den Auftrag, das System der Eisenbahndirektion Ost in Poltawa wiederherzustellen. Nach Lösung der Aufgabe wurde er zum Staatssekretär im Verkehrsministerium befördert. G. war für die Bereitstellung der Deportationszüge aus Rußland und Polen in die → Vernichtungslager verantwortlich. Nach dem Krieg floh er nach Argentinien, arbeitete dort als Berater bei der Staatseisenbahn und kehrte 1955 in die Bundesrepublik Deutschland zurück, wo er bis 1968 als Transportfachmann bei der Hoechst A. G. arbeitete. 1970 wurde eine Anklage gegen ihn wegen Beweismangels abgewiesen, 1973 ein Strafverfahren, nachdem G. bei Prozessbeginn einen Herzanfall erlitten hatte, eingestellt.

Gaskammern. Erstmals wurden G. (hermetisch abschließbare Räume, in die Giftgas eingeleitet wurde) in der → Aktion T 4 im Dezember 1939 in polnischen Heilanstalten zur Tötung der Insassen angewendet. Anfang 1940 fand eine Probevergasung im ehemaligen Zuchthaus Brandenburg/Havel mittels Kohlenmonoxid (CO) in einer G. statt, die als Inhalationsraum getarnt war. Ab April 1941 wurden in den G. der → Euthanasie-Anstalten innerhalb der → Aktion 14 f 13 arbeitsunfähige Häftlinge aus den → Konzentrationslagern → Sachsenhauen, → Auschwitz, → Groß-Rosen, → Ravensbrück, → Buchenwald und → Dachau ermordet. Mit dem planmäßigen Bau von G. wurde in den → Vernichtungslagern der → Aktion Reinhardt begonnen. Sämtliche G. waren als Bade-, Dusch- oder Inhalationsanlagen getarnt. Die Tötungsanlagen von → Bełżec wurden Ende Februar 1942 fertiggestellt. In den drei G. des Holzgebäudes wurden bis Mitte Juni 1942 ca. 96000 Juden durch die

Auspuffgase eines Panzermotors ermordet. Im Juni 1942 wurden die Gebäude abgerissen und ein Steingebäude errichtet, dessen sechs G. gleichzeitig 1500 Personen fassen konnten. Im Vernichtungslager → Sobibór befanden sich die ersten drei G. in einem Steingebäude mit Betonfundament; auch hier wurde ein Panzermotor verwendet. Zwischen April und Juni 1942 wurden 77000 Juden in Sobibór ermordet. Im September 1942 erhielt das Vernichtungslager Sobibór ein neues Gebäude mit sechs G. für 1200–1300 Menschen. Das Vernichtungslager Treblinka war die perfekteste Tötungsstelle der Aktion Reinhardt. Anfangs waren drei G. in Betrieb; das Gas wurde von einem Dieselmotor aus einem angebauten Raum eingeleitet. Vom 23.7. 1942 bis 28.8. 1942 wurden in Treblinka ca. 268000 Juden zumeist aus dem → Warschauer Ghetto vergast. Im Sommer 1942 erhielt das Lager Treblinka eine neue Tötungsanlage mit zehn G. Die Deckenhöhe wurde auf 2m reduziert, was den Gasverbrauch senkte. Am Eingang des Gebäudes hing ein dunkler Festvorhang aus einer Synagoge, mit der hebräischen Inschrift: «Dies ist das Tor, durch das die Gerechten gehen». In dieser Anlage konnten 4000 Personen gleichzeitig getötet werden. Die Zahl der in den G. der Aktion Reinhardt getöteten Juden betrug 600000 (Bełżec), 250000 (Sobibór), 900000 (Treblinka). Der erste Vergasungsversuch mit → Zyklon B im Konzentrationslager Auschwitz fand am 3.9. 1941 in den Arrestzellen des Bunkers 11 an sowjetischen Kriegsgefangenen statt. Nach diesen Versuchen wurden zwei verlassene, im Wald von Birkenau gelegene Bauernhäuser zu G. umgebaut, die im Januar und Ende Juni 1942 in Betrieb genommen wurden: Bunker eins und zwei. 1943 wurden auf dem Gelände von Birkenau vier moderne Krematorien errichtet, die aus jeweils drei Teilen bestanden: Entkleidungsraum, G., Verbrennungsöfen. Lagerkommandant Rudolf Höß setzte die Verwendung des Entwesungsmittels Zyklon B durch. Die Zahl der in den G. von Auschwitz getöteten Menschen wird auf 1000000 geschätzt. Das Konzentrationslager → Majdanek verfügte ab Oktober 1942 über zwei G. für 150 und 300 Personen in einer Holzbaracke. Die Morde erfolgten durch Kohlenmonoxid und Zyklon B. In → Mauthausen wurde im Herbst 1941 mit dem Bau einer G. begonnen; hier und im Nebenlager Gusen wurde Zyklon B verwendet. → Sachsenhausen verfügte über eine G., die nur in besonderen Fällen in Betrieb genommen wurde. Im Konzentrationslager Ravensbrück wurde erst in der Schlussphase eine G. in einem Bretterbau errichtet. In → Stutthof wurden erstmals am 22.6. 1944 Menschen mit Zyklon B getötet; die Opfer waren Weißrussen und Polen. In → Neuengamme wurden nachweislich zwei Mal sowjetische Kriegsgefangenen durch Zyklon B ermordet; hier war das Lagergefängnis als G. umfunktioniert worden. Das Konzentrationslager → Natzweiler hatte eine G., in der Experimente mit Phosgengas stattfanden.

Katrin Reichelt

Lit.: Henry Friedlander, Der Weg zum NS-Genozid. Von der Euthanasie zur Endlösung, Berlin 1997. – Eugen Kogon, Hermann Langbein, Adalbert Rückerl (Hrsg.), Nationalsozialistische Massentötungen durch Giftgas. Eine Dokumentation, Frankfurt am Main 1986. – Franciszek Piper, Massenvernichtungen von Juden in den Gaskammern des Konzentrationslagers Auschwitz, in: Auschwitz. Nationalsozialistisches Vernichtungslager, Staatliches Museum Auschwitz-Birkenau 1997. – Jean-Claude Pressac, Die Krematorien von

Auschwitz. Die Technik des Massenmordes, München 1994.

Gaswagen. Lastkraftwagen (in der Sprache der Täter: Sonderwagen, Spezialwagen, S-Wagen), in deren luftdicht abschließbaren Laderäumen mittels eingeleiteter Auspuffgase Menschen, zumeist Juden getötet wurden. Erstmalig wurden im Rahmen der → Aktion T 4 unter der Leitung des Kriminaltechnischen Instituts des → Reichssicherheitshauptamtes (RSHA) ab Dezember 1939 Insassen von pommerschen, ostpreussischen und polnischen Heilanstalten in G. getötet. In dieser ersten Phase wurden Wagen mit der Aufschrift «Kaiser's-Kaffee-Geschäft» verwendet, die durch eine Zugmaschine bewegt wurden und in denen die Opfer durch Kohlenmonoxid aus Gasflaschen getötet wurden. Die ersten solchen Wagen wurden Ende 1939 bis Mitte 1940 unter der Mitwirkung der Kanzlei des Führers und des RSHA hergerichtet. Für die Massentötungen in der besetzten → Sowjetunion war die Beschaffung von Gasflaschen zu aufwendig, so dass nach alternativen Möglichkeiten der Vergasung gesucht wurde. Man plante, die Menschen mittels nach innen geleiteter Auspuffgase zu töten. Die neuen G. wurden mit dem Ziel gebaut, Zugmaschine, Anhänger und Giftgasquelle zu vereinigen und Platz für ca. 30–50 Opfer zu schaffen. Erstmalig wurden im Frühherbst 1941 in einer Anstalt von Geisteskranken in → Mogilew Auspuffgase zur Tötung der Kranken benutzt. Auf Befehl Heydrichs wandten sich SS-Obersturmbannführer Walther Rauff (Chef der Gruppe II D 3) und SS-Hauptsturmführer Friedrich Pradel (Referat II D 3 a) vom RSHA an die Firma Gaubschat in Berlin, die Herstellung der Kastenaufbauten zu übernehmen; die Fahrgestelle selbst wurden vom RSHA geliefert. Die erste Probevergasung fand am 3. 11. 1941 im → Konzentrationslager → Sachsenhausen statt. Die G. mit nach innen geleiteten Auspuffgasen kamen Ende November, Anfang Dezember 1941 zum Einsatz. Ab Dezember wurden zwei bis drei G. beim «Sonderkommando Lange» im → Vernichtungslager → Chełmno (Kulmhof) benutzt; 15 G. sollen in der besetzten → Sowjetunion eingesetzt worden sein; im November 1941 ein G. in Poltawa, im Dezember/Januar wurden die Charkower Juden mit G. ermordet, in den ersten Monaten des Jahres 1942 waren zwei G. im Gebiet der → Einsatzgruppe A in Gebrauch, die Einsatzgruppe D verfügte Anfang 1942 über drei G. und die Einsatzgruppe C hatte für die Tötungsaktionen fünf G. zur Verfügung. Ende 1941 wurden größere G. der Marke Saurer für jeweils ca. 100 Opfer gebaut. Dezember 1941 ging man dazu über, nur noch große G. herzustellen, da geplant war, jedes Sonderkommando der Einsatzgruppen mit G. auszustatten und die Vergasungskapazität zu steigern. Weitere Einsätze von G. fanden in Belgrad (→ Sajmište), im Kaukasus und in Lublin statt. Insgesamt wurden ca. 500 000 Menschen in G. ermordet.

Katrin Reichelt

Lit.: Matthias Beer, Die Entwicklung von Gaswagen beim Mord an den Juden, in: Vierteljahrshefte für Zeitgeschichte 35 (1987), S. 403–417. – Eugen Kogon, Hermann Langbein, Adalbert Rückerl (Hrsg.), Nationalsozialistische Massentötungen durch Giftgas. Eine Dokumentation, Frankfurt am Main 1986.

Gebirtig, Mordechaj (Mordechai Bertig, 1877–1942), populärer polnisch-jiddischer Dichter; Tischlermeister aus

Krakau. G.s Gedichte wurden in Theatern, Konzerthallen und im Rundfunk rezitiert. Während des Zweiten Weltkrieges wurden sie in Ghettos, KZ und von den jüdischen Widerstandskämpfern gesungen. Die meisten Gedichte, die er während der deutschen Besatzung schrieb, wurden 1946 unter dem Titel *'s Brent!* (Es brennt) veröffentlicht. Seine Gedichte sind Ausdruck von Wut, Schmerz, Trauer, der Sehnsucht nach Rache, Verzweiflung und Hoffnung der polnischen Juden. Am 4. Juni 1942 wurde er im Krakauer Ghetto von einem deutschen Soldaten erschossen.

Generalgouvernement. Das G. («für die besetzten polnischen Gebiete», seit Juli 1940 nur noch G. genannt) war Schauplatz grausamer deutscher Besatzungspolitik. Es wurde gemäß Führererlass vom 12. 10. 1939 für die nicht in das Reich eingegliederten zentralpolnischen Gebiete aus zunächst vier Distrikten – Krakau, Radom, Warschau und Lublin – geschaffen, im Herbst 1941 kam das zuvor sowjetisch besetzte Ostgalizien als 5. Distrikt Galizien hinzu. Zu diesem Zeitpunkt lebte die überwiegende Mehrzahl der polnischen Juden (über 2 Millionen) im G. Amtssitz des unmittelbar Hitler unterstellten Generalgouverneurs Dr. Hans Frank war Krakau. Das G. hatte für die deutschen Besatzer vor allem drei Funktionen zu erfüllen: Es diente 1. im Rahmen von Himmlers An- und Umsiedlungsprogramm als Abschiebegebiet für «unerwünschte Elemente» (Juden und Polen aus den in das Reich eingegliederten Gebieten) im Sinne einer «ethnischen Flurbereinigung», 2. als militärisches Aufmarschgebiet gegen die → Sowjetunion und 3. als Reservoir billiger Arbeitskräfte. Der deutsche Besatzungsapparat bestand aus der Zivilverwaltung, dem → SS- und → Polizeiapparat und der → Wehrmacht. Zu Beginn wurden sowohl Juden als auch Polen Opfer des deutschen Besatzungsterrors. Der antipolnische Terror zielte auf die physische Vernichtung der polnischen Vorkriegseliten und die Zerstörung der polnischen Kultur. Etwa 1,2 Millionen polnische Arbeiterinnen und Arbeiter wurden im Zuge der «Arbeitserfassung» aus dem G. zur → Zwangsarbeit ins → Deutsche Reich verschleppt, und das G. war Schauplatz umfangreicher Vertreibungen und Umsiedlungen der polnischen Bevölkerung wie z. B. im Rahmen der «Zamość-Aktion», als 110 000 Bauern aus 300 Dörfern vertrieben und mehrere Zehntausend in KZ deportiert wurden. Der Terror richtete sich ausnahmslos gegen alle Juden. Die deutschen Behörden führten die im Reich angewandten antijüdischen Maßnahmen umgehend in radikalisierter Form ein, die zur schnellen Entrechtung, Enteignung, Zwangsarbeit und Isolierung (→ Ghetto) der jüdischen Bevölkerung führten. Seit Ende 1939 war sie der Kennzeichnungspflicht mit dem Davidstern unterworfen (→ Kennzeichnung), und seit 1940 war → Emigration nahezu unmöglich. In der ersten Besatzungsphase (1939–1941) bestimmte die Zivilverwaltung selbständig die antijüdische Politik mit dem Ziel, die Juden aus dem G. zu «entfernen» (Plan eines «Judenreservats» im Distrikt Lublin, → Madagaskar-Plan). Nachdem diese Pläne fehlgeschlagen waren und nach dem Russlandfeldzug auch die schnelle Abschiebung der Juden auf sowjetisches Gebiet illusorisch geworden war, begann der Massenmord an den polnischen Juden (→ Chełmno). Im G. begannen Anfang Oktober 1941 Massenerschießungen von jüdischen Männern, Frauen und Kindern an der Südgrenze des Distrikts Galizien; gleichzeitig erließ die Polizei einen Schießbefehl gegen alle Juden, die außerhalb von Ghettos und Ortschaften aufgegriffen wurden. In dieser Zeit verstärkte sich auch der Terror gegen die polnische Bevölkerung. Auf Distriktsebene waren SS- und Polizeiführer (SSPF) mit Weisungsrecht über Sicherheits- und Ordnungspolizei eingesetzt, die sich in den Bereichen Volkstums- und Siedlungspolitik, Judenverfolgung und der sog. Partisanenbekämpfung (→ Partisanen) betätigten. Der Lubliner SSPF Odilo Globocnik forderte von Himmler für seinen Distrikt immer radikalere Maßnahmen und wurde 1942 als Leiter der → Aktion Reinhardt der Hauptverantwortliche für die Ermordung der Juden im G. in den → Vernichtungslagern → Bełżec, → Sobibór und → Treblinka. Vom 6. Juli bis Ende 1942 wurde die «Endlösung» in höchstem Tempo vorangetrieben und nach dem Aufstand des → Warschauer Ghettos (19. 4.–16. 5. 1943) mit größter Brutalität wieder aufgenommen. Im Sommer 1943 waren nahezu alle Ghettos im G. aufgelöst. Viele der noch in Zwangsarbeitslagern und sog. Arbeitsghettos lebenden Juden wurden im November 1943 während der → Aktion Erntefest ermordet. Die Teilräumung des Distrikts Galizien im März 1944 leitete die «anarchische» Endphase des G. ein. Nach dem Scheitern des im August von der Untergrundarmee begonnenen Warschauer Aufstands im Oktober 1944, das die Vertreibung und Verschleppung von etwa 500 000 Bewohnern und die systematische Zerstörung der polnischen Hauptstadt nach sich zog, wurde das G. im Januar 1945 von der Roten Armee besetzt.

Beate Kosmala

Lit.: Frank Golczewski, Polen, in: Wolfgang Benz (Hrsg.), Dimension des Völkermords. Die Zahl der jüdischen Opfer des Nationalsozialismus, München 1991, S. 411–497. – Bogdan Musial, Deutsche Zivilverwaltung und Judenverfolgung im Generalgouvernement. Eine Fallstudie zum Distrikt Lublin 1939–1944, Wiesbaden 1999. – Dieter Pohl, Von der «Judenpolitik» zum Judenmord. Der Distrikt Lublin des Generalgouvernements 1939–1944, Frankfurt u. a. 1993. – Ders., Nationalsozialistische Judenverfolgung in Ostgalizien 1941–1944. Organisation und Durchführung eines staatlichen Massenverbrechens, München 1996. – Thomas Sandkühler, «Endlösung» in Galizien. Der Judenmord in Ostpolen und die Rettungsaktionen von Berthold Beitz 1941–1944, Bonn 1996.

Generalplan Ost. Anknüpfend an die Ende 1939 verfassten Gedanken «über die Behandlung der Fremdvölkischen im Osten» gab Himmler als Reichskommissar für die Festigung deutschen Volkstums (RKF) den Befehl zur Ausarbeitung einer Gesamtkonzeption zur Germanisierungspolitik in den besetzten und noch zu erobernden Ostgebieten. Das Ergebnis wurde Himmler Ende Mai 1942 vorgelegt (eine erste Fassung war schon Mitte 1941 entstanden). Die Denkschrift war unter Federführung des SS-Standartenführers (und Professors der Agrarwissenschaft) Konrad Meyer im → Reichssicherheitshauptamt und im Stabshauptamt/Reichskommissariat für die Festigung deutschen Volkstums ausgearbeitet worden; sie trug den Untertitel «Rechtliche, wirtschaftliche und räumliche Grundlagen des Ostaufbaus» und sah als Voraussetzung ein neues Bodenrecht (Bodenmonopol der → SS im Osten, «Belehnung» germanischer Siedler auf «Siedlungsmarken» und in 36 «Siedlungsstützpunkten») vor. Das Programm sollte in fünf Fünfjahresabschnitten realisiert werden. Vier Millionen «Germanen» sollten die Hegemonie über die verbleibende autochthone Bevölkerung in den Siedlungsmarken «Ingermanland» (um Petersburg), «Gotengau» (Krim und Chersongebiet), im Memel-Narew-Gebiet ausüben. Der G., der auf eine Umsiedlung unerwünschter Völker nach Sibirien bzw. auf deren Versklavung oder Vernichtung zielte, hatte nie eine Chance der Realisierung, bestimmte aber die Intentionen der deutschen Besatzungspolitik.

Wolfgang Benz

Lit.: Mechtild Rössler, Sabine Schleiermacher (Hrsg.), Der Generalplan Ost. Hauptlinien der nationalsozialistischen Planungs- und Vernichtungspolitik, Berlin 1993.

Gens, Jacob (1905–1943), «Ghettovorsteher» im → Wilnaer Ghetto; 1919–1924 Angehöriger der litauischen Armee (zuletzt Leutnant); seit 1927 Buchhalter im Justizministerium von Kaunas; nach der Besetzung → Litauens durch die → Sowjetunion am 15. Juni 1940 Verlust der Arbeitsstelle, danach Buchhalter im städtischen Gesundheitsamt Wilna. Im September 1941 wurde G. zum Kommandeur der jüdischen Ghettopolizei in Wilna berufen. Nach der Auflösung des dortigen → Judenrates wurde er von den deutschen Behörden als Ghettovorsteher eingesetzt. G. propagierte die Strategie «Arbeit für Leben» und versuchte, die Zahl der arbeitenden Ghettobewohner ständig zu steigern. Am 14. September 1943, neun Tage vor der Auflösung des Ghettos, wurde G. von der Gestapo erschossen.

Gerstein, Kurt (1905–1945), Angehöriger des Hygiene-Instituts der Waffen-SS in Berlin, Obersturmbannführer; Ausbildung zum Ingenieur; im Mai 1933 Eintritt in die NSDAP, zugleich Mitglied der Bekennenden Kirche; 1936 Entlassung aus dem Staatsdienst wegen Verteilung religiöser Schriften. 1936 und 1938 Haft im KZ, danach 1938 Parteiausschluss. Nach der Ermordung einer Schwägerin trat G. in die Waffen-SS ein, mit der Begründung «einen Blick auf Hitlers Küche» werfen zu wollen. Im November 1941 als Entseuchungsspezialist zum Hygiene-Institut versetzt und dort für den Umgang mit desinfizierenden Giftgasen verantwortlich. Im Spätsommer 1942 sollte G. Odilo Globocnik und Christian Wirth davon überzeugen, zur Tötung von Menschen statt Auspuffgasen → Zyklon B zu verwenden (→ Aktion Reinhardt). Nach dem Besuch des → Vernichtungslagers → Bełżec informierte G. den schwedischen Diplomaten von Otter über die dortigen Mordpraktiken, mit der dringenden Bitte diese Informationen an seine Regierung und die Alliierten weiterzuleiten und öffentlich zu machen. Weitere Mobilisierungsversuche galten der britischen Regierung, vermittelt durch Freunde G.s im niederländischen Untergrund, dem evangelischen Bischof Otto Dibelius und dem päpstlichen Nuntius in Berlin. Alle diese Versuche blieben erfolglos, da die Adressaten, obwohl sie sich über die Richtigkeit der Angaben G.s im Klaren waren, nichts unternahmen. G. war Zeuge weiterer Vergasungen in → Treblinka, → Sobibór und → Majdanek. In französischer Haft verfasste G. 1945 den sog. *Gerstein-Bericht*, der die Zustände in den Vernichtungslagern schilderte. Am 27. Mai 1945 wurde er in seinem Pariser Gefängnis erhängt aufgefunden; über die ärztlich festgestellte Todesursache «Selbstmord» bestehen heute noch Zweifel.

Gerstein-Bericht. 1945 verfasster Augenzeugenbericht über die Vernichtungspraxis. Der Bergassessor Kurt Gerstein war 1936 wegen des Verteilens kirchlicher Schriften aus dem Staatsdienst, 1938 wegen weiterhin bestehender enger Bindungen an die evangelische → Kirche auch aus der Partei entlassen worden. Um später als Zeuge der Verbrechen des Nationalsozialismus auftreten zu können, bewarb er sich nach dem Euthanasietod (→ Euthanasie) einer Schwägerin in Hadamar um Aufnahme in die → SS. Als ausgebildeter Mediziner und Ingenieur wurde er 1941 in das Hygiene-Institut der Waffen-SS versetzt, in dem ihm 1942 die Leitung des Amtes «Gesundheitstechnik» übertragen wurde. Damit unterstand ihm im Bereich der SS die gesamte Desinfektionstechnik einschließlich der mit Giftgasen wie dem → Zyklon B. Im August 1942 besuchte er im Auftrag des → Reichssicherheitshauptamtes die → Vernichtungslager → Bełżec und → Treblinka im östlichen → Generalgouvernement. Auf der Rückfahrt im Zug traf er zufällig den Sekretär der schwedischen Gesandtschaft in Berlin, Baron Göran von Otter, dem er von seinen erschütternden Eindrücken aus den Lagern berichtete. Er bat ihn, den Inhalt seines Berichts an die schwedische Regierung und die Alliierten weiterzugeben. Als Referenz gab er dem Diplomaten den damaligen Superintendenten Otto Dibelius an. Eine Kontaktaufnahme mit dem päpstlichen Nuntius in Berlin scheiterte. Gerstein geriet im April 1945 in französische Gefangenschaft und schrieb am 26. April in einer französischen, ein paar Tage später in einer umfangreicheren deutschen Fassung nieder, was er 1942 bei seiner Reise durch die Vernichtungslager beobachtet hatte. Dieser G. schildert die in Bełżec miterlebte Vergasung eines aus Lemberg eintreffenden Judentransports in allen Einzelheiten, von der Vortäuschung einer Desinfektion, dem Auskleiden getrennt nach Geschlechtern, dem brutalen Antreiben der ängstlichen Opfer durch ukrainische Hilfsmannschaften, der Tötung der Opfer mit den Abgasen eines Dieselmotors, der Arbeit der jüdischen Arbeitskommandos nach dem Öffnen der → Gaskammern bis zum Raub von Edelsteinen und anderen Wertsachen, die die Opfer im Körper versteckt hatten. Einzelne Unrichtigkeiten, auch Übertreibungen in den Schilderungen Gersteins dienten nach dem Krieg dazu, den gesamten Bericht zu entwerten oder ihn gar als Fälschung hinzustellen. Gersteins Begleiter in Bełżec, der Marburger Hygiene-Professor SS-Sturmbannführer Wilhelm Pfannenstiel, bestätigte vor einem Münchner Gericht die Darstellung von den Vorgängen in Bełżec ebenso wie von Otter seine Begegnung mit Gerstein und den Kontakt mit Bischof Dibelius. Gerstein selbst wurde von den Franzosen nach Paris gebracht und starb dort am 25. Juli 1945 unter nicht geklärten Umständen in seiner Gefängniszelle.

Hermann Weiß

Lit.: Saul Friedländer, Kurt Gerstein, Gütersloh 1968. – Pierre Joffroy, Der Spion Gottes, Stuttgart 1972. – Jürgen Schäfer, Kurt Gerstein, Zeuge des Holocaust, Bielefeld 1999.

Gestapo s. Polizei, s. Reichssicherheitshauptamt

Ghetto. Der Begriff und seine zeitgenössischen Synonyme (Judenviertel, jüdischer Wohnbezirk) assoziieren historische Vorbilder jüdischer Segregation und verwischen damit die zäsurale Bedeutung deutscher Judenpolitik im

Zweiten Weltkrieg. Von der Forschung werden die G. in der Regel als Durchgangsstationen auf dem Weg in die Arbeits- und Todeslager beschrieben. Aus historischer Perspektive trifft dieser Befund im Endeffekt zu; er impliziert aber einen linearen Verlauf des Verfolgungsprozesses und seine gleichsam unabänderliche Kulmination in der → Endlösung der Judenfrage, womit der Komplexität der Ereignisse nicht angemessen Rechnung getragen ist. Stattdessen sollte G. als nur begrenzt aussagekräftiger Sammelbegriff für unterschiedliche Erscheinungsformen jüdischer Zwangsgemeinschaft verstanden werden.

Die G. als Teil des Verfolgungs- und Vernichtungsapparats: Im Zuge des nationalsozialistischen Strebens nach Ausgrenzung der jüdischen Minderheit tauchte die Idee, sie auch räumlich von der restlichen Gesellschaft zu segregieren, in Verlautbarungen und Planungsmodellen von Parteifunktionären schon früh als Zielvorstellung staatlichen Handelns auf. Ihr konzeptionell eng verbunden und, zumindest in der Anfangsphase, zeitlich vorangestellt war das Bestreben, Juden systematischer Kontrolle und Überwachung zu unterwerfen. Daraus erklärt sich, dass in dieser Frage aktive Instanzen in Ergänzung zu anderen diskriminierenden Maßnahmen die Schaffung verantwortlicher Zwangsvertretungen erwogen, wie sie zuerst in Gestalt der im Frühjahr 1939 gegründeten Reichsvereinigung der Juden in Deutschland, später als Ältesten- oder → Judenrat in den jeweiligen G. verwirklicht wurden. Bis zum Beginn des Krieges dominierte allerdings das Ziel, die Juden aus dem → Deutschen Reich zu vertreiben, so dass sich Konzentration und Kontrolle in erster Linie gegen diejenigen Gruppen richtete, die das Land nicht verlassen wollten oder konnten. Als Vorform der G. können die «Judenhäuser» gelten, die in verschiedenen deutschen Städten in den späten 30er Jahren eingerichtet wurden und die soziale Segregation faktisch vollendeten. Von hier deportierte man die Juden direkt in die G., → Konzentrations- und → Vernichtungslager des Ostens, ohne dass es im Reichsgebiet in den Vorkriegsgrenzen zur Einrichtung von G. kam.

Die Welle der G.-Gründungen nach der deutschen Okkupation → Polens markierte eine neue Phase im Prozess der Judenverfolgung, die eng mit den spezifischen Bedingungen im ehemaligen russischen Ansiedlungsrayon wie auch mit der deutschen Perzeption des Ostens als Siedlungs- und Herrschaftsraum zusammenhing. Die Tatsache, dass die Ghettoisierung der polnischen Juden regional, zeitlich und in qualitativer Hinsicht unterschiedlich verlief, verweist auf das Fehlen konkreter Planungsvorgaben aus den Berliner Zentralen. Zuständig für die G. als Teil der deutschen Judenpolitik in den besetzten Gebieten waren die Organe der Sicherheitspolizei (→ Polizei) sowie der Militär- und Zivilverwaltung. Heydrichs Weisung vom 21.9.1939 an die → Einsatzgruppen, die die «Konzentration der Juden in Großstädten» vorsah, ist schon deshalb nicht als grundlegender Befehl für die Gründung von G. zu werten, weil andere Instanzen Mitsprache- und Entscheidungsrecht in der Behandlung der → Judenfrage beanspruchen und durchsetzen konnten. Die fehlende Einheitlichkeit, mit der die Ghettoisierung in der Folgezeit vollzogen wurde, spiegelt die in der ersten Kriegshälfte noch unklare Zielsetzung antijüdischer Maßnahmen. Weiterhin umstritten bleibt, welche Motive der Ghettoisierungswelle im besetzten Polen zugrundelagen. Wie für die nationalsozialistische Judenpolitik insgesamt, so wirkten auch hier verschiedene Faktoren zusammen: die Einschätzung der polnischen Juden als fremdartig, minderwertig und gefährlich, wobei der Rekurs auf das schon im 19. Jahrhundert verbreitete und während des Ersten Weltkriegs verfestigte «Ostjuden» -Stereotyp nicht zu übersehen ist; das Anknüpfen an den in Deutschland erreichten Stand der Expropriierungs- und Verfolgungsmaßnahmen und deren Weiterentwicklung unter den Bedingungen der Besatzungsherrschaft; und nicht zuletzt das mit der angestrebten «Ostsiedlung» verbundene Streben nach Ausschaltung potentiell «reichsfeindlicher» Bevölkerungselemente zugunsten von «Volksdeutschen» u. a. Gruppen. In vielen Fällen kann die Gründung von G. als Versuch gewertet werden, einen durch die vorangegangenen Maßnahmen verursachten «unmöglichen Zustand» kurz- und mittelfristig zu beheben, was wiederum die Tendenz zur Radikalisierung beschleunigte. Mit dem deutschen Überfall auf die → Sowjetunion wurde deutlich, dass eine als Massenmord konzipierte Endlösung der Judenfrage auch ohne vorangegangene Konzentration von Juden in speziellen Wohnvierteln auskam. Die Einsatzgruppen der Sicherheitspolizei und des SD machten in Zusammenarbeit mit der → Wehrmacht ganze Landstriche «judenfrei» und richteten zumeist in größeren Städten vor wie auch nach Massenerschießungen G. ein, die nur in Ausnahmefällen längerfristig Bestand hatten. Bis zum Herbst 1943 hatten deutsche Besatzungsinstanzen die bis dahin noch vorhandenen G. liquidiert oder in KZ umgewandelt.

Insbesondere ökonomische Gesichtspunkte scheinen eine gewichtige Rolle gespielt zu haben bei der Festsetzung jüdischer Wohnviertel im deutsch besetzten Osteuropa, der Bemessung von Nahrungsmittelrationen und der Heranziehung der G.bewohner zur → Zwangsarbeit, wobei aus den deutschen Quellen allerdings nur selten hervorgeht, inwieweit es sich um von den Verantwortlichen vorgeschobene Rationalisierungen handelte. Im Rahmen der verzweifelten Suche nach den Ursachen und Zielen der deutschen Judenpolitik maßen die Betroffenen, allen voran die Judenräte, dem Aspekt wirtschaftlicher Ausbeutung besondere Bedeutung zu und versuchten auf dieser Grundlage künftige deutsche Maßnahmen zu antizipieren. Wenngleich ökonomische Faktoren zu keiner Zeit die einzigen Determinanten deutscher Politik gegenüber den Juden waren, gerieten mit fortschreitender Kriegsdauer auch die G. stärker in die Perspektive deutscher Wirtschaftsplaner. Angesichts der Zwangsfunktion der G. für alle Juden einschließlich von Kindern, Alten und Kranken schien ihr Ausbeutungspotential jedoch beschränkt. Die ab 1942 von Himmler forcierte Expropriation jüdischer Zwangsarbeiter führte zur Auflösung der G. und ihrer Umwandlung in Konzentrations- oder Arbeitslager. Es entsprach dem nur bedingt zweckrationalen Wesen der «Endlösung», dass neben den als nicht arbeitsfähig geltenden Juden auch solche ermordet wurden, die im Rahmen staatlicher oder privater Unternehmungen kriegswirtschaftlich wichtige Funktionen erfüllten.

Strukturmerkmale der G.: Angesichts des beschränkten Erklärungswerts des Pauschalbegriffs G. wird in der Forschung oft nach unterschiedlichen G.formen differenziert: «offene» G. ohne feste Außengrenzen und «geschlossene», von Mauern oder Zäunen umgebene G.; G. in Polen, der Sowjetunion und «Sonderfälle» in anderen deutsch kontrollierten Gebieten (→ Theresienstadt, Amsterdam, Saloniki, Budapest). Da flächendeckende, empirisch abgesicherte Fallstudien weitgehend fehlen, sind der heuristischen Bedeutung derartiger Versuche typologischer Abgrenzung wohl noch auf absehbare Zeit enge Grenzen gesetzt. Strukturelle Gemeinsamkeiten existieren in Gestalt der «jüdischen Selbstverwaltung» mit dem Judenrat als Verwaltungsspitze und diversen anderen Instanzen (G.ämter, bisweilen auch G.polizei, Gerichte, kulturelle Einrichtungen) als ausführenden Organen. Diese hierarchisierte Binnenorganisation in Verbindung mit der Delegierung von Teilverantwortlichkeiten diente – nicht unähnlich der «Häftlingsverwaltung» in den Konzentrationslagern – der Vereinfachung administrativer Abläufe sowie der Einsparung von personellen und anderen Ressourcen. Ihr Effekt auf Seiten der jüdischen G.insassen war, dass die Verantwortlichkeiten für die Zustände in den G. verschwammen und sich Unmut statt an deutschen Entscheidungsträgern an jüdischen Erfüllungsgehilfen festmachte. Gleichzeitig förderte das System der G. – oft unter stillschweigender Billigung, bisweilen mit aktiver Förderung durch den Judenrat – das Entstehen subversiver, gegen die deutschen Maßnahmen gerichteter Strukturen von der illegalen Beschaffung von Lebensmitteln außerhalb der G.grenzen bis hin zu systematischer Fluchthilfe und bewaffneten Widerstandsgruppen (→ Jüdischer Widerstand). Angesichts der Bedingungen in den G. und der im Allgemeinen brüchigen, ständiger Bedrohung durch deutsche Repression unterworfenen Verbindungslinien zur Außenwelt blieb militärischer Widerstand zumeist im Planungsstadium stecken und kulminierte nur in Ausnahmefällen (z. B. → Warschau, → Białystok) in koordinierten Aktionen.

Jürgen Matthäus

Lit.: Dan Michman, «Judenräte» und «Judenvereinigungen» unter nationalsozialistischer Herrschaft: Aufbau und Anwendung eines verwaltungsmäßigen Konzepts, in: Zeitschrift für Geschichtswissenschaft 46 (1998), S. 193–204. – Isaiah Trunk, Judenrat. The Jewish Councils in Eastern Europe under Nazi Occupation, New York 1972.

Gitterman, Yitzhak (1889–1943), Direktor des Jewish Joint Distribution Committee (Joint) in → Polen, Mitglied der jüdisch-polnischen Widerstandsbewegung Żydowska Organizacja Bojowa (ŻOB); 1921 zum Leiter des Joint in Warschau eingesetzt; Beteiligung an der Gründung von Wohlfahrtseinrichtungen. G. organisierte bei Kriegsbeginn Hilfsmaßnahmen für jüdische Flüchtlinge in Wilna, übernahm wichtige Aufgaben in jüdischen Selbsthilfeorganisationen und nahm zusammen mit Emanuel Ringelblum an Untergrundaktivitäten teil (→ Jüdischer Widerstand). Für die Kämpfer der ŻOB im Ghetto → Białystok besorgte er Geld für die Anschaffung von Waffen. Am 18. Januar 1943 wurde G. im → Warschauer Ghetto ermordet.

Glazar, Richard (1920–1997), Überlebender von → Treblinka; in Prag aufgewachsen, 1942 in das → Vernichtungslager Treblinka deportiert. G. floh während des Aufstands der «Arbeitsjuden» am 2. August 1943 aus Treblinka und tauchte als «Fremdarbeiter» bis Kriegsende in Mannheim unter. Er studierte nach dem Krieg in Prag, London und Paris. Nach dem Zusammenbruch des «Prager Frühlings» 1968 emigrierte er mit seiner Familie aus der ČSSR in die Schweiz. Sein Buch *Die Falle mit dem grünen Zaun. Überleben in Treblinka*, bereits unmittelbar nach Kriegsende geschrieben, erschien erstmals 1992.

Glik, Hirsch (1922–1944), jüdischer Dichter und → Partisan in → Litauen; schloss sich der zionistischen Jugendorganisation Haschomer Hazair (→ Zionismus) an und veröffentlichte auf jiddisch verfasste Gedichte in verschiedenen litauischen Zeitschriften. Nach der deutschen Besetzung Wilnas im Juni 1941 zusammen mit seinem Vater in die Arbeitslager Biala Waka und Rzesa, Anfang 1943 ins Ghetto von → Wilna deportiert, wo sich G. der Untergrundorganisation «Faraynikte Partizaner Organizatie» (Vereinigte Partisanenorganisation; → Jüdischer Widerstand) anschloss und *Di Balade fun Broynem Teater* (Die Ballade vom Braunen Theater) verfasste. Am 1. September 1943 wurde G.s Einheit gefangen genommen, er selbst in → Estland in den Lagern Narwa, später Goldfilz interniert. Im Sommer 1944 starb er bei einem Ausbruchversuch.

Globke, Hans (1898–1973), Ministerialbeamter, Staatssekretär, Jurist; 1922 Mitglied des Zentrums; 1925 stellvertretender Polizeipräsident von Aachen; 1932 Referent im Reichsministerium des Innern für Staatsangehörigkeits- und Koreferent für Rassefragen bei Eheschließungen; 1936 zusammen mit Wilhelm Stuckart Verfasser eines offiziellen Kommentars zu den → Nürnberger Gesetzen. Während des Krieges arbeitete G. an Formulierungen mit, welche die juristische Grundlage für die Judenverfolgung sowie die Germanisierungspolitik in den besetzten Ostgebieten bildeten. 1945 als «Mitläufer» eingestuft, trat G. in die CDU ein und wurde Staatssekretär im Bundeskanzleramt (1953), wo er, wenngleich von Konrad Adenauer stets gedeckt, seitens der Opposition und der DDR heftigen Angriffen ausgesetzt war. Mit dem Rücktritt Adenauers 1963 schied auch G. aus dem Dienst.

Globocnik, Odilo (1904–1945), Gauleiter, Höherer SS- und Polizeiführer (HSSPF); 1931 Eintritt in die österreichische NSDAP, 1932 in die → SS; wegen politischer Aktivität für den Nationalsozialismus vor dem «Anschluss» Österreichs viermal zu Haftstrafen verurteilt; 22. Mai 1938 Gauleiter von Wien; 9. November 1939 SS- und Polizeiführer im Distrikt Lublin; von Himmler mit der Durchführung der → Aktion Reinhardt beauftragt, in deren Verlauf über 1750000 Juden in den → Vernichtungslagern → Treblinka, → Bełżec und → Sobibór ermordet wurden; nach dem 10. August 1943 kurzzeitige Vertretung des HSSPF Russland-Mitte; am 13. September 1943 als HSSPF Adriatisches Küstenland nach Triest versetzt und dort vor allem mit der Bekämpfung von → Partisanen beauftragt. Am 31. Mai 1945 geriet G. in britische Gefangenschaft und beging Selbstmord.

Glücks, Richard (1889–1945), Inspekteur der Konzentrationslager; 1936 Standartenführer bei den SS-Totenkopfverbänden; Untergebener Theodor Eickes im KZ → Sachsenhausen; als Nachfolger Eickes zunächst geschäftsführend, später Chef der Dienststelle des → Inspekteurs der KL. Nach der Eingliederung der Dienststelle als Amtsgruppe D in das → SS-Wirtschaftsverwaltungshauptamt verblieb G. auf seiner Position als Chef der

Amtsgruppe D. 1944 wurde der ehemalige Kommandant des → Vernichtungslagers → Auschwitz, Rudolf Höß, G.s Stellvertreter. Nach den Ermittlungen deutscher Justizbehörden beging G. in Flensburg am 10. Mai 1945 Selbstmord. G. gehörte als Chefverwalter des Systems der KZ, ebenso wie sein Vorgänger Eicke, zu den Hauptverantwortlichen für die dortigen unmenschlichen Bedingungen.

Goebbels, Joseph (1897–1945), Reichspropagandaleiter und Reichsminister für Volksaufklärung und Propaganda; 1924 Eintritt in die NSDAP; 1926 Gauleiter von Berlin; 4. Juli 1927 Gründung des Agitationsblattes *Der Angriff;* 1928 Mitglied des Reichstages und antisemitische Kampagne vor allem gegen den Berliner Polizeipräsidenten Bernhard Weiß («Isidor»); 1930 Reichspropagandaleiter der NSDAP; 13. März 1933 Chef des neu gegründeten Reichsministeriums für Volksaufklärung und Propaganda; 1.–3. April 1933 Organisator des → Boykotts gegen jüdische Geschäfte; 10. Mai 1933 «Feuerrede» anlässlich der Bücherverbrennungsaktion; 22. September 1933 Präsident der Reichskulturkammer; Vorbereitung der Judenpogrome vom 9./10. November 1938 (→ Novemberpogrome) und nachträgliche Rechtfertigung derselben; 1941/1942 mehrere Aktionen, um Berlin «judenrein» zu machen; 18. Februar 1943 Berliner Sportpalast-Rede mit der Forderung nach dem «totalen Krieg». Nachdem er am 28. April 1945 von Hitler testamentarisch zu seinem Nachfolger bestimmt worden war, ermordete G. am 1. Mai 1945 seine Kinder und beging mit seiner Frau Selbstmord. Seine moderne, demagogische und meisterhaft inszenierte politische Propaganda bildete ein wichtiges Element für die Etablierung und die breitenwirksame Verankerung des NS-Systems; sie trug mit ihren massenpsychologisch wirksamen Durchhalteparolen vermutlich wesentlich zur Verlängerung des Krieges bei.

Göring, Hermann (1893–1946), preußischer Ministerpräsident, Oberbefehlshaber der Luftwaffe, designierter Nachfolger Hitlers und «zweiter Mann» im Dritten Reich; 1918 Kommandeur des berühmten Jagdgeschwaders Richthofen; Ende 1922 Eintritt in die NSDAP und Teilnahme an Hitlers Novemberputsch 1923, anschließend Flucht ins Ausland; 1928 Mitglied des Reichstages für die NSDAP; 1932 Reichstagspräsident; seit dem 30. Januar 1933 preußischer Innenminister (bis Mai 1934) und Chef der preußischen → Polizei, in dieser Funktion am Aufbau der Gestapo beteiligt (Chef der Gestapo bis November 1934); spielte eine wesentliche Rolle bei der Niederschlagung des sog. Röhmputsches vom 30. Juni 1934; seit März 1935 Oberbefehlshaber der im Geheimen aufgestellten Luftwaffe; am 18. Oktober 1936 Ernennung zum Beauftragten für den Vierjahresplan, in dieser Eigenschaft u. a. zuständig für die Beschlagnahme jüdischen Vermögens; im Juli 1937 Gründung der dem Reich gehörenden Hermann-Göring-Werke (1944 mit 228 Unternehmen größter europäischer Stahlkonzern); nach den → Novemberpogromen 1938 Belegung der Juden mit über 1 Milliarde RM Kontribution; am 24. Januar 1939 Befehl zur Einrichtung der → Reichszentrale für jüdische Auswanderung; 1. September 1939 offizielle Designierung zum Nachfolger Hitlers, 19. Juni 1940 Ernennung zum Reichsmarschall; 31. Juli 1941 Anweisung G.s an Reinhard Heydrich, die «Gesamtlösung der Judenfrage in Europa» vorzubereiten. Vor allem das zunehmende Versagen der Luftwaffe führte im Zweiten Weltkrieg zum Machtverfall G.s. Nach seiner Verurteilung im Nürnberger Hauptkriegsverbrecherprozess (→ Nürnberger Prozesse) am 1. Oktober 1946 beging er am 15. Oktober 1946 Selbstmord.

Göth, Amon Leopold (1908–1946), Kommandant des → Konzentrationslagers Płaszów (→ Krakau-Płaszów); 1930 Eintritt in die NSDAP, 1932 in die → SS; bis Mai 1942 Tätigkeit bei der Volksdeutschen Mittelstelle in Kattowitz, anschließend als Judenreferent im Stab des SS- und Polizeiführers in Lublin, später in Krakau; in dieser Funktion u. a. für die Auflösung der Ghettos und Arbeitslager von Szebnie, Bochnia, Tarnów und Krakau verantwortlich; von Februar 1943 bis September 1944 Lagerkommandant des KZ Krakau-Płaszów. G. wurde aufgrund des Erfolges von Steven Spielbergs Film *Schindlers Liste* (1993) einer breiten Öffentlichkeit als Inbegriff eines sadistischen SS-Lagerkommandanten bekannt. Nach Kriegsende an Polen ausgeliefert, wurde er am 5. September 1946 vom Obersten Nationalgericht zum Tode verurteilt und am 13. September 1946 in Krakau hingerichtet.

Goldmann, Nahum (1895–1982), zionistischer Politiker; während des Ersten Weltkrieges Referent für jüdische Angelegenheiten im Auswärtigen Amt; 1923 Mitbegründer des Eschkol-Verlages zur Herausgabe der Encyclopaedia Judaica; 1933 → Emigration in die → Schweiz, wo er zum Vorsitzenden des Committee of Jewish Delegations gewählt wurde; Vorsitzender des Verwaltungsausschusses des World Jewish Congress (WJC) und bis 1939 dessen Vertreter beim Völkerbund, ab 1934 auch Vertretung der Jewish Agency for Palestine beim Völkerbund; 1933 Mitwirkung beim Zustandekommen des → Haavara-Abkommens. Im Spätsommer 1942 machte G. zusammen mit Stephen J. Wise die Ermordung der europäischen Juden in den US-Medien bekannt und versuchte, die Regierung Roosevelt zu deutlichen Reaktionen zu bewegen. 1944 stellte er das erste Rehabilitationsprogramm für Juden nach dem Kriege vor, verbunden mit der Forderung nach deutschen Entschädigungen und Bestrafung der NS-Verbrecher. 1951 Vorsitzender der → Conference on Jewish Material Claims against Germany. 1956–1968 war G. Präsident der Zionistischen Weltorganisation; 1953–1977 Präsident des World Jewish Congress.

Grawitz, Ernst Robert (1899–1945), Reichsarzt SS und Polizei, SS-Obergruppenführer (seit 1936). G. war an den Planungen für die → Euthanasie beteiligt und ist einer der Hauptverantwortlichen für die Durchführung → medizinischer Versuche an KZ-Häftlingen. An den Sterilisationsversuchen in → Auschwitz und → Ravensbrück während des Krieges war er beteiligt. Möglicherweise war G. auch in die Entwicklung der → Gaskammern im Herbst 1941 involviert. → Zyklon B wurde über das G. unterstehende SS-Sanitätswesen angefordert. Bei Kriegsende beging er Selbstmord.

Greiser, Arthur (1897–1946), Danziger Senatspräsident, Gauleiter; im Dezember 1929 Mitglied der NSDAP und der SA, 1930 Wechsel zur → SS; November

1933 bis Oktober 1939 unter Albert Forster stellvertretender Gauleiter in Danzig; am 21. Oktober 1939 Ernennung zum Gauleiter in dem neugebildeten → Warthegau. Nach dem Krieg von den Amerikanern an Polen ausgeliefert, wurde G. am 9. Juli 1946 zum Tode verurteilt und hingerichtet. G., der sich u. a. im Mai 1942 bei Himmler dafür eingesetzt hatte, 35 000 an Tuberkulose erkrankte Polen im → Vernichtungslager → Chełmno zu ermorden, war Hauptverantwortlicher sowohl für die grausame Volkstumspolitik gegenüber den Polen als auch für die → Deportation der jüdischen Bevölkerung des Warthegaus in die → Ghettos des → Generalgouvernements.

Griechenland. In G. (heutige Grenzen) lebten 1940 etwa 73 000 Juden, davon zwei Drittel in der 450 Jahre alten sephardischen Gemeinde (ursprünglich von der Iberischen Halbinsel stammende Juden) in Saloniki; die kleineren Gemeinden bestanden aus Sephardim oder aus graecophonen Romanioten, deren Anfänge oft auf byzantinische oder gar hellenistische Zeit zurückgehen. Hinzu kamen Hunderte aschkenasischer Flüchtlinge (mitteleuropäische Juden) aus dem deutschen Herrschaftsbereich.

Nach dem Balkanfeldzug im April 1941 wurde G. weitgehend unter italienischer (→ Italien) und bulgarischer (→ Bulgarien) Besatzung aufgeteilt, die deutsche Zone sicherte strategische Schlüsselpositionen, darunter Saloniki. Die «Judenmaßnahmen» dort waren zunächst zurückhaltend, da das → Reichssicherheitshauptamt konzentriertes Vorgehen der drei Besatzungsmächte wünschte. Insbesondere die Italiener verweigerten aber jegliche Mitwirkung und machten extensiven Gebrauch von ihren Schutzmachtrechten für italienische Staatsangehörige auch in der deutschen Zone. Als dort die Achsenpartner die Geduld verloren, begann Anfang 1943 ein aus Berlin entsandtes SD-Sonderkommando unter Dieter Wisliceny mit der Vorbereitung der → Deportationen unter tatkräftiger Mitwirkung der Abteilung Militärverwaltung beim Befehlshaber Saloniki-Ägäis.

Der Abtransport nach → Auschwitz begann am 15. 3. 1943. Im August 1943 galt Griechisch-Mazedonien als «judenrein». Ende März 1944 wurden in einer Überraschungsaktion die Gemeinden auf dem ehemals italienisch-okkupierten Festland aufgelöst; es folgten (Mai bis Juli) die Inselgemeinden – ausgenommen die 275 Juden von Zakynthos, die infolge Zusammenwirkens günstiger Umstände nicht deportiert wurden. Im Vergleich mit den Sephardim waren die Überlebensquoten der besser integrierten Romanioten (Athen, Thessalien u. a.) im Allgemeinen weit höher und überschritten oft 70 %.

Insgesamt wurden aus G. etwa 60 000 Juden deportiert (darunter 2000 aus der damals zu Italien gehörenden Dodekanes, 4200 aus den von Bulgarien de facto annektierten Territorien sowie nach → Bergen-Belsen über 500 iberische Staatsangehörige); knapp 2000 überlebten. Nicht deportiert wurden die kleineren Kolonien mit Pass einer neutralen Schutzmacht (Argentinien, Türkei), fast nie getaufte Juden und solche mit «arischem» Ehepartner. Etwa 2000 Juden flüchteten in den Nahen Osten, über 8000 gelang es in G. unterzutauchen – jeweils mit Beistand der christlichen Bevölkerung (Kirche, Widerstand, selbst kollaborierende Organe wie der Polizei; → Rettung). Die Verluste der griechischen Juden sind auf ca. 83 % anzusetzen; nach dem Krieg verminderte sich ihre Zahl durch Emigration erneut und beträgt heute etwa 6000.

Hagen Fleischer

Lit.: Hagen Fleischer, Griechenland, in: Wolfgang Benz (Hrsg.), Dimension des Völkermords. Die Zahl der jüdischen Opfer des Nationalsozialismus, München 1991, S. 241–274. – Raul Hilberg, Die Vernichtung der europäischen Juden, Frankfurt am Main 1990. – Mark Mazower, Inside Hitler's Greece, New Haven, London 1993.

Groß, Walter (1904–1945), Chef des Rassenpolitischen Amtes der NSDAP; Studium der Medizin, 1928 Staatsexamen und Promotion; 1925 Mitglied der NSDAP, 1932 des NS-Ärztebundes; 1933 Leiter des Aufklärungsamts für Bevölkerungspolitik und Rassenpflege, das im Mai 1934 in → Rassenpolitisches Amt der NSDAP umbenannt wurde; 1942 Leiter der Abteilung Naturwissenschaft im Amt Rosenberg. G. war Verfasser und Herausgeber militanter, rassenantisemitischer Schriften, in denen er die Schaffung eines «judenfreien» Europas befürwortete. Über sein Schicksal am Ende des Krieges ist nichts Genaues bekannt.

Groß-Rosen (KZ). Das Lager G. wurde im August 1940 ca. 60km südwestlich von Breslau in unmittelbarer Nähe eines Granitsteinbruchs zunächst als Außenlager des KZ → Sachsenhausen errichtet. Als am 1. 4. 1941 die Umwandlung in ein selbstständiges → Konzentrationslager angeordnet wurde, befanden sich dort in vier Baracken 722 Häftlinge. Im Sommer 1942 begann der Ausbau des Lagers, das eine Aufnahmekapazität von 15 000–20 000 Gefangenen erreichen sollte. 1944 wurde es erneut erweitert um insgesamt 45 000 Häftlinge unterzubringen. Darüber hinaus entstanden in den letzten Kriegsjahren etwa 100 Außenlager. Zunächst mussten die Gefangenen vor allem den für die Prachtbauten des Regimes benötigten Granit abbauen. Als sich ab 1943 die bevorstehende militärische Niederlage immer stärker abzeichnete, wurden auch in G. die Häftlinge vorwiegend in der Rüstungsindustrie eingesetzt. Die Arbeits- und Lebensbedingungen waren selbst im Vergleich mit anderen KZ außerordentlich schlecht und führten zu einer extrem hohen Sterblichkeitsrate. Im Laufe des Jahres 1944 wurden mit der Räumung der weiter östlich gelegenen Lager etwa 90 000 Häftlinge nach G. gebracht, im Januar 1945 kam auch aus → Auschwitz noch eine große Zahl der Evakuierten. Insgesamt wurden etwa 120 000 Gefangene, in der Mehrzahl polnische Staatsangehörige nach G. und in seine Außenlager verschleppt. In den Außenlagern war der Anteil der jüdischen Häftlinge außergewöhnlich hoch und erreichte mit fast 60 000 Häftlingen etwa 50 % der Gesamtzahl. Auch der Anteil der weiblichen Häftlinge war mit ca. 26 000 Frauen, vor allem Jüdinnen aus → Polen und → Ungarn, beträchtlich.

Ab Ende 1945 wurden die Gefangenen etappenweise ins Reichsinnere transportiert. Am 13. Februar 1945 erreichten Einheiten der Roten Armee das leerstehende Lager. Mindestens 40 000 Häftlinge hatten in den fünf Jahren des Bestehens des Konzentrationslagers G. dort und in seinen Außenlagern den Tod gefunden.

Barbara Distel

Lit.: Alfred Konieczny, Das Konzentrationslager Groß-Rosen, in: Dachauer Hefte 5 (1988), S. 15–27. – Isabell Sprenger, Groß-Rosen. Ein Konzentrationslager in Schlesien, Köln 1996.

Grossman, Chaika (1919–1996), litauisch-jüdische Partisanin; als Jugendliche Mitglied der zionistischen Jugendorganisation Hashomer Hazair (→ Zionismus); schloss sich nach Beginn des deutschen Überfalls auf die UdSSR dem Untergrund in → Białystok (→ Litauen) an und nahm am dortigen Ghettoaufstand im August 1943 teil (→ Jüdischer Widerstand). 1948 emigrierte sie nach Israel und gehörte 1969–1981 und nach 1984 der Knesset an. 1993 erschien ihr Buch *Die Untergrundarmee*, das den Widerstandskampf der Juden in Białystok schildert.

Grüber, Heinrich (1891–1975), evangelischer Theologe; Mitglied der Bekennenden Kirche; 1937 Gründung des Büros Grüber, das Christen jüdischer Abstammung hinsichtlich der Auswanderung und Arbeitssuche im Ausland beriet; 1940–1943 Haft in den KZ → Sachsenhausen und → Dachau, anschließend Wiederaufnahme seiner illegalen Tätigkeit. 1949–1958 war G. Bevollmächtigter der Evangelischen Kirche bei der Regierung der DDR, dann siedelte er in die Bundesrepublik Deutschland über und sagte 1961 als Zeuge im → Eichmann-Prozess aus. Gegen Ende seines Lebens warnte er konsequent vor den Gefahren des Neonazismus in Deutschland.

Grüninger, Paul (1891–1972), Kommandant der Kantonspolizei im Schweizer Kanton Sankt Gallen. Nachdem die Schweizer Regierung nach dem «Anschluss» Österreichs die Grenzen für jüdische Flüchtlinge geschlossen hatte, setzte sich G. über eine entsprechende Regierungsverfügung vom 18. August 1938 hinweg und gestattete allen Juden an seinem Grenzübergang die Einreise, indem er die Stempel für die Pässe der Flüchtlinge rückdatierte. Auf diese Weise ermöglichte er bis zu 3000 Menschen die illegale Einreise in die Schweiz (→ Rettung). 1939 wurde G. der Verletzung seiner Amtspflichten für schuldig befunden und 1941 zu einer Geldstrafe verurteilt. Zudem verlor er seine Pensionsansprüche. 1971 erhielt er von Yad Vashem den Titel «Gerechter unter den Völkern», 1995 wurde er rehabilitiert.

Grynszpan, Herschel Feibel (1921–1945), Attentäter des Legationssekretärs der deutschen Botschaft in Paris, Ernst vom Rath. G., als polnischer Staatsangehöriger in Hannover geboren, lebte seit 1936 in Paris; er erfuhr am 7. November 1938, dass seine Familie Ende Oktober aus Deutschland nach Zbąszyń (Bentschen) an der polnisch-deutschen Grenze deportiert worden war (→ Polenausweisung). G. begab sich in die deutsche Vertretung und schoss den Legationssekretär nieder, der zwei Tage später starb. Als Tatmotiv nannte er die → Deportation der polnischen Juden. G.s. Tat lieferte dem NS-Regime den willkommenen Vorwand zur Inszenierung der → Novemberpogrome vom 9./10. November 1938. 1940 von der Vichy-Regierung an Deutschland ausgeliefert, war G. im KZ → Sachsenhausen sowie in Berlin-Moabit inhaftiert. Ein gegen G. geplanter Schauprozess wurde 1942 von Hitler auf unbestimmte Zeit verschoben. G.s weiteres Schicksal ist ungeklärt. Das Amtsgericht Hannover erklärte ihn am 1. Juni 1960 mit Wirkung vom 8. Mai 1945 für tot.

Günther, Hans Friedrich Karl (1891–1968), Rassentheoretiker; Studium der Anthropologie und Soziologie in Freiburg und Paris; 1930 von Wilhelm

Frick auf einen eigens für G. geschaffenen Lehrstuhl für Rassenkunde an der Universität Jena berufen; 1934 Professor in Berlin, 1939 in Freiburg; nach dem Krieg suspendiert und interniert; seit 1949 wieder publizistisch tätig. G. entwickelte, von Arthur Comte de Gobineau und Houston St. Chamberlain ausgehend, → Rassentheorien, die zu den Grundlagen des NS-Rassismus zählen und die → Nürnberger Gesetze beeinflusst haben.

Gurs. Das Lager im Département Basses-Pyrénées (unbesetzte Zone → Frankreichs), diente von April 1939 bis Mai 1940 als Aufnahmelager für spanische Flüchtlinge und für Spanienkämpfer der Internationalen Brigaden, von Mai 1940 bis Sommer 1944 als Sammellager für Emigranten und politische Gefangene. Zunächst dem französischen Kriegsministerium unterstehend, ging G. Anfang November 1940 in die Verwaltung der französischen Polizei über. Ende Oktober 1940 trafen in G. ca. 6500 Juden ein, die im Rahmen der «Bürckel-Aktion» am 22./23. Oktober 1940 in Baden festgenommen worden waren. Zusätzlich wurden zur selben Zeit noch ca. 4300 Personen aus anderen Lagern nach G. überstellt. Am 1. Januar 1941 befanden sich 11 825 Personen im Lager, davon waren 11 255 Juden. Die katastrophalen hygienischen Verhältnisse und die schlechte Verpflegung führten zum Tod von ca. 1100 Internierten in G., außer 20 Spanienkämpfern alle Juden. Die ersten → Deportationen erfolgten im August 1942. Von den insgesamt ca. 20 000 Personen, die von Oktober 1940 bis November 1943 im Lager interniert waren, wurden 1942/43 ca. 3900 Juden direkt über → Drancy in den «Osten» deportiert; etwa 14 000 erlebten G. als eine Station auf dem Weg zur Deportation. Nach der Befreiung im Sommer 1944 wurde G. zum Internierungslager für französische Kollaborateure. Heute erinnert außer einer einfachen Erinnerungstafel nichts mehr an das Lager.

Juliane Wetzel

Lit.: Claude Laharie, Le camp de Gurs 1939–1945. Un aspect méconnu de l'histoire de Vichy, Paris 1993. – Gabriele Mittag, «Es gibt Verdammte nur in Gurs». Literatur, Kultur und Alltag in einem südfranzösischen Internierungslager 1940–1942, Tübingen 1996. – Michael Philipp, Gurs – ein Internierungslager in Südfrankreich 1939–1943. Literarische Zeugnisse, Briefe, Berichte, Hamburg 1991.

Gusen s. Mauthausen

Haavara-Abkommen. Vermögenstransferabkommen (Haavara, hebräisch Transfer) in Form von Verkäufen deutscher Güter nach → Palästina auf der Basis «Ware gegen Menschen». Es war von 1933–1939 in Kraft. Erstmals konnte es im Mai 1933 durch die Vereinbarung zwischen der Zitrus-Pflanzungsgesellschaft «Hanotea» Ltd. aus Palästina mit dem Reichswirtschaftsministerium umgesetzt werden. Der Runderlass des Ministeriums vom 28. 8. 1933 markiert den offiziellen Beginn dieses Abkommens. Die in Deutschland herrschende Devisenbewirtschaftung ließ einen Geldtransfer ins Ausland und die Ausfuhr von Fremdwährungen nicht zu, dadurch war die Möglichkeit zur → Emigration deutlich eingeschränkt. Außer mit Arbeiterzertifikaten war eine Einwanderung in Palästina nur auf sog. Kapitalisten-Zertifikate mit einem Mindestkapital von 1000 Pfund Sterling (15 000 RM) zulässig, das aber aufgrund der deutschen Vorschriften nicht gewechselt werden konnte. Erst das H. bot die Chance, Kapital auf Treuhandkonten in Deutschland einzuzahlen. Davon wurden deutsche Waren gekauft und nach Palästina verschifft, um dort Immobilien oder Pflanzungen im Gegenwert zu erhalten. In Berlin war die «Palästina-Treuhandstelle zur Beratung deutscher Juden G.m.b.H» (Paltreu) mit der Umsetzung des H. befasst. 20 % der deutschen Juden konnten sich direkt oder indirekt ihre Zukunft durch das H. sichern.

Juliane Wetzel

Lit.: Werner Feilchenfeld, Dolf Michaelis, Ludwig Pinner, Haavara-Transfer nach Palästina und Einwanderung deutscher Juden 1933–1939, Tübingen 1972.

Hahn, Ludwig (1908–1983), Kommandeur der Sicherheitspolizei und des SD (KdS) in Warschau; Februar 1930 Eintritt in die NSDAP, April 1933 in die → SS; seit Juni 1935 Tätigkeit beim SD-Hauptamt; im September 1939 Kommandeur des Einsatzkommandos I in → Polen; im Januar 1940 zum KdS in Krakau ernannt; im August 1940 Höherer SS- und Polizeiführer bei der deutschen Botschaft in Bratislava (Preßburg); seit dem 1. August 1941 KdS in Warschau; H. organisierte zusammen mit Hermann Höfle von Juli bis Oktober 1942 die → Deportation der Warschauer Juden nach → Treblinka, beteiligte sich an der Niederschlagung des Aufstandes im → Warschauer Ghetto im April/Mai 1943 und war für die massenhafte Ermordung von Polen im Warschauer Pawiak-Gefängnis verantwortlich. Nach dem Krieg tauchte H. zunächst unter falschem Namen unter und arbeitete seit 1949 unter richtigem Namen als Direktor in mehreren deutschen Versicherungsunternehmen. Am 5. Juni 1973 wurde er wegen der Verbrechen im Pawiak-Gefängnis zu 12 Jahren, am 4. Juli 1974 wegen seiner Rolle bei der Deportation der Warschauer Juden zu lebenslanger Haft verurteilt.

Harlan, Veit (1899–1964), Schauspieler und Filmregisseur; 1924–1934 Engagement am Staatlichen Schauspielhaus Berlin; erfolgreiches Debut als Regisseur mit dem Film *Krach im Hinterhaus* (1934). Mit Filmen wie *Der Herrscher* (1937) und *Verwehte Spuren* (1938) stellte sich H. zunehmend in den Dienst der NS-Propaganda, bevor er 1940 Goebbels' Angebot annahm, den antisemitischen Hetzstreifen → *Jud Süß* zu drehen, der für die antisemitischen Maßnahmen des NS-Regimes Verständnis wecken sollte (→ auch *Der ewige Jude*). Er drehte ebenfalls den am 30. Januar 1945 in La Rochelle uraufgeführten Durchhaltefilm *Kolberg*. H. war nach dem Krieg schweren Vorwürfen ausgesetzt. Vier Gerichtsverfahren gegen ihn, in denen er u. a. wegen Verbrechen gegen die Menschlichkeit angeklagt war, endeten mit Freispruch. Seine ersten Nachkriegsproduktionen lösten in der Öffentlichkeit Protest und Boykottaufrufe aus. Allerdings kam es nie zu einem Berufsverbot gegen H.

Harster, Wilhelm (1904–1991), Befehlshaber der Sicherheitspolizei und des SD (BdS) in den → Niederlanden und in → Italien; nach Abschluss des Jurastudiums 1929 Eintritt in die Stuttgarter Kriminalpolizei; 1939 Inspekteur der Sicherheitspolizei im Wehrkreis Kassel; 15. Juli 1940 bis 29. August 1943 BdS in den Niederlanden, wo er durch die Maßnahmen der → Polizei mitverantwortlich für den Judenmord war, im August 1943 Versetzung als BdS nach Italien. 1949 wurde H. in den Niederlanden zu 12 Jahren Haft verurteilt, jedoch 1955 wieder freigelassen. 1956 wurde er Regierungsrat in Bayern und als Oberregierungsrat 1963 pensioniert. Wegen Beihilfe zum Mord in 82354 Fällen wurde er im Februar 1967 vom Landgericht München zu 15 Jahren Zuchthaus verurteilt.

Hering, Gottlieb (1887–1945), Kommandant des → Vernichtungslagers → Belzec; Tätigkeit in den Anstalten Sonnenstein und Bernburg im Rahmen der sog. → Euthansie; im August 1942 Nachfolger Christian Wirths als Kommandant des Vernichtungslagers Bełżec, das er ebenso brutal wie sein Vorgänger führte; im Oktober 1942 Leitung einer «Pazifizierungsaktion» gegen zwei polnische Dörfer, bei der 46 Menschen erschossen wurden; im Frühjahr 1943 Übernahme des Zwangsarbeitslagers → Poniatowa, wo im Rahmen der → Aktion Erntefest am 4. November 1943 fast alle jüdischen Insassen von auswärtigen Einheiten erschossen wurden. Die übrigen jüdischen Arbeiter wurden vom Lagerpersonal ermordet. 1944 wurde H. als Nachfolger Wirths Kommandeur des Kommandos R 1 in Triest mit dem Auftrag zur Bekämpfung von → Partisanen und ließ die jüdischen Häftlinge im Lager → Risiera di San Sabba ermorden. Im Oktober 1945 starb H. an einer Erkrankung.

's Hertogenbosch-Vught (Herzogenbusch) (KZ). Bei Vught, etwas außerhalb von 's Hertogenbosch in der Provinz Nord-Brabant der besetzten → Niederlande, wurde 1942 ein → Konzentrationslager errichtet, im Januar 1943 kam ein gesondertes Durchgangslager für Juden hinzu (auch als Vught bekannt). Beide Komplexe unterstanden dem → SS-Wirtschaftsverwaltungshauptamt. Die ersten Häftlinge des Durchgangslagers waren Amsterdamer Juden, die in der Rüstungsindustrie gearbeitet hatten. Danach wurden immer mehr Juden auch aus anderen Teilen des Landes nach H. transportiert. Viele waren mit ihren Familien eingewiesen worden, doch hier wurden Männer, Frauen und Kinder streng geschieden und gezwungen, in getrennten Baracken zu leben. Ernährung und medizinische Betreuung waren anfänglich äußerst mangelhaft. Nach Intervention des niederländischen → Judenrats verbesserten sich schließlich die Lebensbedingungen etwas. Die Lagerleitung organisierte in Vught die Ansiedlung industrieller Betriebe und stellte Häftlinge für die aufreibende Arbeit in den Außenkommandos zur Verfügung. Im Frühjahr 1943 begannen umfangreiche → Deportationen, meist über → Westerbork in die → Vernichtungslager → Auschwitz und → Sobibor. Im Juni wurden alle Kinder bis zu sechzehn Jahren z. T. mit ihren Eltern nach Westerbork, und von dort nach Sobibor deportiert, wo sie auf der Stelle ermordet wurden. Im Laufe des Jahres 1943 wurden ca. 12000 Juden nach H. verschleppt, bis September desselben Jahres aber waren bereits wieder 10500 Häftlinge nach Westerbork und Polen weitergeleitet worden. Am 3. Juni 1944 wurde eine letzte, in den Fabriken des Philips-Konzerns eingesetzte Gruppe nach Auschwitz geschickt und das Judendurchgangslager aufgelöst. H. wurde im September 1944 von den Alliierten befreit. Heute befindet sich auf dem ehemaligen Lagergelände eine Gedenkstätte.

Peter Romijn

Lit.: Louis de Jong, Het Koninkrijk der Nederlanden in de Tweede Wereldoorlog,

Bd. VIII, Gevangenen en gedeporteerden, Den Haag, Leiden 1978. – David Koker, Dagboek geschreven in Vught, Amsterdam 1993. – Coenraad J. F. Stuldreher, Deutsche Konzentrationslager in den Niederlanden: Amersfoort, Westerbork, Herzogenbusch, in: Dachauer Hefte 5 (1989), S. 141–173.

Heydrich, Reinhard (1904–1942), Chef der Sicherheitspolizei (Sipo) und des SD, SS-Obergruppenführer. Im Juli 1931 wurde H. von Himmler mit dem Aufbau des Ic-Dienstes (Vorläufer des SD) betraut; anschließend trat er in die → SS ein und wurde im Juli 1932 Chef des SD. Seit April 1933 Leiter der politischen → Polizei in Bayern; Einschüchterung Oppositioneller durch befristete Einweisung ins KZ → Dachau; am 22. April 1934 Übernahme des Geheimen Staatspolizeiamtes in Preußen; 1936 Übernahme des SS-Hauptamtes Sipo; Ende September 1939 Chef des von ihm errichteten → Reichssicherheitshauptamtes, in dem die bisherigen obersten Kommandostellen der Gestapo, Kriminalpolizei und des SD vereinigt wurden. Unter seinem Oberbefehl standen auch die → Einsatzgruppen und -kommandos, die mit der Vernichtung der polnischen Intelligenz begannen und nach der Beauftragung H.s mit der → «Endlösung der Judenfrage» (31. Juli 1941) die Massenmorde an den Juden in der → Sowjetunion begingen. Als Leiter der → Wannsee-Konferenz am 20. Januar 1942 strebte H. u. a. die Koordinierung der Organisation der «Endlösung» mit den entsprechenden Reichsbehörden an. Am 27. September 1941 Ernennung zum Stellvertretenden Reichsprotektor für Böhmen und Mähren. H. erlag den Folgen eines Attentates, das am 27. Mai 1942 zwei aus England eingeflogene tschechische Agenten verübten. Den deutschen Vergeltungsmaßnahmen fielen die Bevölkerung der Orte Lidice und Lezaky sowie Tausende Tschechen und Juden aus Prag, Brünn, Theresienstadt und Berlin zum Opfer. H. gilt in der Öffentlichkeit als der Prototyp des zweckrational kalkulierenden «Schreibtischtäters». Die Organisation der «Endlösung» war in erster Linie sein Werk.

Hildebrandt, Richard (1897–1952), Chef des SS-Rasse- und Siedlungshauptamtes, SS-Obergruppenführer und General der → Polizei; 1924–27 Mitglied des Bundes Oberland; 1928 in die USA ausgewandert und Mitglied der New Yorker NSDAP-Ortsgruppe; 1930 Rückkehr nach Deutschland; 1931 Eintritt in die → SS; 1933–1935 SS-Brigadeführer und Führer des SS-Abschnitts XXI (Görlitz), später Abschnitt XI (Wiesbaden); 1. April 1939 bis 25. September 1939 Höherer SS- und Polizeiführer (HSSPF) Rhein in Wiesbaden, 26. Oktober 1939 bis 20. April 1943 HSSPF Weichsel in Danzig; seit 20. April 1943 Chef des → SS-Rasse- und Siedlungshauptamtes; seit dem 25. Dezember 1943 zugleich vertretungsweise HSSPF Schwarzes Meer bei der Heeresgruppe A und SS- und Polizeiführer Krim; 25. Februar 1945 bis Kriegsende HSSPF Südost in Breslau H. wurde in Nürnberg zu 25 Jahren Haft verurteilt (→ Nürnberger Prozesse), jedoch an Polen ausgeliefert und wegen seiner Verantwortung für die «Umsiedlungen» von Polen aus dem Reichsgau → Danzig-Westpreußen ins → Generalgouvernement zum Tode verurteilt und hingerichtet.

Hilfspolizei s. Schutzmannschaften

Hilfsrat für Juden s. Rettung

Himmler, Heinrich (1900–1945), Reichsführer SS (RFSS) und Chef der Deutschen Polizei, Reichsinnenminister; im Januar 1929 Ernennung zum RFSS; als Münchener Polizeipräsident Errichtung des KZ → Dachau und Organisierung der politischen Polizei in allen deutschen Ländern; 20. April 1934 stellvertretender Chef der Gestapo in Preußen. H.s Beteiligung bei der Liquidierung des sog. Röhm-Putsches vom 30. Juni 1934 bescherte ihm die Aufwertung der → SS als selbständige Gliederung innerhalb der NSDAP, die Hitler direkt unterstellt wurde. Seit 17. Juni 1936 Zentralisierung der gesamten → Polizei unter H. als Staatssekretär im Reichsministerium des Inneren (RFSS und Chef der Deutschen Polizei); am 7. Oktober 1939 Ernennung zum Reichskommissar für die Festigung deutschen Volkstums, am 25. August 1943 zum Reichsminister des Inneren; seit dem 21. Juli 1944 Oberbefehlshaber des Ersatzheeres. Wegen seiner Verhandlungsversuche mit den Westmächten von Hitler im April 1945 aller Ämter enthoben und aus der NSDAP ausgeschlossen. H. beging am 23. Mai 1945, nachdem seine Identität entdeckt worden war, in britischer Gefangenschaft Selbstmord. H. fasste die SS als eine rassische und ideologische Eliteorganisation auf, deren Terrorapparat außerhalb staatlicher Normen agierte und ausschließlich dem «Führerwillen» verpflichtet war. Für die Organisation und Durchführung des Genozids an den europäischen Juden war er in letzter Instanz verantwortlich.

Hirsch, Otto (1885–1941), geschäftsführender Vorsitzender der Reichsvertretung der deutschen Juden; seit 1912 im württembergischen Staatsdienst; 1919 Mitglied der Weimarer Nationalversammlung, Mitglied des Oberrates der Israelitischen Religionsgemeinschaft Württembergs und des Generalvorstandes des Centralvereins Deutscher Staatsbürger Jüdischen Glaubens; 1929 stellvertretendes Mitglied der nichtzionistischen Vertretung in der Jewish Agency. H. wurde 1933 Vorsitzender der Reichsvertretung der deutschen Juden, 1939 der Reichsvereinigung der Juden in Deutschland. Er spielte u. a. eine wichtige Rolle bei der wirtschaftlichen Unterstützung und der Ausreise der deutschen Juden. 1938 war er Delegierter der Reichsvertretung bei der Flüchtlingskonferenz von → Évian. Nach den → Novemberpogromen 1938 wurde er für zwei Wochen im KZ → Sachsenhausen interniert. Am 16. November 1941 wurde H. erneut verhaftet, ins KZ → Mauthausen deportiert und dort am 19. Juni 1942 ermordet.

Hirschmann, Ira A. (geb. 1901), Sonderbeauftragter des War Refugee Board (WRB) an der US-Botschaft in Ankara, amerikanischer Geschäftsmann; 1935 Verwaltungsratsvorsitzender der University in Exile in New York, die deutschen Gelehrten eine Anstellung im Exil ermöglichte. Seit Februar 1944 war H. als Sonderbeauftragter des WRB bestrebt, möglichst vielen Juden die Ausreise aus → Rumänien, → Bulgarien und → Ungarn zu ermöglichen bzw. zumindest deren Lebensbedingungen zu verbessern, indem er sich die Furcht dieser Staaten vor alliierten Vergeltungsmaßnahmen nach dem Kriege zunutze machte. Auf diese Weise erreichten ca. 7000 Juden die Türkei und → Palästina. H. erzielte während des Krieges noch weitere Erfolge zur → Rettung von Juden. Im

März 1946 wurde er zum Sondergeneralinspekteur der United Nations Relief and Rehabilitation Administration ernannt, um die Bedingungen für jüdische → Displaced Persons zu untersuchen.

Hitler, Adolf (1889–1945), Vorsitzender und «Führer» der NSDAP, als «Führer und Reichskanzler» (seit 1934) Regierungs- und Staatschef Deutschlands, Oberbefehlshaber der Wehrmacht; nach Scheitern als Künstler Teilnahme am Ersten Weltkrieg; am 18. September 1919 Eintritt in die rechtsextreme Deutsche Arbeiterpartei (seit Februar 1920 NSDAP), seit 29. Juli 1921 Vorsitzender der NSDAP; am 8./9. November 1923 erfolgloser Putschversuch in München; nach Entlassung aus der Festungshaft Neugründung der NSDAP am 26. Februar 1925 und Festlegung auf einen «Legalitätskurs» zur Erlangung der politischen Macht; zunehmende Propagierung des Führerkultes in der NS-Bewegung. Nach ersten kommunalen und regionalen Wahlerfolgen 1928/1929 Durchbruch der NSDAP zur Massenpartei bei der Reichstagswahl vom 14. September 1930. H. bündelte die Unzufriedenheit und Orientierungslosigkeit im durch die Weltwirtschaftskrise verunsicherten Nachkriegsdeutschland und verhieß den Ausweg aus den aktuellen Miseren durch die Beseitigung der Demokratie. Am 30. Januar 1933 Ernennung H.s zum Reichskanzler (seit 2. August 1934 auch Staatschef und Oberbefehlshaber der Reichswehr, seit 4. Februar 1938 direkter Oberbefehlshaber der Wehrmacht); schrittweiser Abbau des Rechtsstaates und Errichtung einer totalitären Diktatur durch Erlasse, Verordnungen aufgrund des Ermächtigungsgesetzes (23. März 1933) und Einrichtung erster KZ u. a. in → Dachau und Oranienburg; Errichtung eines terroristischen Polizeiapparates (→ SS; → Polizei) und Beginn der staatlichen Judenverfolgung durch erste Berufsverbote und den → Boykott jüdischer Geschäfte vom 1.–3. April 1933, Verschärfung durch die → Nürnberger Gesetze. Aufrüstung und außenpolitische Erfolge Deutschlands durch Ausnutzung internationaler Krisen in den 30er Jahren; nochmalige Verschärfung der Judenverfolgung nach den → Novemberpogromen 1938. Beginn der Umsetzung völkischer Lebensraumpolitik seit September 1939 in den annektierten Teilen → Polens durch Ermordung und Vertreibung jüdischer und nichtjüdischer Polen; mit dem deutschen Angriff auf die → Sowjetunion Beginn des systematischen Judenmords. Nach dem Scheitern des deutschen Eroberungs- und Rassenvernichtungskrieges beging H. am 30. April 1945 in der Berliner Reichskanzlei Selbstmord. Zwar ist H.s persönlicher Anteil an der Durchführung des Holocaust in der Forschung umstritten; jedoch hätte wohl kein anderer Angehöriger der nationalsozialistischen Elite die letztlich grenzenlose Eroberungs- und Vernichtungspolitik des Dritten Reiches mit der kompromisslosen Zielstrebigkeit verfolgt wie H.

Höfle, Hermann (1911–1962), Organisator bei der → Aktion Reinhardt, SS-Sturmbannführer (1942); 1933 Eintritt in die NSDAP, 1935 in die → SS; 1939 Referent beim SS- und Polizeiführer Globocnik im Distrikt Lublin; seit dem 1. September 1940 zeitweise Leitung des Zwangsarbeitslagers am sog. Burggraben in Lublin; seit November 1941 Koordinierung der Bauarbeiten für das → Vernichtungslager → Bełżec; ab Sommer 1942 Leiter der Hauptabteilung «Einsatz Reinhardt». In dieser Funktion Bereitstellung von Einsatzkommandos für die Ghettoräumungen und Koordinierung der Transporte in die Vernichtungslager. 15. Februar bis 7. März 1944 Schutzhaftlagerführer im KZ → Sachsenhausen; seit dem 1. Juni 1944 Fachführer beim Höheren SS- und Polizeiführer → Griechenland; 13. Juni 1944 bis Kriegsende Tätigkeit im SS-Hauptamt. H., der zusammen mit Jürgen Stroop in Polen angeklagt werden sollte, flüchtete aus der Haft und tauchte unter. Nach seiner Festnahme in Salzburg 1961 beging er 1962 in der Wiener Untersuchungshaft Selbstmord.

Höhere SS- und Polizeiführer s. Polizei, s. SS

Höß, Rudolf (1900–1947), Lagerkommandant von → Auschwitz; 1922 Eintritt in die NSDAP; seit 1928 Mitglied der völkischen Artamanen-Bewegung, in dieser Funktion vor allem Werbung von Rekruten für die → SS; im Juni 1934 Eintritt in die SS. Dezember 1934 bis Mai 1938 Tätigkeit in der Verwaltung des KZ → Dachau und Ausbildung unter Theodor Eicke; im Mai 1940 Versetzung nach Auschwitz, wo er der Gründer und erste Kommandant des Lagerkomplexes wurde. Am 1. Dezember 1943 Versetzung in das → SS-Wirtschaftsverwaltungshauptamt. Seit Ende Juni 1944 leitete H. im Rahmen der sog. Aktion Höß in Auschwitz die Ermordung von 430000 ungarischen Juden. Nach Kriegsende lebte er zunächst unter dem Namen Franz Lang, wurde 1946 erkannt, an Polen ausgeliefert und zum Tode verurteilt. Am 16. April 1947 wurde H. in Auschwitz gehenkt. Während seiner Haft verfasste er eine Autobiographie sowie verschiedene Schriften über die Durchführung des Holocaust und die dafür Verantwortlichen. 1958 erschienen diese Aufzeichnungen unter dem Titel *Kommandant in Auschwitz.*

Holocaust. Der Begriff H., eine Transliteration aus dem Griechischen, ist der Entwicklung nach ein biblischer Terminus und begegnet in der griechischen Bildübersetzung (Septuaginta: «holocaustoma») des 3. Jahrhunderts v. Z. und dann in den lateinischen Bibelversionen, etwa der Vulgata als «Brandopfer» (Gen 22, 2 passim; 1 Sam 7, 9; 15, 22; Ps 50, 8; Hos. 6, 6; u. a.), sowie als Lehnwort in neuzeitlichen englischen Übersetzungen. Die dahinter stehenden biblisch-hebräischen Worte «olah» (Pl.: «olot») und «calil» bedeuten «gebranntes Opfer»/»zum Himmel aufsteigendes Opfer» und beziehen sich auf die im Tempel dargebrachten Gaben. Insofern hat die heutige Bedeutung begrifflich nur weitläufig mit seinen Ursprüngen zu tun und Diskussionen über die rechte Schreibweise (Holocaust oder «Holokaust») tragen nichts zur Präzisierung bei. Die jüdische Tradition bietet – mit einer Ausnahme (Italien 1882) – vor dem 20. Jahrhundert auch keinen Beleg für eine metaphorische Verwendung des Begriffs für Mord. Dagegen steht der Begriff H. für Judenmord schon in einem höhnischen Bericht, den ein englischer Chronist von den Verfolgungen am Tag der Krönung des englischen Königs Richard I. (1189) gab: «Am Krönungstag, etwa zu der Stunde [der Krönungsmesse], da der Sohn geopfert wurde, begann man in London, die Juden ihrem Vater, dem Teufel, zu opfern. Dabei konnte [...] man das Brandopfer (lat.: holocaustum) erst am anderen Tag zu Ende bringen» (Richard von Devizes, De rebus gestis Ricardi I, Rolls Series, Bd. 82.3, London 1886, S. 383). Der Jurist Andrea Alciati setzte den Begriff 1515 zur Kritik an Hexenprozessen ein (J. Hansen [Hrsg.], Quellen und Untersuchungen zur Geschichte des Hexenwahns und der Hexenverfolgung im Mittelalter, Bonn 1901, S. 310–12). In der jüdischen Tradition wurden zur Bezeichnung von Judenverfolgungen andere Begriffe verwandt (→ Shoah). Im Zusammenhang der nationalsozialistischen Judenverfolgung begegnet der Begriff erstmalig zur Kennzeichnung der deutschen Verbrechen an den Juden 1943 in einer Rede von Sir Herbert Samuel vor dem englischen Oberhaus und dann wieder 1944 in Morris Cohens Buch «Legal Claims against Germany» («Millions of surviving victims of the Nazi holocaust, Jews and non-Jews, will stand before us in the years to come»). Weite Akzeptanz als Synonym für den Judenmord fand der Begriff im Gefolge des → Films «H.: The Story of the Family Weiss» nach dem Drehbuch von Gerald Green in der Regie von Marvin J. Chomsky von 1978, dessen deutsche Version im Januar 1979 mit großer Resonanz in der Bundesrepublik ausgestrahlt wurde. Zwischenzeitlich hat sich ungeachtet aller berechtigter Hinweise auf die Problematik des Gebrauchs – schon in Gen 22 bezeichnet H. gerade keinen Mord, sondern die zum Treuebeweis geforderte und durch göttlichen Eingriff abgewendete Opferung Isaaks – der Begriff verfestigt. Dazu trugen Standardwerke bei, die ihn im Titel tragen, besonders aber namentliche Festschreibungen wie für das «H. Memorial Museum» in Washington oder auch in der populären Bezeichnung des Berliner Memorialprojekts als «H.-Denkmal» (eigentlich «Denkmal für die ermordeten Juden Europas»).

Johannes Heil

Lit.: Gerd Mentgen, Richard of Devizes und die Juden. Ein Beitrag zur Interpretation seiner «Gesta Richardi», in: Kairos 30/31 (1988/89), S. 95–104. – Ulrich Wyrwa, Holocaust. Notizen zur Begriffsgeschichte, in: Jahrbuch für Antisemitismusforschung 8 (1999), S. 300–311.

Horthy, Miklós (1868–1957), Reichsverweser von → Ungarn 1920–1944; 1918 Konteradmiral und letzter Kommandeur der österreichisch-ungarischen Kriegsmarine; 1919 Gründung der ungarischen «Nationalarmee» und Bekämpfung der Regierung Béla Kun; am 1. März 1920 zum Reichsverweser des Königreichs Ungarn gewählt. H.s zentrales Ziel war die Revision des Vertrages von Trianon, demzufolge Ungarn ca. zwei Drittel seines Vorkriegsterritoriums verloren hatte, was ihn zur Kooperation mit dem nationalsozialistischen Deutschland veranlasste. Zwar erließ er 1938 und 1941 restriktive antijüdische Gesetze, verweigerte sich aber deutschen Forderungen hinsichtlich der Durchführung härterer Maßnahmen. Nach der deutschen Besetzung Ungarns am 19. März 1944 war H. zunächst nichts als eine Marionettenfigur. In den folgenden Monaten wurden ca. 500 000 Juden aus Ungarn in die → Vernichtungslager deportiert. Am 7. Juli 1944 befahl H., die → Deportation der noch ca. 150 000 in Budapest befindlichen Juden zu stoppen. Am 15. Oktober 1944 wurde er von den Deutschen verhaftet, durch Ferenc Szálasi ersetzt und in Deutschland interniert. 1948 ging er zunächst in die Schweiz, anschließend nach Portugal ins Exil.

Hoth, Hermann (1885–1971), 1904 Eintritt ins Heer, 1934 Generalmajor, 1936 Generalleutnant, 1938 General der Infanterie; Kommandierender General des XV. Armeekorps (seit 1940 Panzergruppe 3) beim Feldzug gegen → Polen und → Frankreich sowie beim Überfall auf die → Sowjetunion; seit Oktober 1941 als Generaloberst Oberbefehlshaber der 17. Armee, ab Juni 1942 der 4. Panzerarmee. Am 17. November 1941 forderte H. in einem Tagesbefehl, den Krieg gegen die UdSSR als erbarmungslosen Rassenvernichtungskrieg gegen das «Vordringen asiatischer Barbarei» zu führen; «Mitleid und Weichheit gegenüber der Bevölkerung» seien «völlig fehl am Platz». Nach dem Verlust Kiews im November 1943 wurde H. seines Postens enthoben. April 1945 Befehlshaber Erzgebirge. Im 12. Nürnberger Folgeprozess gegen das Oberkommando der Wehrmacht (→ Nachkriegsprozesse) wurde H. 1948 wegen Zusammenarbeit mit den → Einsatzgruppen, deren logistischer Unterstützung, der Durchführung von Massenerschießungen sowie der Tötung jüdischer Kriegsgefangener der Roten Armee zu 15 Jahren Haft verurteilt, 1954 jedoch wegen Krankheit auf Ehrenwort entlassen.

Hunsche, Otto (geb. 1911), Rechtsberater Eichmanns im → Reichssicherheitshauptamt (RSHA); 1933 Mitglied der SA, 1939 der Gestapo; 1940 Tätigkeit in der Gestapo-Leitstelle Berlin; im November 1941 Versetzung in das «Judenreferat» Eichmanns im RSHA, dort vor allem für Rechtsfragen im Zusammenhang mit der Einziehung des Vermögens sowie der Aberkennung der Staatsbürgerschaft der Deportationsopfer zuständig; 1944 als Mitglied des Sonderkommandos Eichmann in Budapest an der → Deportation der ungarischen Juden beteiligt. 1947 wurde H. wegen Zugehörigkeit zur Gestapo zu zweieinhalb Jahren Haft, 1960 wegen Beihilfe zum Mord an 600 ungarischen Juden zu fünf Jahren Zuchthaus, 1969 zu zwölf Jahren Haft verurteilt.

Inspekteur der KL. Himmler direkt unterstellter Leiter der Organisation, Verwaltung, Bewachung und Wirtschaftsführung der → Konzentrationslager (KL). Mit Wirkung vom 10. Dezember 1934 gingen diese bisher von der Dienststelle II 1 D des Geheimen Staatspolizeiamtes wahrgenommenen Aufgaben auf die neugegründete Dienststelle «Inspektion der KL» (IKL) über. Sie bestand zunächst aus «Zentralabteilung» und Verwaltungsabteilung. Im April 1936 kam die «Sanitätsabteilung» hinzu und die «Zentralabteilung» wurde in «Politische Abteilung» umbenannt. Erster I. und «Führer der SS-Wachverbände» (→ SS) war vom 4. Juli 1934 an der Dachauer Lagerkommandant Theodor Eicke, der mit dem Ausbau der SS-Wachmannschaften und der Weiterverbreitung der im KZ → Dachau entwickelten Lagerordnung ein zentralisiertes Terrorinstrument schuf. Die SS-Wachmannschaften wurden seit 1936 als SS-Totenkopfverbände bezeichnet und bildeten den Kern der späteren berüchtigten SS-Totenkopfdivision, die Eicke bis zu seinem Tod im Februar 1943 kommandierte. Eickes Nachfolger als I. wurde im November 1939 Richard Glücks, sein bisheriger Stellvertreter. Bis 1938 hatte die IKL ihren Sitz in Berlin, seit August 1938 bis Kriegsende im sog. T-Gebäude in Oranienburg neben dem KZ → Sachsenhausen. Die IKL war an den Massenmorden der sowjetischen Kriegsgefangenen in den Kriegsgefangenenlagern des Reichsgebietes beteiligt, an der Ermordung kranker Häftlinge in der → Aktion 14 f 13, am Völkermord an den Juden und → Sinti und Roma, sie organisierte die Beschaffung und Verteilung von → Zyklon B und wirkte an den → Deportationen mit. Der gesamte Lageralltag war von der IKL bestimmt. Lediglich die Einweisung der Häftlinge unterlag nicht ihr, sondern der Politischen Polizei (→ Reichssicherheitshauptamt). Im August 1940 wurde die IKL dem SS-Führungshauptamt unterstellt. Am 16. März 1942 wurde sie als Amtsgruppe D des → SS-Wirtschaftsverwaltungshauptamtes übernommen und in vier Ämter aufgeteilt, Amt D I Zentralamt, Amt D II Arbeitseinsatz der Häftlinge, Amt D III Sanitätswesen und Lagerhygiene, Amt D IV Verwaltung. Damit koordinierte und zentralisierte die IKL den gesamten Arbeitseinsatz und den Austausch der Häftlinge zwischen den einzelnen Lagern von Oranienburg aus. Die IKL war die zentrale Verwaltungsorganisation für alle Konzentrationslager.

Angelika Königseder

Lit.: Johannes Tuchel, Die Inspektion der Konzentrationslager 1938–1945. Das System des Terrors, Berlin 1994.

Institut zur Erforschung der Judenfrage. Das I., seit 1939 vorbereitet und in Frankfurt am Main im März 1941 von Alfred Rosenberg offiziell eröffnet, unterstand als Außenstelle der «Hohen Schule» der NSDAP und fungierte als Instrument antisemitischer Propaganda (→ Judenfrage), u. a. durch die Herausgabe der Vierteljahresschrift «Weltkampf. Die Judenfrage in Geschichte und Gegenwart» (ab April 1941). Das Institut besaß eine Bibliothek von etwa 350000 Bänden, Judaica und Hebraica, die größtenteils in den besetzten Gebieten erbeutet waren. Direktoren waren (bis Oktober 1942) Wilhelm Grau und ab Oktober 1943 Klaus Schickert.

Wolfgang Benz

Lit.: Helmut Heiber, Walter Frank und sein Reichsinstitut für Geschichte des neuen Deutschlands, Stuttgart 1966.

Italien. Seit 29. 10. 1922 war Benito Mussolini italienischer Ministerpräsident, nach den Wahlen 1929 trat zudem ein rein faschistisches Parlament zusammen. Die Annäherung an Deutschland führte am 25. 10. 1936 zum deutsch-italienischen Vertrag (Achse Berlin-Rom) und am 22. 5. 1939 zu einem Militärbündnis mit Deutschland, dem sog. Stahlpakt. Am 10. 6. 1940 trat I. an der Seite Deutschlands in den Krieg ein. Wirtschaftliche Not und Kriegsverluste führten am 25. 7. 1943 zum Zusammenbruch des faschistischen Systems, Mussolini wurde abgesetzt. Seit dem Waffenstillstand mit den Alliierten am 8. September 1943 zerfiel I. in zwei Teile: die Militärregierung Marschall Pietro Badoglios im Süden als Königreich (Regno del Sud) unter alliiertem Schutz; in Mittel- und Norditalien die seit 23. 9. 1943 amtierende Repubblica Sociale Italiana (RSI) von Salò am Gardasee mit dem Schattenkabinett Mussolinis bzw. die direkt deutscher Kontrolle unterstehenden Operationszonen «Adriatisches Küstenland» und «Alpenvorland». Bereits seit 1938 hatte sich mit der Judenzählung im August – ca. 46700 Personen –, dem Ausweisungsbefehl gegen ausländische Juden vom 7.9., der Einführung der antisemitischen Rassengesetze am 17. 11. 1938 und schließlich ab 15. 6. 1940 der Internierung noch verbliebener ausländischer Juden aus Gebieten unter NS-Herrschaft und deren Einlieferung in → Konzentrations- bzw. Internierungslager (Ferramonti-Tarsia bei Cosenza als größtes Lager) die Lage der Juden zunehmend verschlechtert. Die → Deportationen jedoch setzten erst mit der Bildung der unter deutschem Einfluss stehenden RSI ein. Im Oktober 1943 nahm der Verfolgungsapparat, der dem Befehlshaber der Sicherheitspolizei und des SD SS-Brigadeführer und Major der Polizei Wilhelm Harster in Verona unterstand, seine Arbeit auf, unterstützt von dem Höheren SS- und Polizeiführer SS-Obergruppenführer Karl Wolff. Zunächst wurde eine mobile Einheit unter der Leitung von SS-Hauptsturmführer Theodor Dannecker eingesetzt. Am 16. Oktober 1943 erfolgte in Rom die größte Razzia, 1259 Personen, vor allem Frauen und Kinder, wurden festgenommen und zwei Tage später nach → Auschwitz deportiert; die Ehepartner und Kinder aus «Mischehen» folgten später. Als Durchgangslager dienten die → Risiera di San Sabba in Triest und → Fossoli bei Carpi, das im Juli/August 1944 durch → Bozen ersetzt wurde. 6746 italienische und ausländische Juden wurden aus I. deportiert, 830 davon haben überlebt. Durch den alliierten Schutz im Süden des Landes und die Solidarität vieler Italiener sowie die Flucht über die Schweizer Grenze gelang es einem Großteil der ca. 33 500 Juden, die im September 1943 in I. lebten, der Deportation zu entgehen.

Juliane Wetzel

Lit.: Lutz Klinkhammer, Zwischen Bündnis und Besatzung. Das nationalsozialistische Deutschland und die Republik von Salò 1943–1945, Tübingen 1993. – Liliana Picciotto Fargion, Il libro della memoria. Gli ebrei deportati dall'Italia (1943–1945), Mailand 1991. – Klaus Voigt, Zuflucht auf Widerruf – Exil in Italien 1933–1945, 2 Bde., Stuttgart 1989/1993.

Jäger, Karl (1888–1959), Kommandeur des Einsatzkommandos 3 der → Einsatzgruppe A , SS-Standartenführer; 1923 Mitglied der NSDAP, 1932 der → SS; 1. Mai 1938 Ernennung zum SS-Führer im SD-Hauptamt; seit Juni 1941 Kommandeur des Einsatzkommandos 3 in der → Sowjetunion. Seit 3. Dezember 1941 Kommandeur der Sicherheitspolizei und des SD für das Generalkommissariat → Litauen, in dieser Eigenschaft für die Ermordung der litauischen Juden verantwortlich. Ab 24. Mai 1944 kommissarischer Polizeipräsident in Reichenberg (Sudetenland), nach Kriegsende unter falschem Namen als Landarbeiter lebend. Nach seiner Identifizierung und Verhaftung im April 1959 beging J. am 22. Juni 1959 in der Landesstrafanstalt Hohenasperg Selbstmord.

Jasenovac (KZ). Das rund 100km südöstlich von Zagreb gelegene J. steht für einen Komplex von fünf Lagern, die sich entlang der Una bis Stara Gradiška erstreckten. Die ersten Lager wurden im August 1941 eingerichtet und vom Amt III des Ustascha-Aufsichtsdienstes unter Leitung von Vjekoslav (Maks) Luburić verwaltet. In das Lager wurden Serben, Juden, Roma sowie oppositionelle Kroaten und Muslime eingewiesen. Viele der Insassen starben infolge von Epidemien und Erschöpfung. Später kamen Massenexekutionen hinzu, um ausreichend Platz für Neuankömmlinge zu schaffen. Besonders gefürchtet war das Lager III auf dem Gelände der ehemaligen Ziegelei von J. Es konnte etwa 5000 Personen aufnehmen. Zunächst traf ein Transport pro Woche ein, später zwei bis drei Transporte (mit jeweils mehreren Hundert Personen). Im April 1945 – kurz

vor der Befreiung des Lagers durch die Jugoslawische Volksbefreiungsarmee – wurde der gesamte Komplex gesprengt und alle Unterlagen vernichtet. 23 Jahre später wurde auf dem ehemaligen Lagergelände ein Erinnerungspark mit Museum eingerichtet.
Zahl und nationale Zusammensetzung der Opfer von J. sind heftig umstritten. In einer bis 1989 streng geheim gehaltenen Erhebung von 1964 wurden knapp 60000 Opfer namentlich erfasst. Die offizielle jugoslawische Angabe lag über dem Zehnfachen (600000–700000 Menschen). Nach einer Schätzung sind in J. und Stara Gradiška insgesamt etwa 85000 Menschen ums Leben gekommen (48000–52000 Serben, 13000 Juden, 12000 Kroaten und 10000 Roma). Seit Mitte der 80er Jahre ist über die Opfer von J. ein heftiger serbisch-kroatischer Historikerstreit entbrannt. Auch eine internationale Konferenz über J. 1997 in New York brachte keine Annäherung der kontroversen Positionen. J. bleibt daher ein brisantes Beispiel für die «unbewältigte Vergangenheit» im ehemaligen Jugoslawien.

Holm Sundhaussen

Lit.: Ljubo Boban, Jasenovac and the Manipulation of History, in: East European Politics and Societies 4 (1990), S. 580–592. – Vladimir Dedijer, Jasenovac – das jugoslawische Auschitz – und der Vatikan, Freiburg 1989. – Jasenovac. Žrtve rata prema podacima Statističkog zavoda Jugoslavije, hrsg. vom Bošnjački institut, Zürich, Sarajevo 1998. – Antun Miletić, Koncentracioni logor Jasenovac 1941–1945. Dokumenti, 3 Bde., Beograd 1986/1987. – Vladimir Žerjavić, Opsesije i megalomanja oko Jasenovca i Bleiburga. Gubici stanovništva u drugom svjetskom ratu, Zagreb 1992.

Jassy (Iaşi). Nordrumänische Stadt, in der zu Beginn des deutsch-rumänischen Feldzuges gegen die → Sowjetunion am 29. Juni 1941 der bis dahin größte → Pogrom → Rumäniens stattfand. Die rumänischen Militärbehörden verbreiteten, dass «die Juden» die sowjetischen Truppen unterstützen würden, und General Ion Antonescu befahl Vergeltungsmaßnahmen wegen eines angeblichen Angriffs auf deutsche Soldaten. Während der Festnahmen kam es zu Plünderungen und Morden. Mehrere tausend Juden wurden auf das Gelände des Polizeiquartiers getrieben, wo rumänische und deutsche Soldaten auf sie schossen. Die Überlebenden wurden in versiegelten Viehwaggons ohne Verpflegung tagelang durchs Land gefahren, wodurch viele starben (Todeszüge). Die Zahl der Opfer dieses Pogroms wird auf 3000–10000 Juden geschätzt.

Brigitte Mihok

Lit.: Jean Ancel, The Jassy Pogrom – June 29, 1941, in: Mariana Hausleitner, Brigitte Mihok; Juliane Wetzel (Hrsg.), Rumänien und der Holocaust. Zu den Massenverbrechen in Transnistrien 1941–1944, Berlin 2001, S. 53–67. – Henry L. Eaton, Killed. The Massacre of Jassy 1941, in: Miriam Korber, Deportiert, Konstanz 1993, S. 127–157. – Radu Ioanid, The Holocaust in Romania. The Destruction of Jews and Gypsies under the Antonescu Regime, 1940–1944, Chicago 2000, S. 63–90.

Jeckeln, Friedrich (1895–1946), Höherer SS- und Polizeiführer (HSSPF); Soldat im Ersten Weltkrieg; Teilnahme an Freikorps; 1929 Eintritt in die NSDAP und → SS; 1932 Mitglied des Reichstages; August 1933 bis April 1936 Führer des SS-Oberabschnitts Nordwest (Braunschweig), anschließend bis Juli 1940 des SS-Oberabschnitts Mitte. Juli 1940 bis Mai 1941 HSSPF-West (Düsseldorf). Seit 29. Juni 1941 HSSPF für Russland-Süd und → Ukraine, ab November 1941 für Rußland-Nord und

Ostland. Einheiten unter J.s Kommando führten zahlreiche Massenmorde, u. a. in → Kamenez Podolsk und in → Babij Jar aus. Seit 1942 war er Kommandeur verschiedener «Kampfgruppen», die unter dem Vorwand der Bekämpfung von → Partisanen vor allem → Ghettos liquidierten. Am 3. Februar 1946 wurde J. in Riga zum Tode verurteilt und hingerichtet.

Jedwabne. Die Kleinstadt J. im Nordosten → Polens in der Region Podlasie, die am 17. September 1939 von der Roten Armee besetzt worden war, wurde am 10. Juli 1941, drei Wochen nach dem Beginn des Überfalls auf die Sowjetunion, Schauplatz eines Massakers an der jüdischen Bevölkerung durch einheimische Polen. Obwohl 1949 und 1953 zwölf von 23 Angeklagten in Gerichtsverfahren zu mehrjährigen Haftstrafen verurteilt worden waren, unterblieb in den folgenden Jahrzehnten die historische Aufarbeitung des Pogroms, und ein Gedenkstein in J. lastete mit der fiktiven Zahl von 1600 Juden die Ermordung der «Gestapo und Hitler-Polizei» an. Eine Studie von Jan Tomasz Gross mit Zeugenberichten der wenigen Überlebenden des Pogroms löste 2000 in Polen eine Geschichtsdebatte quer durch alle Schichten aus. Die Berichte besagen, dass Polen aus J. jüdische Männer, Frauen und Kinder in einer Scheune zusammengetrieben und bei lebendigem Leibe verbrannt hätten. Zuvor seien angesehene Juden von J. gezwungen worden, das während der sowjetischen Besatzung errichtete Lenin-Denkmal abzutragen und vom Marktplatz zu schleppen. Nach 2001 vorgenommenen Sondierungsgrabungen erscheint eine Zahl von mehr als 350 jüdischen Opfern des Pogroms wahrscheinlich. Umstritten bleibt die Frage nach der Rolle und dem Ausmaß der Beteiligung von Deutschen. Am 10. Juli 2001, dem 60. Jahrestag des Verbrechens, entschuldigte sich der polnische Staatspräsident Aleksander Kwaśniewski am Ort des Geschehens im Namen des polnischen Volkes bei den Juden für den Pogrom.

Beate Kosmala

Lit.: Jan Tomasz Gross, Nachbarn. Der Mord an den Juden von Jedwabne, München 2001. – Ruth Henning (Hrsg.), Die «Jedwabne-Debatte» in polnischen Zeitungen und Zeitschriften, in: Transodra. Deutsch-Polnisches Informationsbulletin Nr. 23, Potsdam 2001.

Jewish Claims Conference s. Conference on Jewish Claims against Germany

Jost, Heinz (1904–1964), Befehlshaber der → Einsatzgruppe A (24. März bis 9. September 1942); 1928 Eintritt in die SA, 1929 in die → SS; 1933 Polizeidirektor in Gießen; seit 1934 verschiedene Tätigkeiten beim SD. 1939 Leiter der Amtes III des → Reichssicherheitshauptamtes (SD-Inland), seit 1941 des Amtes VI (SD-Ausland); anschließend Chef der Einsatzgruppe A. Im Herbst 1942 Versetzung zum Reichsministerium für die besetzten Ostgebiete; im Januar 1945 Pensionierung. J. wurde im Nürnberger Einsatzgruppenprozess (→ Nürnberger Prozesse) zu lebenslanger Haft verurteilt, die vom Gnadenausschuss in 10 Jahre umgewandelt wurde. Er wurde bereits 1951 entlassen. Ein Ermittlungsverfahren deutscher Justizbehörden gegen J. wurde 1961 eingestellt.

Jud Süß. Der als Historienfilm angelegte antisemitische Propagandafilm wurde unter der Regie von Veit Harlan, in

Anlehnung an Wilhelm Hauffs Novelle Jud Süß (1827) 1940 gedreht und am 5.9. 1940 in Venedig uraufgeführt. Die Hauptrollen übernahmen Ferdinand Marian, Heinrich George, Werner Krauss und Kristina Söderbaum. Als Komparsen dienten Harlan 120 Juden aus dem → Ghetto Lublin. Dem Film lagen angeblich Akten des Württembergischen Staatsarchivs zugrunde. Der Protagonist, Joseph Süß-Oppenheimer, war zwar als Finanzberater des württembergischen Herzogs Karl August Mitte des 18. Jahrhunderts eine historische Figur, seine Lebensgeschichte erfährt aber in J. entsprechend der rassistischen Propagandaabsichten der Nationalsozialisten eine völlige Verkehrung. Oppenheimer wird als Prototyp eines kriminellen amoralischen Juden dargestellt, der mit durchtriebenen Finanztricks das Herzogtum ruiniert und die «arische» Heldin verführt. Das verfolgte propagandistische Ziel, die Akzeptanz der antisemitischen Maßnahmen des Regimes zu erhöhen, gelang. Im Anschluss an die Filmvorführungen kam es häufig zu Ausschreitungen gegen Juden. SS-Kommandos bekamen J. vor ihrem Einsatz gezeigt. Gegen Harlan wurde nach dem Krieg aufgrund dieses Films Anklage wegen «Verbrechens gegen die Menschlichkeit» erhoben.

Juliane Wetzel

Lit.: Friedrich Knilli, Ich war Jud Süß. Die Geschichte des Filmstars Ferdinand Marian, Berlin 2000. – Stefan Mannes, Antisemitismus im nationalsozialistischen Propagandafilm: Jud Süß und Der Ewige Jude, Köln 1999.

Judenfrage. Die Formulierung «jüdische Frage» taucht ab Mitte des 18. Jahrhunderts auf, um Probleme zu kennzeichnen, die sich für die Zeitgenossen aus der Emanzipation der Juden ergaben: die Naturalisierung und der Landbesitz («Reply to the Famous Jew Question», 1753) oder ihre in der französischen Nationalversammlung 1790 debattierte Rechtsstellung («la question sur les juifs»). Auch in den Emanzipationsdebatten vor und nach dem Wiener Kongress wurde über die «jüdische Frage» in einem allgemeinen und rein negativen Sinn noch nicht gesprochen, vielmehr benutzten auch Befürworter der Emanzipation diese Wendung. 1838 verwendeten zwei Aufsätze «Die jüdische Frage» erstmals als antijüdisches Schlagwort, das sich in der knappen Fassung als J. in den öffentlichen Kontroversen über den Status der Juden in Preußen 1843/44 durchsetzte. Die J. kritisierte den Status der Juden als korporative Gruppe, die sich im Verlauf der Emanzipation keineswegs aufgelöst oder zur reinen Konfession umgebildet hatte. In seiner einflussreichen religionsphilosophischen Schrift «Die Judenfrage» von 1843 versuchte der Linkshegelianer Bruno Bauer nachzuweisen, dass die Juden als Gruppe nicht emanzipiert werden könnten, sondern dass auch die aufgeklärtesten Juden dem Wesen des Judentums mit seinem Exklusivitäts- und Auserwähltheitsanspruch und dem Streben nach «Alleinherrschaft» verhaftet blieben und damit letztlich Krieg gegen die Menschheit führten. Der einzelne Jude könne nur in die Gesellschaft integriert werden, wenn er sein Judentum zu Gunsten eines allgemeinen Menschentums aufgäbe (das gleiche gilt nach Bauer auch für die Christen). Diese mit antijüdischen Vorurteilen unterfütterte Schrift veranlasste Karl Marx zu seiner Replik «Zur Judenfrage», in der er die religionsphilosophische in eine sozioökonomische

Frage umformulierte und das Judentum mit Geld und Kapitalismus identifizierte, so dass eine freie, klassenlose Gesellschaft nur entstehen könne, wenn sie sich vom Judentum, verstanden als antisozialem Element der bürgerlichen Gesellschaft, emanzipiere. In beiden Schriften diente das Judentum als Negativfolie für die Behandlung allgemeiner theoretischer Fragen. Doch der Begriff J. wurde damals auch von jüdischen Autoren benutzt, die darunter Fragen der Rechtsgleichheit, Religionsfreiheit usw. verstanden. Nach Jacob Toury entstand der Begriff als politisches Schlagwort im Übergang vom «alten» zum «neuen Judentum» und von der traditionellen Judenfeindschaft zum modernen → Antisemitismus, indem mit ihm die Möglichkeit geleugnet wurde, die Juden in die christliche Gesellschaft zu integrieren, und die Gefahr der jüdischen Dominanz in Wirtschaft, Politik und Kultur beschworen wurde. In diesem Sinne propagierte Otto Glagau den Begriff in einer antisemitischen Artikelserie (1874/75), indem er «die soziale Frage» als die J. definierte und angesichts des Gründerkrachs von 1873 die Juden als Börsianer, «Gründungsschwindler» und als «die wüthendsten ‹Culturkämpfer›» gegen den Katholizismus hinstellte, die tatsächlich die Herrschaft über den Erdkreis an sich gerissen hätten. Mit der antisemitischen «Berliner Bewegung» unter Führung des Hofpredigers Adolf Stoecker wurde ab 1879 «die jüdische Frage» zum öffentlichen Thema und gab den Titel für zahllose Broschüren und Aufsätze ab. Dabei waren es nicht allein die radikalen Antisemiten um Wilhelm Marr, die Brüder Förster u. a., die die J. zu einem allumfassenden Gesellschaftsproblem erklärten. Auch Stoecker selbst wollte die J. nicht als bloße Religions- und Rassenfrage fassen, sondern als eine sozial-ethische, denn das Judentum «bringt soziale Übelstände mit sich» (1885). Eugen Dühring betonte in seinem Buch «Die Judenfrage als Racen-, Sitten- und Culturfrage» von 1881 (in späteren Auflagen abgewandelt in: «Die J. als Frage des Rassencharakters und seiner Schädlichkeit für Existenz und Kultur der Völker», 1901) ebenfalls die sozialethische Schädlichkeit der Juden, sah aber die J. als primär rassisch begründet an. Die antisemitische deutsch-soziale Partei universalisierte in ihrem Parteiprogramm von 1889 die J. noch weiter und sah «in der Judenfrage nicht nur eine Rassen- oder Religionsfrage, sondern eine Frage internationalen, nationalen, sozialpolitischen und sittlich-religiösen Charakters». Der Begriff J. setzte sich, wie die Umbenennung des «Antisemiten-Katechismus» von Theodor Fritsch in «Handbuch der Judenfrage» (1896) zeigt, endgültig als Schlagwort durch, mit dem die Antisemiten die Existenz der Juden als die christlichen Staaten gefährdendes und in irgendeiner Weise zu lösendes Problem definieren. Vom Zionismus wurde eine, in der Diaspora-Situation der Juden begründete, J. durchaus akzeptiert: «Die Judenfrage besteht. Es wäre doch töricht, sie zu leugnen», stellte Theodor Herzl apodiktisch fest. Er definierte sie als «nationale Frage» und sah den «Judenstaat» – so der Titel seines Buches – als «Versuch einer modernen Lösung der Judenfrage» (1896); (→ Zionismus). Die Unabhängigkeitserklärung des Staates Israel vom 14. Mai 1948 wandelt die Formulierung zur «Lösung des Problems des heimatlosen jüdischen Volkes» ab.

Schon vor dem Ersten Weltkrieg wurde angesichts der ostjüdischen Massenwanderung von einer «Ostjudenfrage» gesprochen, die ab 1915 in der Diskussion um eine Grenzsperre auf die öffentliche Tagesordnung kam. Der Begriff J. blieb in der Weimarer Republik und im Dritten Reich ein zentrales politisches Schlagwort. Für die Nationalsozialisten, die eigens ein → Institut zur Erforschung der Judenfrage gründeten, war die J. eine «Rassenfrage», deren Lösung sie bis 1940 in der «mit allen Mitteln zu fördernden» Auswanderung der Juden aus Deutschland sahen. Als mit dem Krieg im Osten ab 1941 diese Lösung hinfällig wurde, ging man zur systematischen Vertreibung über, erwog «Insellösungen» (→ Madagaskar-Plan), bevor man im Massenmord die «Gesamtlösung» oder → Endlösung der Judenfrage in Europa realisierte. Nach 1945 wurde der Begriff einige Jahre unkritisch in Umfragen, Zeitungsartikeln («Judenfrage als Prüfstein», Süddeutsche Zeitung 1949) und wissenschaftlichen Abhandlungen weiter verwendet; der Reichsbruderrat der Evangelischen Kirche in Deutschland veröffentlichte noch 1948 ein «Wort zur Judenfrage».

Werner Bergmann

Lit.: Alex Bein, Die Judenfrage: Biografie eines Weltproblems, 2 Bde, Stuttgart 1980. – Jacob Toury, «The Jewish Question». A Semantic Approach, Leo Baeck Institute Yearbook 11 (1966), S. 85–106.

Judenrat. Jüdische Zwangsvertretung. In engem Zusammenhang mit dem Bemühen deutscher Partei- und Regierungsinstanzen im Dritten Reich, ihr Vorgehen in der → Judenfrage zu systematisieren und den Umgang mit Juden auf die Führer einer Zwangsvertretung zu reduzieren, betonten sie begrifflich wie konzeptionell schon früh die Notwendigkeit zur Schaffung eines J. Die erste Erwähnung des Begriffs im Kontext nationalsozialistischer Verwaltungsorgane findet sich im «Entwurf zu einem Gesetz zur Regelung der Stellung der Juden» vom 6. April 1933, der neben einem «Verband der Juden» unter Aufsicht eines «Volkswarts» einen von den Juden zu wählenden J. mit nicht näher bestimmten Funktionen vorsah. Der Impuls zur Schaffung einer – bis dahin nicht existenten – Gesamtvertretung im → Deutschen Reich ging in der Folgezeit allerdings von den deutsch-jüdischen Organisationen aus und kulminierte im September 1933 in der «Reichvertretung der deutschen Juden». Die Zentralisierungsbestrebungen innerhalb des deutschen Judentums setzten sich fort, bis nach den → Novemberpogromen der von Göring mit der Lösung der Judenfrage betraute Heydrich in Gestalt der im Frühjahr 1939 gegründeten «Reichsvereinigung der Juden in Deutschland» die Initiative an sich zog. Damit war ein Gremium geschaffen, das als Repräsentativorgan mit Binnenautorität, aber ohne substantiellen Spielraum gegenüber den Autoren und Vollstreckern deutscher Judenpolitik fungierte.

Die Modellfunktion der vorangegangenen Ereignisse trat nach Beginn des Krieges in Gestalt der Schaffung zentraler Zwangsvertretungen auf nationaler Ebene zutage, die – von den mit dem Reich verbündeten Ländern abgesehen (→ Rumänien, → Slowakei, → Ungarn) – allerdings in erster Linie im deutsch besetzten Westeuropa eingerichtet wurden (→ Niederlande, → Belgien, → Frankreich). Dagegen schufen deutsche Instanzen in Osteuropa als dem Kernland jüdischer Ansiedlung lokale J. als ersten Schritt zur Errichtung von → Ghettos. Ihnen fiel die nach Lage der Dinge unlösbare Aufgabe zu, die auf Ausbeutung und Unterversorgung abzielenden Befehle der deutschen Aufsichtsorgane umzusetzen, und gleichzeitig die Existenz der in ihre Verantwortung gegebenen Ghettobevölkerung im Rahmen der «jüdischen Selbstverwaltung» sicherzustellen. Die verantwortlichen Vertreter der Besatzungsmacht (in der Regel zivile Instanzen) waren sich bewusst, dass die J. das Überleben der jüdischen Gemeinschaft nur unter Umgehung der rigiden deutschen Vorgaben (etwa durch Schwarzmarkthandel oder den Schmuggel von Lebensmitteln) gewährleisten konnten, und benutzten dies zur möglichst systematischen Ausplünderung der Ghettos im Interesse der deutschen Kriegswirtschaft und der eigenen Bereicherung.

Die Zusammensetzung der J. im besetzten Osteuropa war so vielfältig wie die Formen deutscher Judenpolitik in der Region. In der Regel handelte es sich um mehrköpfige, arbeitsteilig zusammengesetzte Gremien mit einem den deutschen Ghettoverwaltern direkt verantwortlichen Vorsitzenden, deren Mitglieder entweder von den Besatzungsbehörden bestimmt oder aus jüdischen Kreisen berufen wurden. Die mit der Ausschaltung der jüdischen Oberschicht schon in der Anfangsphase der Okkupation verbundene Inversion der jüdischen Sozialstruktur bewirkte, dass in den J. nicht nur die vor dem Krieg maßgeblichen Führungseliten, sondern zunehmend Personengruppen vertreten waren, die vor dem Krieg eher am Rande der jüdischen Gemeinden gestanden hatten; in zumindest einem Fall (Wieliczka bei Krakau Ende 1941) lässt sich ein rein weiblicher J. nachweisen. Die Tendenz zur Ernennung von Außenseitern ohne Führungserfahrung verstärkte sich mit dem Übergang zur «Endlösung» als Folge wiederkehrender «Aktionen» und «Selektionen», in deren Verlauf noch vor der endgültigen Auflösung der Ghettos die Mehrheit der Mitglieder des J. deportiert und ermordet wurden. Sofern jüdische Gremien Einfluss auf die Auswahl der J. hatten, spielte die Erwartung eine wichtige Rolle, die Maßnahmen der deutschen Machthaber durch persönliche Beziehungen entschärfen zu können. Generell gilt, dass die Möglichkeit zur Wahrnehmung existentieller jüdischer Interessen ungleich stärker vom Grad des deutschen Vernichtungsdrucks als von der Integrität, Geschicklichkeit oder vom Durchsetzungsvermögen der J. abhing.

Bei der seit Kriegsende und insbesondere seit dem Jerusalemer → Eichmann-Prozess geführten Debatte um die historische Verantwortung der J. im Rahmen der Vernichtung der europäischen Juden wird vielfach übersehen, dass das Endziel der verwirrenden Vielfalt deutscher Maßnahmen für die Betroffenen oftmals erst spät erkennbar wurde. Selbst wo sich die Endlösungs-Perspektive schon frühzeitig abzeichnete, schien sie rationalen, an Nützlichkeitskriterien orientierten Erklärungen elementar zu widersprechen. Zum von vielen J. verfolgten Kurs, die deutschen Ghettoverwalter von der Unverzichtbarkeit jüdischer Arbeitskraft zu überzeugen, bestand nach Maßgabe traditioneller Denkmuster keine realistische Alternative. Zahlreiche J. unterhielten Kontakte zu Untergrundorganisationen im Ghetto, tolerierten Fluchtbewegungen in die Wälder oder versuchten Nachrichten über die deutschen Maßnahmen nach außen (zu anderen J., zu Partisanengruppen oder ins Ausland) zu schaffen. Andererseits ist mit Blick auf die Mehrheit der Ghettoinsassen die privilegierte, vielfach auf Sicherung der eigenen Existenz abzielende Stellung der J. evident. Eine offene Involvierung in Aktivitäten, die deutscherseits als Verweigerung oder gar Widerstand interpretiert werden konnten, gefährdete aufgrund massivster Kollektivstrafen die Existenz des Ghettos als Ganzes. Nonkonformem Verhalten der J. wie → jüdischer Widerstand insgesamt kam insofern primär symbolische Bedeutung zu, als angesichts der ungebrochenen deutschen Macht und des Fehlens nichtjüdischer Unterstützung keine Erfolgsaussicht bestand. Die Problematik einer moralisierenden, die spezifische historische Konstellation vernachlässigenden Betrachtung zeigt sich angesichts der Tatsache, dass es J.-Vorsitzenden, denen noch in der Rückschau vielfach das Stigma opportunistischer Kollaboration angeheftet wird (insbesondere Mordechai Chaim Rumkowski im Ghetto → Łódź und Jacob Gens in → Wilna), mit ihrer Strategie der «Rettung durch Arbeit» gelang, den Kern der von ihnen vertretenen jüdischen Gemeinschaften über einen vergleichsweise langen Zeitraum vor der Vernichtung zu bewahren.

Jürgen Matthäus

Lit.: Dan Michman, «Judenräte» und «Judenvereinigungen» unter nationalsozialistischer Herrschaft: Aufbau und Anwendung eines verwaltungsmäßigen Konzepts, in: Zeitschrift für Geschichtswissenschaft 46 (1998), S. 193–204. – Isaiah Trunk, Judenrat. The Jewish Councils in Eastern Europe under Nazi Occupation, New York 1972.

Judenstern s. Kennzeichnung

Jüdischer Widerstand. Es ist bis heute umstritten, was unter jüdischem Widerstand zu verstehen ist. Während manche auch die sowjetische Nachtbomberpilotin oder den US-amerikanischen General jüdischer Herkunft dazuzählen, möchten andere diesen Begriff nur auf diejenigen Jüdinnen und Juden beschränkt wissen, die sich bewusst als Juden dem nationalsozialistischen Massenmord an ihrem Volk entgegenstellten. Noch problematischer ist die Definition der widerständigen Handlung an sich: Im Gegensatz zum nationalen Widerstand in den europäischen Ländern, der als klares Ziel die Befreiung von der deutschen Besatzung vor Augen hatte, sahen sich die Juden einer Politik gegenüber, die ihre vollkommene Vernichtung anstrebte, so dass sich letztlich jedes spontane Auflehnen oder auch das bloße Überleben als Widerstand gegen eben diese Politik begreifen lässt. Unter J. im engeren Sinne versteht man dagegen all jene Handlungen in organisierter Form, deren Ziel es war, Leben zu erhalten und zu retten bzw. die Vernichtungsmaschinerie zu stören oder zu stoppen. Dabei gestalteten sich die Widerstandsaktivitäten und -methoden in den einzelnen Ländern sehr unterschiedlich. Zudem waren sie abhängig von der jeweiligen Etappe im Verfolgungsprozess und vor allem von der Tatsache, ob sich die Handelnden des Ausmaßes des Völkermords bewusst waren oder nicht.

So konzentrierten sich die jüdischen Organisationen in → Frankreich (→ Amelot), → Belgien und den → Niederlanden, wo ein im Vergleich zu Osteuropa weniger brutales und vor allem kalkulierbareres Besatzungsregime herrschte und man zudem in größerem Maße auf Hilfe von Nichtjuden rechnen konnte, auf die → Rettung von Menschen. Besonders Kinder und Jugendliche wurden versteckt oder außer Landes gebracht (→ Kindertransporte), ähnliches gilt auch für das → Deutsche Reich, die Tschechoslowakei (→ Protektorat Böhmen und Mähren) und → Ungarn. In Osteuropa dagegen sah sich die jüdische Bevölkerung einer von Anfang an sehr viel erbarmungsloseren Kriegsführung bzw. Besatzungsherrschaft ausgesetzt und war angesichts der überwiegend feindlichen Haltung der nichtjüdischen Bevölkerung vollkommen auf sich allein gestellt. Dennoch gab es auch hier vor allem zu Beginn die Möglichkeit der Rettung durch Flucht – etwa in die nichtbesetzten Gebiete der Sowjetunion – oder später durch «Untertauchen» auf der «arischen» Seite, die von Zehntausenden Jüdinnen und Juden genutzt wurde. Insgesamt aber lag das Hauptaugenmerk der organisierten Aktivitäten spätestens seit der Errichtung der → Ghettos auf der Sicherung des physischen und psychischen Überlebens. Angesichts der steigenden Zahl deutscher Verbote und Zwangsmaßnahmen und der sich dadurch rapide verschlechternden Lebensbedingungen der jüdischen Bevölkerung gewann die kollektive Organisation von Nahrungsmitteln und Schulunterricht, von medizinischer Versorgung und kulturellen Veranstaltungen rasch an Bedeutung und an konspirativem Charakter. In dem Maße, in dem die Realität des Genozids offensichtlich wurde, entschlossen sich vor allem die in den verschiedenen Gruppen der jüdischen Jugendbewegung organisierten Jugendlichen zum bewaffneten Widerstand, dem sich jedoch lediglich in → Warschau auch Teile der übrigen jüdischen Bevölkerung anschlossen. Nicht zuletzt deshalb gilt der dortige Ghettoaufstand im Frühjahr 1943 bis heute als das Symbol des J. überhaupt, daneben kam es allein in 24 Ghettos im → Generalgouvernement und in mindestens 60 weiteren Ghettos in Ostpolen, → Litauen und der → Ukraine zu Aufständen, Aufstandsversuchen und zu bewaffneten Ausbrüchen in die umliegenden Wälder. Dort kämpften insgesamt mindestens 20 000 jüdische Partisaninnen und → Partisanen, und noch einmal ungefähr 10 000 Menschen überlebten in den oftmals von jenen geschützten, unbewaffneten sog. «Familienlagern». Auch die jüdischen Häftlinge der nationalsozialistischen → Vernichtungslager versuchten immer wieder, sich trotz des extremen Terrors zu organisieren, zu fliehen oder die Nachricht des Genozids nach außen gelangen zu lassen. Schließlich kam es in → Treblinka (August 1943), → Sobibór (Oktober 1943) und → Auschwitz II (Oktober 1944) zu Ausbruchsversuchen und Aufständen, bei denen mehrere SS-Männer getötet wurden und einigen Dutzend Häftlingen die Flucht gelang.

Sieht man die Verhinderung des Massenmords als Ziel des J. an, so waren angesichts der überwältigenden Übermacht der deutschen Kriegs- und Vernichtungsmaschinerie letztlich alle Aktivitäten zum Scheitern verurteilt. Umgekehrt aber bedeutet der Tod von Millionen von Menschen eben nicht, dass diese sich nicht auf unterschiedlichste Weise gewehrt haben.

Stefanie Schüler-Springorum

Lit.: Reuben Ainsztein, Jüdischer Widerstand im deutsch besetzten Osteuropa während des Zweiten Weltkrieges, Oldenburg 1993. – Yehuda Bauer, Jewish Reactions to the Holocaust, Tel Aviv 1989. – Arno Lustiger, Zum Kampf auf Leben und Tod! Vom Widerstand der Juden 1933–1945, Köln 1994. – Michael Marrus (Hrsg.), Jewish Resistance to the Holocaust, London 1989. – Ingrid Strobl, Die Angst kam erst danach. Jüdische Frauen im Widerstand, Frankfurt am Main 1998.

Jugoslawien. Zu Beginn von Hitlers Balkankrieg am 6. April 1941 lebten in J. bis zu 80 000 Juden, die rund 0,5 % der Gesamtbevölkerung ausmachten. Unter ihnen befanden sich etwa 74 000 jugoslawische Staatsbürger und 4000–6000 jüdische Flüchtlinge aus anderen

Ländern Europas. Die jüdische Bevölkerung, in den nördlichen Landesteilen vor allem Aschkenasim (mitteleuropäische Juden), im Süden Sephardim (ursprünglich von der Iberischen Halbinsel stammende Juden), war fast vollständig urbanisiert. Die größten mosaischen Gemeinden bestanden in Belgrad, Zagreb und Sarajevo mit je 10 000–11 000 Personen. 70 % der jugoslawischen Juden waren im Dienstleistungssektor beschäftigt, knapp 13 % in Industrie und Handwerk, der Rest in anderen Berufen.

Nach dem deutschen «Blitzfeldzug» wurde J. zerschlagen und zwischen fünf «Erwerberstaaten» aufgeteilt. Das → Deutsche Reich erhielt den nördlichen und östlichen Teil Sloweniens, während das südliche Slowenien und ein Teil Dalmatiens an → Italien fielen. Die Juden bildeten in diesen Gebieten nur eine verschwindend kleine Minderheit. Ähnliches gilt für Montenegro, das als Staat unter italienischem Schutz wieder auferstehen sollte, sowie für Kosovo und Westmazedonien, die an das italienische «Großalbanien» (→ Albanien) gelangten. Der Hauptteil → Mazedoniens mit über 7000 Juden wurde von → Bulgarien annektiert. → Serbien – etwa in den Grenzen vor den Balkankriegen von 1912/13 – sowie das Banat unterstanden deutscher Militärverwaltung. Die jüdische Bevölkerung im deutschen Besatzungsgebiet belief sich auf annähernd 17 000 Menschen, davon 4000 im Banat. → Ungarn erhielt die → Bačka und Baranja mit insgesamt ca. 16 000 Juden sowie das Murgebiet im äußersten Nordwesten J. mit etwa 1000 Juden. → Kroatien-Slawonien (einschließlich Ostsyrmien) und Bosnien-Herzegowina bildeten den «Unabhängigen Staat Kroatien», in dem 40–50 % der jugoslawischen Juden beheimatet waren. Von einer einheitlichen antijüdischen Politik im aufgeteilten J. konnte zunächst keine Rede sein. Während die Ustascha-Regierung (aus der gleichnamigen kroatischen faschistischen Separatistenbewegung gebildet) in Zagreb die NS-Verfolgungsmaßnahmen ohne Einschränkung nachvollzog, widersetzten sich die drei Besatzungsmächte Italien, Ungarn und Bulgarien der angestrebten → Endlösung der Judenfrage oder folgten ihr nur widerwillig und unter Druck.

Um den Verfolgungen im deutschen Besatzungsgebiet und Kroatien zu entkommen, flohen viele Juden in die italienische Besatzungszone oder schlossen sich der kommunistisch geführten Widerstandsbewegung an. Insgesamt überlebten nur 14 500 jugoslawische Juden den Krieg, von denen die Mehrheit später nach Israel auswanderte. 1991 lebten im zerfallenden J. vor allem in Belgrad, Zagreb und Sarajevo noch rund 5000 Juden.

Holm Sundhaussen

Lit.: The Crimes of the Fascist Occupants and their Collaborators against Jews in Yugoslavia, hrsg. von Federation of Jewish Communities of Yugoslavia, Belgrade 1957. – Jaša Romano, Jevreji Jugoslavije 1941–1945. Žrtve genocida i učesnici NOR-a. Beograd 1980. – Vladimir Žerjavić, Gubici stanovništva Jugoslavije u drugom svjetskom ratu, Zagreb 1989. – Holm Sundhaussen, Jugoslawien, in: Wolfgang Benz (Hrsg.), Dimension des Völkermords. Die Zahl der jüdischen Opfer des Nationalsozialismus, München 1991, S. 311–330.

Jung, Rudolf (1882–1945), nationalsozialistischer Politiker und Theoretiker; seit 1910 Funktionär der Deutschen Arbeiterpartei (ab 1920 Deutsche nationalsozialistische Arbeiterpartei [DNSAP]) in Österreich; 1919–1933 Abgeordneter der DNSAP im Parlament der ČSR; nach Verhaftung wegen Landesverrats 1934 Flucht nach Deutschland; 1936 Mitglied des Reichstages; 1937–1940 Dozent, später Professor an der Hochschule für Politik in Berlin; 1944 Bevollmächtigter für den Arbeitseinsatz im → Protektorat Böhmen und Mähren. J. war als Verfasser zahlreicher pangermanischer, völkisch-rassistischer und antisemitischer Schriften ein wichtiger Theoretiker des Nationalsozialismus (→ Rassentheorie).

Kaindl, Anton (1902–1957), Kommandant eines Konzentrationslagers; seit 1. Juli 1935 SS-Untersturmführer, bis 30. September 1939 verschiedene Beförderungen bis zum SS-Obersturmbannführer; am 1. April 1936 Tätigkeit im Führungsstab der SS-Verfügungstruppe; seit dem 1. November 1936 Leiter der neu errichteten Amtskasse beim Stab der SS-Totenkopfverbände (SS-TV; → SS); 1. April 1937 bis 1. November 1939 Verwaltungsführer im Stab des Führers der SS-TV; am 1. Mai 1937 Eintritt in die NSDAP; 1. November 1939 bis 1. Oktober 1941 Leiter der Truppenverwaltung der SS-Totenkopfdivision; seit 17. September 1941 Leiter der Verwaltung des → Inspekteurs der KL (Dienstantritt am 1. Oktober 1941); am 3. März 1942 Ernennung zum Amtschef der Amtsgruppe D im → SS-Wirtschaftsverwaltungshauptamt. Am 1. September 1942 wurde K. zum Kommandanten des KZ → Sachsenhausen ernannt, wo er im Ruf außerordentlicher Grausamkeit stand. Zugleich war er Standortführer des SS-Standortbezirkes Oranienburg sowie ständiger Stellvertreter Richard Glück's. Am 9. November 1943 Ernennung zum SS-Standartenführer der Waffen-SS. K. wurde am 1. November 1947 im Sachsenhausen-Prozess zu lebenslanger Zwangsarbeit verurteilt. Sein Todesdatum ist nicht bekannt. Er ist im sowjetischen Straflager Workuta verstorben.

Kaiserwald (KZ). Das → Konzentrationslager K. wurde im Sommer 1943 nahe des gleichnamigen Villenviertels in Riga (→ Lettland) von Häftlingen aus → Sachsenhausen aufgebaut. Kommandant des Lagers war SS-Obersturmführer Albert Sauer. Nachdem das → Rigaer → Ghetto am 2. 11. 1943 aufgelöst worden war, wurden dessen arbeitsfähige Insassen nach und nach in das Konzentrationslager K. gebracht und bildeten den Hauptanteil der Lagerinsassen. Außer ihnen waren deutsche kriminelle Häftlinge in K. interniert, die die Kapoposten besetzten und die jüdischen Häftlinge terrorisierten. Das Hauptlager (200 mal 230m) bestand aus getrennten Bereichen für die männlichen (4 Baracken) und die weiblichen Häftlinge (2 Baracken), außerdem befanden sich Werkstätten, in denen die jüdischen Häftlinge arbeiten mussten, auf dem Lagergelände. Im KZ K. waren ca. 15 000 Häftlinge registriert, deren Großteil in den 13 Außenlagern in Riga und 4 Außenlagern außerhalb Rigas inhaftiert waren. Häftlingszahlen schwankten beständig und verminderten sich stark durch Unterernährung und Selektionen. Im März 1944 betrug die Gesamtzahl der Häftlinge des KZ K. 11 178. Im Herbst 1943 waren Transporte mit ca. 3000 litauischen Juden (→ Litauen) in K. eingetroffen, die im Außenlager Meitene zu Gleisarbeiten eingesetzt wurden. Von Juni bis Anfang Juli 1944 wurden ca. 2000 ungarische Jüdinnen (→ Ungarn) nach K. gebracht. Als sich die sowjetischen Truppen Riga näherten, wurden K. und die meisten Außenlager schrittweise aufgelöst. Schätzungsweise 4000–5000 Häftlinge wurden zwischen dem 6. August und dem 10. Oktober 1944 per Schiff in das KZ → Stutthof gebracht.

Katrin Reichelt

Lit.: Mergers Vestermanis, Die nationalsozialistischen Haftstätten und Todeslager im okkupierten Lettland 1941–1945, in: Ulrich Herbert, Karin Orth, Christoph Dieckmann (Hrsg.), Die nationalsozialistischen Konzentrationslager – Entwicklung und Struktur, Bd. 1, Göttingen 1998, S. 473–492.

Kaltenbrunner, Ernst (1903–1946), Chef des → Reichssicherheitshauptamtes (RSHA); Jurist; als Student Teilnehmer an antisemitischen und antimarxistischen Demonstrationen; 1930 Mitglied der NSDAP, 1931 der → SS; 1934 Führer der SS-Standarte 37 in Linz. Im Januar 1937 wurde K. von Himmler mit der Führung der österreichischen SS und nach dem «Anschluss» Österreichs am 12./13. März 1938 von Innenminister Arthur Seyß-Inquart mit der Leitung des österreichischen Sicherheitswesens betraut. 1941 zum SS-Gruppenführer und General der Polizei ernannt, wurde K. wegen seiner Fähigkeiten für nachrichtendienstliche Zwecke sowie seiner totalen Loyalität zum NS-Regime am 29. Januar 1943 zum Nachfolger Heydrichs als Chef der Sicherheitspolizei und des SD ernannt. Im Februar 1944 übernahm er vom Oberkommando der → Wehrmacht das Amt Ausland/Abwehr, das er dem RSHA einverleibte. Aufgrund seiner engen Zusammenarbeit mit Martin Bormann besaß K. stets die Aufmerksamkeit Hitlers, den er mit den später sog. Kaltenbrunner-Berichten über die Bewegung des 20. Juli 1944 versorgte. Als Chef des RSHA war er für den Tod Hunderttausender von Lagerhäftlingen, Kriegsgefangenen und Fremdarbeitern sowie Hunderter von Widerstandskämpfern verantwortlich. Am 30. September 1946 wurde K. in den → Nürnberger Prozessen zum Tode verurteilt.

Kamenez-Podolsk. K. im südlichsten Zipfel Podoliens (→ Ukraine) hatte noch ca. 12 000 jüdische Einwohner, als deutsche und ungarische Truppen Anfang Juli 1941 die Stadt besetzten. Doch die Zahl der Juden in K. nahm laufend zu, da Ungarn die Situation nutzte und Juden aus der annektierten Karpato-Ukraine über die nahe Grenze abschob; bis August erhöhte sie sich so auf 26 000. Für den Höheren SS- und Polizeiführer Russland-Süd, SS-Obergruppenführer Friedrich Jeckeln, war dies der Anlass zu einem bis dato beispiellosen Massaker; am 26., 27. und 28. August 1941 ließ er 23 600 Juden – Einheimische ebenso wie Abgeschobene – ermorden. Die Schützen kamen aus dem Polizeibataillon 320 (→ Polizei) sowie aus seiner ad hoc zusammengestellten Stabskompanie, die sich aus Jeckelns Leibwache, seinem Wachzug sowie vermutlich weiteren Angehörigen seines Stabes rekrutierte.
Dem Massaker von K. kommt in der Geschichte des Holocaust eine besondere Bedeutung zu, weil es nicht nur einen quantitativen, sondern auch einen qualitativen Sprung in der Entwicklung des Massenmordes an den europäischen Juden markiert. Es steht für den Vorstoß in bislang unerreichte Größenordnungen, aber auch für den Wendepunkt hin zum Genozid, für den Übergang von einer selektiven Vernichtungspolitik zur totalen Ausrottung. Denn bisher gehandhabte Differenzierungen nach Alter, Geschlecht und unterstellter politischer Orientierung wurden dort völlig negiert. Erstmals re-

gierte die Maxime Tötung aller. Diese Eskalation lässt sich nicht durch einen gemutmaßten «Endlösungs»-Befehl erklären. Denn zeitgleich trieb die → Einsatzgruppe D 27 500 Juden, die von Rumänien ins deutsche Besatzungsgebiet abgeschoben worden waren, zurück über den Dnjestr und tötete dabei ‚lediglich' 1265 Menschen. Ausschlaggebend war vielmehr ein Bündel von Faktoren, das die Dynamik der Peripherie und die Initiative der Akteure vor Ort deutlich macht. Jeckeln sah die Chance, sich im Wettlauf um die höchsten Mordquoten an die Spitze zu setzen. General der Infanterie Karl von Roques, der Befehlshaber im rückwärtigen Heeresgebiet Süd (→ Wehrmacht), wollte angesichts wachsender Versorgungs- und Nachschubprobleme ‚unnütze' Esser loswerden und ‚geordnete' Verhältnisse schaffen, ehe Podolien am 1. September 1941 an die Zivilverwaltung übergehen sollte. Gemeinsam war beiden die Wahrnehmung des ‚Problems' auf der Folie antisemitischen Denkens. Zwei Ermittlungsverfahren gegen das Polizeibataillon 320 und den Stab Jeckelns verliefen im Sande.

Klaus-Michael Mallmann

Lit.: Klaus-Michael Mallmann, Der qualitative Sprung im Vernichtungsprozeß. Das Massaker von Kamenez-Podolsk Ende August 1941, in: Jahrbuch für Antisemitismusforschung 10 (2001), S. 239–264.

Kappler, Herbert (1907–1978), SS-Obersturmbannführer, Kommandeur der Sicherheitspolizei und des SD in Rom; 1939 von Himmler als Verbindungsmann der deutschen Botschaft zur italienischen Polizei nach Rom entsandt, u. a. um deutsche Juden, die nach → Italien geflüchtet waren, in → Konzentrationslager schaffen zu lassen. Nach der deutschen Besetzung Italiens im September 1943 Unterstützung der Vorbereitungen zur Befreiung Mussolinis; Festnahme und → Deportation römischer Juden nach → Auschwitz. Nach einem Anschlag italienischer → Partisanen am 23. März 1944 in Rom ließ K. als Vergeltung 335 Personen erschießen, darunter 78 Juden. 1948 wurde K. in Rom zu lebenslanger Haft verurteilt, konnte aber 1977 nach Deutschland fliehen, wo er 1978 starb.

Karmasin, Franz (1901–1970), Staatssekretär, deutscher Volksgruppenführer in der Slowakei; 1928 Mitbegründer der Karpatendeutschen Partei (KdP) mit dem Ziel, die Interessen der Deutschen in der Slowakei zu vertreten; nach dem Verbot der KdP (vor der Sudetenkrise) Gründung der nationalsozialistischen Deutschen Partei; im Oktober 1938 Ernennung durch Josef Tiso zum Staatssekretär für Angelegenheiten der deutschen Volksgruppe in der → Slowakei; im März 1940 zum deutschen Volksgruppenführer in der Slowakei gewählt; angebliche Beteiligung K.s an → Deportationen von Juden sowie der «Säuberung» der Volksgruppe von sog. minderwertigen Elementen. Nach dem Krieg unter falschem Namen zunächst in Österreich, dann in Deutschland lebend. Seit 1952 Mitglied der Sudetendeutschen Landsmannschaft und Betätigung auf deren rechtem Flügel.

Karski, Jan (Jan Kozielewski, 1914–2000), Pole, der Informationen über die Ermordung der Juden in den Westen brachte; in den 30er Jahren Tätigkeit im polnischen Außenministerium; 1939 Mitglied der polnischen Untergrundbewegung und Kurier für die polnische Exilregierung in London, der er im November 1942 über den Genozid an den Juden berichtete, was diese veranlasste, an die Alliierten zu appellieren, die Deutschen durch Maßnahmen zu zwingen, den Massenmord zu stoppen (→ Alliierte Reaktionen). K. traf anschließend mit Winston Churchill und Franklin D. Roosevelt zusammen, um sein Anliegen vorzutragen. Seine Erfahrungen beschrieb er in dem Buch *The Story of a Secret State* (1944). Nach Kriegsende wurde K. Professor an der Georgetown University in den USA. 1982 wurde er von Yad Vashem als «Gerechter unter den Völkern» ausgezeichnet

Kasztner, Resző (Rudolf 1906–1957), ungarisch-jüdischer Journalist, Jurist, zionistischer Politiker; seit Anfang 1943 stellvertretender Vorsitzender des Waad Haerza Wehazala Bebudapest (Waad), wo er dazu beitrug polnische und slowakische Juden nach Ungarn zu holen. Nach der deutschen Besetzung → Ungarns versuchte K., durch Verhandlungen mit der → SS, die ungarischen Juden zu retten. Ergebnis waren, nach entsprechenden Verhandlungen mit Kurt Becher, die sog. K.-Transporte, in denen 1944 ca. 1700 Juden aus → Bergen-Belsen in die → Schweiz gebracht wurden. Nach dem Krieg entlastete K. in Nürnberg Becher und andere SS-Offiziere (→ Nürnberger Prozesse). 1954 wurde er in Israel für schuldig befunden, durch seine Zusammenarbeit mit den Deutschen den Tod vieler Juden verursacht und letztlich eigensüchtige Motive verfolgt zu haben. K. wurde von israelischen Extremisten ermordet, bevor der Oberste Gerichtshof Israels ihn weitgehend rehabilitierte.

Katzmann, Fritz (1906–1957), Höherer SS- und Polizeiführer (HSSPF); 1928 Eintritt in die NSDAP, 1930 in die → SS; 1936 Berliner Stadtverordneter und Beisitzer am Volksgerichtshof. November 1939 bis August 1941 SS- und Polizeiführer (SSPF) im Distrikt Radom (→ Generalgouvernement, → Polen), anschließend bis Sommer 1943 SSPF in Galizien, wo er die Ermordung der jüdischen Bevölkerung organisierte; seit Sommer 1943 HSSPF im Wehrkreis XX (Sitz in Danzig), wo er gegen Kriegsende für die Räumung des KZ → Stutthof mitverantwortlich war. Nach Kriegsende tauchte K. unter dem Namen Bruno Albrecht in Darmstadt unter und gab sich kurz vor seinem Tode als K. zu erkennen.

Kauen s. Kaunas

Kaunas (Ghetto und KZ). K. (deutsch Kauen, russisch Kowno), in der Zwischenkriegszeit litauische Hauptstadt mit hohem jüdischen Bevölkerungsanteil (vor Kriegsbeginn mit ca. 40 000 ein Viertel der Stadtbevölkerung), wurde schon zu Beginn der deutschen Besatzung Schauplatz von → Pogromen und Massenerschießungen, später Zielort und Ausgangspunkt von → Deportationen. Während deutsche Dienststellen die «Endlösung» schon Ende 1941 als vollzogen ansahen, bestand in Kaunas die jüdische Zwangsgemeinschaft – zunächst im → Ghetto, ab Ende 1943 im → Konzentrationslager gefangen – bis zum Sommer 1944 und damit wesentlich länger als in anderen deutsch besetzten Städten Osteuropas mit Ausnahme von → Łódź.
Kurz nach dem Einmarsch deutscher Truppen am 24. Juni 1941 kam es wie in anderen Teilen → Litauens zu massiven Ausschreitungen gegen die jüdische Bevölkerung. Der Umfang der Gewalttätigkeiten (bis Anfang August

1941 wurden in K. Schätzungen zufolge mehr als 8000 vorwiegend männliche Juden ermordet) erklärt sich aus der Bereitschaft deutscher Dienststellen, allen voran der → Einsatzgruppe A und deren Einsatzkommando 3, die → Judenfrage rasch und radikal zu lösen, wie auch aus der Pogromneigung litauischer Nationalisten, deren radikaler Flügel die jüdische Bevölkerung für die Folgen der sowjetischen Annexion Litauens im Sommer 1940 verantwortlich machte. Zeitgleich mit dem Übergang zum Genozid in Litauen – ab Mitte August 1941 wurden deutschen Berichten zufolge die Massenerschießungen auf Frauen und Kinder ausgedehnt, bis Ende 1941 waren mehr als die Hälfte der litauischen Juden erschossen worden – vollzog sich in K. die Ghettoisierung. Das für die Umsiedlung der etwa 30 000 Juden in den Vorort Viliampole/Slobodka zuständige jüdische Komitee unter Elchanan Elkes bildete mit der Abriegelung des Ghettos am 15. August den «Ältestenrat der jüdischen Ghetto-Gemeinde» (→ Judenrat); seit der Einrichtung der Zivilverwaltung unterstand er dem Stadtkommissar, während für die Bewachung und Kontrolle des Ghettos das Einsatzkommado 3 zuständig blieb. Deutsche Polizei und litauische Kollaborateure ermordeten bis Ende Oktober 1941 in mehreren «Aktionen» (die größte am 29./30. Oktober mit ca. 9200 Opfern) etwa 13 000 Ghettoinsassen, insbesondere solche, die für → Zwangsarbeit nicht geeignet schienen. Im Neunten Fort am Rande der Stadt wurden bis zum Sommer 1944 schätzungsweise mehr als 50 000 Juden erschossen, unter ihnen knapp 2000 im November 1941 aus dem Reich Deportierte. Während der sog. ruhigen Phase in der Geschichte des Ghettos (1942 bis Anfang 1943) unterblieben zwar größere «Aktionen», dennoch verstärkten sporadische Deportationen, der alltägliche Terror von Zwangsarbeit und Unterversorgung sowie Nachrichten aus anderen Ghettos das Gefühl existentieller Bedrohung. Der Ältestenrat bemühte sich in den engen Grenzen seiner Möglichkeiten um die Herstellung von Normalität, u. a. indem er dem Profit- und Ausbeutungsstreben der Besatzungsinstanzen entgegenkam und die Mehrzahl der Ghettoinsassen 1942/43 mit Arbeiten für die deutsche Rüstungswirtschaft beschäftigte. Die auch nach dem Krieg überwiegend positive Einschätzung der Tätigkeit von Elkes durch Überlebende kann als Indikator für sein selbstloses Wirken im Interesse der Gesamtheit gelten.

Die von Himmler am 21. Juni 1943 angeordnete Umwandlung der Ghettos im Reichskommissariat Ostland, zu dem auch Litauen gehörte, in Konzentrationslager wurde in K. verzögert umgesetzt: Am 1. November 1943 übernahm die → SS die Herrschaft und konnte bis zum Frühjahr 1944 unter Ausschaltung des Ältestenrats die Ausbeutung durch Zwangsarbeit intensivieren, was mit Selektionen und Deportationen von Alten, Kindern und Kranken einher ging. Wenngleich es den seit Ende 1941 im Ghetto aktiven und vom Ältestenrat unterstützten Widerstandsgruppen (→ Jüdischer Widerstand) gelungen war, Kontakte zu → Partisanen in den umliegenden Wäldern herzustellen und Fluchtrouten für Juden aus K. zu schaffen, machte der anhaltende deutsche Verfolgungsdruck größere Rettungsaktionen unmöglich. Insbesondere zum Schutz der überlebenden Kinder, von denen etwa 1000 Ende März 1944 nach → Auschwitz oder → Majdanek deportiert wurden, legte man unterirdische Verstecke (Malines) an. Vor dem deutschen Rückzug Anfang Juli 1944 deportierte KZ-Kommandant Wilhelm Göcke etwa 8000 Insassen des ehemaligen Ghettos in K. nach Westen (→ Stutthof, → Dachau); das Lager wurde gesprengt und niedergebrannt. Von denen, die sich in den Malines versteckt hatten, erlebten nur 90, in den KZ im Reich etwa 2000 Juden aus K. die Befreiung durch die Alliierten.

Jürgen Matthäus

Lit.: Christoph Dieckmann, Das Ghetto und das Konzentrationslager in Kaunas 1941–1944, in: Ulrich Herbert, Karin Orth, Christoph Dieckmann (Hrsg.), Die nationalsozialistischen Konzentrationslager – Entwicklung und Struktur, Bd. 1, Göttingen 1998, S. 439–471. – Avraham Tory, Surviving the Holocaust: The Kovno Ghetto Diary, London 1990.

Kennzeichnung. Seit dem 19. September 1941 mussten alle Juden in Deutschland, die älter als sechs Jahre waren, einen «Judenstern» tragen. Die entsprechende Polizeiverordnung vom 1. September galt auch in den dem → Deutschen Reich angegliederten Gebieten sowie im → Protektorat Böhmen und Mähren. Der «handtellergroße» gelbe Stern mit der Aufschrift «Jude», der den jüdischen «Maggen-David» und die hebräischen Buchstaben ins Lächerliche zog, musste «auf der linken Brustseite des Kleidungsstücks fest aufgenäht» getragen werden. Die jüdischen Repräsentanten hatten für die Verteilung der Sterne zu sorgen und die Juden selbst mussten die diskriminierenden Abzeichen zu je zehn Pfennig kaufen. Die entwürdigende K. sollte dazu beitragen, die «Sternträger» sichtbar aus der «Volksgemeinschaft» auszuschließen und ihre Kontrolle weiter zu erleichtern. Die Verordnung bildete eine der letzten Maßnahmen zur vollkommenen Entrechtung und Ausgrenzung der Juden; sie kündigte bereits den Weg zu ihrer → Deportation und Vernichtung an.

Die K. von Juden hatte in der europäischen Geschichte durchaus Tradition: bereits 1215 auf dem 4. Laterankonzil beschloss die katholische → Kirche unter Papst Innozenz III., dass sich Juden fortan durch bestimmte Kleidungsmerkmale von der übrigen Bevölkerung abzuheben hätten. Erst im Laufe der Aufklärung im 18. Jahrhundert verschwand die K. Auch im «Dritten Reich» waren schon vor 1941 Rufe nach einer K. der Juden laut geworden. Schrittweise wurden diese Forderungen in die Tat umgesetzt: Wenige Monate nach der Machtübernahme der Nationalsozialisten am 1. April 1933 hatten → SS und SA erstmals Plakate und Spruchbänder an Geschäften mit jüdischen Inhabern angebracht und zum → Boykott dieser Läden und Warenhäuser aufgerufen. Seit April 1938 hatten Juden ihr Vermögen bei den zuständigen Verwaltungsbehörden anzumelden, und seit Juni mussten sie ihre Geschäfte als «jüdische Gewerbebetriebe» registrieren lassen und kennzeichnen.

Am 5. Oktober 1938 verloren alle Reisepässe deutscher Juden ihre Gültigkeit, sofern nicht auf der ersten Seite ein großes «J» eingestempelt war. Eine Verordnung vom 17. August 1938 zwang deutsche Juden, ab 1. Januar 1939 den zusätzlichen Vornamen «Sara» bzw. «Israel» anzunehmen. Außerdem mussten sie seit Anfang 1939 zusätzliche Kennkarten bei sich führen, die sie als Juden auswiesen. Bei einer Besprechung am 12. November 1938 im Luftfahrtministerium forderte Reinhard Heydrich erstmals die Einführung einer K. für Juden. Seit Ende 1939 mussten Doktoranden die Zitate jüdischer Autoren in ihren Dissertationen besonders kennzeichnen, und Anfang 1940 wurden die Lebensmittelkarten für Juden mit einem «J» markiert. Am 20. August 1941 notierte Joseph Goebbels in seinem Tagebuch, er habe von Adolf Hitler die Erlaubnis erhalten, eine K. für die Juden zu entwerfen: den «gelben Stern». Auf die erwähnte Verordnung vom September 1941 folgte am 13. März 1942 die Vorschrift, dass auch die Wohnungen von Juden zu kennzeichnen seien: seit 1. April mussten jüdische Bewohner neben ihrem Namensschild einen aus weissem Papier gefertigten «Judenstern» anbringen.

Auch in fast allen besetzten Gebieten wurde die K. von Juden angeordnet. Schon unmittelbar nach dem Überfall auf → Polen hatten lokale Zivil- und Militärbehörden auf eigene Initiative entsprechende Regelungen getroffen, ehe der Generalgouverneur für Polen (→ Generalgouvernement), Hans Frank, die unterschiedlichen Maßnahmen am 23. November 1939 vereinheitlichte und allen Juden ab zehn Jahren vorschrieb, eine mit einem «Judenstern» versehene weisse Armbinde zu tragen. Kurz nach dem Einmarsch in → Jugoslawien ordnete der Wehrmachtsbefehlshaber (→ Wehrmacht) für das deutsch-besetzte → Serbien am 30. Mai 1941 die Registrierung und K. der Juden und «Zigeuner» (→ Sinti und Roma) mit gelben Armschleifen an. Besonders deutlich zeigt sich der Zusammenhang zwischen der Einführung des «gelben Sterns» und der Vernichtung der Juden am Beispiel der → Sowjetunion, in der ähnlich wie in Polen bald nach dem 22. Juni 1941 unterschiedliche, meist lokale Befehlsstellen die Markierung von Juden angeordnet hatten: Die frühe Registrierung und K. der jüdischen Bevölkerung ermöglichte es später den → Einsatzgruppen, die sowjetischen Juden schnell zu identifizieren, zusammenzutreiben und zu ermorden.

Im besetzten Teil → Frankreichs, in → Belgien und in den → Niederlanden mussten Juden im Laufe der Jahre 1940/41 ihre Pässe mit einem «J» oder dem Aufdruck «Juive» bzw. «Juif» markieren lassen. Vorschriften zum Tragen eines «gelben Sterns» traten in diesen Ländern erst im Mai und Juni 1942 in Kraft. Auch auf verbündete und abhängige Staaten übte Deutschland starken Druck aus, damit diese neben anderen antijüdischen Maßnahmen auch einen Kennzeichnungszwang für Juden einführten. Noch im März 1944, als deutsche Truppen in → Ungarn einmarschierten, wurde von der neuen ungarischen Regierung eine Anordnung erlassen, die allen Juden vorschrieb, den «gelben Stern» zu tragen.

In den → Konzentrationslagern wurden Häftlinge jüdischen Glaubens oder jüdischer Herkunft schon seit 1933 als «Juden» eingestuft und gekennzeichnet – selbst wenn sie in den ersten Jahren noch aus politischen oder anderen Gründen verhaftet worden waren. Als «Jude» war ein Gefangener nicht nur härteren Haftbedingungen ausgesetzt, sondern ihm drohten oft auch zusätzliche Schikanen und Folter durch → SS-Angehörige.

Als 1938 in allen Konzentrationslagern ein einheitliches System zur K. der Gefangenen eingeführt wurde, entwarf die SS für die jüdischen Häftlinge ein besonderes Merkmal: Unter dem farbigen Stoffwinkel, der mit der Spitze nach unten zeigte und den jeweiligen Haftgrund der Gefangenen angab, wurde ein zweites gelbes Dreieck gelegt, aber mit der Spitze nach oben, so dass beide Winkel zusammen einen zweifarbigen «Judenstern» bildeten. Seit dem Einmarsch in → Österreich im März 1938 wurden immer mehr Juden aus rassistischen Motiven verhaftet; in den KZ kennzeichnete die SS sie mit einem roten und dem darunter liegenden gelben Dreieck. Und nachdem mit Beginn des Krieges zum überwiegenden Teil ausländische Häftlinge in die Konzentrationslager gesperrt wurden, markierte die SS ihre Kleidung zusätzlich mit einem Buchstabenkürzel für ihr jeweiliges Herkunftsland. Im KZ → Auschwitz wurde Gefangenen außerdem die Häftlingsnummer am linken Arm eintätowiert.

Dirk A. Riedel

Lit.: Konrad Kwiet, Nach dem Pogrom: Stufen der Ausgrenzung, in: Wolfgang Benz (Hrsg), Die Juden in Deutschland 1933–1945, München 1993.

Kersten, Felix (1898–1960), Masseur Himmlers. Nach Kriegsende behauptete K., er habe im März/April 1941 die → Deportation der niederländischen Bevölkerung ins → Generalgouvernement verhindert, indem er Himmler überzeugt habe, Hitler zu einer Verschiebung der Durchführung entsprechender Pläne für die Zeit nach dem Kriege zu bewegen (→ Niederlande). Obwohl eine niederländische Untersuchungskommission im Januar 1950 zu dem Schluss kam, dass seine Aussagen der Wahrheit entsprächen, woraufhin K. zum Großoffizier des Oranje-Nassau-Ordens (eine der höchsten niederländischen Auszeichnungen) ernannt wurde, gehört ein solcher Plan ins Reich der Legende: Seit Juni 1940 existierten im «Stabshauptamt/Reichskommissar für die Festigung deutschen Volkstums» lediglich Planungen für die Anwerbung von 2–3 Millionen Holländern zum Zwecke der deutschen Ostsiedlungspolitik, wovon K. Kenntnis besaß. Aus diesen in die Jahre 1940–1942 gehörenden Planungen machte K. nach 1945, unter Berufung auf dubiose, teilweise von ihm selbst erfundene Quellen, einen umfassenden Deportationsplan. Andererseits hat sich K. mit Erfolg bei Himmler um die Freilassung niederländischer und anderer Gefangener sowie zum Tode Verurteilter bemüht und bei der Ausreise von 1000 im KZ → Ravensbrück internierten niederländischen Frauen nach → Schweden ebenso eine wichtige Vermittlerrolle gespielt, wie – in Zusammenarbeit mit dem Jewish World Congress – bei den Rettungsaktionen für mehrere 10 000 Juden im Frühjahr 1945.

Killinger, Manfred Freiherr von (1886–1944), SA-Obergruppenführer, Gesandter I. Klasse; Teilnahme am Ersten Weltkrieg; Mitglied der Organisation Consul, im August 1921 Beteiligung an der Ermordung Matthias Erzbergers; 1928 Mitglied der NSDAP und der SA; 1933/1934 Ministerpräsident und Reichskommissar von Sachsen; anschließend Wechsel ins Auswärtige Amt; 1936/1937 Generalkonsul in San Francisco; 31. Juli bis Dezember 1940 Gesandter I. Klasse in Preßburg (Bratislava); anschließend deutscher Gesandter in Bukarest. Während seiner Zeit als Gesandter holte K. deutsche «Judenberater» (Dieter Wisliceny in die → Slowakei, Gustav Richter nach → Rumänien) ins Land und versuchte generell, bei den dortigen Regierungen eine schlechtere Behandlung der Juden durchzusetzen. Vom rumänischen Frontwechsel im August 1944 überrascht, beging K. am 2. September 1944 Selbstmord.

Kindertransporte. In den Jahren 1938 und 1939 konnten mit den K. etwa

10000 wegen ihrer jüdischen Herkunft bedrohte Kinder nach Großbritannien ausreisen. Die → Rettung der Kinder war durch erfolgreiche Verhandlungen verschiedener Hilfsorganisationen mit der britischen Regierung ermöglicht worden, die in unmittelbarer Reaktion auf die → Novemberpogrome stattgefunden hatten. Die britische Regierung lockerte für Personen unter siebzehn Jahren die strikten Einreisebedingungen mit der Vorgabe, dass sämtliche anfallenden Kosten durch private Gelder gedeckt und die Kinder letztendlich in andere Länder weiteremigrieren würden. Der erste K. verließ Berlin am 1. Dezember 1938.

Die Auswahl der Kinder erfolgte durch die Wiener Israelitische Kultusgemeinde und durch die Reichsvertretung der Juden in Deutschland, für «nichtarische» Christen waren die Quäker und der Paulusbund zuständig. Auf britischer Seite beschaffte das Refugee Children's Movement in Zusammenarbeit mit anderen Hilfsorganisationen Bürgschaften und Unterkünfte. Die Kinder – ca. 40–500 junge Flüchtlinge wurden je Transport eingeteilt – reisten in der Regel mit der Bahn nach Hoek van Holland, von dort wurden sie mit dem Schiff nach Harwich in Südostengland gebracht. Der Großteil der Kinder wurde in britischen Pflegefamilien untergebracht, wodurch viele von ihnen im Lauf der Zeit stark anglisiert und ihrer Religion entfremdet wurden. Der Kriegsausbruch beendete die K.e, nur ein Schiff mit Kindern aus Holland konnte 1940 noch in Großbritannien landen. Nach 1945 ließ sich ein großer Teil der Kinder – die Eltern waren meist ermordet worden – dauerhaft in Großbritannien nieder, viele wanderten aber auch nach → Palästina/Israel und in die USA aus.

Claudia Curio

Lit.: Rebekka Göpfert, Der jüdische Kindertransport von Deutschland nach England 1938/39. Frankfurt am Main 1999. – Dies. (Hrsg.), Ich kam allein. Die Rettung von 10000 jüdischen Kindern, München 1994. – Wolfgang Benz, Claudia Curio, Andrea Hammel, Kindertransporte 1938/1939, Frankfurt am Main 2003.

Kirchen. Im Unterschied zum heutigen Stellenwert des Themas spielten die christlichen Kirchen im Zusammenhang des nationalsozialistischen Judenmordes eine nachgeordnete Rolle. Das heisst, sie waren ungeachtet der konfessionellen Zugehörigkeit der Täter als Körperschaften und über ihre Spitzen nicht in Planung und Ausführung der Verbrechen verwickelt; das heisst aber auch, dass sie ungeachtet des Mutes und des Einsatzes einzelner Persönlichkeiten, bekannter und unbekannter gleichermaßen, in ihrer Gesamtheit letztlich nichts zur Verhinderung des Massen- und Völkermords beigetragen haben.

Wenn beim Blick auf die Kirchen 1933–1945 und den Judenmord «Licht und Schatten» erkannt werden (Kurt Nowak), dann ist das Licht weitgehend bei den nicht wenigen Beispielen von Einzelpersonen zu finden. Die Kirchen und ihre Gliederungen erscheinen dagegen angesichts der größten humanen und ethischen Herausforderung der Neuzeit als auf sich bezogene und mit sich selbst beschäftigte Institutionen. Die Gründe für diese Konstellation sind teilweise in den tatsächlichen Anfechtungen zu suchen, denen sich die Kirchen seitens des nationalsozialistischen Regimes ausgesetzt sahen («Kirchenkampf»), vor allem aber in lange vor 1933 gewachsenen Selbstverständnissen und Überzeugungen. Dazu zählen in Theologie, Publizistik und Pastoral gleichermaßen die breite Ablehnung des «Parteienstaates» und eine Orientierung an autoritären und vordemokratischen Gesellschaftsmodellen, die überkommene Ausrichtung auf Milieusicherung, die katholischerseits auch den Antrieb zum Abschluss des Konkordats vom Sommer 1933 bot, sowie besonders das Fortleben der althergebrachten religiösen Judenfeindschaft. Partiell mit «modernen» antisemitischen Deutungsmustern verbunden, begründete diese Gemengelage eine grundsätzliche Distanz gegenüber allem Jüdischen und für «jüdisch» befundenen (Liberalismus, auch Atheismus und Kommunismus) und verhinderte, von Ausnahmen abgesehen, einen ungeteilten Blick auf die Verfolgung der Nichtchristen. Wo vor und nach 1933 Distanz zum nationalsozialistischen Regime gewahrt wurde, geschah dies als Folge der gegebenen weltanschaulichen Konfliktsituation.

Kirchliche Verlautbarungen gegen die nationalsozialistische «Rassenlehre» und «Rassenpolitik» hatten nicht unmittelbar deren antijüdische Implikationen zum Gegenstand, sondern setzten auf einer grundsätzlicheren Ebene an und zielten auf Verteidigung des christlichen Menschenbildes, das keine herkunftsmäßigen Unterscheidungen erlaubte («Gottesebenbildlichkeit»). Bezeichnend für die geteilte Aufmerksamkeit gegenüber den Herausforderungen durch den Nationalsozialismus ist die Haltung des Münchner Kardinals Faulhaber am Ende des Jahres 1933: «Abneigung gegen Juden von heute» werde «auf die Heiligen Bücher des Alten Testamentes übertragen.» Seine Absage an den Rassismus und das «Neuheidentum» der Nationalsozialisten verband er mit einer weiteren Gewissheit: «Nach dem Tode Christi ... zerriß der Vorhang im Tempel auf Sion und damit der Bund zwischen dem Herrn und seinem Volk. Die Tochter Sion erhielt den Scheidebrief, und seitdem wandert der ewige Ahasver ruhelos über die Erde.» (Judentum – Christentum – Germanentum. Adventspredigten 1933, München 1934).

Die inhaltliche wie auch politische Auseinandersetzung mit dem Nationalsozialismus hat die Kirchen in der Folgezeit entweder gespalten (Protestantismus mit den Polen Deutsche Christen und Bekennende Kirche) oder in eine fortwährende und letztlich paralysierende Auseinandersetzung um die richtige Taktik und Politik getrieben (Katholizismus). Tatsächlich haben Ausgrenzung und Verfolgung der Juden nach innen mancherlei Klärung kirchlicher Positionen bewirkt: So gehört etwa die Gründung des Pfarrernotbundes (1933) als Reaktion auf die Übernahme des → Arierparagraphen durch die Deutschen Christen in die Entstehungsgeschichte der Bekennenden Kirche. Auf katholischer Seite lassen sich Bemühungen um eine verbindliche Stellungnahme gegen die Judenverfolgungen über Jahre hinweg bis hin zu einer – bezeichnenderweise Entwurf gebliebenen – Enzyklika Pius XI. (1938), den Hinweisen auf den Judenmord in der Weihnachtsbotschaft Pius XII. von 1942 und dem «Dekaloghirtenbrief» der deutschen Bischöfe (1943) beobachten. Es handelt sich hierbei aber weitenteils um innere, zumal von erheblichen Konflikten begleitete Klärungsprozesse, die nach außen hin wenig Wirkung entfalteten. Zu den → Novemberpogromen 1938 erging ebensowenig eine offiziöse Stellungnahme wie die später an Kirchenvertreter herangetragenen Informationen über Einzelheiten des Judenmords von Einfluss gewesen wären (→ Gerstein-Bericht). Die – wiederum keineswegs ungeteilte – Aufmerksamkeit beider

Kirchen galt den «nichtarischen», von den → Nürnberger Gesetzen betroffenen Christen, die sich 1933 reichsweit organisierten (seit 1936 Paulusbund). Innerhalb dieses Rahmens leisteten bis zu ihrer Auflösung 1941 der Raphaelsverein und das Büro Heinrich Grüber der Bekennenden Kirche Unterstützung, ohne jedoch letztlich die Ausweitung der Verfolgungspolitik auf Konvertiten und christliche → «Mischlinge» umfassend aufhalten zu können.

Johannes Heil

Lit.: Kurt Nowak, Kirchen und Religion, in: Wolfgang Benz, Hermann Graml, Hermann Weiß (Hrsg.), Enzyklopädie des Nationalsozialismus, Stuttgart 1997, S. 187–201. – Georges Passelecq, Bernard Suchecky, Die unterschlagene Enzyklika. Der Vatikan und die Judenverfolgung, Berlin 1999. – Klaus Scholder, Die Kirchen und das Dritte Reich, Bd. 1–2, Berlin, Wien 1977.

Kiviöli s. Vaivara

Klooga. Außenlager des → Konzentrationslagers → Vaivara südwestlich von Tallinn (→ Estland), das im September 1943 von der → SS errichtet wurde und zunächst zur Aufnahme von 2000–3000 aus den im Zuge der Auflösung der → Ghettos im Reichskommissariat Ostland aus → Wilna, → Kaunas und anderen Orten verschleppten Juden sowie einer kleineren Zahl sowjetischer Kriegsgefangener diente. Aufgrund der unzureichenden Lebensbedingungen und der harten Arbeit für → Wehrmacht und Organisation Todt herrschte in dem nach Männern und Frauen getrennten Lager eine hohe Sterblichkeit. Im Zusammenhang mit der Evakuierung von K. ab Sommer 1944 wurde ein Teil der Überlebenden nach → Stutthof deportiert. In der zweiten Septemberhälfte ermordete deutsche und estnische SS die verbliebenen rund 2500 Gefangenen. Bevor alle Leichen auf Scheiterhaufen verbrannt werden konnten, wurde das Lager am 24. September 1944 von der Roten Armee befreit; nur 85 Gefangene überlebten in Verstecken oder durch Flucht in die umliegenden Wälder.

Jürgen Matthäus

Lit.: Alfred Streim, Konzentrationslager auf dem Gebiet der Sowjetunion, in: Dachauer Hefte 5 (1989), S. 174–187.

Knochen, Helmut (geb. 1910), Befehlshaber der Sicherheitspolizei und des SD (BdS) in Frankreich; 1932 Mitglied der NSDAP und der SA; 1936–1939 Mitarbeiter des SD in Berlin; 1937 Eintritt in die → SS; 1939 Tätigkeit im → Reichssicherheitshauptamt, Beteiligung an der Entführung von zwei britischen Agenten in Venlo; seit Juni 1940 mit der Gegnerüberwachung in → Frankreich betraut; im Mai 1942 Ernennung zum SS-Standartenführer und BdS in Frankreich, wo er eine zentrale Rolle bei der Bekämpfung der Résistance und bei der Judenverfolgung spielte. Wegen eigenmächtigen Handelns am 18. August 1944 seines Amtes enthoben und zur Waffen-SS versetzt. 1946 wurde K. nach Verurteilung durch ein britisches Gericht an Frankreich übergeben, dort nach langem Prozess 1954 zum Tode verurteilt, 1958 zu lebenslanger Zwangsarbeit und im Dezember 1962 endgültig begnadigt. Danach lebte er als Versicherungsmakler in Offenbach. Über sein weiteres Schicksal ist nichts bekannt.

Koch, Erich (1896–1986), Gauleiter und Reichskommissar; 1919–1923 Einsatz in verschiedenen Freikorps in Oberschlesien sowie Teilnahme am Untergrundkampf im Ruhrgebiet; 1922 Eintritt in die NSDAP und Gaugeschäftsführer des Gaues Ruhr; am 1. Oktober 1928 Ernennung zum Gauleiter des Gaues Ostpreußen durch Hitler; seit 1930 Mitglied des Reichstages. Im September 1933 Ernennung zum Oberpräsidenten von Ostpreußen, im September 1939 auch zum Reichsverteidigungskommissar im Wehrkreis I sowie 1941 zum Chef der Zivilverwaltung im Bezirk Białystok. Am 9. Mai 1942 wurde K. gegen den Widerstand Alfred Rosenbergs zum Reichskommissar für die → Ukraine ernannt. K. stand im Ruf «gnadenloser Härte» und betrieb eine brutale Germanisierungs- und Versklavungspolitik gegenüber der slawischen Bevölkerung, weshalb in den ihm unterstellten Territorien Aktivitäten von → Partisanen schon bald zu einem ernstzunehmenden Problem wurden. Im Bezirk Białystok führte die von ihm gegründete Erich-Koch-Stiftung umfassende → Arisierungen jüdischen Vermögens durch. K. war in die Judenverfolgungen im Bezirk Zichenau (Ciechanów) involviert und war für die Auflösung der ukrainischen → Ghettos im Sommer 1942 verantwortlich. Nach der Rückeroberung der Ukraine durch die Rote Armee im Herbst 1943 kehrte K. nach Ostpreußen zurück, dessen Eroberung er mit Hilfe «fanatischer» Durchhalteparolen und -befehle sowie durch die Gründung des Deutschen Volkssturms zu verhindern trachtete, während eine Evakuierung der Zivilbevölkerung unterblieb. Im April 1945 floh K. nach Dänemark, tauchte unter dem Namen Rolf Berger in Schleswig-Holstein unter, wo er im Mai 1949 von britischen Sicherheitskräften aufgespürt und am 14. Januar 1950 an Polen überstellt wurde. Am 9. März 1950 wurde er in Warschau wegen der Schuld am Tod von 400 000 Polen zum Tode verurteilt, das Urteil in lebenslange Haft umgewandelt. K. starb am 12. November 1986 im Gefängnis von Barczewo in Polen.

Koch, Karl (1897–1945), Konzentrationslager-Kommandant; 1931 Eintritt in die NSDAP und → SS; seit September 1933 Leiter des SS-Sonderkommandos Sachsen; 1935–1943 ausschließlich innerhalb des KZ-Systems tätig (Sachsenhausen, Esterwegen, Lichtenburg, → Dachau); seit 1936 Kommandant des → Konzentrationslagers → Sachsenhausen, seit 1937 des KZ → Buchenwald. 1941 wegen → Korruption und der Veruntreuung von Staatsgeldern seines Postens enthoben. Anfang 1942 erhielt K. eine erneute Chance zur «Bewährung» durch den Aufbau des KZ → Majdanek, dessen Kommandant er wurde. Im August 1943 erneute Verhaftung wegen neuer Vorwürfe im Zusammenhang mit seiner Tätigkeit in Buchenwald. Im Dezember 1944 wurde K. vom Obersten SS- und Polizeigericht wegen Veruntreuung, Korruption und drei Häftlingsmorden zur Verschleierung seiner Taten zum Tode verurteilt und am 5. April 1945 in Buchenwald hingerichtet.

Kolbe, Maksymilian (geb. Raimund K., 1894–1941), polnischer Mönch, (1982 vom Vatikan heilig gesprochen) und Philosoph; 1911 Eintritt in den Franziskanerorden und Annahme des Namens Maksymilian; 1917 Gründung des Ordens der Militia Immakulatae (Miliz der Unbefleckten) zur Bekämpfung der Freimaurer; Missionstätigkeit für den katholischen Glauben in Polen und seit 1930 in Ostasien; 1936 Rückkehr nach Polen. Mit Beginn der deutschen Besetzung → Polens zunächst von den Deutschen inhaftiert, am 8. Dezember 1939 jedoch wieder freigelassen. K. widmete sich anschließend der Versorgung von Flüchtlingen, wobei er auch jüdischen Flüchtlingen Hilfe gewährte (→ Rettung). Am 17. Februar 1941 wurde K. im Warschauer Pawiak-Gefängnis inhaftiert und drei Monate später ins Stammlager → Auschwitz deportiert, wo er nach Augenzeugenberichten seinen Mithäftlingen seelischen Beistand leistete. Im Juli 1941 ließ er sich gegen einen Familienvater austauschen, einem von der SS ausgewählten Todeskandidaten, nachdem einem Häftling aus K.s Block die Flucht gelungen war. Nach langem Leiden in einer Hungerzelle wurde K. am 14. August 1941 durch eine Giftspritze ermordet.

Konzentrationslager. Die Reichstagsbrand-Verordnung vom 28. 2. 1933 suspendierte die individuellen Freiheitsrechte und ermöglichte den Nationalsozialisten die Inhaftierung und Misshandlung politischer Gegner außerhalb der Justiz. Reichsweit entstanden ca. 80 Haftstätten, für die sich der Begriff K. einbürgerte. Diese «frühen K.», meist unter Regie der SA und der → Polizei, wurden außer → Dachau ab 1934 wieder aufgelöst. Nach dem Muster von Dachau wurde das K.-System, seit Juli 1934 ausschließlich unter Herrschaft der → SS, vereinheitlicht und durch den → Inspekteur der KL zentral verwaltet. Die Organisation in fünf Abteilungen galt grundsätzlich seit Mitte 1934 und praktisch seit 1936 für alle KZ: I. Kommandantur, II. Politische Abteilung (Leiter der Politischen Abteilung, Erkennungsdienst), III. Schutzhaftlager (Schutzhaftlagerführer, Rapportführer, Blockführer, Arbeitsdienstführer, Kommandoführer), IV. Verwaltung (Verwaltungsführer, Gefangenen-Eigentumsverwaltung, Lager-Ingenieur) und V. Lagerarzt. Diese Struktur wiederholte sich in größeren Außenlagern, die dem Hauptlager unterstellt blieben. Auch die Häftlingsgesellschaft war mit dem «Lagerältesten» an der Spitze hierarchisch gegliedert. Bei den Lagern waren kasernierte SS-Wachverbände stationiert, die seit Ende 1934 nicht mehr zur Allgemeinen SS zählten, sondern als «SS-Wachverbände» oder «SS-Totenkopfverbände» bezeichnet wurden und damit einen Zweig der bewaffneten SS bildeten. Die Inspektion der Konzentrationslager (IKL) wurde am 1. Juni 1940 dem SS-Hauptamt/Kommandoamt der Waffen-SS unterstellt und am 15. August 1940 in Amt VI des SS-Führungshauptamtes umgewandelt. Am 16. März 1942 wurde sie als Amtsgruppe D dem → SS-Wirtschaftsverwaltungshauptamt (WVHA) eingegliedert.

Zur Ausbeutung der Arbeitskraft der Häftlinge waren den K. SS-eigene Betriebe (vor allem zur Herstellung von Baustoffen, Heeresausrüstung u. a.) angegliedert, als Sklaven wurden die Häftlinge ab 1940/41 auch an die Industrie vermietet, die bei vielen K. eigene Produktionsstätten errichtete. Vor dem Krieg wurden sechs K. neu errichtet: → Sachsenhausen (1936), → Buchenwald (1937), → Flossenbürg, → Mauthausen, → Neuengamme (1938) und das Frauen-K. → Ravensbrück (1939). Nach Kriegsbeginn expandierte das KZ-System. Im September 1939 wurden die ersten Häftlinge in → Stutthof bei Danzig eingeliefert, im Juni 1940 in → Auschwitz, im August 1940 in → Groß-Rosen, im Mai 1941 in → Natzweiler-Struthof, im Juni 1941 in → Krakau-Płaszów und im November 1941 in → Majdanek. Im Januar 1943 war das K. → 's Hertogenbosch (Niederlande) eröffnet worden, in → Warschau und → Dora-Mittelbau im September 1943 → Vaivara mit den Außenlagern → Klooga und Kiviöli (Estland) und im November 1943 → Kaunas (Litauen). Seit 1942 war die Zahl der Außenlager vor allem an Standorten der Rüstungsindustrie sprunghaft angestiegen; sie überzogen Deutschland und schließlich auch das besetzte Europa flächendeckend. Die Häftlinge wurden in der Flugzeugindustrie, in Waffen- und Munitionsfabriken und deren Zulieferern, in Ausrüstungsbetrieben, in Uniformschneidereien und der Fertigung von Soldatenstiefeln usw. eingesetzt. Sie verrichteten → Zwangsarbeit für die Großindustrie, den gewerblichen Mittelstand, für Forschungsinstitute, in der Landwirtschaft, für kommunale Behörden, in staatlichen Einrichtungen und in SS-eigenen Betrieben. Die Häftlingszahlen in den K. außerhalb Deutschlands überstiegen bald die der reichsdeutschen. In Dachau stieg die Sterblichkeitsrate von 4 % im Jahr 1938 auf 36 % 1942, in Mauthausen von 24 % im Jahr 1939 auf 76 % 1940. Insgesamt existierten zuletzt im deutschen Herrschafts- und Besatzungsgebiet 25 Hauptlager mit über 1200 Neben- und Außenlagern. Daneben gab es Gestapo-Haftlager, «Sonderlager», «Arbeitserziehungslager» und andere Haftstätten, deren Lebensbedingungen mit denen der K. identisch waren.

Die K. bildeten den Kern des NS-Terrorsystems, mit dem unerwünschte Minderheiten (Zeugen Jehovas, Homosexuelle, «Arbeitsscheue», «Asoziale», → Sinti und Roma, Juden), politische Gegner und Widerstandskämpfer in den besetzten Gebieten verfolgt wurden. Als Haft- und Verfolgungsstätte für Juden erhielten die KZ erst im Lauf der Zeit größere Bedeutung. Nach den → Novemberpogromen 1938 sind 25 000–30 000 jüdische Männer für einen Zeitraum von mehreren Wochen in die K. Dachau, Sachsenhausen und Buchenwald eingeliefert worden, um ihre Auswanderung zu forcieren. Während des Krieges dienten die K. außerhalb Deutschlands als Orte der Zwangsarbeit, zuletzt, ab 1944, wurden über 100 000 Juden aus → Ungarn und der → Slowakei zur Arbeitsleistung in die K. im Deutschen Reich deportiert.

Die meisten Mordstätten, in denen die europäischen Juden getötet wurden, waren formal keine K. Die → Vernichtungslager → Bełżec, → Chełmno, → Sobibór und → Treblinka entsprachen nicht der Definition der K., weil sie nur den Zweck der Tötung hatten ohne vorherigen Aufenthalt. Die Lager Auschwitz und Lublin-Majdanek waren sowohl K.- als auch Vernichtungslager. Seit 1942 wurden in Lublin-Majdanek wegen «Arbeitsunfähigkeit» selektierte Häftlinge und jüdische Deportierte in den → Gaskammern ermordet. Auch das größte K. Auschwitz hatte diese Doppelstruktur. Seit seiner Errichtung im Mai/Juni 1940 erfüllte es im Stammlager (Auschwitz I) und im Lager Monowitz (Auschwitz III) sowie mit 38 Außenlagern seine Funktion als K., seit Mitte 1942 entwickelte es sich darüber hinaus mit Auschwitz II in Birkenau zum größten Vernichtungslager des Holocaust.

Es existierten noch andere Kategorien von Lagern, die oft als KZ bezeichnet werden, was formal unzutreffend ist, auch wenn sich die Haftbedingungen nicht von denen im K. unterschieden. → Theresienstadt etwa diente ab November 1941 als Internierungslager für Juden aus Böhmen und Mähren und war ab Juli 1942 als «Altersghetto» Ziel der → Deportation deutscher und österreichischer Juden. Seit Januar 1942 war es Durchgangsstation in die

Vernichtungsstätten im Osten; von Oktober 1942 an gingen die Deportationen von Theresienstadt aus nur noch nach Auschwitz. Als eigener Komplex bestand neben dem Ghetto in der «Kleinen Festung» unter dem Kommando der Prager Gestapo in Theresienstadt eine Haftstätte für politische Gefangene aus dem → Protektorat Böhmen und Mähren mit dem Charakter eines KZ.

Die «Jugendschutzlager» Moringen und Uckermark waren K. für als schwer- oder unerziehbar, als «kriminell» oder «sexuell verwahrlost» eingestufte Kinder und Jugendliche. Sie unterstanden dem Amt V (Reichskriminalpolizeiamt) des → Reichssicherheitshauptamtes. Die Haftdauer war unbefristet, volljährig gewordene Jugendliche wurden in gewöhnliche KZ überführt. Das erste Jugendschutzlager für männliche Jugendliche wurde 1940 in Moringen bei Göttingen errichtet; Mädchen wurden seit 1. Juni 1942 in das Jugendschutzlager Uckermark in Mecklenburg in unmittelbarer Nachbarschaft des KZ Ravensbrück eingewiesen. Das «SS-Sonderlager» Hinzert im Hunsrück war zunächst Haftstätte für Bauarbeiter der Organisation Todt und unterstand bis 1. Juli 1940 dem Inspekteur der Sipo und des SD als Führer des Sicherheitsstabes bei der Organisation Todt. Dann wurde das Lager der IKL und im Mai 1942 dem WVHA zugeordnet. Im Januar 1945 wurde es dem KZ Buchenwald unterstellt.

Auch die seit 1939 in Polen und nach dem Überfall auf die Sowjetunion dort eingerichteten → Ghettos zur Konzentrierung der jüdischen Bevölkerung fielen nicht unter die Definition K. Sie dienten als Zwangsarbeitslager und als Station für die Todeslager. In der litauischen Hauptstadt → Kaunas wurde das im Juli 1941 errichtete jüdische Ghetto im Herbst 1943 in ein K. umgewandelt.

Die mehr als 100 «Arbeitserziehungslager» waren ebenfalls keine K. Hier wurden deutsche und ausländische Arbeiter inhaftiert, denen Verstöße gegen die Arbeitsdisziplin der Kriegswirtschaft vorgeworfen wurden. Der Übergang zu den K. war jedoch fließend. Wer nach acht Wochen Haft den Ansprüchen der NS-Gesellschaftsideologie immer noch nicht genügte und damit nicht an seinen Arbeitsplatz zurückgebracht wurde, konnte in ein K. eingewiesen werden. Als separate Lager im Lager wurden in den fünf Konzentrations-Hauptlagern Auschwitz, Buchenwald, Dachau, Groß-Rosen und Stutthof «Arbeitserziehungslager» eingerichtet.

Im Sommer 1933 waren 26000 Menschen in K. inhaftiert, 1935 4000, im Herbst 1938 60000, bei Kriegsbeginn 21000, 1944/1945 700000. Die Gesamtzahl der in K. Inhaftierten liegt zwischen 2,5 und 3,5 Millionen. Etwa 450000 Menschen wurden in K.-Haft getötet.

Wolfgang Benz

Lit.: Geschichte der Konzentrationslager 1933–1945, Bd. 1: Terror ohne System. Die ersten Konzentrationslager im Nationalsozialismus 1933–1945, Berlin 2001 (weitere Bände folgen). – Dachauer Hefte. Studien und Dokumente zur Geschichte der nationalsozialistischen Konzentrationslager (1985-). – Karin Orth, Das System der nationalsozialistischen Konzentrationslager. Eine politische Organisationsgeschichte, Hamburg 1999. – Dies., Die Konzentrationslager-SS. Sozialstrukturelle Analysen und biographische Studien, Göttingen 2000. – Wolfgang Sofsky, Die Ordnung des Terrors: Das Konzentrationslager, Frankfurt am Main 1993.

Koppe, Wilhelm (1897–1975), Höherer SS- und Polizeiführer (HSSPF) in

Polen; 1930 Eintritt in die NSDAP, 1932 in die SS; 1933 Mitglied des Reichstages; am 26. Oktober 1939 HSSPF im → Warthegau, in dieser Funktion verantwortlich für die Einrichtung des → Vernichtungslagers → Chełmno und die Auflösung der → Ghettos im Warthegau; seit November 1943 als HSSPF im → Generalgouvernement Koordinierung der Aktionen gegen den Widerstand und die Ermordung der noch lebenden Juden; im April 1945 zum HSSPF Süd (München) ernannt. K. lebte nach Kriegsende unter dem Namen Lohmann in Bonn. Nach Entdeckung seiner Identität wurde ein Verfahren gegen ihn 1966 wegen seines Gesundheitszustandes eingestellt.

Korczak, Janusz (Henryk Goldszmit, 1878 oder 1879–1942), polnisch-jüdischer Arzt, Schriftsteller und Pädagoge; Autor von Kinderbüchern und theoretischen Schriften über das Verhältnis von Kind und Erwachsenenwelt; seit 1908 starkes Engagement in der Arbeit mit Waisenkindern; 1912 Direktor des jüdischen Waisenhauses in Warschau; nach dem Ersten Weltkrieg zusätzlich Übernahme eines nichtjüdischen polnischen Waisenhauses; in den 30er Jahren zunehmendes Interesse K.s für den → Zionismus. Während der deutschen Besetzung → Polens konzentrierte sich K. auf das jüdische Waisenhaus im → Warschauer Ghetto, wo er sein *Tagebuch* (deutsch 1992) über die dortigen Geschehnisse führte. Am 5. August 1942 wurden K. und 200 Waisenkinder nach → Treblinka deportiert und ermordet.

Koretz, Zvi (1894–1945), Oberrabiner von Saloniki; Studium an der Berliner Hochschule für die Wissenschaft des Judentums; 1933 Wahl zum Oberrabiner von Saloniki, Spaltung der dortigen jüdischen Gemeinde über K.s liberale Positionen; 1938 Wiederwahl K.s auf Drängen der Regierung Metaxas; von Mai bis Dezember 1941 in Wien wegen angeblicher antideutscher Propaganda inhaftiert; im Dezember 1942 Wiedereinsetzung in Saloniki (→ Griechenland) durch die Deutschen. K. wurde zur Mithilfe bei der Organisation der → Deportation der Juden Salonikis im März/April 1943 gezwungen, er selbst zusammen mit dem → Judenrat Salonikis im August 1943 nach → Bergen-Belsen deportiert, er starb Anfang Juni 1945 in Tröbitz an Typhus.

Korherr-Bericht. Richard Korherr, 1903 in Regensburg geboren, 1926 promoviert, 1930 aus dem Reichsamt für Statistik als Nationalsozialist entlassen, 1935–1940 Leiter des statistischen Amtes der Stadt Würzburg, dokumentierte als Inspekteur für Statistik beim Reichsführer SS und Reichskommissar für die Festigung deutschen Volkstums (in Personalunion war er Leiter der Statistischen Abteilung im SS-Hauptamt) seit Dezember 1942 den Stand der Judenvernichtung. Der K. («Die Endlösung der europäischen Judenfrage. Statistischer Bericht») wurde alle drei Monate aktualisiert und diente als Grundlage für die Planung des Judenmords (Transportkapazität, Personaleinsatz und Zielorte der Deportation). Korherr spielte nach 1945 seine Tätigkeit und seine Funktion als SS-Inspekteur für Statistik (die er ab 9. 12. 1940 inne hatte) zunächst erfolgreich herunter und war bis 1961 beim Bundesfinanzministerium angestellt, als im Zuge des → Eichmann-Prozesses die Bedeutung des K. offenkundig wurde. Als Beweisdokument (NO 5193) hatte er jedoch schon in den → Nürnberger

Prozessen eine Rolle gespielt. Als historische Quelle ist der K. für die Berechnung der Opferzahlen des Holocaust wichtig.

Wolfgang Benz

Lit.: Wolfgang Benz (Hrsg.), Dimension des Völkermords. Die Zahl der jüdischen Opfer des Nationalsozialismus, München 1991.

Korruption. Politische K. wird im allgemeinen als Missbrauch eines öffentlichen Amtes zu privaten Zwecken definiert. Ihre Erscheinungsformen wie Bereicherung im Amt, Bestechung und Bestechlichkeit, Patronage und Vetternwirtschaft, Vermengung von Amts- mit Privatgeschäften, Unterschlagung etc. waren im Dritten Reich nicht nur weit verbreitet, sondern gehörten zu den immanenten Strukturproblemen nationalsozialistischer Herrschaft. So wurden die Cliquen- und Klientelstrukturen der NSDAP nicht zuletzt durch materielle Zuwendungen und die systematische Begünstigung politischer Gefolgsleute zusammengehalten. Da die nationalsozialistische Diktatur gleichzeitig jede kritische Öffentlichkeit beseitigte und die Kompetenzen der Kontrollinstanzen (z. B. der Rechnungshöfe) weitgehend beschnitt, breitete sich die K. im schützenden Dickicht des NS-Herrschaftssystems ungehindert aus.

Auch die Verfolgung der Juden, deren Besitz als «abgegaunertes» bzw. «geraubtes Volksvermögen» ideologisch umdefiniert wurde, war von allen Erscheinungsformen der K. begleitet, die für die NS-Herrschaft typisch waren, zumal sich viele Nationalsozialisten subjektiv als «Opfer» eines von Juden und Demokraten verkörperten Weimarer «Systems» begriffen und nach 1933 vehement Anprüche auf «Wiedergutmachung» anmeldeten. Gewalttätige Übergriffe auf Juden gingen daher häufig mit Raub und «wilden» Beschlagnahmungen einher, wie sich besonders beim Ausbruch antisemitischer Gewalt im Frühjahr 1933, Sommer 1935, dem «Anschluss» → Österreichs im Frühjahr 1938 und während der → Novemberpogrome 1938 zeigte. Zu einem Kristallisationspunkt der K. entwickelte sich die → Arisierung jüdischen Eigentums: Zahlreiche Gauleiter legten mit Hilfe von «Arisierungsspenden» schwarze Fonds an oder gründeten obskure Stiftungen, die vor allem der Förderung politischer Günstlinge dienten. NS-Funktionäre schanzten sich gegenseitig Unternehmen oder Grundstücke aus jüdischem Besitz zu. Auch die Beteiligten an Deportation und Massenmord behandelten den Besitz von Juden bisweilen wie eine persönliche Verfügungsmasse: Gestapobeamte raubten Juden bei fingierten Hausdurchsuchungen aus. Nach Mordaktionen in den besetzten Gebieten verschwanden Teile des jüdischen Vermögens in den Taschen der Mörder, wurden in Sonderfonds und Stiftungen deponiert oder regelrecht verschleudert. Der Holocaust lässt sich daher nicht auf das Bild eines akkurat arbeitenden, mechanistisch-bürokratischen Räderwerkes reduzieren, sondern war auch durch eine anarchisch-gewalttätige Praxis der Enteignung, Beraubung und Ermordung gekennzeichnet. Diese wirkte sich oft radikalisierend auf den Holocaust aus, wenn die Täter auf die beschleunigte Deportation und Ermordung ihrer Opfer drängten, um Zeugen der K. zu beseitigen. Nur in Einzelfällen erwies sich K. als retardierendes Moment, wenn es Opfern gelang, durch die Bestechung von Amtsträgern ihr Leben zu retten.

Die K. widersprach dem Konfiskationsanspruch des → Deutschen Reiches auf das Eigentum von Juden und warf zudem ideologische Rechtfertigungsprobleme auf, weil sie mit der von Himmler postulierten «Uneigennützigkeit» und «Anständigkeit» der Täter nicht zu vereinbaren war. Dennoch war sie mit den Zielen des NS-Regimes insgesamt kompatibel, weil sie die Akteure der Judenpolitik und des Massenmordes motivierte, sie gleichzeitig in spezifischer Weise in den Holocaust verstrickte und damit an die NS-Herrschaft band, denn alle Nutznießer hatten ein dringendes Interesse, von beraubten Juden nie wieder regresspflichtig gemacht werden zu können.

Frank Bajohr

Lit.: Frank Bajohr, Parvenüs und Profiteure. Korruption in der NS-Zeit, Frankfurt am Main 2001. – Cordula Ludwig, Korruption und Nationalsozialismus in Berlin 1924–1934, Frankfurt am Main 1998. – Jonathan Petropoulos, Kunstraub und Sammelwahn. Kunst und Politik im Dritten Reich, Berlin 1999.

Krakau-Płaszów (KZ). Im Dezember 1942 als Zwangsarbeitslager des SS- und Polizeiführers im Distrikt Krakau des → Generalgouvernements (→ Polen) errichtet, wurde das Lager im Januar 1944 dem → SS-Wirtschaftsverwaltungshauptamt unterstellt und in ein → Konzentrationslager umgewandelt. Es befand sich unweit des Amtssitzes von Generalgouverneur Hans Frank in einem Vorort Krakaus (Płaszów) und bestand bis zur Befreiung durch die Rote Armee am 15. 1. 1945. Nach der Liquidierung des Krakauer → Ghettos (Mitte März 1943) und anderer Ghettolager in der Nähe sowie der → Deportation ungarischer Juden (→ Ungarn) nach K. wuchs die Zahl der Gefangenen von zunächst 2000 stark an und erreichte Mitte 1944 ein Maximum mit 24000 Personen. Anfang Juli 1943 richtete man in K. ein separates «Arbeitserziehungslager» für ca. 1000 nichtjüdische Polen ein, denen Verstöße gegen die Arbeitsdisziplin oder politische Vergehen zur Last gelegt wurden; nach dem Warschauer Aufstand im Herbst 1944 stieg ihre Zahl auf 10000 Personen an. Einer der vier Lagerkommandanten war Amon Göth, dem das Lager von Februar 1943 bis September 1944 unterstand. Unter seiner besonders brutalen Herrschaft, die er zunächst mit ukrainischem Wachpersonal ausübte, war die Todesrate unter den jüdischen Häftlingen durch Misshandlungen und Massenmorde sehr hoch. Nach der Umwandlung von K. in ein KZ übernahmen rund 600 SS-Männer und -Frauen das in eine Männer- und eine Frauensektion untergliederte Lager. Im Herbst 1944 wurden die Gefangenen (bis auf 600 Insassen) vor der heranrückenden Roten Armee in andere KZ überstellt oder nach → Auschwitz deportiert und dort vergast. Etwa 900 der Lagerhäftlinge konnte der Kaufmann Oskar → Schindler – dem Steven Spielberg 1993 mit dem Film *Schindlers Liste* ein Denkmal setzte – retten, indem er sie als Arbeitskräfte für seinen Industriebetrieb in Brünnlitz im Sudetenland (heute: Brnenec, Tschechien) reklamierte.

Claudia Schoppmann

Lit.: Malvina Graf, The Krakow Ghetto and the Plaszow camp remembered, Tallahassee 1989.

Kramer, Josef (1906–1945), Kommandant mehrerer → Konzentrationslager; 1931 Eintritt in die NSDAP, 1932 in die → SS; seit 1934 verschiedene Funktionen in den KZ → Dachau, Esterwegen, → Sachsenhausen und → Mauthausen. 1940 Adjutant von Rudolf Höß im KZ → Auschwitz; 1943 Kommandant des KZ → Natzweiler; im Mai 1944 Kommandant des → Vernichtungslagers Auschwitz-Birkenau; seit 1. Dezember 1944 Kommandant des KZ → Bergen-Belsen, das er mit einer Brutalität führte, die ihm später in der Presse den Beinamen «Bestie von Belsen» einbrachte. K. wurde am 17. November 1945 von einem britischen Militärgericht zum Tode verurteilt und am 12. Dezember 1945 hingerichtet.

Krauss, Werner (1884–1959), Schauspieler; seit 1908 Engagement an verschiedenen Stadttheatern; 1913 Engagement in Berlin bei Max Reinhardt. K. wurde einer der erfolgreichsten Schauspieler der 20er Jahre und reüssierte in Filmen wie *Das Kabinett des Dr. Caligari* (1919), *Das Wachsfigurenkabinett* (1924) und *Nana* (1927). 1933 ließ er sich vom NS-Regime für dessen Zwecke einspannen, was K. Förderung und Ehrungen eintrug. 1933–1936 Präsident der Reichstheaterkammer; 1938 Verleihung der Goethe-Medaille. 1940 übernahm er mehrere Rollen in Veit Harlans antisemitischem Hetzstreifen → Jud Süß (Hauptrolle Ferdinand Marian), weshalb K. nach dem Krieg vorübergehend mit Berufsverbot belegt wurde. 1948 als minderbelastet eingestuft und mit einer Sühne von 5000 RM für seine Mitarbeit in *Jud Süß* belastet, setzte K. in den 50er Jahren seine Schauspielkarriere in Österreich und Deutschland fort. 1954 wurde er mit dem Ifflandring sowie – nach seiner Rehabilitierung im selben Jahr – mit dem Bundesverdienstkreuz ausgezeichnet.

Krieck, Ernst (1872–1947), NS-Pädagoge, Autor zahlreicher völkisch-rassistischer Schriften zur Erziehung des deutschen Volkes; 1900–1928 Lehrer im badischen Volksschuldienst; seit 1920 Tätigkeit in der Jungkonservativen Bewegung um Moeller van den Bruck; 1. Januar 1932 Eintritt in die NSDAP und den NS-Lehrerbund; 1932 Erscheinen von K.s Schrift «Nationalpolitische Erziehung», die zu einem Klassiker der nationalsozialistischen Pädagogik wurde; 1933 als Professor für Philosophie und Pädagogik in Frankfurt erster NS-Rektor an einer deutschen Universität; 1934 Eintritt in die → SS; Gutachter für die SD-Sektion «Wissenschaft»; 1937 Rektor der Heidelberger Universität. Mit zunehmendem Gegensatz zu Alfred Rosenberg begann K.s Einfluss als Pädagoge und Hochschulpolitiker zu schwinden. 1938 Rücktritt als Rektor und Aufgabe aller politischen Ämter. K. starb am 19. März 1947 im US-Internierungslager Moosburg. Seine Identität wurde erst Jahre später entdeckt.

Kroatien und Bosnien-Herzegowina. Auf dem Territorium des am 10. April 1941 proklamierten «Unabhängigen Staates Kroatien» (USK), der auch ganz Bosnien-Herzegowina umfasste, lebten einschließlich der jüdischen Flüchtlinge aus anderen Ländern bis zu 39 000 Juden. Die von Hitler und Mussolini an die Macht beförderte Ustascha-Bewegung (kroatische faschistische Separatistenbewegung) unter «Staatsführer» Ante Pavelić erließ am 30. April 1941 ein «Rassegesetz», mit dem die im → Deutschen Reich geltenden Bestimmungen übernommen wurden, und ordnete am 26. Juni die Internierung der Juden in Sammellagern an. Insgesamt gab es mehr als ein Dutzend Ustascha-Lager im USK, unter denen das KZ → Jasenovac besonders gefürchtet war. Die Gesamtzahl der in kroatischen Lagern ermordeten

oder an Epidemien verstorbenen Juden ist unbekannt. Die Schätzungen variieren zwischen 20000 und 26000 Personen.
Im Sommer 1942 erhielt der deutsche Polizeiattaché in Zagreb, Hans Helm, vom → Reichssicherheitshauptamt den Auftrag, die → Deportation der noch am Leben befindlichen Juden aus dem USK in die «deutschen Ostgebiete» vorzubereiten. In den folgenden Monaten wurden annähernd 5000 Juden aus Kroatien nach → Auschwitz verschleppt. Die Zagreber Regierung vergütete dem Deutschen Reich für jeden «ausgesiedelten» Juden 30 RM. Im Frühjahr 1943 bereitete Helm eine zweite Deportationswelle vor, von der etwa 1500 Juden betroffen waren. 4000–5000 Juden entzogen sich dem Zugriff der Verfolger durch Flucht in den von → Italien annektierten Teil Dalmatiens oder in die italienische Okkupationszone des USK. Trotz massiven politischen Drucks weigerte sich der Oberbefehlshaber der 2. italienischen Armee, General Mario Roatta, die Juden an die deutsche → Wehrmacht oder die kroatischen Behörden auszuliefern. Erst nach der italienischen Kapitulation konnten einige Hundert Juden, die sich nicht rechtzeitig dem Widerstand angeschlossen hatten, von der Gestapo verhaftet und nach Auschwitz deportiert werden. Zwar lebten Ende 1943 im USK noch immer rund 1000 Juden, doch wurden diese vom Regime dringend benötigt oder blieben aufgrund enger Beziehungen zu höheren Ustascha-Funktionären als «Ehren-Arier» von der Verfolgung ausgenommen. Ende April 1944 versicherte der deutsche Gesandte in Zagreb, Siegfried Kasche, dem Auswärtigen Amt, dass «die Judenfrage in Kroatien in weitem Maße bereinigt» sei.

Holm Sundhaussen

Lit.: Milan Bulajić, Ustaški zločini genocida i sudjenje Andriji Artukoviću 1986, 4 Bde. Beograd 1988/1989. – Mirko Peršen, Ustaški logori, Zagreb 1990. – Holm Sundhaussen, Der Ustascha-Staat: Anatomie eines Herrschaftssystems, in: Österreichische Osthefte 37 (1995), S. 497–533.

Krüger, Friedrich Wilhelm (1894–1945), Höherer SS- und Polizeiführer (HSSPF) im → Generalgouvernement; Teilnahme am Ersten Weltkrieg; 1920 Mitglied des Freikorps Lützow; 1929 Eintritt in die NSDAP, 1931 in die SS, 1932 Wechsel zur SA; 1. Juli 1933 bis 25. Januar 1935 Chef des Ausbildungswesens der SA; danach Rückkehr zur → SS. 1935 Tätigkeit im Stab Reichsführer SS, 1936 im SS-Hauptamt; 1938 HSSPF Ost; September 1939 HSSPF beim Militärbefehlshaber Lodz; Ende 1939 HSSPF im Generalgouvernement, dort 1942 Ernennung zum Staatssekretär für das Sicherheitswesen. K. war für die Bewachung der Zwangsarbeitslager, seit 1942 für die Auflösung der → Ghettos und für die Bekämpfung von → Partisanen zuständig. Er organisierte Anfang November 1943 die → Aktion-Erntefest, bei der die Juden im Distrikt Lublin ermordet wurden, und war für die Vertreibung von ca. 110000 Polen verantwortlich. Seit 20. Mai 1944 Kommandeur der 6. SS-Gebirgsdivision; am 26. August 1944 Kommandeur des V. SS-Gebirgskorps. K. starb am 10. Mai 1945, ob durch Verwundung oder Selbstmord ist ungeklärt.

Kruk, Hermann (1897–1944), Chronist der Ereignisse im Ghetto von Wilna; in den 20er Jahren Mitglied im sozialistischen Allgemeinen Jüdischen Arbeiter-Bund (→ Bund); journalistische Tätigkeit in Warschau; nach der deutschen Besetzung → Polens Flucht nach Wilna. Seit der Besetzung → Litauens durch die → Wehrmacht führte K. sein Tagebuch im → Wilnaer Ghetto, das 1960 in New York veröffentlicht wurde (*Tagbuch fun Vilner Geto*; Tagebuch des Wilnaer Ghettos). Nach der Auflösung des → Ghettos wurde K. ins KZ → Klooga in → Estland deportiert, wo er sein Tagebuch weiterführte. Am 18. September 1944 wurde er im KZ Lagedi (Estland) ermordet.

Krumey, Hermann (1905–1981), Mitarbeiter Adolf Eichmanns in Budapest (1944), SS-Offizier; 1938 Eintritt in die → SS; November 1939 bis Mai 1940 Tätigkeit beim Höheren SS- und Polizeiführer → Warthegau; Mai 1940 bis März 1944 Mitglied der Sicherheitspolizei in Łódź; im Sommer 1941 nach → Kroatien zur Internierung der dortigen Juden entsandt; 1942 Beteiligung an der Zusammenstellung von Transporten aus Ostpolen nach → Auschwitz. Seit 19. März 1944 als Mitglied von Eichmanns Sonderkommando in → Ungarn, bereitete K. die Vernichtung der ungarischen Juden vor. Nachdem nach den Verhandlungen mit dem jüdischen Hilfskomitee Waad Haezra Wehazala Bebudapest 21 000 Juden ins KZ Strasshof (Österreich) deportiert worden waren, wurde K. Leiter des dortigen Sonderkommandos. Im Mai 1945 durch Intervention Resző Kasztners aus alliierter Haft entlassen, wurde K. 1960 verhaftet, in Frankfurt 1965 zunächst zu fünf Jahren, in zweiter Instanz zu lebenslanger Haft verurteilt (→ Nachkriegsprozesse).

Kube, Wilhelm (1897–1943), Gauleiter und Generalkommissar für Weißruthenien; 1911 Mitglied der antisemitischen Deutsch-Sozialen Partei Liebermann v. Sonnenbergs; nach dem Ersten Weltkrieg Mitglied der DNVP, 1928 Wechsel zur NSDAP; 1928–1933 Fraktionsvorsitzender im preußischen Landtag; im September 1928 Gauleiter des Gaues Ostmark (1933 Gauleiter Gau Kurmark); 1933 Eintritt in die → SS; seit November 1933 Mitglied des Reichstages. Am 17. Juli 1941 unter dem Reichsminister für die besetzten Ostgebiete Alfred Rosenberg zum Generalkommissar für Weißruthenien (Reichskommissariat Ostland) in → Minsk ernannt. K. arbeitete zunächst reibungslos mit den SS-Diensstellen, die den Genozid an den Juden betrieben, zusammen; als jedoch im Oktober 1941 auch deutsche Juden in seinen Verwaltungsdistrikt deportiert wurden, riskierte er über deren Behandlung Konflikte mit der SS. Am 22. September 1943 fiel K. dem Bombenattentat einer sowjetischen Partisanin zum Opfer.

Kulmhof s. Chełmno

Lammers, Hans Heinrich (1879–1962), Chef der Reichskanzlei; Studium der Rechtswissenschaft, anschließend Richter; seit 1921 Tätigkeit beim Reichsministerium des Innern; Februar 1932 Wechsel von der DNVP zur NSDAP; seit 30. Januar 1933 Staatssekretär und Chef der Reichskanzlei. L. besaß erhebliche Macht, zumal der Zugang zu Hitler teilweise von ihm kontrolliert wurde. Die Reichskanzlei war an sämtlichen Regierungsentwürfen einschließlich der antijüdischen Maßnahmen des Regimes und insbesondere an der 11. Verordnung zum Reichsbürgergesetz (→ Nürnberger Gesetze) beteiligt, die mit dem Entzug der deutschen Staatsbürgerschaft für die zur → Deportation bestimmten Juden den Weg zur «Endlösung» juristisch ebnete. L. behauptete nach dem Krieg, von der Ermordung der Juden nichts gewusst zu haben. 1949 wurde er im Wilhelmstraßenprozess (→ Nürnberger Prozesse) zu 20 Jahren Haft verurteilt; im Dezember 1951 begnadigt.

Leers, Johann von (1902–1965), NS-Publizist; Jurastudium, anschließend Attaché im Auswärtigen Dienst; 1929 Eintritt in die NSDAP; Bundesschulungsleiter des Nationalsozialistischen Deutschen Studentenbundes; 1933–1945 Autor zahlreicher rassistisch-antisemitischer Hetzschriften; 1945 Flucht nach Italien; 1950–1955 Aufenthalt in Argentinien; anschließend in Ägypten, wo L. zum Islam übertrat und als Auslandspropagandist unter Gamal Abd el Nasser seine antisemitische Hetze fortsetzte.

Lenz, Fritz (1887–1976), Eugeniker; 1913–1933 Herausgeber der Zeitschrift «Archiv für Rassen- und Gesellschaftsbiologie»; 1921 Veröffentlichung seines zweibändigen Hauptwerkes «Menschliche Erblichkeitslehre und Rassenhygiene»; 1923 Inhaber des ersten Lehrstuhls für Rassenhygiene in München (→ Rassentheorie); 1933 Übernahme der Abteilung Eugenik am Kaiser-Wilhelm-Institut für Anthropologie und Publikation der Schrift «Die Rasse als Wertprinzip»; 1946–1953 Professor für menschliche Erblehre in Göttingen. Durch seine Schriften bot L. wie u. a. sein Kollege Ernst Rüdin dem NS-Regime eine sozialdarwinistisch legitimierte Grundlage für die Vernichtung «lebensunwerten Lebens» (→ Euthanasie).

Lettland. L. hatte 1941 knapp 2 Millionen Einwohner, davon ca. 93 500 Juden. Beim Einmarsch der deutschen Truppen befanden sich ca. 70 000 Juden im Land, da ein Teil der jüdischen Einwohner L. entweder vom NKWD am 14. 6. 1941 nach Sibirien verschleppt worden war oder in den nicht besetzten Teil der Sowjetunion geflohen war. Die deutschen Truppen und die → Einsatzgruppe A erreichten Riga am 1. 7. 1941. Die Ortskommandanturen der → Wehrmacht führten im Juli/August 1941 die ersten antijüdischen Maßnahmen (→ Kennzeichnung und allgemeine Arbeitspflicht) durch und leiteten den Ghettoisierungsprozess in L. ein – in → Riga (ca. 30 000 Insassen) und Daugavpils (Dünaburg; ca. 14 000 Insassen); eine Ausnahme war das → Ghetto in Liepaja (Libau; ca. 800 Insassen), das erst am 1. 7. 1942, nach der Ermordung der meisten ansässigen Juden errichtet wurde. In die Judenverfolgung waren die lettische örtliche Polizei (Arretierung, Ghettobewachung) sowie die lettische Zivilverwaltung (Enteignung, Ausbeutung von Arbeitskraft, Zwangssterilisierung) involviert. Die Vernichtung der lettischen Juden erfolgte sehr schnell. Außerhalb der Ghettos in L. lebten ca. 30 000 Juden, die von den Einheiten der Einsatzgruppe A und dem lettischen Kommando unter Viktor Arajs bis Ende September 1941 ermordet wurden. Die Juden des Rigaer Ghettos wurden in zwei großen Erschießungsaktionen am 29./30. 11. 1941 und 8./9. 12. 1941 im Wald von → Rumbula ermordet; die Opferzahl betrug ca. 25 500 Personen. Das Ghetto Riga war zugleich Deportationsziel für ca. 25 000 deutsche, österreichische und tschechische Juden. Sie wurden größtenteils Opfer der Erschießungsaktionen im Wald von → Bikernieki; die sog. Dünamünde-Aktion Anfang 1942 kostete ca. 2000 Personen das Leben. Am 2. 11. 1943 wurde das Ghetto Riga aufgelöst und die Überlebenden wurden in das → Konzentrationslager → Kaiserwald und dessen Außenlager transportiert. Die Häftlinge mussten größtenteils außerhalb des Lagers in Riga → Zwangsarbeit leisten. Die Sterblichkeitsrate im KZ Kaiserwald war hoch: Aufgrund von Unterernährung, Misshandlung oder Selektionen starben im ersten Halbjahr 1944 17 % der Häftlinge des Lagers. Es wird geschätzt, dass 4000–5000 Personen zwischen August und Oktober 1944 über das KZ → Stutthof nach Deutschland evakuiert wurden. Die Zahl der lettischen Juden, die die → Todesmärsche bis nach → Buchenwald und Magdeburg überlebten und nach L. zurückkehrten sowie die ca. 300 lettischen Juden, die in Verstecken überlebt hatten, betrug nicht mehr als 5 % der jüdischen Vorkriegsbevölkerung L.

Katrin Reichelt

Lit.: Bernhard Press, Judenmord in Lettland, Berlin 1995. – Margers Vestermanis, Die nationalsozialistischen Haftstätten und Todeslager im okkupierten Lettland 1941–1945, in: Ulrich Herbert, Karin Orth, Christoph Dieckmann (Hrsg.), Die nationalsozialistischen Konzentrationslager – Entwicklung und Struktur, Göttingen 1998, Bd. 1, S. 472–492.

Levi, Primo (1919–1987), italienisch-jüdischer Schriftsteller, Chemiker; Oktober 1943 Promotion in Chemie; Dezember 1943 Verhaftung als Jude und Internierung im Durchgangslager → Fossoli; im Februar 1944 → Deportation nach → Auschwitz. L. überlebte in Auschwitz als Chemiker in den Buna-Werken der IG-Farben. Am 27. Januar 1945 wurde er von sowjetischen Truppen befreit und kehrte nach einer neunmonatigen Odyssee nach Italien zurück. Bis 1977 arbeitete er als Chemiker, danach als freier Schriftsteller. 1947 erschien sein Buch *Se questo è un uomo (deutsch Ist das ein Mensch?, 1961),* in dem L. über seine Eindrücke, Erfahrungen und Reflexionen in Auschwitz berichtet.

Lévitan s. Drancy

Ley, Robert (1890–1945), Leiter der Deutschen Arbeitsfront (DAF); Studium der Chemie; im Juni 1925 Eintritt in die NSDAP; seit 1928 Organisationsleiter der NSDAP im Gau Köln-Aachen, wo er u. a. den von ihm herausgegebenen «Westdeutschen Beobachter» für antisemitische Hetzkampagnen gegen jüdische Unternehmer nutzte; seit 1930 Mitglied des Reichstages; im November 1932 Ernennung zum Reichsorganisationsleiter. L. war für die Ausschaltung der Gewerkschaften am 2. Mai 1933 verantwortlich, an deren Stelle am 10. Mai 1933 die DAF als eine alle Arbeitnehmer und -geber zusammenfassende Massenorganisation trat, deren Leitung L. übernahm. Damit hatte er eine der mächtigsten Positionen im NS-Staat inne. L. tat sich vor allem durch seine erbitterte antisemitische Hetze hervor. Am 25. Oktober 1945 beging er im Nürnberger Gefängnis Selbstmord.

Lichtenberg, Bernhard (1875–1943), katholischer Pfarrer, Domprobst (1966 vom Vatikan selig gesprochen); 1899 Priesterweihe; seit 1913 Stadt-, ab 1920–1931 Bezirksverordneter des Zentrums in Charlottenburg/Berlin; 1932 Pfarrer an der Berliner St. Hedwigs-Kathedrale; dort seit 1938 Domprobst. L. engagierte sich für das Hilfswerk beim Bischöflichen Ordinariat, das bedrängten Juden Beratung und Auswanderungshilfen zur Verfügung stellte (→ Emigration). Am 28. August 1941 protestierte er in einem Brief an Reichsgesundheitsführer Leonardo Conti gegen die → Euthanasie und unterstützte damit die Position des Bischofs von Münster, Graf v. Galen. Als einer der wenigen Priester verurteilte L. regelmäßig in seinen Gottesdiensten die Judenverfolgung in Deutschland und betete für die Juden, was am 23. Oktober 1941 zu seiner Verhaftung führte und ihm zwei Jahre Gefängnis in Berlin/Tegel einbrachte. Nach seiner Entlassung sollte L. im KZ → Dachau interniert werden. Er starb jedoch am 3. November 1943 auf dem Transport im Krankenhaus Hof.

Liebehenschel, Arthur (1901–1948), Konzentrationslager-Kommandant; 1932 Eintritt in die NSDAP, 1934 in die SS-Totenkopfverbände (SS-TV; → SS); Adjutant bei den Kommandanturen der Lager Columbia-Haus (Berlin) und Lichtenburg (bei Prettin); 1937 Abteilungsleiter im Stab des Führers der SS-TV; 1940 Stabsführer beim → Inspekteur der KL; 1942 stellvertretender Amtsgruppenleiter im SS-Wirtschaftsverwaltungshauptamt. Am 10. November 1943 zum Kommandant von → Auschwitz I (Stammlager), am 19. Mai 1944 zum Kommandant von → Majdanek ernannt. Nach dem Krieg von den US-Behörden an Polen ausgeliefert, wurde L. am 22. Dezember 1947 in Krakau zum Tode verurteilt und am 24. Januar 1948 hingerichtet.

Lieberose s. Sachsenhausen

Lischka, Kurt (1908–1989), Mitarbeiter Adolf Eichmanns, stellvertretender Befehlshaber der Sicherheitspolizei und des SD (BdS) in Frankreich; Juni 1933 Eintritt in die → SS; seit 1935 Tätigkeit bei der Gestapo; 1938 zum SS-Untersturmführer befördert; seit 1939 Mitarbeiter Eichmanns in der → Reichszentrale für jüdische Auswanderung (Berlin); seit November 1940 Stellvertreter des BdS in Frankreich; 1942 Beförderung zum SS-Obersturmbannführer; Januar bis September 1943 Kommandeur der Sicherheitspolizei und des SD in Paris, in dieser Funktion für die Internierung und → Deportation von ca. 80 000 Juden verantwortlich und damit an deren Ermordung beteiligt; seit Oktober 1943 im → Reichssicherheitshauptamt zuständig für das → Protektorat Böhmen und Mähren. L. wurde 1947 von den Engländern nach Prag ausgeliefert und von dort 1950 in die Bundesrepublik Deutschland entlassen. Durch die Initiative des französisch-jüdischen Anwalts Serge Klarsfeld wurde L. in Köln am 2. Februar 1980 zu 10 Jahren Haft verurteilt (→ Nachkriegsprozesse). Über sein weiteres Schicksal ist nichts bekannt.

Litauen. Staat im Baltikum mit etwa 220 000 Juden (Anfang 1941, einschließlich → Wilna und Umland), die fast vollständig ermordet wurden. Nachdem Deutschland im März 1939 das Memelland annektiert hatte, wurde das in der Zwischenkriegszeit selbständige L. nach Maßgabe der deutsch-sowjetischen Absprachen zur Teilung Ostmitteleuropas dem sowjetischen Interessengebiet zugeschlagen. Die litauische Regierung konnte im Oktober 1939 das vorher zu → Polen gehörende Gebiet um Wilna gewinnen, geriet aber in der Folgezeit zunehmend unter sowjetischen Druck, bis das Land im Sommer 1940 Teilrepublik der UdSSR wurde. Vor dem Abzug ausländischer diplomatischer Vertretungen aus L. gelang es einigen Tausend Juden, der deutschen Bedrohung über die wenigen noch vorhandenen Fluchtrouten zu entkommen, u. a. mit der Transsibirischen Eisenbahn nach Shanghai. Die sowjetische Okkupation verschärfte die schon seit Mitte der 20er Jahre als Folge der quasi-diktatorischen Herrschaft der nationalen Rechten manifesten inneren Gegensätze und verschaffte antisemitischen Ressentiments größere Breitenwirkung. Wenngleich die sowjetischen Maßnahmen jüdische Bürger mindestens ebenso hart trafen wie die nichtjüdische Bevölkerung (unter den am Vorabend des deutschen Angriffs von den Sowjets als «Volksfeinde» nach Osten deportierten Litauern befand sich ein überproportional hoher Anteil von Juden), wurden sie dennoch von nationalistischen Kreisen pauschal für den Verlust der Eigenstaatlichkeit und den NKWD-Terror verantwortlich gemacht. Die Fixierung auf den «jüdisch-bolschewistischen Feind» ließ zahlreiche litauische Nationalisten im nationalsozialistischen Deutschland Exil suchen und erhöhte ihre Bereitschaft, geheimdienstliche Tätigkeiten deutscher Dienststellen zu unterstützen sowie aktiv antisemitische Propaganda zu betreiben.

Mit Beginn des deutschen Angriffs auf die → Sowjetunion am 22. Juni 1941 entlud sich die aufgestaute Aggression vor dem Hintergrund feststehender Feindbilder und der Erwartung deutscher Siege in einer Welle von → Pogromen. Zahlenangaben zu den Todesopfern bleiben problematisch, da auf spontane antijüdische Ausschreitungen rasch von deutschen Instanzen organisierte «Aktionen» folgten. Nach dem Krieg gesammelte Zeitzeugenberichte sprechen davon, dass es in mindestens 40 litauischen Orten noch vor Einmarsch deutscher Verbände zu Ausschreitungen gegen Juden gekommen sei. Einzelne Litauer widersetzten sich den Gewaltexzessen und boten Verfolgten unter Gefahr für das eigene Leben Schutz. Bestimmend für das Schicksal der litauischen Juden wirkte weniger die Pogromneigung von Teilen der Bevölkerung als vielmehr die Entschlossenheit deutscher Dienststellen, das «Unternehmen Barbarossa» zur Verwirklichung neuer, radikalerer Methoden in der Judenpolitik zu nutzen.

Die frühen deutschen Maßnahmen in L. markieren einen der zentralen Entwicklungsschritte auf dem Weg von der Judenverfolgung zum Genozid und setzten in ihrer Destruktivität neue Maßstäbe. Zu den ersten Massenerschießungen von jüdischen Zivilisten durch deutsche Instanzen kam es wenige Tagen nach Angriffsbeginn im deutsch-litauischen Grenzgebiet, wobei Einheiten der → Wehrmacht und der → Polizei («Einsatzkommando Tilsit») zusammenwirkten. An vorderster Front des Vernichtungskrieges gegen Zivilisten betrieb das Einsatzkommando 3 der → Einsatzgruppe A unter Führung von Karl Jäger die systematische, flächendeckende «Entjudung» des Landes mit den Mitteln des Massenmords und der Zwangsghettoisierung. Litauische Erfüllungsgehilfen, die den Kern der späteren → Schutzmannschaften bildeten, trugen dazu bei, das Land in rascher Folge mit einer Welle von «Aktionen» zu überziehen. In seinen erhalten gebliebenen Berichten nannte Jäger für den Zeitraum bis Februar 1942 mehr als 136 000 ermordete Juden und erklärte damit die → Judenfrage in L. mit Ausnahme der Ghettos für gelöst. Nachdem zunächst hauptsächlich jüdische Männer in wehrfähigem Alter und in Führungspositionen erschossen worden waren, gehörten ab Mitte August 1941 – früher als in anderen Teilen der deutsch besetzten Sowjetunion – große Gruppen von Frauen und Kindern zu den Opfern von Massenerschießungen. Schon seit den ersten Tagen der Besatzung fanden sich unter den Ermordeten deutsche Juden, die in L. der nationalsozialistischen Judenpolitik zu entkommen gehofft hatten; mit Beginn der Transporte aus dem Reich im Herbst 1941 kamen etwa 2000 Deportierte nach → Kaunas, wo sie – anders als die etwa zur gleichen Zeit nach → Minsk und der Großteil der nach → Riga verschleppten deutschen Juden – sofort im Neunten Fort, neben → Ponary nahe Wilna eine der berüchtigsten Mordstätten in L., erschossen wurden.

Der Übergang zum Völkermord machte aus den → Ghettos von Beginn an Vorhöfe der Massengräber; lediglich in Wilna, Kaunas und Šiauliai (Schaulen) sowie in einigen kleineren Städten bestanden sie über das Jahr 1942 hinaus. Mit der Errichtung des von Alfred Rosenberg geführten Reichsministeriums für die besetzten Ostgebiete wurde L. im Juli 1941 dem Reichskommissariat Ostland eingegliedert und die Aufsicht über die Ghettos zivilen Dienststellen übertragen. Daneben wahrte das Einsatzkommando 3 unter Jäger, nun Kommandeur der Sicherheitspolizei und des SD im Generalkommissariat L., mit Rückendeckung der Berliner SS-Führung seine Zuständigkeit in der Judenfrage. → Zwangsarbeit und Selektionen von nicht arbeitsfähigen Juden erweckten bei den Ghettoinsassen den Anschein, als bestimmten wirtschaftliche Erwägungen das deutsche Handeln, was aber nur bedingt der Fall war. Während sich die → Juden- bzw. Ältestenräte um den Nachweis ökonomischer Nützlichkeit für die deutsche Kriegsindustrie bemühten, versuchten Mitglieder des Untergrunds Fluchtwege zu schaffen. Litauische Helfer gewährten einigen Juden Zuflucht, andere entkamen in die waldreichen Gebiete im Grenzbereich zu → Weißrussland. Dort lebten sie in ständiger Gefahr, dem deutschen «Bandenkampf», bisweilen auch antisemitischen Widerstandsgruppen, zum Opfer zu fallen. Das Erstarken der sowjetischen Partisanenbewegung engte ab 1943 die Mobilität und Schlagkraft deutscher Sicherungsverbände zunehmend ein, so dass sich die Chancen zum Überleben außerhalb der Ghettogrenzen erhöhten. Himmlers Befehl zur Auflösung der Ghettos im Reichskommissariat Ostland führte in der zweiten Hälfte des Jahres 1943 zur Umwandlung der litauischen Ghettos in → Konzentrationslager, die der Aufsicht der Sicherheitspolizei unterstellt waren. Die Zerschlagung der sog. jüdischen Selbstverwaltung ging einher mit Selektionen, Massenmorden und Deportationen. Im Sommer 1944 wurden die etwa 10 000 überlebenden Juden in L. mit Herannahen der Roten Armee in deutsche Konzentrationslager verschleppt (zumeist → Stutthof und → Dachau). Es wird geschätzt, dass mehr als 90 % der litauischen Juden die deutsche Okkupation nicht überlebten.

Jürgen Matthäus

Lit.: Wolfgang Benz, Marion Neiss (Hrsg.), Judenmord in Litauen, Berlin 1999. – Christoph Dieckmann, Der Krieg und die Ermordung der litauischen Juden, in: Ulrich Herbert (Hrsg.), Nationalsozialistische Vernichtungspolitik 1939–1945. Neue Forschungen und Kontroversen, Frankfurt am Main 1998, S. 292–329.

Literatur. Während deutsche Intellektuelle und Schriftsteller nach 1945 auf der Suche nach einem Neuanfang, nach einer vom Nationalsozialismus nicht korrumpierten Sprache und Literatur

Metaphern wie «Trümmerliteratur» (Heinrich Böll), «Poesie des Kahlschlags» (Wolfgang Weyrauch), «tabula rasa» (Alfred Andersch) bemühen, werden die poetischen Stimmen der Überlebenden vernehmbar. Mit einer Vielfalt verschiedensprachiger Dichtungen begegnen sie dem nationalsozialistischen Versuch, die Möglichkeit jeder Erinnerung an die Vernichtung auszulöschen. Neben lyrischen Dichtungen (Paul Celan, Nelly Sachs) finden sich erzählende Prosa (Tadeusz Borowski, Grete Weil, Giorgio Bassani, Yoram Kaniuk), epische (Jitzchak Kazenelson), dramatische (Primo Levi, Yehoschua Sobol) und autobiographische Zeugnisse (Jean Améry, Aharon Appelfeld, Charlotte Delbo, Imre Kertész, Primo Levi, David Rousset, Jorge Semprun, Elie Wiesel) über die Verfolgung und Vernichtung der europäischen Juden. Deren Werke, in der Regel dem verkürzenden Begriff «Holocaust-Literatur» subsumiert, verbindet zum einen das historische Ereignis, das sie hervorgebracht hat und von dem sie handeln; zum andern das Bewusstsein über einen Wandel der literarischen Imagination nach Auschwitz.

Jean Améry gehört neben Primo Levi und Elie Wiesel zu den wichtigsten Vertretern der autobiographischen Holocaust-Literatur, auch wenn er eine ästhetische Gestaltung seiner Erfahrungen vermied und stattdessen in *Jenseits von Schuld und Sühne. Bewältigungsversuche eines Überwältigten* (1966) in hochreflektierter Weise das Wesen des Opfer-Seins erkundete. «Geschichten von der Bibel» nannte Primo Levi derartige Zeugnisse von Überlebenden und bereicherte seinerseits das Genre um so wichtige Bücher wie *Ist das ein Mensch?* (1947), *Die Atempause* (1963) und *Die Untergegangenen und die Geretteten* (1986). Wiederkehrendes Motiv ist die traurige und mit Améry geteilte Erkenntnis nicht nur der Einsamkeit des Überlebenden, sondern auch der Scham und Verzweiflung darüber, dass «nicht die Besten» überlebt haben. Einige der Themen Primo Levis sind Topoi der Holocaust-Literatur geworden – der verzweifelt nach Zuhörern suchende Überlebende, die Scham des Überlebens, die Fragwürdigkeit des Gedächtnisses. Elie Wiesel ist ein früher Vertreter der These von der Undarstellbarkeit des Holocaust, genauer von der Ausweglosigkeit, Undarstellbares zur Darstellung zu bringen. Sein 1958 veröffentlichter Roman *La nuit* (zuerst auf jiddisch unter dem Titel *Un di Velt Hot Geschvign*) verbindet die Erfahrungen im Todeslager mit der Gedankenwelt des Chassidismus und der Kabbala. Obwohl sein Werk der beste Beweis der Möglichkeit einer Holocaust-Literatur ist, behauptet Wiesel in seinem Erzählband *Un Juif aujourd'hui* (1977) mit aller Entschiedenheit ihre Unmöglichkeit: «Die Literatur des Holocaust? Der Ausdruck stellt an sich eine Sinnwidrigkeit dar [...]. Ein Roman über Auschwitz ist entweder kein Roman oder er handelt nicht von Auschwitz.» Holocaust-Literatur bewegt sich, wie bei Elie Wiesel angesprochen, zwischen den traditionsbildenden Polen ungebrochenen Vertrauens in die Möglichkeiten und regenerativen Fähigkeiten der Sprache und tiefem Zweifel an ihr als adäquatem Medium von Ereignis und Erfahrung.

Ein Bewusstsein über das Ausmaß des Ereignisses findet sich im deutschen Sprachraum immerhin auch bei Autoren der sog. verlorenen Generation wie Heinrich Böll, der 1945 im Hinblick auf die Erzählbarkeit der Erfahrung des Krieges die Schwierigkeit der Abfassung auch nur einer halben Seite Prosa eingestand und Exilautoren wie Bertolt

Brecht zu dem Ausspruch bewog, die Literatur sei auf das Ereignis nicht vorbereitet gewesen und verfüge daher über keine Mittel der Darstellung.

Der im Vergleich zum missverstandenen Diktum einer «barbarischen» Poesie nach Auschwitz wenig beachtete Gedanke Adornos, ob es der Literatur über die Lager gelingen könne, «dem Leiden eine eigene Stimme zu geben» (*Engagement*, 1962), ist von der Lyrik am überzeugendsten eingelöst worden. Paul Celan und Nelly Sachs haben in der Aporie von Reden und Schweigen eine eigene literarische Tradition ausgebildet. Celan nennt die Sprache unverloren, da sie durch ihr eigenes Verstummen hindurchgehe. Seine hermetische Lyrik wird an ihrem Beginn (*Die Todesfuge*, 1945) zunächst als unmittelbarer Reflex auf das Ausmaß der Vernichtung gelesen, bald darauf im Kontinuum einer jüdischen Gedächtnisliteratur stehend und später als ein vom historischen Zusammenhang losgelöstes Gebilde komplexer Sprachbezüge gedeutet. Nelly Sachs leiht in ihren Zyklen *In den Wohnungen des Todes* (1947) und *Sternverdunkelung* (1949) ihre Stimme den Toten. Sachs' und Celans Gedichte sind Ausdruck einer poetischen Trauer, die die deutsche Gesellschaft lange Zeit vermissen lässt. Die der Gesellschaft attestierte «Unfähigkeit zu trauern» (Margarete und Alexander Mitscherlich, 1967) zielte zunächst auf die Lähmung und Sprachlosigkeit im Hinblick auf den Verlust des Führers, meinte aber darüber hinaus die ausgebliebene Trauer über die ermordeten Juden.

Der Holocaust sowie die Konfrontation mit den Problemen jüdischer Realität nach Auschwitz bleibt in der europäischen Nachkriegsliteratur ein randständiges Thema. Im deutschen Sprachraum ist der Holocaust – von wenigen Ausnahmen wie Wolfgang Koeppen abgesehen – in Form von hölzernen Verallgemeinerungen und existentialistischen «Erinnerungsfluchten», symptomatischen Auslassungen und Vermeidungsstrategien gegenwärtig. Heinrich Böll etwa bedient in manchen seiner frühen Bücher (*Der Zug war pünktlich*, 1949; *Wo warst du, Adam?*, 1951) geläufige Mythen und Stereotypen und spart – darin sehr zeittypisch – in der vereinfachenden Nivellierung von (heimkehrenden) Deutschen und Juden als Opfern der Geschichte Fragen nach der Eigenverantwortung und einer möglichen Gegenwehr der Bevölkerung aus. Die in ihrer Schilderung der Nachkriegsgesellschaft bedeutsamen Werke von Böll, aber auch von Siegfried Lenz und Günter Grass können – von der literarischen Kritik längst in den Stand «poetischen Geschichtsunterrichts» oder «erzählter Zeitgeschichte» erhoben – in Teilen auch als ein Indikator für die unbewusste Vorurteilsstruktur gegenüber Juden und ihr stilles Fortwirken seit dem Ende der 40er Jahre des 20. Jahrhunderts gelten.

Eine Wende in der Auseinandersetzung um den Holocaust und neue Impulse für die Literatur brachten der Prozess gegen Adolf Eichmann in Israel (1961) ebenso wie der Auschwitz-Prozess in Frankfurt (1963–1965), wofür die «Gerichtsdramen» und die dokumentarische Prosa von Alexander Kluge, Peter Weiss und Heinar Kipphardt ein Beispiel sind. Auch in den USA, vor allem aber in Frankreich lässt sich die Erschütterung durch den Holocaust deutlicher an seinen Nachbeben ermessen. Enthalten frühe Zeugnisse wie das von Robert Antelme, (*L'espèce humaine*, 1946) Gedanken zum Verhältnis der Erfahrung des Grauens und Literatur, so sind es Roland Barthes und Sarah Kofman, die im Sinne des Philosophen

Maurice Blanchot auf Auschwitz «als das absolute Ereignis der Geschichte» reagieren. Blanchots Forderung nach einem Bruch mit den Mechanismen der Macht im Denken, Reden und Schreiben nach Auschwitz blieb normativ; nicht aber sein Appell, dass Sprache und Literatur vom Unsagbaren des Massenmords durchdrungen sein müsse. Diesen Anspruch nämlich erfüllte die jiddische Literatur seit 1945 in einem ganz konkreten Sinn, indem sie die Verfolgung und Ermordung der Juden zum Kernstück all ihrer Gattungen machte. Die französische Schriftstellerin Marguerite Duras verbindet ihr Selbstverständnis als Schreibende konsequent mit der Vernichtung der Juden. Die Trauer um deren Ermordung wird zum Impuls ihrer literarischen Produktion. Dass der Holocaust durch den Eichmann-Prozess, aber auch durch weltweite Bestseller wie *Das Tagebuch der Anne Frank* (erschienen zuerst 1947, seitdem in verschiedenen auch textkritischen und kommentierten Neuauflagen) als «eigenständiges Sinnbild» (Young) in die gesellschaftliche und literarische Phantasie eingegangen ist, wird deutlich an der amerikanischen Autorin Sylvia Plath, die anders als Duras in ihrem posthum veröffentlichten Gedichtband *Ariel* (1965) in einer Wechselbeziehung von Privatem und Historischem nach dem Holocaust-Juden als Metapher für das leidende Ich greift, ihr eigenes Ich in die Bilder der Lager hineinsenkt.

Nicht zuletzt durch die offenkundige Diskrepanz – die Zweifel an der Darstellbarkeit des Holocaust auf der einen Seite, die vielfältigsten literarischen Bewältigungsversuche und Inanspruchnahmen auf der anderen Seite – wird die Debatte über die Unsagbarkeit des Holocaust Ende der 80er Jahre des 20. Jahrhunderts abgelöst von einer Reflexion auf die Darstellungsformen des Holocaust, auf deren Voraussetzungen und Konsequenzen. «Man kann also immer alles sagen. Das Unsagbare [...] ist nur ein Alibi», benennt der Überlebende Jorge Semprun 1995 den Wandel innerhalb der Auseinandersetzung, ein Wandel, dem sich so wichtige Bücher wie Ruth Klügers *Weiter leben. Eine Jugend* (1992), Ida Finks *Notizen zu Lebensläufen* (1996) und Imre Kertèsz' *Roman eines Schicksallosen* (1996) verdanken. Von künstlerischer Überzeugungskraft und literarischem Rang sind letztgenannte Bücher vor allem deshalb, da die darin entwickelten verstörenden Erzählstrategien als kritische Reflexe auf die bisherige Tradition und Rezeption von Holocaust-Literatur und Gedenkritualen verstanden werden können.

Mona Körte

Lit.: Nicolas Berg, Jess Jochimsen, Bernd Stiegler (Hrsg.), SHOAH. Formen der Erinnerung. Geschichte, Philosophie, Literatur, Kunst, München 1996. – Judith Klein, Literatur und Genozid. Darstellungen der nationalsozialistischen Massenvernichtung in der französischen Literatur, Wien 1992. – Norbert Oellers (Hrsg.), Vom Umgang mit der Schoah in der deutschen Nachkriegsliteratur, Berlin 1995 (Zeitschrift für Deutsche Philologie, Bd. 114, Sonderheft). – Alvin H. Rosenfeld, Ein Mund voll Schweigen. Literarische Reaktionen auf den Holocaust, Göttingen 2000. – Ernestine Schlant, Die Sprache des Schweigens. Die deutsche Literatur und der Holocaust, München 2001. – James E. Young, Beschreiben des Holocaust. Darstellung und Folgen der Interpretation, Frankfurt am Main 1992.

Litzmannstadt s. Łódź

Łódź (Ghetto). In Łódź (ab 1940 «Litzmannstadt»), der zweitgrößten Stadt → Polens, die sich während der deutschen Okkupation auf dem Gebiet des Reichsgaues → Wartheland befand, wurde im Frühjahr 1940 das erste Großghetto unter nationalsozialistischer Herrschaft errichtet. Es umfasste eine mit Stacheldraht umzäunte Fläche von 4,14km² in einem städtischen Wohnviertel, auf der zeitweilig über 160 000 Menschen untergebracht waren. Da es sich um ein Armenviertel gehandelt hatte, waren Kanalisation und Elektrifizierung nur unzureichend vorhanden. Zunächst war das → Ghetto als provisorische Einrichtung für ein halbes Jahr gedacht, da man damit rechnete, die Juden in das → Generalgouvernement zu deportieren. Als sich diese Pläne nicht realisieren ließen, begann man, das Ghetto als großes Arbeitslager zu organisieren. In Werkstätten und Fabriken leisteten die Ghettobewohner → Zwangsarbeit, indem sie vor allem Uniformen und andere Textilgüter für die → Wehrmacht produzierten. Die Lenkung der Produktion oblag der deutschen Ghettoverwaltung unter Hans Biebow. Die innere Verwaltung des Ghettos wurde vom → Judenrat geleistet, der eine beträchtliche jüdische Bürokratie aufbaute. Eine besondere Rolle spielte der «Judenälteste» Mordechai Chaim Rumkowski, der autoritär für die Durchsetzung der Verfügungen der deutschen Behörden sorgte. Zunächst bewohnten vor allem Juden aus Łódź und dem Warthegau das Ghetto. Im Oktober/November 1941 kamen 20 000 westeuropäische Juden dazu. 5000 Roma (→ Sinti und Roma) aus dem Burgenland wurden in einem separierten Ghettobereich eingesperrt. Zu dieser Zeit entstanden die Überlegungen zur Errichtung eines → Vernichtungslagers im 55 km entfernten Chełmno. Im Dezember 1941 begannen dort die ersten Morde in → Gaswagen, zunächst an Juden aus der Umgebung. Von Januar bis September 1942 wurden ca. 70 000 Menschen in vier großen Wellen aus dem Ghetto L. in das Vernichtungslager deportiert. Im März 1943 wurde der Betrieb in → Chełmno vorläufig eingestellt, den im Ghetto verbliebenen Juden gewährte ihre Arbeitskraft vorübergehenden Schutz. 1944 war das Ghetto Litzmannstadt das letzte Ghetto in Polen. Im Juni 1944 begannen erneute → Deportationen ins reaktivierte Chełmno. Die Nähe der Front veranlasste im Juli 1944 die Schließung des Vernichtungslagers, die sowjetischen Truppen waren kaum 150km von L. entfernt. Der endgültige Befehl zur Liquidierung des Ghettos erfolgte im August 1944. In diesem Monat deportierte man 60 000 Menschen nach → Auschwitz-Birkenau. Ungefähr 800 Menschen blieben für Aufräumungsarbeiten zurück, weitere Hundert konnten in Verstecken überleben.

Andrea Rudorff

Lit.: Alan Adelson, Robert Lapides, Lodz Ghetto. Inside a community under siege, New York 1989. – Adolf Diamant, Ghetto Litzmannstadt, Bilanz eines nationalsozialistischen Verbrechens, Frankfurt am Main 1986. – Hanno Loewy, Gerhard Schönberner (Hrsg.), «Unser einziger Weg ist Arbeit». Das Ghetto in Lodz 1940–1944, Wien 1990. – Michal Unger (Hrsg.), The Last Ghetto. Life in the Lodz Ghetto 1940–1944, Jerusalem 1985.

Löhr, Alexander (1885–1947), Generaloberst; Offizierslaufbahn in der österreichisch-ungarischen Armee; nach dem Ersten Weltkrieg mit dem Aufbau einer österreichischen Luftverteidigung betraut; nach dem «Anschluss» → Österreichs am 12./13. März 1938 als Generalleutnant in die → Wehrmacht übernommen. März 1939 General der Flieger und Oberbefehlshaber der Luftflotte 4, Teilnahme am Polen- und Balkanfeldzug. Am 6. April 1941 gab L. den Befehl zur Bombardierung Belgrads. Mai 1941 bis Juni 1942 im Rang eines Generaloberst an der Ostfront eingesetzt. Seit August 1942 Wehrmachtsbefehlshaber Südost und Oberbefehlshaber der 12. Armee; seit 1. Januar 1943 Oberbefehlshaber Südost und Oberbefehlshaber der Heeresgruppe E. Nach der Kapitulation Italiens im September 1943 besetzten L.s Einheiten den bislang italienisch kontrollierten Teil → Griechenlands und deportierten im Sommer 1944 die Juden der Inseln Korfu (2000), Rhodos (2200) und Kreta (300). L. wurde insbesondere wegen der Bombardierung Belgrads zum Tode verurteilt und am 16. Februar 1947 hingerichtet.

Lösener, Bernhard (1890–1952), «Rassereferent» im Reichsinnenministerium; Teilnahme am Ersten Weltkrieg; 1924 Zollbeamter; 1930 Eintritt in die NSDAP. 1933–1943 Ministerialrat im Reichsministerium des Innern, in dieser Eigenschaft am Entwurf von 27 antijüdischen Verordnungen und insbesondere an den → Nürnberger Gesetzen sowie ihren Durchführungs-Verordnungen beteiligt. L. behauptete nach dem Krieg, er sei auf seinem Posten verblieben, um Schlimmeres zu verhüten. Tatsächlich hatte er sich für den Schutz von → Mischlingen und Juden in «Mischehen» eingesetzt. Im Dezember 1941 ersuchte er um seine Versetzung von seinem Posten, nachdem er von den ersten Massakern an Juden, die nach → Riga deportiert worden waren, erfahren hatte. Im März 1943 wurde L. zum Richter ernannt. 1961 erschienen posthum seine Erinnerungen *Als Rassereferent im RMdI* in: Vierteljahrshefte für Zeitgeschichte 9 (1961), S. 264–313.

Lohse, Hinrich (1896–1964), Reichskommissar im Reichskommissariat Ostland; 1923 Eintritt in die NSDAP; seit Februar 1925 Gauleiter von Schleswig-Holstein; ab 29. März 1933 Oberpräsident von Schleswig-Holstein. November 1941–1944 Reichskommissar Ostland (Baltikum und → Weißrussland) mit Sitz in Riga. L. ließ die jüdische Bevölkerung lediglich mit dem unbedingt Lebensnotwendigen versorgen. Die ersten Massenerschießungen und Pogrome im Ghetto von → Wilna veranlassten ihn wegen zu erwartender wirtschaftlicher Schwierigkeiten zur Nachfrage beim vorgesetzten Reichsminister für die besetzten Ostgebiete, das ihn seinerseits an den Höheren SS- und Polizeiführer vor Ort verwies. 1948 in Bielefeld zu zehn Jahren Haft und Einziehung seines Vermögens verurteilt, wurde L. 1951 aus gesundheitlichen Gründen entlassen.

Lublin (KZ) s. Majdanek

Ludin, Hanns Elard (1905–1947), SA-Obergruppenführer, Gesandter I. Klasse; 1924 Eintritt in die Reichswehr, im Oktober 1930 in die NSDAP, im Sommer 1931 in die SA; ab Juli 1932 Mitglied des Reichstages; seit 1938 SA-Obergruppenführer; August 1939–1940/1941 Hauptmann der Wehrmacht; anschließend Übernahme L.s ins Auswärtige Amt und am 13. September 1941 Ernennung zum Gesandten I. Klasse in Preßburg (Bratislava) als Nachfolger Manfred Freiherr von Killingers. L. war u. a. für die diplomatische Unterstützung der → Deportationen zuständig. Ende März 1942 überbrachte er erstmals der slowakischen Regierung ein deutsches Gesuch zur Deportation der Juden aus der → Slowakei, dem diese auch nachkam. In L.s Amtszeit fiel 1942–1944 die Deportation des größten Teils der slowakischen Juden sowie die Niederschlagung des slowakischen Nationalaufstandes Ende August 1944 und die Besetzung des Landes durch die Wehrmacht. Am 9. Dezember 1947 wurde er in Preßburg hingerichtet.

Luther, Martin (1895–1945), Unterstaatssekretär im Auswärtigen Amt; nach dem Ersten Weltkrieg Möbelspediteur; am 1. September 1932 Eintritt in die NSDAP; durch Bekanntschaft mit Joachim v. Ribbentrop 1936 Hauptreferent in der Dienststelle Ribbentrop; seit Oktober 1938 Karriere im Auswärtigen Amt; seit 7. Mai 1940 Leiter der Abteilung Deutschland (ehemals Referate Partei und Deutschland); am 8. Juli 1941 zum Ministerialdirektor mit der Bezeichnung Unterstaatssekretär befördert. L., der eng mit dem → Reichssicherheitshauptamt und mit Adolf Eichmann zusammenarbeitete, war einer der prononciertesten Befürworter der → Endlösung der Judenfrage im Auswärtigen Amt und vertrat seine Behörde bei der → Wannsee-Konferenz. Aufgrund einer Intrige gegen Ribbentrop wurde L. am 16. Dezember 1943 aus dem Auswärtigen Amt entlassen und im KZ → Sachsenhausen interniert. L. starb im Mai 1945 in einem Berliner Krankenhaus.

Lutz, Carl (1895–1975), Schweizer Vizekonsul in Budapest, der Juden in → Ungarn rettete; 1920 Mitarbeiter an der Schweizer Gesandtschaft in Washington; 1935 Leiter des Schweizer Konsulats in Tel Aviv, wo er sich nach Kriegsausbruch auch für deutsche Interessen einsetzte, was ihm später in Budapest von Nutzen war. Seit 2. Januar 1942 Vizekonsul und Leiter der Schutzmachtabteilung an der Schweizer Gesandtschaft in Budapest, wo er die Interessen von insgesamt 10 Staaten vertrat, die ihre Beziehungen mit Ungarn abgebrochen hatten. Als Vertreter britischer Interessen beschaffte L. 200 jüdischen Kindern Ausreisegenehmigungen nach → Palästina. Nach der deutschen Besetzung Ungarns am 19. März rettete L., teilweise in enger Zusammenarbeit mit Raoul Wallenberg, durch verschiedene Aktionen bis Kriegsende insgesamt ca. 62 000 Juden (→ Rettung). 1965 wurde L. von Yad Vashem mit dem Titel «Gerechter unter den Völkern» ausgezeichnet.

Luxemburg. In dem Gebiet des heutigen Großherzogtums L. siedelten sich seit dem späten Mittelalter vereinzelt Juden an. Doch erst im 19. Jahrhundert kam es zur Bildung von größeren dauerhaften Gemeinden, was im Jahre 1823 durch den Bau der ersten Synagoge auch nach außen hin sichtbar wurde. Nach Hitlers Machtantritt 1933 schnellte die Zahl der jüdischen Bevölkerung in die Höhe, so dass 1935 fast 3200 Personen jüdischen Glaubens in L. (1,06 % der Bevölkerung) lebten. Die rund 870 luxemburgischen Juden gehörten meist dem Mittelstand und dem Kleinbürgertum an. Jüdische Emigranten wählten auf ihrer Flucht als erste Station L., in der Hoffnung, die Situation im → Deutschen Reich würde sich schnell wieder normalisieren. Da dies jedoch nicht eintrat, zogen viele weiter nach → Frankreich und in die Vereinigten Staaten. In der Folgezeit löste die Politik des NS-Regimes (z. B. Saarabstimmung, «Anschluss» Österreichs) immer wieder neue Flüchtlingsströme aus. L. aber blieb für die meisten Juden nur ein Durchreiseland. Das jüdische Konsistorium und der ESRA, ein von der jüdischen Gemeinde gebildetes Hilfskomitee, übernahmen die Betreuung der Flüchtlinge. Durch die hohe Anzahl von Künstlern und Schriftstellern unter den Emigranten erlebte das kulturelle Leben in L. einen kurzen Höhepunkt. Die 30er Jahre charakterisierten sich aber auch in L. durch ein verstärktes Auftreten von Fremdenhass und → Antisemitismus, die hauptsächlich von rechtsextremistischen Parteien propagiert wurden, jedoch auch in rechtskonservativen Kreisen ihren Widerhall fanden. Zum Zeitpunkt des deutschen Überfalls am 10. Mai 1940 befanden sich in L. etwa 3700 Juden. Drei Jahre später, im Juni 1943, gab es nur noch 20–30 meist in «Mischehen» lebende Juden. Über die Hälfte der jüdischen Bevölkerung hatte das Land im Mai 1940 in Richtung Frankreich verlassen. In den ersten Monaten der Besatzung, als L. unter Militärverwaltung stand, wurde die jüdische Bevölkerung nicht gesondert behandelt. Dies änderte sich jedoch mit der Zivilverwaltung Ende Juli 1940. Eine der Prioritäten des Chefs der Zivilverwaltung Gustav Simon, zugleich Gauleiter von Koblenz-Trier, war es, die diskriminierende Gesetzgebung Deutschlands in L. einzuführen. So galten ab dem 5. September 1940 die Bestimmungen der → Nürnberger Gesetze auch für die in L. ansässigen Juden. In der Folgezeit wurden die Freiheiten der jüdischen Bevölkerung im täglichen Leben zunehmend eingeschränkt, etwa mit dem Schächtverbot im Dezember 1940. Die «Verordnung betr. Ordnung des jüdischen Lebens in L.» vom 29. Juli 1941 schloss die Juden nicht nur von jedem gesellschaftlichen Leben aus (z. B. durch das Verbot an öffentlichen Veranstaltungen teilzunehmen), sondern führte auch, früher als in Deutschland, eine auf der Kleidung zu tragende gelbe → Kennzeichnung (Armbinde) ein.

Nachdem im September 1940 eine angedrohte Massenausweisung verhindert werden konnte, gelang es ungefähr 1450 Juden bis Ende 1941 zu emigrieren. Als im Oktober 1941 die deutschen Behörden einen Auswanderungsstopp verkündeten, lebten noch immer rund 700 Juden in L. Diese meist älteren oder kranken Menschen wurden im ehemaligen Kloster Fünfbrunnen (im Norden des Landes) – nahe einer Bahnlinie – zusammengetrieben. Die 331 am 16. Oktober 1941 nach → Lodz deportierten luxemburgischen Juden waren die ersten, die aus einem besetzten westeuropäischen Land nach Osteuropa verschleppt wurden. 43 von den insgesamt 683 deportierten Juden (6,5 %) überlebten schließlich die deutschen Lager. Insgesamt geht man davon aus, dass mehr als ein Drittel der 1940 in L. ansässigen Juden ermordet wurde. Die Haltung der meisten Luxemburger, die sich gegenüber dem Besatzer schnell in eine größtenteils offene Opposition wandelte, muss man als passiv gegenüber dem Schicksal der Juden bezeichnen. Eine Minorität luxemburgischer Nationalsozialisten beteiligte sich an Angriffen gegenüber der jüdischen Bevölkerung, so z. B. an der Verwüstung der Ettelbrücker Synagoge am 22. Oktober 1940.

Benoît Majerus

Lit.: Paul Cerf, L'étoile juive au Luxembourg, Luxembourg 1986. – Mathias Wallerang, Luxemburg unter nationalsozialistischer Besatzung. Luxemburger berichten, Mainz 1997.

Madagaskarplan. Der M. sah die Umsiedlung von vier Millionen europäi-

schen Juden auf die zum französischen Kolonialreich gehörende südostafrikanische Insel Madagaskar vor. Er wurde im Sommer 1940 im Referat D III des Auswärtigen Amtes unter der Federführung des Judenreferenten Franz Rademacher konzipiert, die detaillierte Planung erfolgte durch das Referat IV B 4 im → Reichssicherheitshauptamt (RSHA). Die Idee, die → Judenfrage durch Aussiedlung der jüdischen Bevölkerung nach Madagaskar zu lösen, war keine Erfindung der Nationalsozialisten. Sie existierte bereits seit den 80er Jahren des 19. Jahrhunderts und fand Anhänger in vielen europäischen Ländern. Mit dem Sieg über Frankreich im Juni 1940 trat Madagaskar konkret als Deportationsziel und Mittel zur «territorialen Endlösung» ins Blickfeld der Nationalsozialisten. Am 15. August 1940 legte das Referat Eichmanns im RSHA den auf Plänen des Auswärtigen Amtes aufbauenden und konkretisierten Plan zur → Deportation von vier Millionen europäischen Juden nach Madagaskar vor. «Zur Vermeidung dauernder Berührung anderer Völker mit Juden» sei «eine Überseelösung insularen Charakters jeder anderen vorzuziehen.» Zu diesem Zweck sollte Frankreich die Insel Deutschland als Mandat übertragen. Madagaskar sollte kein «Judenstaat» werden, es war an die Errichtung eines großen jüdischen → Ghettos unter SS-Aufsicht gedacht. Unter der Verwaltung eines dem Reichsführer SS unterstehenden Polizeigouverneurs sollten die deportierten Juden die Insel urbar machen. Der M. blieb Schubladenentwurf: Unter den Vorzeichen des bislang erfolgreichen Westfeldzuges als Nach-Kriegs-Plan konzipiert, kam das Vorhaben mit dem ausbleibenden Kriegsende zum Erliegen. Die geplante «territoriale Endlösung» wurde ab dem Frühjahr 1941 durch die Vorbereitungen zur «Endlösung» ersetzt.
Von Historikern wurde der M. aufgrund seiner scheinbaren Folgenlosigkeit häufig als Täuschungsmanöver oder Vernebelungstaktik interpretiert, doch den Nationalsozialisten lag im Sommer 1940 nichts an einer Strategie der Irreführung. Auch die geplante Deportation nach Madagaskar hätte die Vernichtung der Juden bedeutet: An einem Ort, an dem täglich Hunderte Einheimische an Malaria und anderen Krankheiten starben, hätten europäische Juden kaum überlebt.

Carina Baganz

Lit.: Magnus Brechtken, «Madagaskar für die Juden». Antisemitische Idee und politische Praxis 1885–1945, München 1997. – Hans Jansen, Die beabsichtigte Deportation der europäischen Juden nach Madagaskar, München 1997.

Majdanek (KZ). → Konzentrationslager, benannt nach einem benachbarten Lubliner Stadtteil, war geplant als riesiges Arbeitskräftereservoir und Bestandteil von Himmlers Plänen, im Osten ein Wirtschafts-und Kolonisierungsimperium der → SS zu schaffen. De facto kam es jedoch nicht über einen provisorischen Zustand hinaus. Errichtet am Stadtrand Lublins an der Chaussee nach Lemberg, unweit des Bahnhofs, war M. 5 km vom Stadtzentrum entfernt. Auf 270 ha exisitierten drei Komplexe: das Häftlingslager, der SS-Bereich und der Wirtschaftsbereich. M., das anfangs «Kriegsgefangenenlager der Waffen-SS Lublin» hieß, erfüllte in seiner fast dreijährigen Geschichte vom Herbst 1941 bis Sommer 1944 unterschiedliche Funktionen. Kurze Zeit nutzte die SS das Lager für sowjetische Kriegsgefangene, ab Frühjahr

1942 als Arbeitslager für jüdische und polnische Häftlinge, ferner als Straf- und Übergangslager für die Landbevölkerung der Region Zamość und der westlichen Gebiete der → Sowjetunion, die im Zuge der NS-Kolonisierungs- und Repressionspolitik hierher deportiert wurde. Seit Herbst 1942 war M. auch Frauenlager, meist für polnische und jüdische Gefangene. Ab Anfang 1943 trafen in M., nun offiziell in Konzentrationslager umbenannt, zahlreiche polnische politische Häftlinge ein. Daneben diente das Lager als Lazarett für sowjetische Kriegsversehrte (Kollaborateure) und Auffanglager für Schwerkranke aus anderen Lagern. Aufgrund der äußerst primitiven Haftbedingungen war die Todesrate der Häftlinge sehr hoch. Zugleich war M. Ort der direkten Vernichtung in → Gaskammern, in denen von Herbst 1942 bis Herbst 1943 mit → Zyklon B bzw. Kohlenmonoxid vorwiegend Juden ermordet wurden. Die Leichen der Ermordeten und Verstorbenen wurden auf Scheiterhaufen und im Krematorium verbrannt. Das Gelände von M. diente zudem als Erschießungsstätte für jüdische und polnische Häftlinge. Am 3. 11. 1943 erschoss die SS im Rahmen der → Aktion Erntefest rund 18 000 Juden. In die → Aktion Reinhardt war das Hauptlager und seine Außenstellen (Lagerkomplex «Alter Flughafen») hauptsächlich in wirtschaftlicher Hinsicht als Sammelstelle für das geraubte jüdische Eigentum einbezogen. Die Opferzahl von M. liegt bei 235 000 Personen. Der größte Teil der Häftlinge starb an Auszehrung und Krankheiten. Die zahlenmäßig stärksten Opfergruppen waren Juden und Polen. M. wurde als das erste NS-Lager am 23. 7. 1944 befreit.

Wiesław Wysok

Lit.: Tomasz Kranz, Das KL Lublin zwischen Planung und Realisierung in: Ulrich Herbert, Karin Orth, Christoph Dieckmann (Hrsg.), Die nationalsozialistischen Konzentrationslager – Entwicklung und Struktur, Göttingen 1998, S. 363–389. – Jozef Marszałek, Majdanek. Konzentrationslager Lublin, Warszawa 1984.

Mazedonien. In dem nach der Aufteilung → Jugoslawiens 1941 annektierten Teil M. lebten etwa 7800 Juden (vornehmlich in den Städten Skopje, Bitola und Štip). Im Unterschied zu den Mazedoniern erhielten die einheimischen Juden nicht die bulgarische Staatsangehörigkeit und wurden einer Reihe diskriminierender Maßnahmen ausgesetzt. Bis zum Frühjahr 1943 waren sie aber nicht von physischer Verfolgung bedroht. Nach längeren deutsch-bulgarischen Verhandlungen wurde am 22. Februar 1943 vereinbart, dass 20 000 Juden aus → Bulgarien (und zwar aus den vormals jugoslawischen und griechischen Regionen) in die «ostdeutschen Gebiete» deportiert werden sollten. Zwischen dem 22. und 29. März 1943 verließen drei Eisenbahntransporte mit insgesamt 7144 Juden die mazedonische Hauptstadt Skopje und trafen wenige Tage später im → Vernichtungslager → Treblinka ein. Von wenigen Einzelfällen abgesehen fielen alle Deportierten dem Holocaust zum Opfer.

Holm Sundhaussen

Lit.: Alexander Matkovski, A History of the Jews in Macedonia, Skopje 1982.

Malines s. Belgien

Maly Trostinez. 12 km südöstlich von Minsk wurde im Frühjahr 1942 ein Lager eingerichtet, das dem Kommandeur der Sicherheitspolizei und des SD

Minsk unterstand. In M. wurden jeweils bis zu 1000 Häftlinge zu landwirtschaftlichen und handwerklichen Arbeiten gezwungen, vor allem diente das Lager aber als Vernichtungsstätte. Der erste zweifelsfrei nachgewiesene Massenmord fand dort am 11. Mai 1942 statt. Von August 1942 an wurde M. mit dem nahegelegenen Wald von Blagowschtschina zum zentralen Vernichtungsort in der Umgebung von Minsk. Dort ermordete die Sicherheitspolizei in erster Linie Minsker Juden sowie, besonders 1942, nach → Weißrussland deportierte deutsche, tschechische und österreichische Juden, ferner Tausende sowjetische Kriegsgefangene, weißrussische Widerstandskämpfer, Gefängnisinsassen und beispielsweise im Zuge der Bekämpfung von → Partisanen bei Polozk inhaftierte Frauen und Kinder. Die Massengräber wurden zur Verwischung der Spuren Ende 1943 enterdet, die Leichen verbrannt. Kurz vor der Befreiung im Sommer 1944 wurden in M. weitere etwa 6500 Häftlinge aus dem Lager und Minsker Gefängnissen ermordet. Die Gesamtzahl der Todesopfer in dem Lager ist umstritten; die offizielle Zahl beträgt 206 500 Menschen, 1944 beliefen sich Feststellungen sowjetischer Untersuchungsorgane auf etwa 150 000 Personen, während manche neuere Forschungen 60 000 (darunter fast zur Hälfte Juden aus Zentraleuropa) annehmen.

Christian Gerlach

Lit.: Christian Gerlach, Kalkulierte Morde. Die deutsche Wirtschafts- und Vernichtungspolitik in Weißrußland 1941–1944, Hamburg 1999. – Paul Kohl, Der Krieg der deutschen Wehrmacht und der Polizei 1941–1944. Sowjetische Augenzeugen berichten, Frankfurt am Main 1995.

Manstein, Erich von (1887–1973), Generalfeldmarschall; Teilnahme am Ersten Weltkrieg, anschließend Karriere in der Reichswehr. Als Kommandierender General des XXXVIII. Armeekorps 1940 Entwicklung des Operationsplans für den Frankreichfeldzug («Sichelschnitt»). 1941 Kommandierender General des LVI. Armeekorps; 17. September 1941 Oberbefehlshaber der 11. Armee (→ Wehrmacht). Am 20. November 1941 erklärte M. in einem an den berüchtigten Befehl Walther von Reichenaus angelehnten Tagesbefehl «die Notwendigkeit der harten Sühne am Judentum, dem geistigen Träger des Bolschewismus». 1941/1942 war die → Einsatzgruppe D (Otto Ohlendorf) der Armee M.s militärisch und logistisch unterstellt. Seit 1. Juli 1942 Generalfeldmarschall; nach militärischen Erfolgen an der Ostfront am 30. März 1944 als Oberbefehlshaber der Heeresgruppe Süd abgesetzt und nicht mehr wieder verwendet. M. behauptete 1949 vor einem britischen Gericht, von den Judenmassakern nichts gewusst zu haben; jedoch existieren zahlreiche Indizien, dass er über die Massenmorde informiert war. Als Kriegsverbrecher zu 18 Jahren Haft verurteilt, wurde M. 1953 aus gesundheitlichen Gründen entlassen, schrieb Memoiren (Aus einem Soldatenleben, 1958; Verlorene Siege ^{11}1987.

Massaker s. Pogrom

Mauthausen (KZ). Am 8. 8. 1938 begann eine Gruppe von 300 österreichischen und deutschen Häftlingen aus → Dachau mit dem Aufbau des → Konzentrationslagers M. in der Nähe von Linz in Oberösterreich. Wie → Flossenbürg war auch M. aufgrund benachbarter Granitsteinbrüche ausgewählt worden. Eine vom Chef der Sicherheitspolizei und des SD, Reinhard Heydrich, erstellte Einstufung der KZ wies M. als einziges Lager mit der Lagerstufe III aus, «für schwerbelastete, unverbesserliche und auch gleichzeitig kriminell vorbestrafte und asoziale, das heisst kaum noch erziehbare Schutzhäftlinge.» Bis zum Jahr 1942, als alle KZ als Arbeitskräftereservoir für die Rüstungsindustrie an Bedeutung gewannen, war M. ein Todeslager, in dem vor allem Polen, Tschechen, russische Kriegsgefangene, republikanische Spanier, aber auch Jugoslawen, Belgier, Franzosen, → Sinti und Roma sowie deutsche und österreichische Kommunisten systematisch ermordet wurden. Jüdische Häftlinge hatten in M. bis zum Jahr 1944 so gut wie keine Überlebenschancen. Sie wurden aus den besetzten Ländern und anderen Konzentrationslagern zur Ermordung nach M. gebracht. Dabei spielte → Vernichtung durch Arbeit in den Steinbrüchen von M. und in dem 1940 gegründeten Außenlager Gusen eine ebenso bedeutsame Rolle wie die 1940 in Betrieb genommene Tötungseinrichtung in Schloss Hartheim, in der ab 1941 mehr als 5000 Gefangene des Lagers M. mit Giftgas ermordet wurden. Auch im Lager M. wurde im Frühjahr 1942 eine → Gaskammer in Betrieb genommen.

Ab Sommer 1943 arbeitete der Großteil der Häftlinge von M. in den Rüstungsbetrieben der 46 Außenlager. Neben der Steyr-Daimler-Puch AG und den Reichswerken «Hermann Göring» in Linz wurden ab Herbst 1944 in Ebensee im Salzkammergut, in der Nähe von Melk und bei St. Georgen an der Gusen große Stollenanlagen errichtet, mit denen die Flugzeug- und Raketenproduktion unter die Erde verlagert werden sollte. Ende 1944 befanden sich in M. etwa 10 000 und in den Außenlagern 60 000 Häftlinge, darunter eine große Zahl jüdischer Gefangener, auch Frauen, die man aus den Ghettos und Lagern im besetzten → Polen nach → Österreich gebracht hatte. Ab Ende März 1945 wurden die Außenlager evakuiert, oftmals wurden kranke und gehunfähige Gefangene zuvor ermordet. Gleichzeitig strömten Zehntausende, vor allem ungarische Juden, aus östlicher Richtung nach M., wo sie nur noch in Zelten untergebracht werden konnten. Am 5. 5. 1945 wurde M. von einer Panzereinheit der US-Armee befreit. Man schätzt, dass mehr als 100 000 Menschen in M. und seinen Außenlagern ihr Leben verloren.

Barbara Distel

Lit.: Florian Freund, Arbeitslager Zement. Das Konzentrationslager Ebensee und die Raketenrüstung, Wien, 1989. – Hans Marsalek, Die Geschichte des Konzentrationslagers Mauthausen. Dokumentation, Wien 1980. – Bertrand Perz, Projekt Quarz. Steyr-Daimler-Puch und das Konzentrationslager Melk, Wien 1991.

Mayer, Saly (1882–1950), jüdischer Vertreter des American Jewish Joint Distribution Committee (JDC) in der Schweiz; 1936–1941 Präsident des Schweizerischen Israelitischen Gemeindebundes; verhandelte nach dem «Anschluss» → Österreichs mit der Schweizer Fremdenpolizei über die Aufnahme von 3000 bis 4000 jüdischen Flüchtlingen in der → Schweiz. Seit 1940 Vertreter des JDC in der Schweiz. 1944 verhandelte M. mit Resző Kasztner und Kurt Becher über die eventuelle Ausreise ungarischer Juden (→ Bergen-Belsen). M. wirkte auch nach Ende des Krieges für den JDC in Mitteleuropa.

Medizinische Versuche. In vielen nationalsozialistischen → Konzentrationslagern entstanden während des Zweiten

Weltkriegs sog. Versuchsstationen, in denen Ärzte mit Menschen experimentierten. Aus der Sicht der Mediziner boten die Häftlinge ein Reservoir an Versuchspersonen, gegenüber denen ethische Grenzen nicht galten. Die Bedingungen der Diktatur und der Lager erlaubten sowohl kriegsmedizinische Versuche als auch solche, die auf der Rassentheorie fußten. Die jeweiligen Versuchsleiter nahmen den Tod der beteiligten Häftlinge in Kauf oder planten ihn in den Versuchsablauf ein, um anschließend Sektionen vorzunehmen. Die Versuche waren vom Reichsführer SS Himmler oder dem Reichsarzt SS Grawitz initiiert und gefördert. Neben den SS-Ärzten beteiligten sich Vertreter der → Wehrmacht, wissenschaftlicher Institute und Firmen an den Experimenten.

Im Konzentrationslager → Dachau experimentierte der Luftwaffenarzt Sigmund Rascher ab Februar 1942 mit rund 200 Häftlingen in einer Unterdruckkammer. 70–80 von ihnen starben bei den Versuchen, mit denen Rascher die Reaktionen von Piloten in großer Flughöhe erforschen wollte. Rascher war auch für die Unterkühlungsversuche in Dachau zwischen August 1942 und März 1943 verantwortlich. Um Daten für die Wiedererwärmung von ins Meer abgestürzten Piloten zu gewinnen, setzte er 280–300 Häftlinge u. a. durch Eisbäder schweren Unterkühlungen aus, an denen ein Drittel der Versuchspersonen starb. Im Sommer 1944 fanden in Dachau Versuche zur Trinkbarmachung von Meerwasser an → Sinti und Roma statt, in den Jahren 1942 und 1943 Phlegmonversuche, bei denen die Ärzte künstlich Gewebsentzündungen bei Häftlingen hervorriefen. Malariaversuche forderten in Dachau die meisten Opfer. Dabei infizierten Ärzte rund 1200 Häftlinge mit Krankheitserregern. 300–400 Häftlinge starben in der Folge an Überdosen getesteter Medikamente. Im Konzentrationslager → Ravensbrück wurden inhaftierte Frauen zwischen Juli 1942 und September 1943 Sulfonamidversuchen ausgesetzt. Auf Anweisung des Himmler-Leibarztes Gebhardt brachten Ärzte polnischen Jüdinnen Wunden bei und infizierten diese, um die Wirkung von Sulfonamiden bei «kriegsähnlichen Wundverhältnissen» zu erforschen. Gleichzeitig fanden Versuche zur Knochentransplantation in Ravensbrück statt. Ein Teil der beteiligten Frauen starb an den Folgen, andere erlitten bleibende Schäden. Der Gynäkologe Carl Clauberg unternahm im Konzentrationslager → Auschwitz Versuche, um Methoden zur Massensterilisation von Zwangsarbeiterinnen und «Fremdvölkischen» zu finden. U. a. rief er dabei durch das Einspritzen von Formalinlösungen Verklebungen der Eileiter hervor. Viele der betroffenen Frauen starben. Der SS-Lagerarzt Josef Mengele wählte in Auschwitz zwischen Mai 1943 und Januar 1945 bei seinen Selektionen Kleinwüchsige, Zwillingskinder und andere Häftlinge für seine Experimente aus. Mengele wollte u. a. erforschen, ob Angehörige verschiedener «Rassen» auf Infektionen unterschiedlich reagierten. Nach den Versuchen ermordete Mengele seine Opfer durch Phenolspritzen oder ließ sie vergasen. Auf Initiative des Reichsgesundheitsführers Leonardo Conti fanden im Konzentrationslager → Buchenwald ab Frühjahr 1942 Fleckfieberversuche statt. Zwischen 1942 und 1944 waren daran 450 Häftlinge beteiligt, von denen 158 starben. Fleckfieberversuche wurden auch im Konzentrationslager → Natzweiler zwischen Herbst 1943 und Herbst 1944 durchgeführt. Dort und im KZ → Sachsenhausen fanden zwischen September 1939 und April 1945 Senfgasversuche statt, bei denen ein Teil der Versuchspersonen starb. Der Lagerführer von Natzweiler ließ im August 1943 mindestens 86 Männer und Frauen vergasen und ihre Leichen an die Universität Straßburg liefern, nachdem der Anatom August Hirt den Reichsführer SS Himmler um Material für eine «Sammlung von Schädeln bolschewistisch-jüdischer Kommissare» gebeten hatte. Im Konzentrationslager → Neuengamme fanden in den Jahren 1944 und 1945 Tuberkuloseversuche an 80–100 Erwachsenen und 20 Kindern statt. Um die Spuren zu verwischen, ermordete ein SS-Kommando die Kinder im April 1945. Beteiligte Ärzte stellten Ergebnisse der Versuche auf wissenschaftlichen Kongressen vor, ohne dass es zu Protesten kam. Aus medizinischer Sicht waren die zum Teil dilettantisch angelegten Experimente weitgehend überflüssig und unwissenschaftlich. Die Gesamtzahl der Opfer ist nicht bekannt, es dürfte sich aber um mehrere Tausend Menschen gehandelt haben. Die Zahl der Täter schätzten die westdeutschen Ärztekammern einschließlich der Beteiligten an den → Euthanasie-Aktionen auf 350. Viele der Täter entzogen sich der Strafverfolgung durch Flucht, Tarnung oder Selbstmord. 23 Beteiligte mussten sich zwischen dem 9. 12. 1946 und dem 19. 7. 1947 im «Nürnberger Ärzteprozess» vor dem 1. Amerikanischen Militärtribunal verantworten, das sieben Angeklagte zum Tode und neun zu Haftstrafen verurteilte.

Peter Widmann

Lit.: Robert Jay Lifton, Ärzte im Dritten Reich, Stuttgart 1988. – Alexander Mitscherlich, Fred Mielke (Hrsg.), Medizin ohne Menschlichkeit. Dokumente der Nürnberger Ärzteprozesse, Frankfurt am Main 1989.

Mengele, Josef (1911–1979), SS-Lagerarzt; Studium der Philosophie und Medizin; 1934 Mitglied des Forschungsstabes des Instituts für Erbbiologie und Rassenhygiene, wo er 1937 Assistent bei dem Internisten Otmar v. Verschuer wurde; 1937 Eintritt in die NSDAP; 1938 in die SA, Wechsel von der SA zur → SS; 1940 Tätigkeit bei der Sanitätsinspektion der Waffen-SS; 1941 Bataillonsarzt bei der SS-Division Wiking; nach schwerer Verwundung 1942 Tätigkeit am Anthropologischen Institut des Kaiser-Wilhelm-Instituts (heute Max-Planck-Institut), wo er bei Verschuer an Daten über «Zigeuner»-Zwillinge arbeitete. 30. Mai 1943 bis August 1944 im Rang eines SS-Sturmbannführers Lagerarzt im sog. Zigeunerlager (BIIe) des → Vernichtungslagers → Auschwitz-Birkenau; August bis Dezember 1944 Arzt im Häftlingskrankenbau des Männerlagers (BIIf) Birkenau, gleichzeitig Oberarzt verschiedener Sanitätsstellen (BIIa, BIIb, BIId); Dezember 1944 bis 17. Januar 1945 Arzt im SS-Lazarett Birkenau M. führte an der Rampe von Birkenau Selektionen durch. Im Zigeunerlager verfügte er über ein Labor, in dem der «Todesengel von Auschwitz» seine berüchtigten → medizinischen Versuche an Menschen durchführte, die von der Notgemeinschaft der deutschen Wissenschaft (heute Deutsche Forschungsgemeinschaft) finanziert wurden. Nach Kriegsende floh M. aus einem britischen Gefängnis nach Argentinien, anschließend nach Paraguay. Am 7. Februar 1979 starb er vermutlich bei einem Badeunfall in Brasilien. Verschiedene gerichtsmedizinische Gutachten bestätigten 1985/1986, dass es sich bei dem Toten um M. handelte.

Minsk (Ghetto). In der weißrussischen Hauptstadt M. lebten im Juni 1941 etwa 70 000 Juden, die zumeist stark assimiliert und vor allem als Arbeiter und Angestellte tätig waren. Nur wenigen gelang es, vor der heranrückenden → Wehrmacht zu fliehen, die in einem Lager alle männlichen Zivilisten zwischen 15 und 60 Jahren internierte. Von den 40 000 Insassen wurden im Juli 1941 rund 10 000 von Sicherheitspolizei und Geheimer Feldpolizei ermordet, unter ihnen viele Juden. Bereits Ende Juli zwang die Feldkommandantur 812 die Juden in der weitgehend zerstörten Stadt zur Umsiedlung in ein → Ghetto, wo sie unter unerträglichen Lebensbedingungen litten. In den folgenden Monaten führten Sicherheitspolizei, Ordnungspolizei und ihnen unterstellte Kollaborateure mehrere Massenerschießungen durch. Am 31. August und 1. September wurden 2278 Juden (erstmals auch Frauen) erschossen, vom 7.-11. November 6624, am 20. November etwa 5000, am 10./11. Dezember ungefähr 2000, am 2. und 3. März 1942 3412, vom 28.-31. Juli 1942 etwa 10 000 Juden im Gas erstickt oder erschossen und im September und Oktober 1943 bei der Auflösung des Ghettos weitere 3000–6000 Personen ermordet. Tausende andere wurden in Arbeits- oder → Vernichtungslager auf polnischem Boden deportiert. Die Angaben über die Anzahl der ermordeten Minsker Juden schwanken zwischen 50 000 und 85 000. Der relativ starken jüdischen Widerstandsbewegung gelang es zusammen mit Partisaneneinheiten, die Flucht mehrerer Tausend Juden aus dem Ghetto zu organisieren. In das Ghetto M. wurden überdies im November 1941 7000 und 1942 mindestens 17 000 deutsche, österreichische und tschechische Juden deportiert. Die 1941 Eingetroffenen wurden in einem abgetrennten Teil des Ghettos untergebracht (die Hälfte von ihnen im Juli 1942 getötet), die meisten 1942 Ankommenden sofort ermordet. Nur wenige dieser Deportierten überlebten.

Christian Gerlach

Lit.: Shalom Cholawsky, The German Jews in the Minsk Ghetto, in: Yad Vashem Studies 17 (1986), S. 219–245. – Christian Gerlach, Kalkulierte Morde. Die deutsche Wirtschafts- und Vernichtungspolitik in Weißrußland 1941–1944, Hamburg 1999.

Mischlinge. Der Begriff des «Mischlings» basierte auf der Rassenlehre (→ Rassentheorie). Jüdische M. waren dem nationalsozialistischen Verständnis nach Menschen mit einem oder zwei jüdischen Großelternteilen. Als «Nichtarier» durften sie Berufe nicht ausüben, deren Zugang ein → Arierparagraph beschränkte. Darunter fiel der Staatsdienst ebenso wie Rechts- und medizinische Berufe sowie Tätigkeiten, die eine Mitgliedschaft in der Reichskulturkammer voraussetzten. Zu weiterführenden Schulen und Universitäten hatten M. nur beschränkt Zugang, «Halbjuden» mussten die Universitäten im Oktober 1942 verlassen. Die → Nürnberger Gesetze brachten eine Unterscheidung zwischen «M. ersten Grades» oder «Halbjuden» mit zwei jüdischen Großeltern und «M. zweiten Grades» oder «Vierteljuden» mit einem jüdischen Großelternteil. «M. ersten Grades» durften danach «Deutschblütige» nur mit einer behördlichen Genehmigung heiraten, die kaum zu erhalten war. «M. zweiten Grades» war es dagegen nicht erlaubt, Juden zu heiraten – ihr «jüdischer Blutsanteil» sollte in der Mehrheitsbevölkerung aufgehen. Nach einer Volkszählung vom Mai 1939 lebten im → Deutschen Reich 72 738 «Halbjuden» und 42 811 «Vierteljuden». Vertreter der NSDAP drängten immer wieder darauf, «M. ersten Grades» als Juden einzustufen. Sie konnten sich jedoch damit nicht gegen die Ministerialbürokratie durchsetzen. So unterlagen die M. auch nicht der besonderen → Kennzeichnung durch den «Judenstern» und blieben von → Deportationen verschont. Sie waren allerdings durch Denunziationen gefährdet, denn die Behörden konnten mangelndes Wohlverhalten als Durchschlagen des «jüdischen Blutanteils» deuten. Die → Wehrmacht zog M. zunächst ein, entließ aber die «M. ersten Grades» ab Oktober 1942 wieder. Im Jahr 1944 wurden M. zur → Zwangsarbeit eingesetzt und in Arbeitslagern interniert. Im Gegensatz zum Reich schlug das NS-Regime «M. ersten Grades» in den besetzten Ländern Osteuropas weitgehend den Juden zu. Der Mischlingsbegriff hatte auch für die Verfolgung der → Sinti und Roma Bedeutung. Die → Rassenhygienische Forschungsstelle im Reichsgesundheitsamt sah die «Zigeunermischlinge» als besonders gefährlich an und bereitete deren Deportation mit vor. Zu den «Zigeunermischlingen» zählte die Forschungsstelle die meisten Sinti und Roma im Deutschen Reich.

Peter Widmann

Lit.: Beate Meyer, «Jüdische Mischlinge». Rassenpolitik und Verfolgungserfahrung 1933–1945, Hamburg 1999.

Mittelbau-Dora s. Dora-Mittelbau

Mogilew. In dieser Oblast-Hauptstadt im Zentrum → Weißrusslands, die vom 26. Juli 1941 bis zum 28. Juni 1944 besetzt war, gerieten von den 19 000 jüdischen Einwohnern vor dem Krieg etwa 7000 unter deutsche Besatzungsherrschaft. Sie wurden, zusammen mit Jüdinnen und Juden aus der umliegenden Region, in das am 25. September 1941 errichtete → Ghetto gesperrt. Am 2. und 3. Oktober fand hier ein Massaker statt, das der Auftakt war zur vollständigen Vernichtung der Juden im Osten Weißrußlands. Das Einsatzkommando 8 (→ Einsatzgruppen), die Polizeibataillone 316 und 322, das ukrainische → Schutzmannschaftsbataillon 51, Angehörige des Stabes des Höheren SS- und Polizeiführers, der Dienststelle des SS- und Polizei-Standortführers und des Polizeikommandos «Waldenburg» (später «Mogilew») ermordeten 2273 jüdische Männer, Frauen und Kinder. Am 19. Oktober fielen dem Einsatzkommando 8, dem Polizeibataillon 316 und Ukrainern 3726 Menschen zum Opfer. Es wird geschätzt, dass durch weitere «Aktionen» die Zahl der getöteten Juden in M. 1941 auf mindestens 7500 Personen anstieg.

Babette Quinkert

Lit.: Christian Gerlach, Kalkulierte Morde. Die deutsche Wirtschafts- und Vernichtungspolitik in Weißrußland 1941–1944, Hamburg 1999. – Paul Kohl, Der Krieg der deutschen Wehrmacht und der Polizei 1941–1944. Sowjetische Augenzeugen berichten, Frankfurt am Main 1995.

Montenegro s. Jugoslawien

Müller, Heinrich (geb. 1900), Chef der Gestapo, SS-Gruppenführer; Teilnahme am Ersten Weltkrieg, anschließend Aufstieg bei der bayerischen Polizei; 1934 Mitglied der → SS, 1939 der NSDAP. 1939 im Rang eines Generalleutnant der → Polizei zum Leiter des Amtes IV (Gestapo) im → Reichssicherheitshauptamt ernannt. In dieser Position zählte M. zu den Hauptverantwortlichen für die Verfolgung von Kommunisten und anderen politischen Gegnern des NS-Regimes, für die →

Deportation aller Juden im deutschen Einflussbereich sowie für die Ermordung vor allem sowjetischer Kriegsgefangener. Im Sommer 1943 Entsendung nach → Italien, um Druck auf die «nachlässige» Behandlung der Juden durch die italienische Regierung auszuüben. M., zuletzt am 29. April 1945 im Führerbunker gesehen, soll am 17. Mai 1945 in Berlin begraben worden sein. Die Exhumierung des fraglichen Leichnams ergab keine eindeutige Identifizierung.

Murmelstein, Benjamin (1905–1989), Vorsitzender des → Judenrats im Ghetto Theresienstadt; in Lemberg geboren, studierte Philosophie an der Universität Wien, wo er 1927 promovierte; seit 1931 Rabbiner am Tempel im 20. Wiener Gemeindebezirk; ab 1938 für die Israelitische Kultusgemeinde in Wien tätig, in der er u. a. die Auswanderungsabteilung leitete, seit 1940 stellvertretender Leiter der Kultusgemeinde; mit seiner Familie seit dem 29. Januar 1943 in → Theresienstadt, wo er Mitglied des Ältestenrates wurde. Nach der Deportation Jakob Edelsteins und der Erschießung Paul Eppsteins wurde er 1944 Judenältester in Theresienstadt. 1947 wurde M. in einem Gerichtsverfahren in der ČSR vom Vorwurf der Kollaboration zwar rehabilitiert, dennoch hielt sich diese Beschuldigung. M. starb im Oktober 1989 in Rom.

Nachkriegsprozesse. Prozesse zu NS-Straftaten fanden nach dem Zweiten Weltkrieg vor Gerichten der alliierten Besatzungsmächte statt, ebenso vor deutschen und österreichischen Gerichten und auch vor Gerichten ehemals besetzter Länder und des Staates Israel. Der Hauptkriegsverbrecherprozess vor dem Internationalen Militärgerichtshof in Nürnberg blieb der einzige, den Richter der Sowjetunion, der USA, Großbritanniens und Frankreichs gemeinsam führten. Bereits die zwölf Nachfolgeprozesse fanden lediglich vor US-Militärgerichtshöfen statt. Neben den → Nürnberger Prozessen verhandelten US-Militärgerichte u. a. in Dachau gegen Personal der KZ sowie im Malmedy-Prozess gegen Angehörige der Waffen-SS. Insgesamt verurteilten US-Gerichte 1941 Personen, davon 324 zum Tode. Vor Militärgerichten der britischen Zone wurden 1085 Personen angeklagt, davon 240 zum Tode verurteilt. Besondere Beachtung fanden die Verfahren gegen die Feldmarschälle Kesselring wegen der Erschießung italienischer Zivilisten und Manstein wegen völkerrechtswidriger Behandlung von Kriegsgefangenen. Französische Militärgerichte sprachen 2107 Angeklagte schuldig, von denen 104 zum Tode verurteilt wurden. Zu den Angeklagten zählten u. a. Angehörige des Personals des Konzentrationslagers Rastatt. In der Sowjetischen Besatzungszone bzw. der DDR dürften Sowjetische Militärtribunale zwischen 1945 und 1957 rund 40000 Urteile gefällt haben. Ab dem Jahr 1947 bekamen die Urteile eine zunehmend politische Funktion, um tatsächlichen oder vermeintlichen Widerstand gegen die stalinistische Neuordnung zu brechen.

Die Besatzungsmächte gestatteten deutschen Gerichten zunächst nur, Verbrechen an Deutschen und Staatenlosen zu ahnden. In den westlichen Besatzungszonen bezogen sich die Anklagen auf Denunziation, Misshandlung oder Mord an Gegnern des Nationalsozialismus, Morde im Umfeld des angeblichen Röhm-Putsches, Gewalttaten während der → Novemberpogrome von 1938, → Euthanasie-Morde sowie sog. Endphasendelikte, etwa Morde linientreuer Nationalsozialisten an kapitulationsbereiten Deutschen. Im Jahr 1948 erreichte die juristische Aufarbeitung westdeutscher Gerichte mit 1819 Urteilen einen ersten Höhepunkt. Ein beträchtlicher Teil der in den ersten Nachkriegsjahren vor westdeutschen Gerichten verhandelten Delikte waren allerdings minderschwere Fälle: Bis 1950 ergingen nur rund 100 Urteile wegen Tötungsverbrechen. Nach dem Jahr 1950 sank die Zahl der Verurteilungen vor westdeutschen Gerichten stark, u. a. wegen des Straffreiheitsgesetzes vom 31. 12. 1949. Für eine Wende sorgte 1958 der Ulmer Einsatzgruppenprozess um Massenerschießungen im deutsch-litauischen Grenzgebiet. Er zeigte, wie stark bisherige Ermittlungen vom Zufall abhängig gewesen waren. Aus diesem Anlass beschlossen die westdeutschen Justizminister im Herbst 1958 die Einrichtung der → Zentralen Stelle der Landesjustizverwaltungen zur Aufklärung nationalsozialistischer Verbrechen. Die in Ludwigsburg angesiedelte Einrichtung betrieb systematische Vorermittlungen, so dass die Zahl der Verfahren erheblich stieg. Die Arbeit der Zentralen Stelle war u. a. Voraussetzung für den Frankfurter Auschwitz-Prozess von 1963–1965, für Anklagen gegen Angehörige der Wachmannschaften anderer Lager und der → Einsatzgruppen. Bis 1999 ergingen in der Bundesrepublik 6495 Urteile gegen NS-Täter.

Seit 1946 wurden auch in der sowjetischen Besatzungszone NS-Straftaten vor deutschen Gerichten verhandelt. Die Sowjetische Militäradministration hielt sich zwar zunächst mit Eingriffen in die deutsche Strafverfolgung zurück, doch mit dem SMAD-Befehl 201 begann sie im August 1947, die Justiz in der SBZ zu zentralisieren. Während in den folgenden Jahren die Eingriffe vorerst auf einzelne Verfahren beschränkt blieben, folgten die Prozesse in der sächsischen Kleinstadt Waldheim im Sommer 1950 einem ausschließlich politischen Zweck. 3324 Gefangene aus den sowjetischen Speziallagern erhielten dabei in rechtsstaatswidrigen Schnellprozessen auf Anweisung der SED drakonische Strafen. Nach DDR-Angaben verurteilten ostdeutsche Gerichte bis 1978 insgesamt 12 861 Personen. In → Österreich basierte die Verfolgung von NS-Verbrechen auf dem Verbotsgesetz vom 8. 5. 1945 und dem Kriegsverbrechergesetz vom 26. 6. 1945. Das Verbotsgesetz stellte die Zugehörigkeit zu nationalsozialistischen Organisationen unter Strafe, das Kriegsverbrechergesetz enthielt als Straftatbestände u. a. Verstöße gegen Menschlichkeit und Völkerrecht, Kriegspropaganda und Denunziation. Von 1945–1955 fällten Volksgerichte die entsprechenden Urteile. Dabei urteilten die Gerichte zurückhaltend: Von den 13 607 in dieser Zeit Verurteilten erhielten 12 885 Freiheitsstrafen von höchstens fünf Jahren. Das NS-Amnestie-Gesetz vom 14. 3. 1957 brachte die Strafverfolgung von NS-Straftaten fast zum Erliegen. Zwischen 1956 und 1972 zählte das österreichische Justizministerium noch 18 rechtskräftige Verurteilungen. Mehrere Tausend Urteile ergingen auch vor Gerichten ehemals besetzter Länder und Israels. U. a. verurteilte das Oberste Volksgericht Polens 1947 den Auschwitz-Kommandanten Rudof Höß zum Tode. 1951 wurde der für die Vernichtung des → Warschauer Ghettos verantwortliche SS-Brigadeführer Jürgen Stroop in Warschau hingerichtet. Das Bezirksgericht Jerusalem verurteilte 1961 den Leiter des Judenreferates im Reichssicherheitshauptamt zum Tode (→ Eichmann-Prozess).

Peter Widmann

Lit.: Christian Meyer-Seitz, Die Verfolgung von NS-Straftaten in der Sowjetischen Besatzungszone, Berlin 1998. – Adalbert Rückerl, NS-Verbrechen vor Gericht. Versuch einer Vergangenheitsbewältigung, Heidelberg 1984. – Gerd R. Ueberschär (Hrsg.), Der Nationalsozialismus vor Gericht. Die alliierten Prozesse gegen Kriegsverbrecher und Soldaten 1943–1952, Frankfurt am Main 1999.

Natzweiler-Struthof (KZ). Das im Elsass gelegene Konzentrationslager N. war das einzige Hauptlager des NS-Staates auf französischem Boden. Im Frühjahr 1941 wurden in der Nähe der Gaststätte «Le Struthof» die ersten Baracken errichtet. Während zu Beginn vor allem deutsche sog. kriminelle Häftlinge aus anderen Lagern dort untergebracht waren, um in einem nahegelegenen Granitsteinbruch zu arbeiten, wurden ab August 1942 viele Häftlinge direkt eingewiesen. Darunter befanden sich eine große Anzahl vom Nacht- und Nebel-Erlass betroffene Widerstandskämpfer aus Frankreich, Luxemburg und Belgien. Neben der rein wirtschaftlichen Ausbeutung wurden die Häftlinge auch für medizinische und «rassenwissenschaftliche» Experimente missbraucht. So wurden u. a. Juden in N. getötet, um dem SS-Hauptsturmführer und Straßburger Anatomieprofessor Hirt den Aufbau einer Skelettsammlung zu ermöglichen. Neben dem eigentlichen Lager N. existierten etwa 50 Außenlager, die sich sowohl im Südwesten Deutschlands als auch im besetzten Elsass befanden. Rund 45 000 Personen wurden in vier Jahren im KZ N. und den Außenlagern inhaftiert. In den ersten Septembertagen des Jahres 1944 wurde das Hauptlager aufgelöst und die Häftlinge vor den herannahenden alliierten Truppen nach → Dachau deportiert.

Benoît Majerus

Lit.: Wolfgang Kirstein, Das Konzentrationslager als Institution totalen Terrors. Das Beispiel des KL Natzweiler, Pfaffenweiler 1992.

Naumann, Erich (1906–1951), Einsatzgruppenführer, Befehlshaber der Sicherheitspolizei und des SD (BdS) in den → Niederlanden; 1924 Eintritt in die NSDAP, 1933 Polizeibeamter; seit 1935 Tätigkeit für den SD; 1936–1938 Leitung des SD-Abschnitts Nürnberg, anschließend des SD-Oberabschnitts Stettin. November 1941 bis 20. März 1943 als Nachfolger Arthur Nebes Führer der → Einsatzgruppe B. 1943 BdS in den Niederlanden. N. wurde 1948 im Nürnberger Einsatzgruppenprozess (→ Nürnberger Prozesse) zum Tode verurteilt und 1951 hingerichtet.

Nebe, Arthur (1894–1945), Leiter des Reichkriminalpolizeiamtes, Einsatzgruppenführer; Teilnahme am Ersten Weltkrieg, nach dem Krieg Tätigkeit bei der Berliner Kriminalpolizei (Kripo); 1931 Eintritt in die NSDAP und die SA; 1933 Ernennung zum Kriminalrat im Geheimen Staatspolizeiamt; 1936 Leiter der Abteilung Kripo beim Chef der Sicherheitspolizei und des SD und Übernahme in die → SS als Sturmbannführer. Erweiterung der Abteilung N.s am 16. Juli 1937 zum Reichskriminalamt und dessen Integration in das → Reichssicherheitshauptamt (RSHA) als Amt V im September 1939. N. war von Juni bis November 1941 Führer der → Einsatzgruppe B, die nach seinen eigenen Angaben unter seinem Befehl 45 467 Personen, zumeist Juden, «liquidierte». Anschließend wiederum

Tätigkeit im RSHA und Anschluss an den Widerstandskreis um Hans Oster (Abwehr). Durch Denunziation am 16. Januar 1945 verhaftet, vom Volksgerichtshof zum Tode verurteilt und am 3. März 1945 in Berlin/Plötzensee hingerichtet.

Neuengamme (KZ). Im Verlauf des Krieges deportierten Gestapo und Sicherheitsdienst über 100000 Menschen aus allen besetzten Ländern Europas in das 1938 in den Hamburger Landgebieten als Außenkommando des → Konzentrationslagers → Sachsenhausen eingerichtete und ab 1940 eigenständige Konzentrationslager N. In den ersten Jahren bildeten die Juden im KZ N. nur eine vergleichsweise kleine Gruppe von wenigen Hundert Häftlingen, die beim Arbeitseinsatz oftmals zu eigenen Kolonnen zusammengefasst und in besonderer Weise drangsaliert wurden. Die erbärmlichen Arbeitsbedingungen, die fortgesetzten Misshandlungen, willkürliche Tötungen durch → SS und einzelne Kapos sowie Haftverschärfungen wie jene, die Juden zeitweilig von einer Aufnahme in das Krankenrevier ausschloss, führten zu einer sehr großen Zahl von Toten unter den jüdischen Gefangenen. Allein vom Januar bis September 1942 starben nachweislich der Totenbücher 130 Juden und damit jeder dritte Angehörige dieser Häftlingsgruppe (die allgemeine Mortalitätsrate im KZ N. lag zu dieser Zeit bei 10%). Die bis dahin überlebenden jüdischen Häftlinge wurden im Sommer und Herbst 1942 ausnahmslos aus N. fortgeschafft. Die erste Gruppe von ca. 80 Personen wurde im Juni 1942 im Rahmen der → Aktion 14 f 13 zur → Euthanasie-Anstalt Bernburg/Saale überstellt und dort vergast. Die verbliebenen Juden wurden aufgrund der Himmler-Anweisung vom 5. 10. 1942, der zufolge «sämtliche im Reichsgebiet gelegenen KL judenfrei gemacht werden» sollten, nach → Auschwitz deportiert. Erst als sich die NS-Führung im Frühjahr 1944 angesichts des gravierenden Arbeitskräftemangels entschloss, Kräfte für den «Arbeitseinsatz in Betrieben des Reiches» auch aus den → Vernichtungslagern zu rekrutieren, kam es erneut – und nunmehr in weit größerer Zahl – zur Einweisung von jüdischen Häftlingen in das KZ N. Der Großteil der zumeist aus Auschwitz überstellten 12000 jüdischen Häftlinge – mehr als die Hälfte von ihnen waren Frauen – gelangte direkt in Außenlager, von denen einige ausschließlich für jüdische Gefangene bestimmt waren. Dort arbeitete allerdings nur der geringere Teil in Rüstungsbetrieben, mehrheitlich wurden die Jüdinnen und Juden zu schweren Bauarbeiten, zur Trümmerbeseitigung und zum Behelfsheimbau eingesetzt. Bei Kriegsende, als die SS das KZ N. vollständig räumte, wurden die meisten jüdischen Häftlinge aus dem Stammlager und den 85 Außenlagern nach → Bergen-Belsen geschafft, wo eine sehr große Zahl von ihnen binnen kurzer Zeit starb. Zwanzig jüdische Kinder, an denen zuvor im KZ N. medizinische Versuche vorgenommen worden waren, wurden in der Nacht des 20. April 1945 im Keller der Hamburger Schule Bullenhuser Damm von SS-Männern erhängt. Wie hoch die Zahl der Getöteten unter den zumeist aus → Polen, Tschechien (→ Protektorat Böhmen und Mähren) und → Ungarn stammenden 13000 jüdischen Häftlingen des KZ N. insgesamt war, ist nicht bekannt.

Detlef Garbe

Lit.: Detlef Garbe, Sabine Homann, Jüdische Gefangene in Hamburger Konzentrationslagern, in: Arno Herzig (Hrsg.), Die Juden in Hamburg 1590–1990. Wissenschaftliche Beiträge der Universität Hamburg zur Ausstellung «Vierhundert Jahre Juden in Hamburg», Hamburg 1991, S. 545–559. – Häftlinge im KZ Neuengamme. Verfolgungserfahrungen, Häftlingssolidarität und nationale Bindung, Hrsg. KZ-Gedenkstätte Neuengamme, Redaktion: Detlef Garbe/Harriet Scharnberg, Hamburg 1999. – Hermann Kaienburg, Das Konzentrationslager Neuengamme 1938–1945, Bonn 1997.

Niederlande. Am Vorabend des deutschen Überfalls im Mai 1940 lebten in den N. über 140 000 Juden und mehr als 20 000 Menschen, die als «Halb» – und «Vierteljuden» galten. Ferner gab es etwa 22 000 Juden ausländischer Nationalität, unter ihnen 15 000 Flüchtlinge aus Deutschland. Ab Ende 1940 griffen die deutschen Behörden, z. T. unterstützt von der niederländischen Seite, schnell zu immer schärferen Maßnahmen gegen die jüdische Bevölkerung. Registrierung, Ausgrenzung, Raub und → Deportation lösten einander ab. Zwischen dem 15. Juli 1942 und dem 17. September 1944 wurden 107 000 Juden in die → Vernichtungs- und → Konzentrationslager des → Deutschen Reichs deportiert. Ungefähr 5200 von ihnen überlebten die Lager, etwa 20 000 Juden konnten sich durch Flucht und Untertauchen retten; etwa 5000 «Volljuden» und beinahe 14 000 «Halbjuden» und 10 500 in Mischehen lebende Juden wurden von der Deportation freigestellt.

Im Oktober 1940 ergriff die Besatzungsverwaltung die ersten antijüdischen Maßnahmen. Sie gab den niederländischen Behörden den Auftrag, alle Juden im öffentlichen Dienst zu entlassen. Diese Anweisung wurde, trotz gelegentlicher Proteste, umgehend ausgeführt, vor allem an den Universitäten Leiden und Delft. Unter Beteiligung der niederländischen Behörden folgte eine Registrierung des Eigentums der Juden sowie ab Januar 1941, im Rahmen der allgemeinen Erfassung der Bevölkerung, eine Registrierung der jüdischen Bürger selbst. Ihre Ausweise wurden mit einem schwarzen J gekennzeichnet. 1941 ordneten die Besatzungsbehörden zudem an, in Amsterdam einen → Judenrat (Joodse Raad) ins Leben zu rufen. Den Anlass dazu gaben die Unruhen in Amsterdam im Februar 1941, als niederländische Nationalsozialisten Juden belästigten und Amsterdamer Bürger, Juden und Nichtjuden, sich zur Wehr setzten. Der Joodse Raad war ein Instrument, mit dem die deutsche Verwaltung die große, etwa 80 000 Menschen zählende jüdische Gemeinde in der Hauptstadt unter Kontrolle bringen wollte. Nach einiger Zeit erklärten die Besatzer diese Institution, deren Vorsitzende der Althistoriker David Cohen und der Diamantenhändler Abraham Asscher waren, zum einzigen Repräsentanten der Juden in den ganzen N. Die Juden wurden direkt → SS- und Polizeiinstanzen (→ Polizei) unterstellt, die ihre Ausgrenzung und darauffolgend ihre Deportation organisierten. Mit einer ganzen Reihe von Anordnungen schränkten sie 1941 die Bewegungsfreiheit der Juden ein. Ihr Kommen und Gehen wurde streng reglementiert, kontrolliert und administriert. Die Juden wurden von der übrigen Gesellschaft durch die Errichtung jüdischer Schulen und Fürsorgeeinrichtungen sowie durch die Organisation spezieller kultureller Aktivitäten isoliert – alles unter den Auspizien des Judenrates. Der Joodse Raad entwickelte sich zu einer quasi-amtlichen Organisation, die das bedrängte jüdische Leben gestalten sollte. Auch in ökonomischer Hinsicht wurden die Juden marginalisiert. Sie wurden aus immer mehr Berufen ausgeschlossen und mussten ihr Eigentum in Treuhandschaft geben. Man verpflichtete sie, ihre Bankguthaben auf eine unter deutscher Kontrolle stehende Bank zu überschreiben. Auch Mobilien und Immobilien wurden in toto beschlagnahmt. Auf diese Weise bemächtigten sich die Verfolger des gesamten Besitzes der Juden in den N. Sie richteten ein Sammelkonto ein, über das unter anderem die späteren Deportationen finanziert wurden. Diese verhängnisvolle Marginalisierung war jedoch kein eigenständiges Ziel, sondern ein Schritt in Richtung auf die Absicht, die die Besatzer im Juni 1942 bekanntgaben: die vollständige Entfernung der Juden aus den N.

Zwischen Anfang 1942 und April 1943 wurden immer mehr Gebiete der N. zu für Juden verbotenem Wohngebiet erklärt, sie mussten sich in Amsterdam niederlassen oder wurden in die Durchgangslager → Westerbork und Vught (→ 's Hertogenbosch-Vught) eingewiesen. Die Organisation der Verfolgung und Deportation der Juden war der in Den Haag stationierten Filiale des Referats IV B 4 des → Reichssicherheitshauptamts übertragen. Die Zentralstelle für Jüdische Auswanderung in Amsterdam hatte die Aufgabe, die Deportationen bürokratisch zu organisieren. Der Befehlshaber der Sicherheitspolizei und des SD war für die zügige Durchführung der Deportationen verantwortlich. Zur Erreichung ihrer Ziele gebrauchten die genannten Dienststellen den Joodse Raad sowie den niederländischen Verwaltungsapparat und die Polizei, die beide nach und nach immer mehr nazifiziert wurden. Als man in Berlin im Juni 1942 den Beginn der Deportationen beschlossen hatte, wurden «bis auf weiteres» Freistellungsbescheide von der Deportation ausgestellt. Der Joodse Raad spielte dabei eine Vermittlerrolle und geriet in eine moralische Zwangslage, da er über Deportation und Freistellung mitentschied. Am 15. Juli 1942 verließ der erste Deportationszug mit 1135 Juden aus Westerbork die N. in Richtung → Auschwitz; insgesamt sind 67 Züge mit etwa 60000 Menschen bezeugt. Zwischen dem 2. März und dem 20. Juli 1943 fuhren 19 Züge noch weiter nach Osten, nach → Sobibor in Ostpolen, wo nahezu alle 34000 Deportierte sofort nach der Ankunft ermordet wurden. Andere Gruppen niederländischer Juden wurden nach → Mauthausen, → Theresienstadt und → Bergen-Belsen deportiert.

Nach der deutschen Niederlage verließen die Untergetauchten ihre Verstecke, daneben kehrte eine klägliche Zahl Überlebender in die N. zurück. Die niederländische Gesellschaft zeigte sich oft wenig empathisch und schien die Katastrophe, die ihre jüdischen Bürger durchlebt hatten, nicht in vollem Umfang begreifen zu können. Konflikte über die Rückgabe von zur Aufbewahrung übergebenem und geraubtem Eigentum dauerten lange Zeit an. Eine Emigration nach Palästina/Israel oder in die Vereinigten Staaten hielten viele Juden für die beste Option.

Peter Romijn

Lit.: Gerhard Hirschfeld, Niederlande, in: Wolfgang Benz (Hrsg.), Dimension des Völkermords. Die Zahl der jüdischen Opfer des Nationalsozialismus, München 1991. – Peter Romijn, The War, 1940–1945, in: J. C. H. Blom, Renate G. Fuks-Mansfeld and Ivo Schöffer (Hrsg.), The History of the Jews in The Netherlands, Oxford 2002, S. 296–335. – Louis de Jong, Het Koninkrijk der Nederlanden in de Tweede Wereldoorlog, Bd. I–XIV, Den Haag, Leiden 1969–1991.

Nisko. Nachdem der Kriegsausbruch 1939 die Emigration von Juden nahezu unmöglich gemacht und die Eroberung Polens weitere 2,5 Millionen der deutschen Verfügungsgewalt ausgeliefert hatte, diskutierten Hitler und Himmler zwischen September 1939 und März 1940 Pläne, die eine großräumige Umstrukturierung der ethnischen Verhältnisse im Osten zum Ziele hatten. Die eingegliederten neuen Ostgebiete sollten für umgesiedelte Volksdeutsche freigemacht, Juden und andere unerwünschte Personen in die nicht für die Germanisierung vorgesehenen östlichen Gebiete des → Generalgouvernements abgeschoben werden. So war Ende September 1939 ein «Judenreservat» bzw. ein «Reichs-Ghetto» (Heydrich) um Lublin im Gespräch. Hitler persönlich genehmigte Vorschläge, deportierte Juden in den sowjetisch besetzen Teil des ehemaligen Polens hinübertreiben, was auch Adolf Eichmann, damals Leiter der Zentralstellen für jüdische Auswanderung in Prag und Wien, bekannt war. Von Gestapochef Heinrich Müller mit entsprechenden Sondierungen an Ort und Stelle beauftragt, organisierte er mit dem Befehlshaber der Sicherheitspolizei und des SD in Prag, Dr. Walther Stahlecker, sechs «Versuchs»-Transporte, die zwischen dem 18. und 26. Oktober 1939 Juden aus Mährisch-Ostrau, Wien und Kattowitz nach N. im Distrikt Lublin brachten. Bei dem nahe gelegenen Dorf Zarzecze ließ er von 501 handwerklich geeigneten Juden des ersten Transportes ein primitives Durchgangslager für weitere Transporte aufbauen. Alle anderen Ankömmlinge, insgesamt etwa 4300, wurden allein schon wegen des Fehlens jeglicher Vorsorge teils in die Wälder, teils über die deutsch-sowjetische Demarkationslinie getrieben. Die Zahl der dabei Umgekommenen ist nicht bekannt. Die «Handwerker» in Zarzecze überlebten unter widrigsten Umständen bis zur Auflösung des Lagers am 14. April 1940. Ursprünglich geplante Folgetransporte hatte Müller nach Protesten der → Wehrmacht und der Zivilverwaltung bereits im Oktober 1939 im Interesse einer späteren Gesamtplanung zurückstellen lassen.

Hermann Weiß

Lit.: S. Goshen, Nisko – Ein Ausnahmefall unter den Judenlagern der SS, in: Vierteljahrshefte für Zeitgeschichte 40 (1992), S. 95–106. – Nisko 1939/1994. Der Fall Nisko in der Geschichte der «Endlösung der Judenfrage», Konferenzband, Ostrava 1995.

Norwegen. Seit dem 9. April 1940 hatten deutsche Truppen in mehrmonatigen Kämpfen N. besetzt. Die damit dem deutschen Zugriff ausgelieferten rund 1500 Juden N. und 200 jüdischen Asylanten blieben jedoch längere Zeit nahezu unbehelligt. Erst im Juni 1941 setzten kurz vor dem Beginn des Russlandfeldzuges im nördlichen N. gezielte Verhaftungen von Juden ein. Die Opfer kamen zur → Zwangsarbeit in die Lager Falstad und Grini. In Vollzug der deutschen Endlösungspläne erließ die norwegische Marionettenregierung unter Vidkun Quisling im Oktober 1942 spezielle Judenverordnungen, die die gezielte strafrechtliche Verfolgung der Juden und die Einziehung ihrer Vermögen möglich machten. Zur gleichen Zeit kam es in Trondheim, anschließend in Oslo (25.–27. 10.) zu größeren Verhaftungsaktionen. 532 Verhaftete jeden Alters wurden nach → Auschwitz deportiert und bis auf 186 arbeitsfähige Männer sofort vergast; alle Judenvermögen wurden beschlagnahmt. Trotz heftiger Proteste der evangelischen → Kirche N. und der Bevölkerung sowie des Angebots → Schwedens, alle Juden N. aufzunehmen, wurden im Februar 1943 erneut 158 Juden nach Auschwitz deportiert und bis auf wenige arbeitsfähige Männer vergast. Unmittelbar vor Kriegsende erreichte der schwedische Generalkonsul in Oslo, dass 54 der in den Lagern Grini und Berg inhaftierten Juden nach → Schweden ausreisen durften, wohin während der deutschen Besetzung bereits über 900 ihrer Schicksalsgenossen geflohen waren. Von den insgesamt 759 aus N. deportierten Juden überlebten nur 32 den Krieg.

Hermann Weiß

Lit.: Robert Bohn, Die deutsche Herrschaft in den «germanischen» Ländern 1940–1945, Stuttgart 1997. – Oskar Mendelsohn, Norwegen, in: Wolfgang Benz (Hrsg.), Dimension des Völkermords, München 1996, S. 187–197. – Magne Skodvin, Norsk historie 1939–1945, Oslo 1991.

Novak, Franz (geb. 1913), Mitarbeiter Adolf Eichmanns; 1933 Mitglied der österreichischen NSDAP; Involvierung in den nationalsozialistischen Putschversuch in Österreich im Juni 1934, anschließend Flucht nach Deutschland, 1938 Rückkehr nach → Österreich und Tätigkeit in Eichmanns Zentralstelle für jüdische Auswanderung (→ Reichszentrale für jüdische Auswanderung). Nachdem Eichmann das Judenreferat im → Reichssicherheitshauptamt übernommen hatte, war N. insbesondere für die Requirierung der Deportationszüge (→ Reichsbahn) verantwortlich, welche die europäischen Juden in die → Konzentrations- und → Vernichtungslager brachten. 1944 Angehöriger des Sonderkommandos Eichmanns, das die Juden → Ungarns in die Vernichtungslager deportierte. Nach Kriegsende lebte N. in Österreich bis 1957 unter falschem Namen. 1972 wurde er in Wien wegen seiner Beteiligung an der → Deportation der ungarischen Juden zu 7 Jahren schwerer Haft verurteilt.

Novemberpogrome. Vorwand für die Pogrome am 9. und 10. November 1938 in ganz Deutschland (mit lokalem Auftakt in Anhalt-Dessau und Hessen-Kassel am Tag zuvor) bildete das Attentat des 17jährigen Herschel Grynszpan auf den deutschen Diplomaten Ernst vom Rath in Paris am 7. 11. 1938, der damit gegen die Abschiebung von 17 000 Ostjuden aus Deutschland an die polnische Grenze (→ Polenausweisung) protestieren wollte. Den Anlass für die Inszenierung «spontanen Volkszorns» gegen die Juden nutzte Goebbels beim Traditionstreffen der «Alten Kämpfer» in München am Abend des 9. November zu einer Hetzrede, nach der im ganzen Deutschen Reich SA- und NSDAP-Mitglieder organisierten Terror gegen Synagogen und andere jüdische Einrichtungen entfalteten sowie Juden misshandelten und öffentlich demütigten. Die Zahl der Todesopfer liegt weit über den offiziellen Angaben von 91 Personen. Die meisten Synagogen gingen in Flammen auf, zahlreiche Wohnungen und Geschäfte wurden ausgeplündert und verwüstet. Die «Reichskristallnacht», als zeitgenössischer Ausdruck ungeklärter Herkunft, der sich für die N. einbürgerte, markiert den Übergang nationalsozialistischer Judenverfolgung durch administrative und legislative Methoden zur offenen Gewalt. Dazu gehört die bereits beschlossene Enteignung (→ Arisierung), die nach den N. forciert wurde, und der brachiale Druck zur Auswanderung. Dazu wurden mindestens 26 000 ausgewählte jüdische Männer in die drei KZ → Dachau, → Sachsenhausen und → Buchenwald eingeliefert. Die Freilassung erfolgte nach dem Nachweis von Auswanderungsmöglichkeiten. Am 12. 11. 1938 wurden unter Vorsitz von Göring das Pogromgeschehen bilanziert und weitere

Maßnahmen gegen Juden beschlossen. Der Sachschaden von mehreren hundert Millionen RM wurde durch Beschlagnahme der Versicherungsleistungen den Juden aufgebürdet, die außerdem gemeinsam eine «Sühneleistung» von über einer Milliarde RM erbringen mussten. Mit der Verordnung zur Ausschaltung der Juden aus dem deutschen Wirtschaftsleben wurde die Vernichtung aller noch bestehenden wirtschaftlichen Existenz zum 1. Januar 1939 sichergestellt. Die N. forcierten die jüdische Auswanderung, das noch verbliebene öffentliche jüdische Leben kam zum Erliegen, der Beginn gewaltsamer Diskriminierung mündete in Deportation und Vernichtung.

Wolfgang Benz

Lit.: Hermann Graml, Reichskristallnacht. Antisemitismus und Judenverfolgung im Dritten Reich, München 1988. – Novemberpogrom 1938. Reaktionen und Wirkungen. Themenheft der Zeitschrift für Geschichtswissenschaft 1998. – Walter H. Pehle (Hrsg.), Der Judenpogrom 1938. Von der «Reichskristallnacht» zum Völkermord, Frankfurt am Main 1988.

Nürnberger Gesetze. Am 15. September 1935 auf dem Nürnberger Parteitag der NSDAP vom Reichstag verabschiedetes antijüdisches Maßnahmenpaket, das neben dem Reichsflaggengesetz das «Gesetz zum Schutze des dt. Blutes und der dt. Ehre» (sog. «Blutschutzgesetz») und das «Gesetz über das Reichsbürgerrecht» (Reichsbürgergesetz) umfasste. Der Begriff «Jude» kam nur im «Blutschutzgesetz» vor, das das Zeigen der Reichsfarben sowie außerehelichen Geschlechtsverkehr und Heirat mit «Staatsangehörigen dt. oder artverwandten Blutes» unter Strafe stellte. Aufgrund der gleichen rassistischen Kategorisierung versagte man im «Reichsbürgergesetz» Juden und anderen «Blutsfremden» den neugeschaffenen Rechtsstatus des «Reichsbürgers». Damit wurde auf dem Gesetzgebungsweg in Anknüpfung an das Parteiprogramm der NSDAP sanktioniert, was schon über Monate, bisweilen – insbesondere im Falle der «Rassenschande» – über Jahre sozial geächtet und polizeilich geahndet worden war und den Betroffenen schwerwiegende Konsequenzen bis hin zu Gefängnis- und Schutzhaft eingebracht hatte. Wenngleich «Blutschutz»- und «Reichsbürgergesetz» von Hitler auf dem Parteitag als spontane Reaktion auf antijüdische «Abwehraktionen» der Bevölkerung präsentiert wurden und auch in der Forschung in Anlehnung an die problematischen Nachkriegsaussagen des maßgeblich an der Abfassung beteiligten Judenreferenten im Reichsinnenministerium, Bernhard Lösener, als Improvisation gedeutet werden, lagen ihnen umfangreiche Vorarbeiten der Ressorts und Parteigremien zugrunde. Präzedenzfälle normativen staatlichen Handelns, die die Richtung wiesen, existierten etwa in Gestalt des Berufsbeamten- (7.4. 1933) und Wehrgesetzes (21.5.1935) sowie einer Vielzahl von Einzelverordnungen.

Während die N. der vorangegangenen Entrechtung und Diskriminierung Legitimation verschafften, stand zum Zeitpunkt ihrer Inkraftsetzung keineswegs fest, zu welchem Ziel und mit welcher Geschwindigkeit die zukünftige Judenpolitik in Deutschland betrieben werden würde. Der von Hitler in seiner Rede zur Eröffnung der Reichstagssitzung auf dem ganz im Zeichen der Wiederbewaffnung stehenden «Parteitag der Freiheit» geäußerte «Gedanken, durch eine einmalige säkulare Lösung vielleicht doch eine Ebene schaffen zu können, auf der es dem deutschen Volke möglich wird, ein erträgliches Verhältnis zum jüdischen Volk finden zu können», war insofern keine reine Propagandafloskel, als dem seit der «Machtergreifung» manifesten und ab Frühjahr 1935 wieder forcierten antijüdischen Aktionismus an der Parteibasis engere Schranken gesetzt werden sollten. Die von Teilen der NS-Führung gehegte Absicht, die weiteren Maßnahmen kontrollierter verlaufen zu lassen, spiegelt die von Hitler am Ende der Reichstagssitzung geäußerte Mahnung an seine Satrapen, in der Bevölkerung auf «unerhörte Disziplin» hinzuwirken und den «Weg des Gesetzes» nicht zu verlassen. Tatsächlich wurden die N. in der Folgezeit zu Grundpfeilern des Dritten Reichs, die die «Endlösung» mittrugen. Aus den Bestimmungen des «Blutschutzgesetzes» erwuchsen Tausende von Verurteilungen (wegen «Rassenschande», verbotener Eheschließung oder der Beschäftigung «arischer» Frauen in jüdischen Haushalten), während die nebelhaften Kautelen des «Reichsbürgergesetzes», um wirksam zu werden, erklärender Rechts- und Verwaltungsvorschriften bedurften. Im Kern der Problematik stand, welche Personengruppen als Juden zu gelten hatten, da dies eine Voraussetzung für das weitere Vorgehen war.

Gemäß der am 14. November 1935 erlassenen «Ersten Verordnung zum Reichsbürgergesetz» war Jude, wer 1. von mindestens drei jüdischen Großeltern (wie schon im «Arierparagraphen» des Berufsbeamtengestzes entschied hier die Religionszugehörigkeit) abstammte, oder 2. von zwei jüdischen Großeltern abstammte und zugleich zum Zeitpunkt des Inkrafttretens der N. bzw. danach entweder der jüdischen Religion angehörte, mit einem Juden verheiratet oder als Kind eines jüdischen Elternteils geboren war. Dagegen galten alle anderen «jüdisch Versippten» nicht als Juden, sondern als Personen «gemischten jüdischen Blutes». Damit war die Kategorie der → Mischlinge geschaffen, deren Behandlung der Verwaltungsbürokratie in der Folgezeit erhebliche Probleme bereitete und das kontroverseste Thema auf der → Wannsee-Konferenz bildete. Weitere Ausführungsverordnungen und Kommentare (u. a. von Löseners Vorgesetztem im Innenministerium, Staatssekretär Wilhelm Stuckart, und dem späteren Staatssekretär unter Adenauer, Hans Globke) zur Anwendung des komplizierten Regelwerks folgten.

Mit der fortschreitenden Übernahme der Entscheidungsgewalt beim Vollzug der → Endlösung durch das → Reichssicherheitshauptamt verloren die N. gegenüber Verwaltungsanordnungen nachgeordneter Dienststellen und der polizeilichen Praxis an Bedeutung. Dennoch war man im Reich bis zum Kriegsende um Wahrung des Anscheins staatlicher Legalität bemüht. Einen Meilenstein auf dem Weg zum Judenmord markierte die am 25. November 1941 im Reichsgesetzblatt, für jedermann sichtbar, veröffentlichte «Elfte Verordnung zum Reichsbürgergesetz», die deutschen Juden mit Übertreten der alten Reichsgrenze ihrer Staatsangehörigkeit beraubte und damit die Voraussetzung für die formal ordnungsgemäße Aneignung des Besitzes der in die Ghettos und Vernichtungslager des Ostens Deportierten schuf. Entgegen der nationalsozialistischen Propagandathese, das Parteiprogramm sei kein Exportmodell, betrachtete die NS-Elite im Krieg die Übernahme der N. durch verbündete Staaten als Indikator für deren Verlässlichkeit und als Mindestmaß antijüdischer Politik.

Jürgen Matthäus

Lit.: Lothar Gruchmann, «Blutschutzgesetz» und Justiz. Zu Entstehung und Auswirkung des Nürnberger Gesetzes vom 15. September 1935, in Vierteljahreshefte für Zeitgeschichte 31 (1983), S. 418–442. – Michael Ley, «Zum Schutz des deutschen Blutes ...» – «Rassenschande»-Gesetze im Nationalsozialismus, Bodenheim 1997. – Diemut Majer, «Fremdvölkische» im Dritten Reich, Boppard 1981.

Nürnberger Prozesse. Der Nürnberger Hauptkriegsverbrecherprozess vom 14. 11. 1945 bis zum 1. 10. 1946 war der erste große Versuch juristischer Aufarbeitung nationalsozialistischer Verbrechen nach dem Zweiten Weltkrieg. Die Regierungen der USA, der Sowjetunion, Großbritanniens und Frankreichs einigten sich mit dem Londoner Abkommen vom 8. 8. 1945 auf die Einrichtung eines Internationalen Militärgerichtshofes (International Military Tribunal), dem von den vier Regierungen ernannte Richter angehörten. Die Anklagen richteten sich gegen 24 nationalsozialistische Politiker, Parteifunktionäre, Beamte sowie Generäle der Wehrmacht. Als Straftatbestände galten Vorbereitung zum Angriffskrieg, Verbrechen gegen den Frieden, Kriegsverbrechen und Verbrechen gegen die Menschlichkeit. In 12 Fällen lautete das Urteil dabei auf Tod durch den Strang: Für Göring, Ribbentrop, Keitel, Kaltenbrunner, Rosenberg, Frank, Frick, Streicher, Sauckel, Jodl, Seyß-Inquart sowie für Bormann, den der Gerichtshof in Abwesenheit verurteilte. Heß, Funk und Raeder erhielten lebenslängliche Gefängnisstrafen, Dönitz, Schirach, Speer und Neurath Gefängnisstrafen zwischen 10 und 20 Jahren. Schacht, Papen und Fritsche wurden freigesprochen. Ley beging vor Prozessbeginn Selbstmord, Gustav Krupp von Bohlen und Halbach wurde aus Gesundheitsgründen für verhandlungsunfähig erklärt. Die Militärrichter erklärten außerdem → SS und Sicherheitsdienst, Gestapo und das Führerkorps der NSDAP zu verbrecherischen Organisationen.

Zu den N. zählten neben dem Hauptkriegsverbrecherprozess 12 Folgeverfahren vor US-Militärgerichten zwischen dem 4. 12. 1946 und dem 11. 4. 1949. Dabei ergingen Urteile gegen insgesamt 177 Personen. Zu ihnen gehörten Beteiligte an medizinischen Versuchen, Sterilisation und → Euthanasie (Ärzteprozess), Angehörige der Reichsministerien (Milchprozess, Wilhelmstraßenprozess), des Oberkommandos der Wehrmacht und hohe Offiziere (Oberkommando der Wehrmacht-Prozess, Geiselprozess), Juristen und Vorsitzende der Sondergerichte (Juristenprozess), der SS (Pohl-Prozess, Rasse- und Siedlungshauptamt-Prozess), der Einsatzgruppen (Einsatzgruppenprozess) und Industrielle (Flick-Prozess, IG-Farben-Prozess, Krupp-Prozess). Die Richter sprachen insgesamt 24 Todesurteile und 20 lebenslange Freiheitsstrafen aus. 98 Angeklagte erhielten Freiheitsstrafen zwischen 18 Monaten und 20 Jahren, 35 Angeklagte wurden freigesprochen. 12 der zum Tode verurteilten wurden später begnadigt. Die zu Gefängnisstrafen Verurteilten wurden alle im Lauf der 50erJahre entlassen.

Peter Widmann

Lit.: Telford Taylor, Die Nürnberger Prozesse. Hintergründe, Analysen und Erkenntnisse aus heutiger Sicht, München 1996. – Gerd R. Ueberschär (Hrsg.), Der Nationalsozialismus vor Gericht. Die alliierten Prozesse gegen Kriegsverbrecher und Soldaten 1953–1952, Frankfurt am Main 1999.

Nyiszli, Miklós (1901–1956), ungarischer Arzt; Ausbildung zum Gerichtsmediziner; Ende Mai 1944 mit Frau und Tochter nach → Auschwitz deportiert, wo er für den SS-Arzt Josef Mengele Leichen sezierte und Obduktionsprotokolle anfertigte. N. wurde dem Sonderkommando, das bei den Krematorien arbeitete, zugeteilt. Er überlebte, weil er für Mengele unentbehrlich war und überstand auch die Evakuierung von Auschwitz im Januar 1945. 1946 erschien sein Buch *Im Jenseits der Menschlichkeit. Ein Gerichtsmediziner in Auschwitz* (deutsch 1992).

Oberg, Carl Albrecht (1897–1965), Höherer SS- und Polizeiführer (HSSPF) in → Frankreich, SS-Obergruppenführer; 1931 Eintritt in die NSDAP, 1932 in die → SS; anschließend Karriere im SD unter Heydrich; 1939 kommissarischer Polizeipräsident in Zwickau. Im August 1941 SS- und Polizeiführer im Distrikt Radom im → Generalgouvernement, wo er für die Judenverfolgung und die Rekrutierung polnischer Zwangsarbeiter (→ Zwangsarbeit) zuständig war. Seit 12. Mai 1942 HSSPF im besetzten Frankreich mit Sitz in Paris, im August 1944 Beförderung zum SS-Obergruppenführer und General der → Polizei. O. war für die → Deportation von ca. 75 000 Juden aus Frankreich in die → Vernichtungslager in Polen verantwortlich. Am 9. Oktober 1954 in Frankreich zum Tode verurteilt, wurde das Urteil am 10. April 1958 in lebenslange Haft umgewandelt und 1959 auf 20 Jahre Zwangsarbeit reduziert. 1962 wurde O. von Präsident de Gaulle begnadigt und kehrte nach Deutschland zurück.

Oberschlesien. Nach dem deutschen Überfall auf Polen annektiertes und in die Provinz Schlesien eingegliedertes Gebiet, das sich aus ehemals preußischem Abtretungsgebiet («Ostoberschlesien»), dem Teschener Land sowie galizischen und ehemals kongresspolnischen Landstreifen zusammensetzte; ab Ende Januar 1941 Teilung der Provinz Schlesien in Ober- und Niederschlesien. Diese traditionell bedeutende Industrieregion hatte aufgrund ihrer Steinkohlevorkommen und der Konzentrierung von metallverarbeitender Industrie eine besondere wirtschaftliche Bedeutung für das Deutsche Reich. Der ursprüngliche Plan, die jüdische Bevölkerung vollständig aus dem Gebiet zu deportieren, wurde aufgegeben, da die Arbeitskraft der flächendeckend zur Zwangsarbeit verpflichteten Juden für die Kriegsproduktion benötigt wurde. Sie arbeiteten in Werkstätten oder Arbeitslagern der → Organisation Schmelt. Viele Juden waren jedoch bereits bei Massakern im September 1939 getötet worden, wie z. B. in Będzin, wo die Synagoge und über fünfzig Häuser niedergebrannt wurden. Anfang 1940 wurde ein zentraler → Judenrat unter Leitung von Moshe Merin gebildet, der eine Politik der weitgehenden Zusammenarbeit mit den Deutschen vertrat. Es gelang ihm, die Lebensbedingungen der entrechteten Juden auf einem relativ hohen Niveau zu halten; Hunger und Sterblichkeit waren gering. Ab Mai 1942 begann die systematische Ermordung der Juden mit einer ersten großen Deportationswelle nach → Auschwitz. Für die Überlebenden, etwa 50 % der jüdischen Bevölkerung, wurden → Ghettos eingerichtet, die größten in unmittelbarer Nähe der Städte Będzin und Sosnowiec. Die zweite Deportationswelle nach Auschwitz, verbunden mit der Räumung der Ghettos, fand im Juni/August 1943 statt.

Andrea Rudorff

Lit.: Ryszard Kaczmarek, Pod rządami gauleiterów. Elity i instancje władzy w rejencji katowickiej w latach 1939–1945 [Unter der Regierung der Gauleiter. Eliten und Regierungsinstanzen im Regierungsbezirk Kattowitz 1939–45], Katowice 1998. – Sybille Steinbacher, «Musterstadt» Auschwitz: Germanisierungspolitik und Judenmord in Ostoberschlesien, München 2000.

Odessa. Als die deutsche → Wehrmacht und die rumänische Armee in der → Ukraine vorrückten, verlangte General Ion Antonescu, dass nur rumänische Truppen die strategisch wichtige Hafenstadt erobern sollten. O. wurde Sitz des Gouverneurs des neuen rumänischen Besatzungsgebietes → Transnistrien. Im militärischen Hauptquartier explodierte am 22. Oktober 1941 eine Bombe, wodurch der rumänische General des Frontabschnittes sowie 60 deutsche und rumänische Militärangehörige starben. Als Vergeltung befahl Ion Antonescu für jeden getöteten Offizier 200 Kommunisten und für jeden Soldaten 100 Kommunisten zu erschiessen. Gleichzeitig sollte ein Mitglied jeder jüdischen Familie als Geisel festgenommen werden. Die Männer, Frauen und Kinder wurden nach Dalnik getrieben und erschossen. Nachdem bereits etwa 18 000 Juden ermordet worden waren, gelang es dem Bürgermeister, das Massaker zu stoppen. Die Überlebenden wurden im Dezember 1941 in den Süden Transnistriens deportiert und kamen dort fast alle um. Von den durch rumänische Behörden im Dezember 1941 registrierten 44 417 Odessaer Juden lebten im November 1943 nur noch 60. Gelegentlich kam es in der Stadt zu Sabotageakten von → Partisanen. Weil sie in den Katakomben unter der Stadt vermutet wurden, fanden ständig Durchsuchungen und Geiselerschießungen statt. Die rumänische Verwaltung räumte O. im Dezember 1944, nach heftigen Kämpfen vertrieb die Rote Armee am 10. April 1944 die letzten deutschen Einheiten. Marschall Antonescu und der Gouverneur Gheorghe Alexianu behaupteten beim Prozess im Mai 1946, die Anzahl der ermordeten Juden nicht gekannt zu haben.

Mariana Hausleitner

Lit.: Alexander Dallin, Odessa 1941–1944. A Case Study of Soviet Territory under Foreign Rule, Iasi 1998. – Carol Iancu, La Shoah en Roumanie, Montpellier 1998. – Katastrofa i soprotivlenie ukrainskogo evrejstva 1941–1944, Kiev 1999. – Ekkehard Völkl, Transnistrien und Odessa 1941–1944, Regensburg 1996.

Österreich. Seit der Auflösung der Habsburger Monarchie 1918 war Ö. eine eigenständige Republik mit etwa 6725 000 (1937) Einwohnern. Mindestens seit dem 10. Jahrhundert lebten Juden in Ö., aber erst das Staatsgrundgesetz von 1867 hatte alle rechtlichen Beschränkungen aufgehoben. Wien entwickelte sich daraufhin zu einem Anziehungspunkt für Juden aus dem gesamten Habsburgerreich; gleichzeitig befruchtete die jüdische Bevölkerung die Stadt in wirtschaftlicher, politischer und kultureller Hinsicht. 1938 lebten in Ö. 185 028 Juden, davon 169 978 in Wien, 8010 in Niederösterreich, 3220 im Burgenland, 2028 in der Steiermark, 980 in Oberösterreich, 346 in Tirol, 257 in Kärnten, 189 in Salzburg und 18 in Vorarlberg. Nach dem «Anschluss» an das → Deutsche Reich am 13. März 1938 kamen zu diesen «Glaubensjuden» noch mehr als 30 000 Personen, die von den Nationalsozialisten den → Nürnberger Gesetzen folgend als «Rassejuden» deklariert und damit von der Verfolgung bedroht waren. Diese begann unmittelbar nach dem «Anschluss» mit pogromartigen Ausschreitungen des Straßenmobs, der Juden unter dem demütigenden Beifall zahlreicher Zuschauer zu sog. Reibpartien (Straßenreinigung) zwang. In privaten Raubzügen durchsuchten Parteiangehörige und Zivilisten jüdische Wohnungen nach Geld, Schmuck, Pelzen und anderen Wertgegenständen. Gleichzeitig begann die rechtliche und wirtschaftliche Ausgrenzung der jüdischen Österreicher. Am 20. Mai 1938 traten alle bis zum «Anschluss» in Deutschland erlassenen antijüdischen Gesetze und Verordnungen in Kraft, und von diesem Zeitpunkt an wurde Ö. ein Exerzierfeld für die deutsche Judenpolitik. Die → Novemberpogrome 1938 stellten einen neuen Höhepunkt der gewalttätigen Ausschreitungen dar; Tausende von jüdischen Geschäften und Wohnungen wurden geplündert oder zerstört, 42 Synagogen und Bethäuser angezündet und mindestens 27 Juden starben. Fast 8000 Juden wurden verhaftet. Um die Auswanderung, die mehr einer Austreibung glich, zu fördern, wurde unter Leitung von Adolf Eichmann im August 1938 die «Zentralstelle für jüdische Auswanderung» in Wien errichtet. Sie hatte weniger die Organisation einer geordneten Auswanderung zum Ziel als die Ausplünderung der vermögenderen Juden, um auch die Austreibung der ärmeren zu ermöglichen. Bis 30. November 1939 verließen 126 445 Juden Ö. Im Oktober 1939 wurden erstmals 1584 Juden aus Wien deportiert; das Ziel war ein Gebiet östlich von → Nisko am San, wo ein «Judenreservat» angelegt werden sollte. Dieses Vorhaben wurde jedoch wieder aufgegeben. Die akute Wohnungsnot in Wien war Anlass für die → Deportationen im Februar und März 1941 in das → Generalgouvernement. Seit Oktober 1941 waren das Ghetto → Łódź, seit November 1941 → Riga und → Minsk und seit April 1942 die → Vernichtungslager in Polen Ziel der Deportationen. 15 122 meist alte Juden oder Kriegsteilnehmer wurden nach → Theresienstadt deportiert. Am 1. November 1942 wurde die Israelitische Kultusgemeinde in Wien aufgelöst und in den «Ältestenrat der Juden in Wien» umgewandelt. Er musste, wie zuvor die Gemeinde, bei der Erstellung der Deportationslisten mitwirken. Ende 1942 lebten nur mehr 8102 – meist in «Mischehe» verheiratete – Juden in Ö., bei der Befreiung im Mai 1945 noch 5816. 65 459 österreichische Juden wurden während des Nationalsozialismus ermordet. In Ö. war die NS-Judenpolitik auf einen seit Jahrhunderten tradierten religiösen Judenhass gestoßen, der in der Christlichsozialen Partei Karl Luegers seit den 80er Jahren des 19. Jahrhunderts eine parteipolitische Heimat gefunden hatte und von der Deutschnationalen Bewegung des Georg Ritter von Schönerer um eine rassistische Komponente erweitert worden war. Dies mündete in eine weitreichende Zustimmung zu den antijüdischen Maßnahmen der Nationalsozialisten und einer überproportional hohen Zahl von Österreichern, die an den nationalsozialistischen Verbrechen beteiligt waren.

Angelika Königseder

Lit.: Gerhard Botz, Ivar Oxaal, Michael Pollak (Hrsg.), Eine zerstörte Kultur. Jüdisches Leben und Antisemitismus im Wien seit dem 19. Jahrhundert, Buchloe 1990. – Jonny Moser, Österreich, in: Wolfgang Benz (Hrsg.), Dimension des Völkermords. Die Zahl der jüdischen Opfer des Nationalsozialismus, München 1996, S. 67–93.

Ohlendorf, Otto (1907–1951), Einsatzgruppenführer, Chef des SD-Inland im → Reichssicherheitshauptamt (RSHA); 1925 Mitglied der NSDAP, 1925–1926 der SA; 1928–1931 Studium der Rechte und der Volkswirtschaft; 1931–1932 Studium der Staatswissenschaften und des faschistischen Korporationswesens in Pavia; Oktober 1933 bis Dezember 1934 stellvertretender Referatsleiter am Kieler Institut für Weltwirtschaft; Januar 1935 bis Mai 1936 Abteilungsleiter am Berliner Institut für angewandte Wirtschaftswissenschaften. Juli 1936 Eintritt in die → SS und Karriere beim SD; im September 1939 zum Chef des Amtes III (Deutsche Lebensgebiete) des RSHA ernannt; Mai 1941 bis Juni 1942 Chef der → Einsatzgruppe D in Südrussland und der → Ukraine; seit November 1943 Ministerialdirektor im Reichswirtschaftsministerium. Im Nürnberger Einsatzgruppenprozess (→ Nürnberger Prozesse) am 10. April 1948 wegen seiner Verantwortung für die Ermordung von 90 000 Menschen zum Tode verurteilt, wurde O. am 8. Juni 1951 in Landsberg hingerichtet.

Oneg Schabbat. O. (hebräisch «Sabbat-Freude», d. h. Zusammenkunft am Sabbat), diente als Deckname für das von dem jüdischen Historiker Emanuel Ringelblum im → Warschauer Ghetto begründete Archiv, später auch Ringelblum-Archiv genannt. Bereits im Oktober 1939 hatte er, im Bewusstsein des beispiellosen Vorgehens der deutschen Besatzer gegen die jüdische Bevölkerung, mit Aufzeichnungen über diese Geschehnisse begonnen. Von Mai 1940 an legte er mit Hilfe weiterer Mitarbeiter ein Archiv an, das nach der Abriegelung des Warschauer Ghettos im Herbst 1940 unter Beteiligung vieler Historiker, Lehrer und Schriftsteller unter schwierigsten Bedingungen systematisch ausgebaut wurde. Die Gruppe sammelte Aussagen über die Verfolgung der Juden und Daten aus zahlreichen Städten, Kleinstädten und Dörfern Polens sowie Berichte aus den Ghettos und der Widerstandsbewegung. Im Sommer 1942 gelang es, einen detaillierten Bericht über die Deportationen und die Vernichtung der polnischen Juden mit Hilfe des polnischen Untergrunds nach London zu übermitteln. Die in drei Metallbehältern verschlossenen Archivmaterialien wurden an verschiedenen Stellen im Ghetto vergraben. In den Jahren 1946 und 1950 gelangten zwei der Behälter wieder ans Tageslicht, von denen der erste 1209 und der zweite 484 Artikel enthielt. Das O.-Archiv bildet zusammen mit Ringelblums Chroniken die wertvollste Quelle zur Situation und Verfolgung der Juden im besetzten → Polen.

Beate Kosmala

Lit.: Ruta Sakowska, Die zweite Etappe ist der Tod. NS-Ausrottungspolitik gegen die polnischen Juden, gesehen mit den Augen der Opfer. Ein historischer Essay und ausgewählte Dokumente aus dem Ringelblum-Archiv 1941–1943, Berlin 1993. – Dies., Menschen im Ghetto. Die jüdische Bevölkerung im besetzten Warschau 1939–1943, Osnabrück 1999.

Ordnungsdienst s. Schutzmannschaften

Organisation Schmelt. Die Dienststelle Schmelt war eine regionale SS-Instanz, die die → Zwangsarbeit ostoberschlesischer Juden organisierte. Himmler hatte SS-Brigadeführer Albrecht Schmelt im Oktober 1940 zum «Sonderbeauftragten des Reichsführers der SS für den fremdvölkischen Arbeitseinsatz in Ostoberschlesien» ernannt. Dessen Behörde residierte in Sosnowitz und kontrollierte unabhängig von der Arbeitsverwaltung zwei Zwangsarbeitssysteme: Zum einen den Einsatz der ostoberschlesischen Juden in ihren Heimatstädten in Werkstätten der →

Wehrmacht bzw. Privatfirmen. In den damals «Shops» genannten Betrieben waren im Herbst 1942 rund 20000 Männer, Frauen und Kinder zwangsbeschäftigt. Hauptarbeitsgebiete waren die Ausrüstung der Wehrmacht, die Auswertung von Altmaterial sowie Reparaturen. Zum Zweiten organisierte die SS-Dienststelle den Einsatz ostoberschlesischer Juden in Arbeitslagern in ganz Schlesien und dem Sudetengau. Anfänglich vermittelte man sie vor allem an öffentliche Bauträger, z. B. die Reichsautobahnbehörde. Im Frühjahr 1942, als man Autobahnarbeiten zugunsten der Rüstung einstellte, übernahm Schmelt diese Lager. Sie wurden in Zwangsarbeitslager (ZAL) umbenannt, die ohnehin geringen Lohnzahlungen wurden abgeschafft und ein rigides Lagersystem wurde eingeführt. Nun vermittelte Schmelt die jüdischen Zwangsarbeiter gegen eine tägliche Leihgebühr vor allem an Firmen für Rüstungsbauten bzw. an Rüstungsbetriebe, wofür eine Reihe neuer Lager errichtet wurde.

Bisher sind 177 Lager nachzuweisen. In manchen ZAL existierten separate Frauenabteilungen und es gab mehrere Frauenlager, insbesondere bei Textilbetrieben. In den kleinsten Lagern lebten ca. 100, in den größten über 1000 Menschen. Aufgrund von Unterernährung, Schwerstarbeit und Misshandlungen starben bald viele Insassen. «Arbeitsunfähige» Juden wurden selektiert, deportiert und ermordet. Ab Mai 1942 fanden zudem in Ostoberschlesien größere → Deportationen nach → Auschwitz statt. Himmler genehmigte Schmelt deshalb, neue Arbeitskräfte in den Auschwitz-Transporten zu rekrutieren, die aus Westeuropa kamen. Das Schmelt-Regime umfasste danach Anfang 1943 50000 Juden, 42000 aus Ostoberschlesien und 8000 aus Westeuropa. Mitte 1943 wurden die ca. 800 «Shops» in den ostoberschlesischen Städten geschlossen und die Arbeitskräfte deportiert. Auch in den ZAL in Schlesien und dem Sudetengebiet begann der Abtransport, die meisten Lager wurden aufgelöst, die Insassen ermordet. 43 Lager unterstellte Himmler jedoch dem → SS-Wirtschaftsverwaltungshauptamt. Diese wurden in Außenkommandos der → Konzentrationslager Auschwitz bzw. → Groß-Rosen umgewandelt, in denen die Juden jetzt als KZ-Häftlinge weiterhin Zwangsarbeit leisteten. Einen Teil der Gewinne aus dem Geschäft mit der Zwangsarbeit überwies Schmelt Gauleiter Bracht für die Ansiedlung von Volksdeutschen sowie dem Höheren SS- und Polizeiführer Schmauser zur Versorgung der Angehörigen gefallener SS-Männer.

Wolf Gruner

Lit.: Wolf Gruner, Juden bauen die «Straßen des Führers». Zwangsarbeit und Zwangsarbeitslager für nichtdeutsche Juden im Altreich 1940–1943/44, in: Zeitschrift für Geschichtswissenschaft 44 (1996), S. 789–808. – Alfred Konieczny, Die Zwangsarbeit der Juden in Schlesien im Rahmen der «Organisation Schmelt», in: Beiträge zur nationalsozialistischen Gesundheits- und Sozialpolitik, Bd. 5, Berlin 1987. – Sybille Steinbacher: «Musterstadt» Auschwitz. Germanisierungspolitik und Judenmord in Ostoberschlesien, München 2000.

Palästina. Seit 1881 wurde P., das bis 1917 zum Osmanischen Reich gehörte, zum Einwanderungsland zunächst für russische Juden, die vor → Pogromen und Antisemitismus flohen. In vier Einwanderungswellen kamen bis 1932 180000 überwiegend osteuropäische Juden nach P. und bauten eine von den Arabern getrennte Wirtschafts- und Verwaltungsstruktur auf, zunächst

unterstützt durch die britische Mandatsmacht, die 1917 in der Balfour-Erklärung den Zionisten eine «jüdische Heimstätte» in P. zugesagt hatte.
Mit der nationalsozialistischen Machtübernahme im → Deutschen Reich stieg die Zahl der Einwanderer nach P. sprunghaft an. Allein von 1933–1935 erreichten 130000 Einwanderer, darunter viele deutsche und polnische Juden P. Unter den Arabern löste diese Migrationswelle erhebliche Unruhe aus. Mit dem Versuch, die Briten durch einen Generalstreik im Jahr 1936 in P. zu einem völligen Stopp der jüdischen Einwanderung zu bewegen, begann der arabische Aufstand, der bis 1939 immer wieder aufflammte und schließlich die britische Mandatsmacht dazu veranlasste, trotz der zunehmenden Judenverfolgung in Deutschland der jüdischen Einwanderung nach P. Einhalt zu gebieten. Im Weissbuch vom Mai 1939 schränkten die Briten die Einwanderung nach P. auf 75000 Personen in den folgenden fünf Jahren ein. Auch während des Zweiten Weltkrieges, als sämtliche Juden auf dem europäischen Festland durch den Nationalsozialismus bedroht waren, änderten die Briten ihre Haltung gegenüber der jüdischen Einwanderung nach P. nicht. Zu sehr fürchteten sie einen erneuten arabischen Aufstand in P. und eine arabisch-deutsche Kooperation. Die jüdische Gemeinschaft in P. lehnte zwar das Weissbuch entschieden ab, unterstützte jedoch während des Krieges die Briten, um eine zumindest für kurze Zeit im Sommer 1942 virulente militärische Gefahr von Seiten der Achsenmächte für P. abzuwenden. Auch als das Ausmaß des Judenmords bekannt wurde, verschärften die Briten ihre restriktive Politik gegenüber der jüdischen Immigration. Die jüdische Gemeinschaft antwortete mit einer breit angelegten illegalen Einwanderung nach P. (Allijah Beth). Zwischen 1945 und 1948 gelangten auf diese Weise etwa 85000 Juden, unter ihnen Holocaust-Überlebende nach P. Daneben führten jüdische Untergrundorganisationen im Land selbst einen immer heftigeren Kampf gegen die britische Mandatsmacht, die zunehmend die Kontrolle über das Gebiet verlor. Im April 1947 beantragte die britische Regierung, die P.-Frage in der UN-Vollversammlung zu diskutieren. Ein UN-Sonderausschuss legte einen Teilungsplan vor, der von den Zionisten akzeptiert, von den arabischen Nationen in der UNO jedoch abgelehnt wurde. Von nun an spitzte sich der Konflikt zwischen arabischen und jüdischen Kämpfern immer weiter zu. Als am 14. Mai 1948, einen Tag, bevor das britische Mandat ablief, David Ben Gurion den israelischen Staat ausrief, hatte dies den ersten arabisch-israelischen Krieg zur Folge.

Dennis Riffel

Lit.: Bethell, Nicolas, Das Palästina-Dreieck, Juden und Araber im Kampf um das britische Mandat 1935–1948, Frankfurt am Main 1979. – Mejcher, Helmut, (Hrsg.), Die Palästina-Frage 1917–1948, Paderborn 1993.

Paneriai s. Ponary

Partisanen. Partisanenverbände (militärisch organisierte Truppen im besetzten Gebiet) bildeten sich im Verlauf des Zweiten Weltkriegs in vielen Gebieten des deutsch besetzten Europa, wobei die Gruppierungen in → Italien, → Jugoslawien, → Polen, der → Slowakei und der → Sowjetunion die größte Bedeutung erlangt haben. Im Sprachgebrauch nahezu aller Beteiligter wurde/wird der Begriff P. für auf der eigenen Seite stehende, der kriminalisierende Begriff «Banden» oder «Banditen» für mit einem Feind sympathisierende Gruppen verwendet. In den meisten Gebieten gab es Partisanenverbände, die unterschiedlichen politischen Richtungen angehörten: In Jugoslawien standen sich etwa die kommunistischen P. unter Josip Broz (Tito) und die serbisch-monarchistischen Četnik-Gruppen unter Draža Mihajlović ähnlich feindlich gegenüber wie den deutschen und italienischen Okkupanten. Dabei waren die Tito-P. gegenüber Juden am wenigsten diskriminierend. In Polen bildeten die meisten politischen Vorkriegsparteien Untergrundtruppen aus, die sich zu einem großen Teil der Exilregierung in Großbritannien unterstellten und als «Heimatarmee» (Armia Krajowa – AK) eine einheitliche Führung erhielten. Jenseits dieser Struktur verblieben zunächst die Untergrundtruppen der nationalistisch-antisemitischen Nationaldemokraten (Narodowe Siły Zbrojne – NSZ) und die «Volksgarde», später «Volksarmee» (Gwardia Ludowa/Armia Ludowa – GL/AL) der 1942 als Polnische Arbeiterpartei (Polska Partia Robotnicza – PPR) neu gegründeten Kommunisten. 1944 unterstellten sich Teile der NSZ dem AK-Kommando.

Auf dem okkupierten sowjetischen Gebiet standen sich sowjetische P. (zunächst versprengte Reste der Roten Armee, dann auch neu hinzugekommene Einheimische und aus dem sowjetischen Hinterland abgesetzte Truppen) und nationalistische P. gegenüber. In → Litauen und der → Ukraine richteten sich diese Verbände sowohl gegen die Deutschen als auch gegen die zurückkehrende sowjetische Armee. In Wolhynien und Polesien kämpfte die Ende 1942 von Nationalisten, die zuvor mit den Deutschen kollaboriert hatten, gegründete größte dieser Formationen, die Ukrainische Aufständische Armee (Ukraïns'ka Povstanča Armija – UPA) auch mit der AK um die Ukrainisierung bzw. Polonisierung dieses Gebiets. In der Slowakei gab es linksgerichtete Partisanentruppen, die der unter deutscher Schutzherrschaft stehenden Regierung in Bratislava feindlich gegenüberstanden.

Eine Sonderrolle nahmen jüdische P. ein, die zeitweise eigene kleine Einheiten bildeten. Die größte Bedeutung erlangten diese während des Aufstandes im → Warschauer Ghetto (April bis Mai 1943), als vorübergehend die auch hier bestehenden politischen Gegensätze (etwa zwischen Bundisten und Zionisten) überbrückt werden konnten. Auch in anderen Ghettos gab es (zumeist mangelhaft) bewaffnete jüdische Kampforganisationen. Außerhalb der Städte entstanden jüdische P.gruppen vor allem deshalb, weil die nationalistischen P. häufig aus Gründen ihres Antisemitismus oder der Zweckmäßigkeit keine Juden aufnahmen, die aus Ghettos und Lagern zu ihnen flüchten wollten. Die Frage, in welchem Umfang die P. an der Rettung bzw. der Verfolgung von Juden mitwirkten, ist bis heute umstritten. Auch bei den sowjetischen und kommunistischen P. waren jüdische Anwärter zumeist wenig erwünscht. Die stereotypisiert angenommene Unfähigkeit der osteuropäischen Juden zu körperlichen Leistungen und bewaffnetem Kampf trug dazu bei, dass sich auch nicht judenfeindliche P.gruppen durch die Aufnahme von Juden gefährdet glaubten. Die UPA nutzte in einem gewissen Umfang jüdische Fachleute (Ärzte, Schneider), was in der Historiographie kontrovers beurteilt wird.

Die nicht-sowjetischen P. hatten nur in Jugoslawien eine unumstrittene militärische Bedeutung. Hier gelang es den Tito-P., weite Landesteile selbständig zu befreien. Der Warschauer Aufstand der AK (August-Oktober 1944) sollte der sowjetischen Befreiung der polnischen Hauptstadt zuvorkommen – die Rote Armee hielt ihren Vormarsch jedoch an und wartete ab, bis die Deutschen den Aufstand niedergeschlagen hatten. In Wolhynien schwächten AK und UPA einander gegenseitig. Ab März 1944 gab es eine lokale Zusammenarbeit zwischen den deutschen Truppen und der UPA gegen die Rote Armee. Die slowakischen P. konnten eine Zeitlang im Sommer 1944 in der Zentralslowakei ein Gebiet befreien, mussten sich jedoch bald geschlagen geben.

Nach dem Ende des Zweiten Weltkriegs setzten Reste der nationalistischen P. (die litauischen Waldbrüder, Teile der AK und der NSZ, die UPA) zum Teil bis in die frühen 1950er Jahre den Widerstand gegen die sowjetische bzw. kommunistische Herrschaft fort. Nur in Jugoslawien gelangten die Führer der kommunistischen P. bewegung nach dem Krieg an die Regierung. Namentlich in Polen entstand eine Rivalität selbst zwischen den kommunistischen P. und den «Moskowitern», die im sowjetischen Exil den Krieg überstanden hatten. Dabei gerierten sich die Repräsentanten der kommunistischen P., deren bedeutendster der zeitweilige Innenminister Mieczysław Moczar war, als «wirkliche» Polen im Gegensatz zu den nicht selten als «verjudet» bekämpften «Moskowitern». Machtkämpfe vor diesem Hintergrund waren 1956, bei den mit einer Judenverfolgung zusammenhängenden Ereignissen von 1968 und im Kontext der Unruhen von 1970/71 erkennbar. In der Historiographie wurde häufig die Bedeutung des jüdischen bewaffneten Widerstandes minimiert. Es bestehen bis heute historiographische Auseinandersetzungen um die Frage der bestmöglichen oder (in der Erwartung einer besseren strategischen Lage) bewusst zurückgehaltenen Hilfe der AK für die Warschauer Ghettokämpfer und andere jüdische P. Während bis zum Zusammenbruch der UdSSR (fast ausschließlich) die sowjetischen und kommunistischen P. in den offiziellen Historiographien Osteuropas heroisiert wurden, wurde danach der Versuch unternommen, die nicht-kommunistischen P. in den neu historisierten nationalen Traditionen stärker hervorzuheben und dabei auch die judenfeindlichen Aspekte ihrer Handlungen unterzubetonen.

Frank Golczewski

Lit.: Milovan Djilas, Der Krieg der Partisanen. Memoiren 1941–1944. Wien 1977. – Shmuel Krakowski, The War of the Doomed. Jewish Armed Resistance in Poland 1942–1944. New York 1984. – Reuben Ainsztein, Jüdischer Widerstand im deutschbesetzten Osteuropa während des Zweiten Weltkriegs. Oldenburg 1993. – Nechama Tec, Bewaffneter Widerstand. Jüdische Partisanen im Zweiten Weltkrieg. Gerlingen 1996.

Perlasca, Giorgio (1910–1992), italienischer Geschäftsmann, der in → Ungarn Juden rettete. 1936 Tätigkeit für den Im- und Export einer italienischen Fleischfabrik, was P. des öfteren nach Budapest führte. Nach der italienischen Kapitulation im September 1943 tauchte P. zunächst in Budapest unter und begab sich schließlich Ende Oktober 1944 in die spanische Botschaft, wo er, nachdem er sich bereit erklärt hatte, bei der Versorgung von Judenschutzhäusern zu helfen und da er nachweisen konnte, dass er im Spanischen Bürgerkrieg auf Seiten Francos gekämpft hatte, einen spanischen Pass sowie einen Diplomatenausweis erhielt. Nachdem der spanische Botschafter Angel Sanz Briz sich angesichts der vorrückenden Roten Armee am 1. Dezember 1944 in die Schweiz abgesetzt hatte, erklärte sich P. selber zum Vertreter Spaniens und erreichte mit immer neuen diplomatischen Finten die → Rettung von ca. 5200 Juden bis zur Befreiung der Stadt durch sowjetische Truppen.

Petscherski, Alexander (geb. 1909), sowjetischer Jude, der den Aufstand im → Vernichtungslager → Sobibór anführte; im Oktober 1941 als sowjetischer Oberleutnant von der → Wehrmacht gefangengenommen. Nach dem Scheitern eines Fluchtversuchs im Mai 1942 wurde P. in ein Straflager bei Borissow (→ Weißrussland) verbracht, als Jude identifiziert und in ein Lager der → SS in Minsk überstellt. Nach der Auflösung des → Ghettos von → Minsk am 18. September 1943 wurden P. und 2000 weitere Juden nach Sobibór deportiert. Dort organisierte P. den Widerstand (→ Jüdischer Widerstand) und führte den Aufstand vom 14. Oktober 1943 an, bei dem 300 Häftlingen zunächst die Flucht gelang. Am 22. Oktober 1943 schloss sich P. sowjetischen → Partisanen und im Sommer 1944 der vorrückenden Roten Armee an. Im Frühjahr 1963 war P. in Kiew Hauptzeuge der Anklage in einem Verfahren gegen 11 ukrainische Wachleute, die in Sobibor gedient hatten.

Pfundtner, Hans (1881–1945), Staatssekretär; Studium der Rechte und der Volkswirtschaft; 1925–1933 Rechtsanwalt und Notar; 1935 als Staatssekretär im Reichsministerium des Inneren an der Formulierung des «Blutschutzgesetzes» (→ Nürnberger Gesetze) beteiligt. 1939 erarbeitete P. einen Maßnahmenkatalog für den Abbau der Pensionszahlungen an Juden. 1943 trat er als Staatssekretär zurück. Sein Posten wurde nicht wieder besetzt. Am 25. April 1945 beging P. in Berlin Selbstmord.

Pinsk. Die Stadt im → Polesje, einer Region im Süden Weißrusslands, war vom 4. Juli 1941 bis zum 14. Juli 1944 von den Deutschen besetzt. Am 5. August 1941 und in den folgenden Tagen erschoss die Reitende Abteilung des SS-Kavallerie-Regiments 2 unter Franz Magill im Rahmen einer großen «Säuberungsaktion» mit Unterstützung der Sicherheitspolizei → Einsatzgruppe z. b. V. (zur besonderen Verwendung) in P. zwischen 4500 und 10 000 jüdische Männer, Frauen und Kinder. Die etwa 30 000 danach noch lebenden jüdischen Einwohner der Stadt wurden am 1. Mai 1942 ghettoisiert. Am 29. Oktober 1942 begann die Auflösung des → Ghettos, bei der die meisten der mindestens 16 000, wahrscheinlich aber mehr als 26 000 Opfer außerhalb der Stadt erschossen wurden. Die Täter gehörten in erster Linie der Außenstelle des Kommandeurs der Sicherheitspolizei und des SD Pinsk an, jedoch beteiligten sich auch Angehörige diverser anderer Dienststellen wie der → Wehrmacht, der Gendarmerie, der Polizei, der einheimischen → Schutzmannschaft, der → Reichsbahn, der Reichspost und des Gebietskommissariats an den Exekutionen. Nur wenige Hundert jüdische Facharbeiter überlebten im sog. kleinen Ghetto das Massaker. Sie wurden am 23. Dezember 1942 ermordet.

Babette Quinkert

Lit.: Christian Gerlach, Kalkulierte Morde. Die deutsche Wirtschafts- und Vernichtungspolitik in Weißrußland 1941–1944, Hamburg 1999.

Płaszów (KZ) s. Krakau-Płaszów

Pogrom. Das Wort P. (russisch Gewitter, Verwüstung) bezeichnete ursprünglich Ausschreitungen gegen nationale, religiöse und andere Minderheiten in Russland. Es ging nach den antijüdischen Pogromwellen von 1881–1883 und 1903–1906 in den internationalen Sprachgebrauch in diesem, auf antijüdische Ausschreitungen bezogenen Sinn ein. Das Phänomen ist seiner Form nach wesentlich älter und begleitete die Geschichte der Juden in Europa vom Ersten Kreuzzug 1096 bis zum P. von Kielce im Jahre 1946. P. gegen Juden fanden vereinzelt auch in der moslemischen Welt statt (Algerien 1934, Irak 1941, Tunesien 1945). Die Begriffsentwicklung ging im 20. Jahrhundert in zwei Richtungen. In der → Sowjetunion verlor der Begriff P. seine antijüdische Konnotation und wurde für politische Unruhen mit reaktionärem Charakter sowie ab 1989 für Episoden interethnischer Gewalt benutzt, während im Westen die antijüdische Tönung erhalten blieb und die staatliche Planung oder Billigung betont wurde. P. meinte hier ein organisiertes Massaker und die Ausplünderung hilfloser Menschen, insbesondere Ausschreitungen gegen Juden, gewöhnlich mit Duldung der Behörden. In der Theorie ethnischer Konflikte ist heute die Einschränkung auf antijüdische Gewalt aufgegeben worden, und P. werden als Angriffe von Seiten einer Mehrheit auf Personen und Eigentum einer bestimmten ethnischen, rassischen oder kommunalen Minderheit definiert. Die Gewalt kann sich dabei auf Plünderung, Sachbeschädigung und Körperverletzung beschränken (Ausschreitung, Krawall), aber bei organisierten P. auch Hunderte oder Tausende Opfer kosten (Massaker). Keine Einigkeit besteht darüber, ob der Staat oder seine Organe in einem signifikanten Ausmaß beteiligt sein müssen, um von einem P. zu sprechen, oder ob spontane oder organisierte Aktionen der Bevölkerung auch unter diesen Begriff fallen. Die Rolle der Staatsgewalt kann offensichtlich variieren: sie reicht von der schnellen Unterdrückung eines P. über einen ungenügenden oder verspäteten Einsatz der Kontrollorgane bis hin zum Extremfall einer staatlichen Ermunterung und Lenkung. Die «Reichskristallnacht» vom November 1938 (→ Novemberpogrome) stellt eine solche, von nationalsozialistischen Stellen angeordnete und organisierte Pogromwelle dar, an der sich im lokalen Rahmen Teile der Bevölkerung spontan an der Zerstörung, Plünderung und an physischen Übergriffen beteiligten.

Zum Gesamtkomplex der NS-Judenverfolgung gehören auch P., die mit dem deutschen Einmarsch in der → Sowjetunion 1941 in Ostpolen und in den baltischen Ländern von Seiten der einheimischen Bevölkerung z. T. vor dem Eintreffen deutscher Kommandos begangen wurden (→ Estland, → Lettland, → Litauen, → Polen). Während es für das Baltikum Hinweise auf Absprachen mit einheimischen NS-Organisationen gibt, ist es umstritten, wieweit es sich in Ostgalizien um spontane P. der Bevölkerung und einheimischer Milizen oder um langfristig von deutscher Seite geplante Aktionen handelte. Nach dem Einmarsch ist für eine ganze Reihe von Fällen nachweisbar, dass die Ausschreitungen von Sonderkommandos «inspiriert» und organisiert worden sind.

Werner Bergmann

Lit.: Werner Bergmann, Pogrome, in: Wilhelm Heitmeyer und John Kagan (Hrsg.), Handbuch der Gewaltforschung, Opladen 2002. – Johannes Heer, Einübung in den Holocaust: Lemberg Juni/Juli 1941, in: Zeitschrift für Geschichtswissenschaft 49

(2001), S. 407–427. – John D. Klier, The Pogrom Paradigm in Russian History, in: John D. Klier und Shlomo Lambroza (Hrsg.): Pogroms: Anti-Jewish Violence in Modern Russian History, Cambridge 1992, S. 13–38. – Andrej Zbikowski, Local Anti-Jewish Pogroms in Occupied Territories of Eastern Poland, June-July 1941, in: Lucjan Dobroszycki, Jeffrey S. Gurock (Hrsg.), The Holocaust in the Soviet Union. Studies and Sources on the Destruction of the Jews in the Nazi-Occupied Territories of the USSR, 1941–1945, New York 1993.

Pohl, Oswald (1892–1951), Chef des → SS-Wirtschaftsverwaltungshauptamtes (WVHA); 1926 Eintritt in die NSDAP und die SA, 1929 Wechsel zur → SS; am 1. Februar 1934 Verwaltungschef im SS-Hauptamt mit Zuständigkeit für die → Konzentrationslager. Unter P. Ausbau der SS-eigenen Wirtschaftsbetriebe durch Ausbeutung der Arbeitskraft der Häftlinge (→ Vernichtung durch Arbeit). Im Juni 1939 Ernennung P.s zum Ministerialdirektor im Reichsministerium des Innern; Aufnahme in den Freundeskreis Reichsführer SS. 1942 Ernennung zum SS-Obergruppenführer und General der Waffen-SS. Seit 1. Februar 1942 Chef des WVHA. P. war für die brutale Ausnutzung Hunderttausender KZ-Häftlinge, ihre Vermietung an die Industrie sowie ihre «Verwertung», beginnend mit den Wertsachen und endend mit den Goldplomben und Haaren, verantwortlich. Am 3. November 1947 wurde er in den → Nürnberger Prozessen zum Tode verurteilt, das Urteil am 7. Juni 1951 vollstreckt.

Polen. Auf dem Territorium der Zweiten Polnischen Republik (1918–1939) lebte die größte jüdische Gemeinschaft in Europa mit 3,35 Millionen Menschen (1939), fast 10 % der Gesamtbevölkerung. Seit 1921 war P. parlamentarische Demokratie, 1926 von Marschall Józef Piłsudski in einem Staatsstreich durch eine «moralische Diktatur» ersetzt. Hatten die Regierungen unter Piłsudski im Gegensatz zum Antisemitismus der Nationaldemokraten gegenüber der jüdischen Minderheit eine relativ großzügige Politik verfolgt, verbreitete die politische Rechte nach seinem Tod 1935 immer aggressiver die Ansicht, die Juden seien für die strukturellen ökonomischen Krisen und die damit verbundenen sozialen Unruhen verantwortlich. 1936 kam es, mit Unterstützung der katholischen Kirche, zu einem antijüdischen Wirtschaftsboykott. Für Hitler war P. ein variables Instrument in seinem ostpolitischen Programm der Eroberung von Lebensraum. Am 26. 1. 1934 wurde ein deutsch-polnischer Nichtangriffspakt unterzeichnet. Als P. die seit Oktober 1938 von Hitler und Ribbentrop ultimativ vorgebrachten Forderungen (Rückkehr Danzigs zum Reich, exterritoriale Eisenbahnlinie und Autobahn durch den «Korridor» sowie Beitritt zum Antikominternpakt) und die angebotene Partnerschaft bei einem Angriff auf die → Sowjetunion im März 1939 ablehnte, nahm Hitler die Annahme der britischen Hilfsgarantie durch P. vom 31. 3. 1939 zum Anlass, den Nichtangriffspakt zu kündigen. Der deutsch-sowjetische Nichtangriffspakt vom 23. 8. 1939 mit seinem Geheimen Zusatzprotokoll über die Aufteilung P. diente der politischen Absicherung des deutschen Überfalls auf P., mit dem der Zweite Weltkrieg begann. Nach den schnellen Erfolgen des Septemberfeldzuges (Kapitulation Warschaus am 27. 9. 1939) marschierte am 17. 9. die Rote Armee in die weißrussischen und ukrainischen Provinzen Ostpolens ein; P. wurde zwischen Deutschland und der Sowjetunion aufgeteilt. Im Zuge der territorialen Neuordnung wurde das von den Deutschen besetzte Gebiet der Zweiten Polnischen Republik zersplittert und einem gewaltsamen Besatzungsregime unterworfen. Das → Deutsche Reich annektierte den nordwestlichen Teil P. (Teile Danzigs, die Woiwodschaft Pommerellen und Westpreußen) als Reichsgau Danzig-Westpreußen, den Reichsgau Wartheland (→ Warthegau) mit den Zentren Posen und Łódź sowie Ostoberschlesien. Das okkupierte zentralpolnische Gebiet erklärte Hitler zum → «Generalgouvernement für die besetzten polnischen Gebiete», dem am 1. 8. 1941 Ostgalizien angeschlossen wurde. Ab September 1939 konkurrierten Instanzen der NSDAP, Institutionen der Ostforschung und NS-Ministerien mit Neuordnungsplänen zum «völkischen» Umbau P., bei denen die «Entjudung» eine zentrale Rolle spielte. Aus den eingegliederten Gebieten sollten unerwünschte Bevölkerungsteile (die gesamte jüdische Minderheit und ein Großteil der polnischen Bevölkerung) möglichst schnell vertrieben werden, während im Generalgouvernement zeitweilig ein «Reservat» für Juden vorgesehen war, was jedoch am Widerstand der Besatzungsverwaltung scheiterte. Das polnische Territorium, dessen slawische Einwohner gemäß der NS-Ideologie als rassisch minderwertig galten, wurde zum Exerzierfeld nationalsozialistischer Lebensraumpolitik. Der Völkermord wurde in Gang gesetzt. Militärischer Feldzug und rasseideologischer Vernichtungskrieg verliefen parallel und bildeten den Auftakt zum Überfall auf die Sowjetunion im Juni 1941. Nach dem deutschen Angriff kam der Bezirk Białystok unter die Verwaltung des ostpreußischen Oberpräsidenten Koch, und aus den vor 1939 zu P. gehörenden weißrussischen und ukrainischen Gebieten wurden die Reichskommissariate Ostland und → Ukraine geschaffen. Im Zuge der «Endlösung» errichteten die Nationalsozialisten auf polnischem Boden die → Vernichtungslager, in die die Juden aus ganz Europa verschleppt wurden.

Beate Kosmala

Lit.: Włodzimierz Borodziej, Klaus Ziemer (Hrsg.), Deutsch-polnische Beziehungen 1939–1945–1949. Eine Einführung, Osnabrück 2000. – Christoph Kleßmann (Hrsg.), September 1939. Krieg, Besatzung, Widerstand in Polen, Göttingen 1989. – Hans Roos, Geschichte der polnischen Nation 1918. 1985. Von der Staatsgründung im Ersten Weltkrieg bis zur Gegenwart, Stuttgart u. a. 1986. – Marian Wojciechowski, Die polnisch-deutschen Beziehungen 1933–1938, Leiden 1971.

Polenausweisung (1938). In der Nacht vom 28./29. Oktober 1938 wurden auf Befehl des Reichsführers SS und Chefs der deutschen Polizei in Absprache mit dem Auswärtigen Amt mindestens 18 000 der 72 000 im Reichsgebiet lebenden polnischen Juden, vor allem männliche Erwachsene, aus dem → Deutschen Reich, → Österreich und dem Sudetenland über die polnische Grenze abgeschoben. Ohne Vorwarnung waren sie zusammengetrieben und in Gefängnissen und improvisierten Sammellagern interniert worden. Dieser schnelle Zugriff auf die «Ostjuden», die seit 1933 in der gleichgeschalteten Presse immer drastischer verunglimpft worden waren, wurde durch die 1935 eingeführte «Judenkartei» mit ihren genauen Daten über Wohnsitz und Anstellung aller Juden erleichtert. Die Opfer dieser Ausweisungsaktion, die lediglich Nahrungsmittel für zwei Tage, geringe Geldbeträge und wenige persönliche Habseligkeiten mitnehmen durften, wurden in versiegelten und bewachten Zügen an die polnische Grenze transportiert.

Mit dieser Abschiebung wollte die NS-Regierung einer Änderung des polnischen Passgesetzes, das Ende Oktober 1938 in Kraft treten sollte, zuvorkommen. Es sah vor, alle Staatsangehörigen, die sich länger als fünf Jahre außerhalb des Landes aufgehalten hatten, auszubürgern. Anlass dafür war vor allem der «Anschluss» Österreichs, der die Regierung in Warschau befürchten ließ, dass ein Großteil der etwa 20 000 dort lebenden polnischen Juden nach → Polen zurückkehren würde, um der Judenverfolgung im NS-Machtbereich zu entgehen. Etwa 10 000 der Vertriebenen wurden von den polnischen Behörden in das Innere des Landes gelassen, ungefähr 8000 in den Grenzorten Zbąszyń, Chojnice und Drawski Młyń interniert. Unter katastrophalen hygienischen Bedingungen entstand in Zbąszyń ein Flüchtlingslager in Militärbaracken und Pferdeställen. In kurzer Zeit entwickelte sich daraus mit Unterstützung eines zu diesem Zweck gegründeten jüdischen Hilfskomitees in Warschau eine Art Gemeinwesen mit Werkstätten, Geschäften, Wohlfahrtsamt, einer eigenen Polizei und kulturellen Einrichtungen, das vom American Jewish Joint Distribution Committee finanziell unterstützt wurde. Während des Winters 1938/39 befanden sich bis zu 8000 Menschen im Lager Zbąszyń.

Zu den im Oktober 1938 Vertriebenen gehörte auch die aus Hannover stammende Familie Grynszpan, deren 17jähriger Sohn Herschel als Vergeltung für das Elend seiner in Zbąszyń internierten Eltern den deutschen Diplomaten Ernst vom Rath in Paris erschoss. Dieses Attentat diente der NS-Regierung als Rechtfertigung für die Inszenierung der → Novemberpogrome.

Ein Abkommen zwischen dem Deutschen Reich und Polen vom 24. Januar 1939 ermöglichte 6000 Frauen und Kindern, die in Deutschland zurückgelassen worden waren, zu ihren Angehörigen nach Polen einzureisen. Etwa 1000 der Ausgewiesenen konnten noch einmal ins Deutsche Reich zurückkehren, um ihr Eigentum zu verkaufen. Den Erlös mussten sie auf Sperrkonten deponieren. Meist verblieb den Ausgewiesenen kein Geld mehr für die → Emigration, so dass sie sich mittellos in Polen niederlassen mussten. Im Juli 1939 kam es zu einer weiteren Vertreibungsaktion von 4000 Juden aus dem Deutschen Reich. Vor Ausbruch des Krieges waren insgesamt ungefähr 32 000 Juden ausgewiesen worden. Im September 1939 befanden sich immer noch etwa 40 000 polnische Juden auf dem Gebiet des Deutschen Reiches. Die Männer wurden in der ersten Septemberwoche in KZ eingewiesen, Frauen und Kinder blieben bis zum Beginn der reichsweiten → Deportationen im Oktober 1941 auf freiem Fuß. Die Ausweisungsaktion der «Ostjuden» von 1938 war die erste größere Deportation, die zwischen Polizei, Reichsbahn, Diplomatie und Finanzbehörden koordiniert wurde. Sie lieferte die technischen und administrativen Erfahrungen für die späteren Deportationen.

Beate Kosmala

Lit.: Karol Jonca, The Expulsion of Polish Jews from the Third Reich in 1938, in: POLIN 8 (1994), S. 255–280. – Trude Maurer, Abschiebung und Attentat. Die Ausweisung der polnischen Juden und der Vorwand für die «Kristallnacht», in: Walter H. Pehle (Hrsg.), Der Judenpogrom 1938. Von der «Reichskristallnacht» zum Völkermord, Frankfurt am Main 1988, S. 52–73. – Sybil Milton, Menschen zwischen Grenzen: Die

Polenausweisung 1938, in: Menora. Jahrbuch für deutsch-jüdische Geschichte 1990, S. 184–206. – Jerzy Tomaszewski, Letters from Zbąszyń, in: Yad Vashem Studies 19 (1988), S. 289–315. – Jerzy Tomaszewski, Preludium Zagłady. Wygnanie Żydow Polskich z Niemiec w 1938 r. [Vorspiel der Vernichtung. Die Ausweisung der polnischen Juden aus Deutschland 1938.], Warschau 1998 (deutsch Osnabrück 2004).

Polesje. In der strategisch wichtigen, im Süden → Weißrusslands und Nordwesten der → Ukraine gelegenen Region P. mit den Pripjet-Sümpfen fand vom 29. Juli bis Ende September 1941 unter dem Deckmantel der Bekämpfung von Partisanen eine erste große «Säuberungsaktion» statt, die die Übergangsphase zur vollständigen Vernichtung der weißrussischen jüdischen Bevölkerung im Spätsommer und Herbst 1941 einleitete. Unter der Leitung von Erich von dem Bach-Zelewski durchkämmten die SS-Kavallerie-Regimenter 1 und 2 die Region in zwei Phasen. Heinrich Himmler hatte sie in einem Kommandobefehl vom 28. Juli 1941 angewiesen, dort, wo die Bevölkerung «national gesehen, feindlich» und «rassisch und menschlich minderwertig» sei, «alle, die der Unterstützung der Partisanen verdächtig sind, zu erschießen, Weiber und Kinder [...] abzutransportieren» und die Dörfer «niederzubrennen.» Am 1. August präzisierte ein Funkspruch: «Ausdrücklicher Befehl des Reichsführers SS. Sämtliche Juden müssen erschossen werden. Judenweiber in die Sümpfe treiben.» Bis Ende September wurden mehr als 27 000 Menschen ermordet. Über 90 % der Opfer waren Juden, vorrangig Männer, aber auch eine größere Zahl von Frauen und Kindern wurde getötet. Einige jüdische Gemeinden wurden vollständig vernichtet. Im Spätsommer und Herbst 1942 lösten die Deutschen die → Ghettos in der Region endgültig auf und ermordeten die verbliebene jüdische Bevölkerung (→ Brest; → Bronnaja Gora; → Pinsk).

Babette Quinkert

Lit.: Ruth Bettina Birn, Zweierlei Wirklichkeit? Fallbeispiele zur Partisanenbekämpfung im Osten, in: Bernd Wegner (Hrsg.), Zwei Wege nach Moskau. Vom Hitler-Stalin-Pakt zum «Unternehmen Barbarossa», München 1991, S. 275–284. – Christian Gerlach, Kalkulierte Morde. Die deutsche Wirtschafts- und Vernichtungspolitik in Weißrußland 1941–1944, Hamburg 1999. – Peter Longerich, Politik der Vernichtung. Eine Gesamtdarstellung der nationalsozialistischen Judenverfolgung, München 1998.

Polizei. Die zentrale Bedeutung der P. im Rahmen des Holocaust resultierte aus ihrer traditionellen Rolle als staatliches Vollzugsorgan in Kombination mit ihrer ideologisch-strukturellen Affinität zu spezifisch nationalsozialistischen Ordnungsvorstellungen. Die Bandbreite polizeilicher Maßnahmen gegen Juden und andere «Reichsfeinde» erstreckte sich von der Kriminalisierung unliebsamer, zumeist biologistisch definierter Personengruppen und Verhaltensweisen über den Entzug bürgerlicher Freiheiten (zuerst als Folge von Ausnahmegesetzen, später auf der Basis von P.verordnungen) bis hin zum Massenmord an Männern, Frauen und Kindern. Der Grad polizeilicher Involvierung in den Genozid erschließt sich aus der Betrachtung der verschiedenen institutionellen Teilbereiche des P.apparats und ihres Zusammenwirkens unter der Ägide von Heinrich Himmler, dem mit der «Machtergreifung» zusätzlich zu seinem Parteiamt als Reichsführer SS stufenweise die Leitung der politischen P. und Mitte Juni 1936 die Funktion des «Chefs der Deutschen Polizei im Reichsministerium des Innern» übertragen wurde.

Die Politische P. war einer der Bereiche staatlicher Exekutivgewalt, die die nationalsozialistische Führung schon frühzeitig zum schlagkräftigen Repressionsinstrument ausbauen konnte. Ausgehend von Bayern, gelang es Himmler und dem Leiter des Sicherheitsdienstes (SD) Reinhard Heydrich, die Politische P. in den einzelnen Ländern des Reichs zu übernehmen (in Preußen im April 1934), was trotz des Fortbestehens regionaler Geheimer Staatspolizeiämter faktisch auf deren Zentralisierung hinauslief. Gleichzeitig gewährleistete das Institut der Schutzhaft, das die Gestapo zunehmend und ab Januar 1938 auch formell für sich monopolisieren konnte, die Verschleppung potentieller und tatsächlicher Regimegegner sowie rassisch und anderweitig missliebiger Personengruppen (Juden, Zeugen Jehovas, «Asoziale») in die → Konzentrationslager, wo sie unbeschränktem, bisweilen die Grenze zum Mord überschreitendem Terror unterworfen waren. Institutionell manifestierte sich der Machtzuwachs der Politischen P. in der Zusammenfassung von Kriminalpolizei und Gestapo mit dem von Heydrich geleiteten Hauptamt Sicherheitspolizei als Verwaltungsspitze (Mitte Juni 1936) und dessen Ausbau zum → Reichssicherheitshauptamt (RSHA) unter Einbeziehung des SD im September 1939. Mit Ausnahme der «Zigeunerfrage», die federführend von der Kriminalpolizei bearbeitet wurde, lagen die zentralen Befugnisse im Umgang mit «Fremdvölkischen» bei Gestapo und SD.

Für den Vollzug der «Endlösung» spielte die von der Forschung bis vor wenigen Jahren weitgehend ignorierte Ordnungspolizei eine Schlüsselrolle. Von den ersten antijüdischen Maßnahmen an war sie Tag für Tag mit der Entrechtung und Verdrängung der deutschen Juden befasst und stand somit – im Jargon des Nationalsozialismus – ebenso an der «Front des Volkstumskampfes» wie Gestapo und SD, die – anders als die Ordnungspolizei – nach dem Krieg von den Alliierten zu verbrecherischen Organisationen erklärt wurden. Wenngleich formell erst Mitte 1936 mit der Gründung des Hauptamtes Ordnungspolizei unter Kurt Daluege (dem Äquivalent zu Heydrichs Hauptamt Sicherheitspolizei bzw. RSHA) auf Reichsebene konstituiert, zeichnete sich die Auflösung föderaler Strukturen seit den ersten Monaten der NS-Herrschaft ab, in denen Schutzpolizei und Gendarmerie als die wichtigsten Säulen der späteren Ordnungspolizei Seite an Seite mit der zur Hilfspolizei ernannten SA agierten. Der vergleichsweise späten Integration von Dalueges Truppe in Himmlers Machtsystem stand eine schon früh einsetzende Gleichschaltung gegenüber, die ebenso auf der Beamtenpolitik des Staates und der Integration in die regionale, von NS-Funktionären kontrollierten Verwaltung wie auf der weitgehenden Akzeptanz nationalsozialistischer Zielsetzungen durch das Polizeioffizierskorps basierte. Dem Ordenscharakter der → SS hatte die Ordnungspolizei zunächst wenig entgegenzusetzen; sie war aber umso mehr bestrebt, ihr aus der «Erblast» der Weimarer Republik resultierendes Minderwertigkeitsgefühl durch Betonung ihrer Funktion als ebenbürtige Stütze des Systems zu kompensieren. In Bezug auf Korpsgeist und Selbstverständnis unterschied sich Himmlers «schwarze Elite» ab Ende der 1930er Jahre nicht wesentlich von der «grünen P.». Hierzu trugen neben dem gemeinsamen, mittels «weltanschaulicher Erziehung» gefestigten ideologischen Überbau das ar-

beitsteilig angelegte Vorgehen gegen «Reichsfeinde» und die funktionale Verklammerung polizeilicher Teilinstanzen bei.
Als Folge der Ausweitung seines Machtapparats stand Himmler an der Spitze einer komplexen Hierarchie zentraler (Hauptämter), regionaler (Inspekteure der Sicherheits- bzw. Ordnungspolizei; SD-, Sipo-Leitstellen) und lokaler Dienststellen im Reich. Ihre Effizienz im Umgang mit «Gegnern» beruhte weniger auf dem Prinzip von Befehl und Gehorsam als vielmehr auf einem für die Funktionseliten im Nationalsozialismus typischen Professionalismus, der eigenverantwortliches Handeln im Vorgriff auf übergeordnete Anordnungen und mit Verweis auf die Interessen der «Volksgemeinschaft» als unverzichtbar erachtete. Beförderungen in Führungspositionen beruhten daher statt auf dem Prinzip bürokratischer Seniorität und formaler Qualifikation auf der Fähigkeit der P. offiziere, gegenüber Vorgesetzten ihre Effizienz unter Beweis zu stellen und – einem Postulat des Reichsführers SS folgend – grundsätzlich nichts als unmöglich zu erachten. Die ab Ende 1937 als persönliche Vertreter Himmlers im Reich, später in den besetzten Gebieten installierten Höheren SS-Polizeiführer (HSSPF) stellten sicher, dass alle Teile des Apparats zur Erfüllung von Aufgaben, die als wesentlich für den Schutz des Staates angesehen wurden, zusammenwirkten.
Mit Kriegsbeginn übernahm die P. neben dem «Schutz der Heimatfront» zunehmend Aufgaben im Rahmen der militärischen Sicherung, machtpolitischen Durchdringung und wirtschaftlichen Ausplünderung der besetzten Gebiete. Insbesondere in Osteuropa fanden andere Dienststellen (→ Wehrmacht, Zivilverwaltung) in der P. ein unverzichtbares Vollzugsorgan ihrer auf «Eindeutschung» und «Befriedung» gerichteten Politik. Ähnlich wie im Reich und in Anlehnung an die jeweilige Verwaltungsstruktur des Besatzungsgebiets wurde ein hierarchisch und regional gestaffeltes Netz von Dienststellen (Befehlshaber/Kommandeure der Sicherheitspolizei bzw. der Ordnungspolizei) mit den HSSPF bzw. SS- und Polizeiführer als koordinierende Befehlsinstanzen eingerichtet. Wo die vorhandene Personaldecke nicht ausreichte – und dies war im besetzten Osteuropa schon zu Beginn der Okkupation der Fall –, sicherten volksdeutsche (Volksdeutscher Selbstschutz) sowie nichtdeutsche, zumeist der Ordnungspolizei unterstellte Kräfte (→ Schutzmannschaften) in Verbindung mit deutschen mobilen Einheiten zumindest zeitweise flächendeckende Präsenz.
Nach dem Übergang zum Genozid fiel dessen systematische Umsetzung der P. aufgrund ihrer Rolle im Rahmen deutscher Judenpolitik seit 1933 sowie als Konsequenz ihrer Funktionsbestimmung in weit stärkerem Maße als anderen deutschen Instanzen zu. Die Aufsicht über die Konzentrations- und Vernichtungslager sowie die Durchführung der Judenpolitik oblag weitgehend den Berliner Hauptämtern, den HSSPF und nachgeordneten SS- und P. instanzen. Für Deportationstransporte, Ghettobewachung, Lagerverwaltung und Massenerschießungen im Zuge der «Endlösung» und des «Bandeskampfes» waren, im Verein mit einer Vielzahl anderer deutscher Dienststellen (Wehrmacht, Zivilverwaltung, Reichsbahn, SA, Organisation Todt (OT), Nationalsozialistisches Kraftfahrerkorps (NSKK)), alle Teilbereiche in Himmlers Machtapparat zuständig. Die Bataillone der Ordnungspolizei fungierten zusammen mit den Einsatzgruppen der Si-

cherheitspolizei und des SD als Treibriemen der mobilen Mordmaschinerie im Baltikum, in Weißrussland, der Ukraine und in Galizien. Wie weit die Integration der P. bereits in der ersten Kriegshälfte fortgeschritten war, zeigt die Zusammensetzung der Einsatzgruppen in der Sowjetunion: den größten Teil des Personals stellten nicht Sicherheitspolizei und SD, sondern Waffen-SS und Ordnungspolizei. Der Anteil der P. am Judenmord lässt sich nicht quantifizieren. Es kann davon ausgegangen werden, dass die auf mindestens 1,3 Millionen geschätzten Opfer von «Erschießungen im Freien» mehrheitlich auf ihr Konto gehen; hinzu kommt die Beteiligung der P. an den Morden in Ghettos, Konzentrations-, Vernichtungs- und anderen Lagern sowie ihre maßgebliche Rolle bei der vorangegangenen Entrechtung, Erfassung, Expropriation und Konzentration von Juden. Trotz dieser tiefen Verstrickung in das System der Vernichtung blieb die P. in der Nachkriegszeit zu wesentlichen Teilen von strafrechtlicher Verfolgung verschont. Die Identifizierung der Gestapo als tragendes Element totaler, in ihren Wirkungsweisen zumeist jedoch nicht näher spezifizierter NS-Terrorherrschaft ging mit der relativ bruchlosen Eingliederung vieler P.beamter in die westdeutsche Gesellschaft, oft in ähnlichen Funktionen wie im Dritten Reich, einher. Auch die intensivere rechtliche Aufarbeitung der NS-Verbrechen seit den späten 50er Jahren (→ Nachkriegsprozesse, → Zentrale Stelle der Landesjustizverwaltungen) trug kaum dazu bei, das gesellschaftlich vorherrschende Bild der P. als von der braunen Vergangenheit kaum belasteter «Freund und Helfer» zu revidieren. Die Geschichtswissenschaft griff die von der Justiz zutage geförderten Erkenntnisse lange Zeit nicht auf. Erst neuere Regionalstudien und die auch öffentlich geführte Debatte um die Motivation «ganz normaler Männer» (Ch. Browning) ließen die Rolle der P. im Kontext des arbeitsteilig angelegten Prozesses der «Endlösung» klarer hervortreten. Dennoch fehlt es weiterhin an Arbeiten zur Geschichte der P., zu ihrer Personalstruktur und zur Interaktion mit anderen in den Holocaust involvierten Instanzen.

Jürgen Matthäus

Lit.: Jens Banach, Heydrichs Elite. Das Führerkorps der Sicherheitspolizei und des SD 1936–1945, Paderborn u. a. 1998. – Christopher R. Browning, Ganz normale Männer. Das Reserve-Polizeibatallion 101 und die «Endlösung» in Polen, Reinbek 1993. – Helmut Krausnick, Hans-Heinrich Wilhelm, Die Truppe des Weltanschauungskrieges. Die Einsatzgruppen der Sicherheitspolizei und des SD 1938–1942, Stuttgart 1981. – Gerhard Paul, Klaus-Michael Mallmann (Hrsg.), Die Gestapo – Mythos und Realität, Darmstadt 1995. – Dies. (Hrsg.), Die Gestapo im Zweiten Weltkrieg. «Heimatfront» und besetztes Europa, Darmstadt 2000. – Ruth Bettina Birn, Die Höheren SS- und Polizeiführer. Himmlers Vertreter im Reich und in den besetzten Gebieten, Düsseldorf 1986.

Ponary (litauisch Paneriai). Schauplatz von Massenmorden, 10 km westlich von Wilna. Bei der in einem Waldgebiet liegenden Bahnstation des Erholungortes P. waren 1940/41 unter sowjetischer Herrschaft Tankanlagen für Heizöl angelegt bzw. geplant worden, deren kreisförmige Fundamentgruben während der deutschen Besetzung ab Juni/Juli 1941 bis Anfang Juli 1944 als Exekutionsplätze für die Erschießung vor allem von Juden, aber auch von sowjetischen Kriegsgefangenen und anderen Personen dienten. Die meisten Opfer wurden mit der Eisenbahn nach P. transportiert und dort von → SS und → Polizei mit Unterstützung litauischer

Helfer ermordet. Bis September 1943 sind die Gruben auch als Massengräber benutzt worden, dann wurden sie von jüdischen Arbeitskommandos geöffnet, die Leichen wurden verbrannt. Am 15.4. 1944 gelang 15 dieser «Arbeitsjuden» die Flucht. Die Zahl der Opfer in P. wird auf 70000–100000 geschätzt.

Wolfgang Benz

Lit.: Wolfgang Benz, Marion Neiss (Hrsg.), Judenmord in Litauen. Studien und Dokumente, Berlin 1999.

Poniatowa. 36 km westlich von Lublin gelegene Ortschaft, in der im September 1941 ein Lager (Stalag 359) für sowjetische Kriegsgefangene errichtet wurde. Insgesamt wurden im Herbst 1941 ca. 24000 sowjetische Kriegsgefangene in drei Transporten nach P. gebracht und in drei Fabrikhallen mit einer Gesamtfläche von 4400 m^2 untergebracht. Bis zum Frühjahr 1942 starben von ihnen schätzungsweise 22000 Kriegsgefangene an Hunger und Typhus. In einer zweiten Phase diente das Lager als Zwangsarbeitsstätte für jüdischen Häftlinge. Im Oktober 1942 wurde der Lagerkommandant Amon Göth beauftragt, in P. Schneiderwerkstätten für Juden zu errichten. Geplant war ein Arbeitslager für ca. 9000 Personen. Das Lager bestand aus den Fabrikhallen, den administrativ-wirtschaftlichen Teilen und den Wohnbaracken der Häftlinge. Die ersten Juden, die das Lager erreichten, waren aus dem → Ghetto Opole Lubelskie deportiert worden. Die Mehrzahl der Juden im Lager P. kam jedoch ab Frühjahr 1943 aus dem → Warschauer Ghetto (16000–18000 Menschen). Kommandant wurde SS-Obersturmführer Gottlieb Hering, ebenfalls Kommandant des → Vernichtungslagers → Bełżec. Die Häftlinge mit den Nummern 1–10000 arbeiteten für die Firma Walter Caspar Toebbens, die Gefangenen mit höheren Nummern leisteten verschiedene Arbeiten für die → SS. Zur Zeit der Liquidierung des Warschauer Ghettos wurde ein Krematorium in P. errichtet. Im Rahmen der → Aktion Erntefest wurde das Lager P. in der Nacht vom 3. zum 4.11.43 von Einheiten der SS, des SD, Polizeieinheiten aus Ostpreußen, Kattowitz, Posen sowie einer SS-Einheit aus → Auschwitz umstellt. Zwischen 7 Uhr morgens und 16 Uhr 30 wurden mit Ausnahme von 150 Personen sämtliche jüdische Gefangene des Lagers erschossen. Die Verbliebenen mussten die Leichen der Erschossenen verbrennen und das Lager reinigen. Nach Verlauf dieser Arbeit wurden auch sie und weitere 50 jüdische Häftlinge, die sich bisher versteckt gehalten hatten, erschossen. Von den ca. 18000 Juden des Arbeitslagers Poniatowa sind ca. 15000 Personen umgekommen, ca. 3000 Juden konnten fliehen oder wurden in andere Lager deportiert.

Katrin Reichelt

Lit.: Sam Hoffenberg, Le Camp des Poniatowa: La Liquidation des derniers Juifs de Varsovie, Paris 1988. – Ryszard Gicewicz, Obóz pracy w Poniatowej (1941–1943), in: Zeszyty Majdanka 1980, S. 88–104. – Helge Grabitz, Wolfgang Scheffler, Letzte Spuren. Ghetto Warschau, SS-Arbeitslager Trawniki, Aktion Erntefest, Fotos und Dokumente über Opfer des Endlösungswahns im Spiegel der historischen Ereignisse, Berlin 1993.

Portugal. 1926 Militärdiktatur, seit 1933 als «Estado Novo» mit faschistischem Charakter; bekam 1940 nach der Niederlage Frankreichs als Zufluchtsland Bedeutung, da Lissabon der einzige neutrale europäische Hafen mit regelmäßigem Schiffsverkehr nach Übersee war. P. schränkte die Einreisebestimmungen sukzessiv ein, um die Flüchtlinge aufzuhalten: ab 1936 erhielten Ausländer unklarer Staatsangehörigkeit und Expatriierte nur noch Transitvisa, vorausgesetzt, sie konnten ein Einreisevisum in ein anderes Land und ein Schiffsticket vorlegen; dies galt ab Oktober 1938 auch für die deutschen Juden trotz eines bis 1939 gültigen bilateralen Abkommens, das deutsche Staatsangehörige von der Visumspflicht befreite. Nach Kriegsbeginn entschied über die Visavergabe für diese Personen im Einzelfall das portugiesische Außenministerium und ab Mai 1940 wurden generell nur noch Transitvisa erteilt. Dennoch gelangten bis Ende 1944 schätzungsweise 80 000 meist jüdische Flüchtlinge nach P., u. a. durch die Rettungsaktion des portugiesischen Konsuls in Bordeaux, der eigenmächtig Tausende von Visa erteilte. Flüchtlinge, die ohne gültige Einreisepapiere für ein Zielland nicht weiterreisen konnten, wurden in Zwangsaufenthaltsorten untergebracht, teilweise auch inhaftiert. Nur in wenigen Fällen wurden illegal Eingereiste nach → Spanien zurückgewiesen. Fälle von Auslieferung jüdischer Flüchtlinge an die NS-Behörden sind nicht bekannt. In einigen Fällen konnte P. 1943 und 1944 Juden im deutschen Machtbereich durch Repatriierung vor den → Deportationen retten.

Renate Heß

Lit.: Maria A. Pinto Correia, Abschied von Europa. Portugal als Exil- und Transitland, in: Karl Kohut, Patrik von zur Mühlen (Hrsg.), Alternative Lateinamerika. Das deutsche Exil in der Zeit des Nationalsozialismus, Frankfurt am Main 1994, S. 27–39. – Renate Hess, «Was Portugal getan hat, hat kein anderes Land getan», in: Wolfgang Benz, Juliane Wetzel (Hrsg.), Solidarität und Hilfe für Juden während der NS-Zeit, Berlin 1999, S. 161–206. – Patrik von zur Mühlen, Fluchtweg Spanien – Portugal. Die deutsche Emigration und der Exodus aus Europa, 1933–1945, Bonn 1992.

Priebke, Erich (geb. 1913), Mitarbeiter an der deutschen Botschaft in Rom; 1936 Dolmetscher für Italienisch bei der Gestapo Berlin; seit 1941 an der deutschen Botschaft in Rom, wo er als SS-Hauptsturmführer und engster Mitarbeiter des dortigen Gestapochefs Herbert Kappler am 24. März 1944 an der Erschießung von 335 Zivilisten in den Adreatinischen Höhlen beteiligt war. Nach Kriegsende floh P. nach Südamerika und ließ sich 1948 in Argentinien nieder, von wo er 1995 an Italien ausgeliefert wurde. 1997 wurde er von einem römischen Gericht zu 15 Jahren Haft verurteilt. Im Kontext einer erfolglosen Klage P.s gegen den Filmproduzenten Artur Brauner stellte das Landgericht Nürnberg-Fürth am 31. Mai 2001 fest, dass P. weiterhin als «Kriegsverbrecher» bezeichnet werden dürfe.

Pripjet-Sümpfe s. Polesje

Protektorat Böhmen und Mähren. Mit der deutschen Besetzung Böhmens und Mährens am 15. 3. 1939 (und der Ausrufung der Selbständigkeit der Slowakei am Tag zuvor) war der Untergang der Tschechoslowakei besiegelt. Der Errichtung des P. folgten vielfältige judenfeindliche Maßnahmen, von denen auch viele Emigranten aus Deutschland (→ Deutsches Reich) und → Österreich betroffen waren. Noch im März 1939 war im Reichsministerium des Inneren festgelegt worden, dass die Umsetzung der antijüdischen Politik bei den Protektoratsbehörden liege, im Juni 1939 jedoch wurde davon abgegangen, als der Reichsprotektor von Neurath auf dem Verordnungswege den Ausschluss der jüdischen Bevölkerung aus dem Wirtschaftsleben in die Tat umsetzte: Umfangreiche Konskriptionen bildeten den Auftakt zur späteren → Arisierung. Ebenfalls im Juni 1939 wurde in Prag – nach Wien und Berlin – die dritte Zentralstelle für jüdische Auswanderung unter dem SS-Sturmbannführer Hans Günther eingerichtet (→ Reichszentrale für jüdische Auswanderung). Mit dem Überfall Deutschlands auf Polen wurden außerdem Maßnahmen getroffen, die auf die soziale Isolierung der Juden im P. abzielten; bereits im Sommer waren zudem die → Nürnberger Gesetze eingeführt worden. Die antijüdische Politik wurde im Herbst 1941 deutlich verschärft: Der Chef des → Reichssicherheitshauptamtes, Reinhard Heydrich, wurde neuer Reichsprotektor. Für ihn galt Hitlers Weisung, dass «möglichst bald das Reich und das P. vom Westen nach dem Osten von den Juden geleert und befreit» werden solle. Damit war eine Abschiebung in die besetzten Gebiete der → Sowjetunion anvisiert; die Deportierten sollten dort den Leitern der Einsatzgruppen der Sicherheitspolizei und des SD übergeben werden. Da der Kriegsverlauf dieses Vorgehen jedoch unmöglich machte, wurden im Oktober 1941 zunächst 5000 Prager Juden in das Ghetto → Lodz deportiert, ein Transport aus Brünn hatte die Ghettos in → Riga und → Minsk zum Ziel, zwei Jahre nachdem im Oktober 1939 erstmals Deportationen aus dem P. nach → Nisko stattgefunden hatten. Ab November 1941 diente die nordböhmische Festung → Theresienstadt als Internierungslager für Juden aus dem P., das ab Sommer 1942 zu einem «Altersghetto» für deutsche und österreichische Juden umgewandelt wurde. Theresienstadt wurde zur Durchgangsstation für die → Deportation in die → Vernichtungslager, vor allem nach → Auschwitz. Schätzungen gehen davon aus, dass von etwa 92000 Juden, die am 15.3. 1939 im P. lebten, nur 14045 den Holocaust überlebten.

Tatjana Tönsmeyer

Lit.: Avigdor Dagan, The Jews of Czechoslovakia. Historical studies and surveys, Bd. 3, Philadelphia 1984. – Miroslav Kárný, «Konečné řešení». Genocida českých zidů v německé protektorátní politice [«Endlösung». Der Genozid an den tschechischen Juden in der deutschen Protektoratspolitik], Prag 1991. – Eva Schmidt-Hartmann: Tschechoslowakei; in: Wolfgang Benz, Dimension des Völkermords. Die Zahl der jüdischen Opfer des Nationalsozialismus, München 1991, S. 353–379.

Protokolle der Weisen von Zion. Die Schrift, kurz vor 1900 in Russland von der zaristischen Geheimpolizei aus mehreren Vorlagen kompiliert, wurde, obwohl als plumpe Fälschung leicht erkennbar, in vielen Auflagen und Übersetzungen zu dem am weitest verbreiteten antisemitischen Pamphlet, das eine «jüdische Weltverschwörung» zum Gegenstand hat: Auf einer geheimen Konferenz in Prag sollen Vertreter des «internationalen Judentums» die Strategie zur Erlangung der Weltherrschaft (über dominierenden Einfluss in Wirtschaft, Finanzen, Medien und Kultur) festgelegt haben. In Deutschland wurden die P. in verschiedenen Versionen ab 1919 verbreitet. Sie spielten in der völkischen Propaganda eine wichtige Rolle und hatten Einfluss auf Hitler, Rosenberg und andere Ideologen des Nationalsozialismus. Ein Prozess in Bern 1933–1935, veranlasst durch den Schweizerischen Israelitischen Gemeindebund, entlarvte den «dokumentarischen Bericht» als Fälschung, was die Wirkung der judenfeindlichen Propagandaschrift aber nicht beeinträchtigte. Die P. sind auch nach dem Holocaust, mit einer Renaissance in Osteuropa 100 Jahre nach ihrer Entstehung, überall auf der Welt als Manifest des → Antisemitismus präsent.

Wolfgang Benz

Lit.: Norman Cohn, Die Protokolle der Weisen von Zion. Der Mythos von der jüdischen Weltverschwörung, Baden-Baden, Zürich 1998. – Michael Hagemeister, Sergej Nilus und die «Protokolle der Weisen von Zion». Überlegungen zur Forschungslage, in: Jahrbuch für Antisemitismusforschung 5 (1996), S. 127–147. – Jeffrey L. Sammons (Hrsg.), Die Protokolle der Weisen von Zion. Die Grundlage des modernen Antisemitismus – eine Fälschung. Text und Kommentar, Göttingen 1998.

Rademacher, Franz (1906–1973), Judenreferent im Auswärtigen Amt; 1932–1934 Mitglied der SA; seit März 1933 der NSDAP, im Dezember 1937 Eintritt in den Diplomatischen Dienst. Mai 1940 bis April 1943 Leiter des Judenreferates (Abteilung D III) im Auswärtigen Amt. Im Juni 1940 Entwurf des → Madagaskarplans; permanente Koordinierung mit Adolf Eichmann; im Oktober 1941 verantwortlich für die Erschießung von 4000 serbischen Juden in Belgrad (→ Serbien und Banat); mitverantwortlich für die → Deportation belgischer, holländischer und französischer Juden. Nach dem Sturz seines Vorgesetzten Martin Luther im April 1943 Ausscheiden R.s aus dem Auswärtigen Amt und Dienst bei der Marine bis Kriegsende. Anschließend zunächst untergetaucht, wurde R. im Februar 1952 vom Landgericht Nürnberg-Fürth wegen des Massakers an den serbischen Juden zu 3 Jahren und 5 Monaten Haft verurteilt, im September 1952 jedoch von einer neonazistischen Organisation nach Damaskus geschmuggelt. 1966 kehrte er nach Deutschland zurück. Ein vom Bundesgerichtshof im Januar 1971 anberaumter Prozess kam wegen R.s Tod nicht mehr zustande.

Rahm, Karl (1907-1947), SS-Sturmbannführer, Kommandant des Ghettos Theresienstadt; R. war als Nachfolger Anton Burgers seit 1944 der letzte Kommandant von → Theresienstadt. Zuvor hatte er in Prag die → Arisierung jüdischen Vermögens beaufsichtigt. R. floh am 5. Mai 1945 aus Theresienstadt, wurde Ende 1946 in Österreich aufgegriffen und nach seiner Verurteilung zum Tode im April 1947 in Litomerice (ČSR) gehängt.

Rasch, Emil Otto (1891–1948), Einsatzgruppenführer; nach dem Ersten Weltkrieg Studium der Rechte, Philosophie und Staatswissenschaften, anschließend Tätigkeit als Rechtsanwalt und Rechtsberater für verschiedene Unternehmen. September 1931 Eintritt in die NSDAP, 1933 in die → SS; 1935 Tätigkeit im SD-Hauptamt; 1937 Gestapo-Chef in Frankfurt am Main; 1939 vorübergehend Befehlshaber der Sicherheitspolizei und des SD in Prag; 1940 Inspekteur der Sicherheitspolizei und des SD in Königsberg. Mai bis Oktober 1941 Führer der → Einsatzgruppe C, die unter R.s Kommando Zehntausende Juden, u. a. in → Babij Jar ermordete. Anschließend bis Kriegsende Direktor der Kontinentalen Öl-AG. R. war Angeklagter im Nürnberger Einsatzgruppenprozess (→ Nürnberger Prozesse). Er starb Anfang 1948 im Gefängnis.

Rassenhygienische und bevölkerungsbiologische Forschungsstelle (im Reichsgesundheitsamt). Zeitweise auch «Erbwissenschaftliche» bzw. «Bevölkerungskundliche Forschungsstelle», «Rassenhygienische Forschungsstelle», «Rassenhygienische und Kriminalbiologische Forschungsstelle», «Kriminalbiologische Forschungsstelle». Im Frühjahr 1936 gegründetes Institut in der Abteilung Erbmedizin des Reichsgesundheitsamtes in Berlin-Dahlem. Die Forschungsstelle bereitete durch «rassenbiologische» Gutachten und die Zusammenarbeit mit der Kriminalpolizei den Völkermord an den → Sinti und Roma mit vor. Vom Frühjahr 1937 an erfassten «fliegende Arbeitsgruppen» Sinti und Roma im «Altreich». Die Mitarbeiter gingen im Stil erkennungsdienstlicher Untersuchungen vor und wandten dabei auch Gewalt an. Neben sog. Verhören und anthropometrischen Untersuchungen nutzten sie Akten aus Pfarrämtern, Kommunalverwaltungen, Polizeidienststellen, Gerichten, Gefängnissen, Fürsorgeanstalten und Archiven. Bis zum März 1944 erstellten die Mitarbeiter 23 833 «gutachtliche Äußerungen». Die Forschungsstelle leitete die Gutachten an die «Reichszentrale für die Bekämpfung des Zigeunerunwesens» im Reichskriminalpolizeiamt und die jeweils zuständige Kriminalpolizeileitstelle weiter. Damit wurden die Gutachten eine Voraussetzung für die Internierung und → Deportation von Sinti und Roma u. a. nach → Auschwitz-Birkenau.

Leiter der Forschungsstelle war der Nervenarzt Robert Ritter (1901–1951). Er hielt «Zigeuner» für unveränderliche Primitive, wobei er die größte Gefahr in den «Zigeunermischlingen» sah, die seiner Ansicht nach 90 % der im Deutschen Reich als «Zigeuner» geltenden Personen ausmachten. Ritter übernahm 1941 zusätzlich die Leitung des Kriminalbiologischen Instituts der Sicherheitspolizei. Bekannt wurde neben Ritter dessen Assistentin, die Krankenschwester Eva Justin. Sie erschlich sich durch ihre Romanes-Kenntnisse das Vertrauen vieler Sinti und wurde wegen ihrer rotblonden Haare «Loli Tschai» (Romanes für rothaariges Mädchen) genannt. Neben Ritter und Justin waren an der Forschungsstelle die «Zigeunerexperten» Adolf Würth, Sophie Ehrhardt, Ruth Kellermann, Gerhard Stein und Karl Morawek tätig, außerdem mehrere «Erb- und Volkspflegerinnen» und technische Assistentinnen. Ritter verstand die «Zigeunerfrage» nur als erstes Teilproblem bei der Aufdeckung der «kriminellen Erbstämme innerhalb des deutschen Volkskörpers». So erstreckte sich das Forschungsinteresse des Instituts auch auf andere Gruppen, wie Juden, Jenische, «Asoziale» oder «Zirkus- und Artistensippen». Der Vormarsch der Roten Armee zwang Ritter im Herbst 1943, sein Institut auf sieben über das Deutsche Reich verteilte Ausweichstellen zu verlegen.

Peter Widmann

Lit.: Michael Zimmermann, Rassenutopie und Genozid. Die nationalsozialistische Lösung der Zigeunerfrage, Hamburg 1996.

Rassenpolitisches Amt der NSDAP. Das R. sollte sowohl innerhalb der Partei als auch nach außen die nationalsozialistische Rassenlehre verbreiten. Es ging im Mai 1934 aus dem im Jahr zuvor gegründeten «Aufklärungsamt für Bevölkerungspolitik und Rassenpflege» hervor und unterstand Rudolf Heß als stellvertretendem Parteiführer. Gründer und Leiter war der Arzt und radikale Antisemit Walter Groß. Dem Amt unterstanden «Beauftragte für Bevölkerungs- und Rassenpolitik» in den Stäben der Gauleiter. Heß wollte mit der Schulungs- und Propagandatätigkeit des Amtes die vielstimmige und widersprüchliche NS-Rassenpropaganda nach der Machtübernahme in eine einheitliche Linie zwingen und taktisch so ausrichten, dass unnötige außenpolitische Reibungen unterblieben. Gegenüber den Reichsbehörden drängte das Amt auf eine scharfe Ausrichtung der Rassenpolitik, etwa mit der Forderung, «Halbjuden» den «Volljuden» rechtlich gleichzustellen. Weil das Amt langfristig mit dem SS-Apparat nicht konkurrieren konnte, verlor es seine Bedeutung für die Gestaltung der Rassenpolitik. 1942 wurde Groß Leiter der Abteilung Wissenschaft im Amt Rosenberg.

Peter Widmann

Lit.: Robert Proctor, Racial Hygiene. Medicine under the Nazis, Cambridge/London 1988.

Rassentheorie. Der Begriff Rasse wurde in der Anthropologie seit Ende des 17. Jahrhunderts beschreibend als naturgeschichtlicher und anthropologischer Terminus verwendet, um Gruppen von Tieren und Menschen mit gemeinsamen äußeren Merkmalen zu kategorisieren. Dies unterhöhlte den biblischen Gedanken der gemeinsamen Abstammung aller Menschen. Bereits die frühen Klassifikationsschemata enthielten Wertungen, indem sie Menschen als Resultat der Naturgeschichte in höhere und niedere Arten einstuften und Hierarchien vom Affen bis zum weißen Europäer konstruierten (Comte du Buffon 1707–1787, Christoph Meiners 1747–1810). Auch Johann Caspar Lavater (1741–1801) hatte mit seinen Physiognomischen Fragmenten dieser Tendenz Vorschub geleistet. Schon Johann Gottfried Herder (1744–1803) sah darin die Gefahr einer Rechtfertigung von Unterdrückung und Versklavung vorgeblich niederer Rassen.

An diese naturgeschichtlichen Rassentypologien knüpfte der zu Unrecht als «Vater des Rassismus» bezeichnete Graf Gobineau in seinem geschichtsphilosophischen «Essai sur l'inégalité des races humaines» (1853/55) an, in dem «Rasse» zu einem weltgeschichtlichen Schlüsselbegriff avancierte. Gobineau postulierte die Ungleichheit der Menschenrassen, führte soziale Schichtung auf Rassenunterschiede und den neuzeitlichen Kulturverfall auf die progressive Rassenmischung zurück, in der die Idealtypen der «reinen Rasse» und des «reinen Blutes» zu Mischtypen degenerierten, was letztlich den Tod von Völkern und Zivilisationen bedeutete. Die «weiße Rasse» verkörperte für ihn den Gipfel kultureller und moralischer Entwicklung, doch sah er die «arische Rasse» durch Rassenmischung ihre Überlegenheit verlieren. Im Ariermythos, der Betonung des Blutes und der Unterscheidung in niedere und edlere Rassen hatte Gobineau ein Denkmodell für den rassistischen Antisemitismus vorgegeben, obwohl Juden als Rasse bei ihm keine Rolle spielen. In diesem Denken wurden anthropologische Konzepte mit romantischen Vorstellungen und Werten verknüpft und in Spekulationen aufgelöst, die die Weltgeschichte als Veränderung der Rassenbestände begriffen. Gemäß der ganzheitlich-organizistischen Auffassung der Menschheit und ihrer Geschichte besitzen Völker auf Grund natürlicher Unterschiede besondere Eigenarten und Charaktere, die ihre Kultur (Sprache, Mythen usw.) bestimmen. Es war nicht zufällig die Sprachwissenschaft, die Sprachfamilien (semitische, indogermanische u. a.) unterschied, und auf der Suche nach deren Stammesursprung zum Konzept der

Rasse griff. Vor allem durch den Bayreuther Kreis um Richard Wagner, dessen völkisch-kultureller Nationalismus durch die Verquickung von → Antisemitismus und Rassismus charakterisiert war und deutsche und jüdische Rasse gegeneinander stellte, gewann dieser eher kulturell als biologisch fundierte Rassismus weite Verbreitung.

Einen neuen Gedanken führte der Sozialdarwinismus ein, eine sich in der zweiten Hälfte des 19. Jahrhunderts im angelsächsischen Raum und in Deutschland im Anschluss an Charles Darwin (1809–1882) entwickelnde soziologische Richtung, die dessen Entwicklungstheorie der natürlichen Zuchtwahl von der Pflanzen- und Tierwelt auf die menschliche Gesellschaft übertrug. Das Evolutionsprinzip führte auf die Frage nach den gesellschaftlichen Einrichtungen, die die biologische Verbesserung der Menschheit bewirken oder sichern könnten, was im späten 19. Jahrhundert einen Wissenschafts- und Weltanschauungsstreit über Rassenhygiene, Volkseugenik und Gesellschaftsbiologie auslöste. Der Darwinismus analysierte allein die Entwicklung individueller Organismen und hatte für organizistische Ganzheitsvorstellungen wie Volk oder Rasse wenig übrig. Der schonungslose Krieg aller gegen alle in der Gesellschaft wurde im Sozialdarwinismus anfangs eher im Sinne ökonomischer und kultureller Konkurrenz als im Sinne eines Kampfes zwischen Nationen begriffen. Naturgesetzlich mussten dabei zwar rassisch «entartete Völker» infolge unzulänglicher «sexueller Zuchtwahl» ausscheiden, doch blieb in diesem Denken der rassische Fortschritt als gemeinsames Ziel der Menschheit erhalten. Es war deshalb vor allem die völkische Richtung des Sozialdarwinismus in Deutschland (der Zoologe Ernst Haeckel und sein Monistenbund waren hier einflussreich), die ihn mit ideologischen Trends wie Rassismus, Imperialismus, Nationalismus und Antisemitismus verband. Für sie wurde die Nation zur einzigen Bezugsgröße im «Kampf ums Dasein». Die Darwinsche Anpassungstheorie vom «survival of the fittest» wurde zum Kampf zwischen «höheren» und «niederen» Rassen umgedeutet und der Begriff der Selektion rückte auch für die eigene Nation ins Zentrum. Dies führte zur Biologisierung des Sozialen, zur Ablehnung von Rassenmischung und zur Befürwortung von Eugenik oder Rassenhygiene. Houston Stewart Chamberlain verband in seinem geschichtsspekulativen Buch «Die Grundlagen des 19. Jahrhunderts» (1899) den Mythos vom reinrassigen «Arier» als Kulturträger mit dem Gedanken des Rassenkampfes, wonach die «Arier» der minderwertigen «Mischlingsrasse» der Juden in einem historischen Endkampf gegenüberstünden, in dem es nur Sieg oder Vernichtung geben könne. Seit den 80er Jahren des 19. Jahrhunderts wurde die vorher religiös oder ökonomisch begründete «Judenfrage» zur «Rassenfrage» erklärt (Eugen Dühring, Die Judenfrage als Racen-, Sitten- und Kulturfrage, 1881), wobei der vage Rassenbegriff eine Reihe anderer, wertbesetzter Begriffe wie Volk, Nation, Arier, Deutsch- und Germanentum umschloss.

Die nationalsozialistische R. setzte diese Traditionen fort. In Hitlers «Mein Kampf» war der Antisemitismus unlösbar mit Sozialdarwinismus, Rassenmystizismus und okkulten Geschichtstheorien verbunden. Die ins Mythische gesteigerte R. lehnte eine Vermischung der Rassen als «Bastardisierung» ab, da sie Verschlechterung der Eigenschaften sowie eine Verunreinigung des Blutes darstelle. Entsprechend wurden sexuelle Kontakte von «Ariern» und Juden ab 1935 als «Blutschande» strafrechtlich verfolgt. Die Juden wurden hier rassentypologisch als «niedere Rasse» eingestuft, bildeten jedoch andererseits den gefährlichsten Gegner im weltgeschichtlichen Endkampf («Gegenrasse»). Der dem Sozialdarwinismus entlehnte Gedanke der Selektion und Degeneration einer Nation oder Rasse bei fehlender Auslese (bedingt durch medizinischen Fortschritt oder soziale Fürsorge) wiederum bildete die Grundlage für die (Rassen-) Eugenik, die die Fortpflanzung rassisch «Degenerierter» verhindern wollte (Sterilisation, Euthanasie, letztlich Genozid) und für Maßnahmen zur «Menschenzüchtung» («Aufnordung»), wie sie etwa im Zusammenhang mit der SS geplant waren. Die Rassenpolitik des Dritten Reiches, und dies war das Neue, setzte diese R. nach 1933 konsequent um.

Werner Bergmann

Lit.: Peter-Emil Becker, Sozialdarwinismus, Rassismus, Antisemitismus und Völkischer Gedanke. Wege ins Dritte Reich, Teil II, Stuttgart 1990. – Imanuel Geiss, Geschichte des Rassismus, Frankfurt am Main 1988. Peter Weingart u. a., Rasse, Blut und Gene. Geschichte der Eugenik und Rassenhygiene in Deutschland, Frankfurt am Main 1992.

Rauter, Hanns (1895–1949), Höherer SS- und Polizeiführer (HSSPF) in den Niederlanden; nach dem Ersten Weltkrieg führende Positionen in mehreren österreichischen antisemitischen Heimatschutzverbänden; 1933 Flucht nach Deutschland und Betätigung in der SA, 1935 Wechsel zur → SS als SS-Oberführer; 1939 Ernennung zum SS-Brigadeführer. Seit Mai 1940 Führer des SS-Oberabschnitts Nordwest und HSSPF für die Niederlande, zugleich Generalkommissar für das Sicherheitswesen, wodurch R. nicht nur die deutschen SS- und Polizeibeamten, sondern auch die niederländische Polizei befehligte. April 1941 SS-Gruppenführer; Juni 1943 SS-Obergruppenführer und General der → Polizei. R. war Hauptverantwortlicher für die brutale deutsche Besatzungspolitik in den → Niederlanden. Er war für die → Deportation von ca. 105 000 Juden in die → Vernichtungslager, die Verschleppung von ca. 300 000 Niederländern zum Arbeitseinsatz nach Deutschland (→ Zwangsarbeit), die Konfiszierung niederländischen Eigentums, die Deportation Tausender niederländischer Studenten, die Anordnung der Sippenhaft u. a. m. verantwortlich. Am 24. März 1949 wurde er in den Niederlanden hingerichtet.

Ravensbrück (KZ). Ab 1938 90 km nördlich von Berlin, nahe der Gemeinde Fürstenberg errichtetes → Konzentrationslager, das als einziges großes KZ auf deutschem Gebiet als sog. Schutzhaftlager für Frauen bestimmt war. Im Mai 1939 wurden die ersten Häftlinge – ca. 1000 aus dem Frauen-KZ Lichtenburg nach R. überstellte Frauen – registriert. Im April 1941 wurde ein kleineres Männerlager angegliedert, das hauptsächlich als Arbeitskräftereservoir für den ständigen Ausbau von R. diente. Ab Sommer 1942 entstand in unmittelbarer Nähe das dem Reichskriminalpolizeiamt unterstehende Jugend-KZ Uckermark. Lagerkommandant war bis 1942 SS-Hauptsturmführer Max Koegel, danach SS-Hauptsturmführer Fritz Suhren. In R. befand sich 1942/43 auch ein Ausbildungslager für weibliches Wachpersonal. Die Häftlinge wurden zu Bauarbeiten sowie in SS-eigenen Betrieben und ab 1942 zunehmend in der

Kriegsproduktion eingesetzt. Die Firma Siemens & Halske errichtete neben dem Gelände 20 Werkhallen, in denen die Häftlinge Zwangsarbeit leisten mussten. Über das ganze Reich verteilt entstanden mehr als 70 Nebenlager des Stammlagers R., in denen die Insassinnen insbesondere für die Rüstungsproduktion ausgebeutet wurden. Zwischen 1939 und 1945 wurden 132000 Frauen und Kinder, 20000 Männer und 1000 weibliche Jugendliche des KZ Uckermark als Häftlinge registriert. Sie stammten aus über 40 Nationen (vor allem aus → Polen und der → Sowjetunion), unter ihnen ca. 5 % → Sinti und Roma und ca. 14 % Jüdinnen, deren Überlebenschancen am geringsten waren. Zehntausende der Häftlinge starben an Hunger, dem kräftezehrenden Arbeitseinsatz, den infolge der zunehmenden Überbelegung katastrophalen hygienischen Verhältnissen, medizinischen Experimenten und gezielten Vernichtungsaktionen. Mit der → Aktion 14 f 13, die die → Euthanasie in den KZ fortsetzte, wurde R. in die «Endlösung der Judenfrage» einbezogen. Dabei wurden im Frühjahr 1942 ca. 1400 von Ärzten selektierte Häftlinge in der Tötungsanstalt Bernburg vergast; neben kranken und als «arbeitsunfähig» eingestuften Frauen waren unter ihnen 700–800 Jüdinnen. Anfang Oktober 1942 wurden fast alle Jüdinnen (522) aus R. nach → Auschwitz deportiert, nachdem Himmler kurz zuvor befohlen hatte, die KZ auf Reichsgebiet «judenfrei» zu machen. Weitere Transporte in → Vernichtungslager folgten, was das Ende separater «Judenblöcke» in R. bedeutete – bis ab Mitte 1944, infolge des Vorrückens der Roten Armee, die SS begann, Häftlinge (darunter viele jüdische) aus östlicher gelegenen KZ und → Ghettos wie → Riga, → Majdanek und Auschwitz nach R. zu überstellen. Nach dem Bau einer → Gaskammer Ende 1944 wurden ab Anfang 1945 ca. 6000 Häftlinge, vor allem kranke und invalide, vergast, vergiftet oder erschossen. Kurz vor Ende des Krieges konnten mit Hilfe des Internationalen Roten Kreuzes mehr als 7500 Häftlinge ins neutrale Ausland gebracht werden. Mindestens 15000 im Lager verbliebene Frauen trieb die → SS auf → Todesmärsche. Am 30. April 1945 befreite die Rote Armee etwa 3000 zurückgelassene kranke Frauen, Kinder und Männer.

Claudia Schoppmann

Lit.: Claus Füllberg-Stolberg u. a. (Hrsg.), Frauen in Konzentrationslagern: Bergen-Belsen, Ravensbrück, Bremen 1994. – Grit Philipp, Kalendarium der Ereignisse im Frauen-Konzentrationslager Ravensbrück 1939–1945, Berlin 1999. – Bernhard Strebel, Das Männerlager im KZ Ravensbrück 1941–1945, in: Dachauer Hefte 14 (1998), S. 141–174.

Reichenau, Walther von (1884–1942), Generalfeldmarschall; Teilnahme am Ersten Weltkrieg, anschließend Übernahme in die Reichswehr; Dienst bei verschiedenen Stabs- und Truppenkommandos; 1936 General; 1939 Oberbefehlshaber der 10., dann der 6. Armee, Generaloberst; 1940 Generalfeldmarschall; 1941 Oberbefehlshaber der 6. Armee (→ Bjelaja Zerkow); 3. Dezember 1941 Oberbefehlshaber der Heeresgruppe Süd (→ Wehrmacht); am 17. Januar 1942 an Herzversagen gestorben. R. trug wesentlich zur Integration des Heeres in den NS-Staat bei. In seinem berüchtigten Tagesbefehl vom 10. Oktober 1941 bezeichnete R. als Ziel des Russlandfeldzuges die Befreiung des deutschen Volkes von «der asiatisch-jüdischen Gefahr». Der deutsche Soldat sei «Träger einer unerbittlichen völkischen Idee» und müsse «für die Notwendigkeit einer harten, aber gerechten Sühne am jüdischen Untermenschentum volles Verständnis haben».

Reichsbahn. Die Deutsche R. folgte früh dem antisemitischen Kurs des NS-Regimes und entließ ihre jüdischen Beamten 1933 und 1935. Seit Anfang 1939 durften deutsche Juden die Speise- und Schlafwagen nicht mehr betreten. Den polnischen Juden wurde im Januar 1940 die Benutzung der Eisenbahn untersagt. Im → Deutschen Reich wurde ein ähnliches Verbot durch die «Sternverordnung» vom 1. September 1941 ausgesprochen. Seit dem 15. Oktober 1941 transportierte die Reichsbahn auf Bestellung des → Reichssicherheitshauptamtes fahrplanmäßig Juden in Sonderzügen nach → Lodz, → Minsk, → Riga, → Lublin, → Belzec, → Sobibor, → Treblinka, → Chelmno und → Auschwitz. Vorrang hatten nur Züge der Wehrmacht und der Rüstung. Bis zum Spätherbst 1944 rollten zahllose Judentransporte aus dem Deutschen Reich, dem → Protektorat Böhmen und Mähren, der → Slowakei, den → Niederlanden, → Belgien, → Frankreich, → Italien, → Griechenland, → Ungarn und anderen Ländern in die → Vernichtungslager. Für sämtliche Umsiedlungstransporte der → SS, darunter auch die Deportationszüge, berechnete die Reichsbahn pro Person den halben Tarif 3. Klasse.

Durch die andauernde Verschärfung der Judenpolitik veränderten sich die «Szenarien» der → Deportationen von Monat zu Monat. Die ersten Transporte wurden als «Umsiedlungen» getarnt und aus Personenwagen gebildet. Nach der → Wannsee-Konferenz führte man im Frühjahr 1942 die Transporte in den Distrikt Lublin mit den Güterwagen durch, die zuvor «Ostarbeiter» ins Reich gebracht hatten. Ältere und mit Kriegsauszeichnungen dekorierte deutsche Juden wurden ab Juni 1942 mit offen sichtbaren Sonderwagen und Sonderzügen nach → Theresienstadt gebracht. Von dort wurden zahllose Bahntransporte nach Auschwitz weitergeschickt. Adolf Eichmann und seine Mitarbeiter planten die Deportationen aus Westeuropa und forderten die dazu notwendigen Züge beim Reichsverkehrsministerium an, während für Transporte innerhalb Polens und der Sowjetunion andere Befehlswege galten. Die Beamten der Generalbetriebsleitungen, der R.direktionen, der R.ämter und der kleineren Dienststellen sorgten dafür, dass die bestellten Züge fuhren. Damit hatten die Beschäftigten der R. unter den deutschen Zivilisten die besten Kenntnisse vom Schicksal der Juden.

Während die ersten Deportationen regelmäßig 1000 Menschen umfassten, stieg diese Zahl seit Frühjahr 1942 auf über 5000 Personen pro Zug an. Besonders grausam waren die Transporte bei der deutsch beherrschten «Ostbahn» innerhalb des → Generalgouvernements während der Jahre 1942 und 1943. In jeden zweiachsigen Güterwagen wurden mehr als 100 Menschen gesperrt. Im Verlauf der → Aktion Reinhardt wurden etwa 1,5 Millionen polnischer Juden mit fahrplanmäßiger Hilfe der Eisenbahn in den → Gaskammern von Bełżec, Sobibór und Treblinka ermordet. Seit Mitte 1942 wurden die meisten Judentransporte aus Westeuropa nach Auschwitz gesandt. Das im Jahre 1943 erbaute Torgebäude von Birkenau mit seiner zentralen Öffnung für das Anschlussgleis symbolisiert die logistische Ausrichtung dieser «Mordfabrik» auf

die Schiene. Im Sommer 1944, als fast eine halbe Million ungarischer Juden ermordet wurde, trafen dort täglich drei Züge ein.
Insgesamt sind zwischen 1941 und 1945 etwa 3 Millionen Menschen mit der Eisenbahn in den Tod transportiert worden. Die Gesamtzahl der Sonderzüge wird auf 1000 bis 2000 Fahrten geschätzt; dies erscheint im Verhältnis zur Gesamttransportleistung als gering. Die Frage, ob damit nicht Transportkapazitäten der deutschen Kriegsanstrengung blockiert wurden, lässt sich kaum beantworten. Viele Angehörige der R. rückten nach 1945 in neue Posten bei der Bundesbahn ein, weil sie als unbelastete Technokraten galten. Der R.-Generaldirektor Dorpmüller war 1945 verstorben, sein Stellvertreter Ganzenmüller erschien 1973 vor Gericht verhandlungsunfähig. Zahlreiche Ermittlungsverfahren mussten eingestellt werden, weil den Eisenbahnern ein persönliches Motiv für ihre Beteiligung an den Massenmorden nicht nachgewiesen werden konnte.

Alfred Gottwaldt

Lit.: Raul Hilberg, Sonderzüge nach Auschwitz, Mainz 1981. – Eugen Kreidler, Die Eisenbahnen im Machtbereich der Achsenmächte während des Zweiten Weltkrieges, Göttingen 1975 (Nachdruck 2001). – Heiner Lichtenstein, Mit der Reichsbahn in den Tod, Köln 1985. – Alfred C. Mierzejewski, A Public Enterprise in the Service of Mass Murder. The Deutsche Reichsbahn and the Holocaust, in: Holocaust and Genocide Studies 15 (2001), S. 33–46. – Kurt Pätzold, Erika Schwarz, «Auschwitz war für mich nur ein Bahnhof», Berlin 1994.

Reichsbürgergesetz s. Nürnberger Gesetze

Reichskommissar für die Festigung deutschen Volkstums s. SS

Reichskommissariat Ostland s. Estland, s. Lettland, s. Litauen, s. Weißrußland

Reichskristallnacht s. Novemberpogrome

Reichsprotektorat Böhmen und Mähren s. Protektorat Böhmen und Mähren

Reichssicherheitshauptamt. Aus der Verknüpfung der administrativen Zentren von Sicherheitspolizei (bestehend aus Gestapo und Kriminalpolizei) und SD hervorgegangen, spielte das Ende September 1939 von Reinhard Heydrich eingerichtete, ab 1943 von Ernst Kaltenbrunner geleitete R. die Schlüsselrolle beim organisierten Judenmord im deutsch besetzten Europa. Entsprechend der von Göring Anfang 1939 erteilten und im Juli 1941 erweiterten Befugnisse Heydrichs im Rahmen der NS-Judenpolitik waren die Ämter des R. (Amt I: Personal, Amt II: Verwaltung und Recht, Amt III: SD Inland, Amt IV: Gestapo, Amt V: Reichskriminalpolizeiamt, Amt VI: SD-Ausland, Amt VII: «Weltanschauliche Forschung und Auswertung») in vielfacher Weise arbeitsteilig in den Judenmord involviert, wobei Adolf Eichmanns Judenreferat im von Heinrich Müller geleiteten Gestapo-Amt (IV D 4, ab März 1941 IV B 4) als wichtigste Koordinations- und Exekutivinstanz fungierte. Aufbauend auf der in Heydrichs Machtbereich seit Mitte der 30er Jahre im Umgang mit der → Judenfrage und verstärkt ab 1938 («Anschluss» Österreichs, → Novemberpogrome) bei der Abwicklung forcierter Emigration gesammelten Erfahrung, betrieb das Referat zunächst die erzwungene Umsiedlung von Juden in den besetzten Gebieten und organisierte ab Herbst 1941 in Absprache mit der Reichsbahn u. a. Dienststellen bis kurz vor Kriegsende → Deportationen in die → Ghettos, → Konzentrations- und → Vernichtungslager des Ostens. In der zweiten Kriegshälfte traten die Spezifika der verschiedenen im R. zusammengefassten Teilbereiche des sicherheitspolizeilichen Apparats immer mehr hinter die Gemeinsamkeit zweckbestimmten Vorgehens zurück. Um größere Effizienz des Massenmords sorgte sich das Reichskriminalpolizeiamt unter Arthur Nebe, das Versuche mit Sprengungen anstellte und die zuerst bei der → Aktion T 4 verwendeten → Gaswagen in der besetzten → Sowjetunion in großem Umfang einsetzte. Hinzu kamen auf regionaler Basis nach dem Muster des R. strukturierte Dienststellen im Reich (Inspekteure der Sicherheitspolizei und des SD) und in den besetzten Gebieten (Befehlshaber bzw. Kommandeure der Sicherheitspolizei und des SD) sowie als mobile Einheiten die → Einsatzgruppen, die allerdings aufgrund ihrer Rolle im Rahmen der Militär- bzw. Zivilverwaltung sowie infolge der Ernennung Himmlers direkt unterstellter Höheren SS- und Polizeiführer nur bedingt vom R. kontrolliert wurden. Häufige Versetzungen trugen dazu bei, das Vorgehen von Zentrale und Peripherie aufeinander abzustimmen, Expertenwissen regional zu transferieren und die Dynamik der «Endlösung» zu beschleunigen. So wurde im Rahmen des «Osteinsatzes» ein Großteil des R.-Personals einschließlich einiger Amtschefs (Streckenbach, Nebe, Ohlendorf, Six, Johst) in den Reihen der Einsatzgruppen verwendet, während im Westen die Dienststellen der Befehlshaber bzw. Kommandeure der Sicherheitspolizei und des SD insbesondere im Aufgabenbereich der Gestapo mit R.-Angehörigen besetzt waren.

Abgesehen von der Verurteilung Kaltenbrunners im → Nürnberger Prozess gegen die Hauptkriegsverbrecher stand der justitielle Umgang mit den Schreibtischtätern im R. noch nach dem Jerusalemer → Eichmann-Prozess in eklatantem Missverhältnis zur historischen Bedeutung dieser Instanz. Auch die zeitgeschichtliche Forschung hat sich mit dem R. erst ansatzweise befasst, da immer noch eine umfassende Darstellung zur Organisationsgeschichte sowie angemessene biographische Studien zu Heydrich u.a. Funktionsträgern im R. fehlen.

Jürgen Matthäus

Lit.: Jens Banach, Heydrichs Elite. Das Führerkorps der Sicherheitspolizei und des SD 1936–1945, Paderborn u. a. 1998. – Ulrich Herbert, Best. Biographische Studien über Radikalismus, Weltanschauung und Vernunft 1903–1989, Bonn 1996. – Yaacov Lozowick, Hitlers Bürokraten. Eichmann, seine willigen Vollstrecker und die Banalität des Bösen, Zürich/München 2000. – Hans Safrian, Die Eichmann-Männer, Wien, Zürich 1993. – Michael Wildt, «Radikalisierung und Selbstradikalisierung 1939. Die Geburt des Reichssicherheitshauptamtes aus dem Geist des völkischen Massenmords», in: Gerhard Paul, Klaus-Michael Mallmann (Hrsg.), Die Gestapo im Zweiten Weltkrieg. «Heimatfront» und besetztes Europa, Darmstadt 2000.

Reichsvereinigung der Juden in Deutschland s. Judenrat

Reichsvertretung der deutschen Juden s. Judenrat

Reichszentrale für jüdische Auswanderung. Nach der Besetzung Österreichs richtete Adolf Eichmann am 26. 8. 1938 in Wien eine «Zentralstelle für jüdische Auswanderung» ein, die formal Franz Stahlecker, faktisch aber ihm selbst unterstand. Diese Einrichtung diente der Koordination der Vertreibung der österreichischen Juden und war Modell für spätere Einrichtungen in Berlin (24. 1. 1939) und Prag (26. 7. 1939). Die Zentralstelle forcierte zunächst die Emigration und organisierte später die → Deportation der Menschen. Bevor die zur Auswanderung gedrängten Juden eine Ausreiseerlaubnis in der Hand hielten, die ihnen das Datum des baldigen Grenzübertritts vorschrieb, wurden sie finanziell völlig ausgeplündert. Zwischen August und November 1938 waren bereits 50000 Juden vertrieben worden, in knapp 18 Monaten schließlich 150000 Personen. Eichmann arbeitete dabei u. a. mit den Organisatoren der illegalen Palästina-Einwanderung zusammen.

Auf Vorschlag des Chefs der Sicherheitspolizei und des SD, Reinhard Heydrich, ordnete Hermann Göring im Januar 1939 an, auch im «Altreich» eine R. mit ähnlicher Aufgabenstellung einzurichten. Sie wurde im Reichsinnenministerium angesiedelt und Heydrich unterstellt. Geschäftsführer war zunächst Heinrich Müller, Leiter der Abteilung II der Gestapo; Göring behielt sich die Entscheidungsbefugnis bei grundsätzlichen Maßnahmen vor. Die Zentralstelle sollte laut Protokoll der → Wannsee-Konferenz «a) alle Maßnahmen zur Vorbereitung einer verstärkten Auswanderung der Juden treffen, b) den Auswandererstrom lenken, c) die Durchführung der Auswanderung im Einzelfall ... beschleunigen.» Die Jüdischen Gemeinden und dann die Reichsvereinigung der Juden in Deutschland mussten dafür sorgen, dass wohlhabende Juden Teile ihres Vermögens als «Auswandererabgabe» zugunsten ärmerer Zwangsemigranten entrichteten. Der Plan, regionale Büros in Berlin, Breslau, Frankfurt/M. und Hamburg zu eröffnen, wurde nicht verwirklicht. Die R. lenkte – wie vorgesehen – die Auswandererströme und erteilte Genehmigungen. Im Oktober 1939 übernahm Adolf Eichmann die Leitung der R. selbst, sie verschmolz mit dem Referat IV B 4 «Judenangelegenheiten, Räumungsangelegenheiten» im inzwischen gegründeten → Reichssicherheitshauptamt. Als die Auswanderung endgültig im Oktober 1941 verboten wurde, hatte Eichmanns Referat bereits die ersten großen Deportationen vorbereitet und eingeleitet.

Beate Meyer

Lit.: Uwe Dietrich Adam, Judenpolitik im Dritten Reich, Düsseldorf 1972. – Doron Rabinovici, Instanzen der Ohnmacht. Wien 1938–1945. Der Weg zum Judenrat, Frankfurt 2000.

Reik, Haviva (Emma, 1914–1944), Abgesandte der Hagana (Untergrund-Militärorganisation der Jewish Agency) in Palästina. R. wurde in der Slowakei geboren, schloss sich als Jugendliche der zionistischen Jugendorganisation Haschomer Hazair (→ Zionismus) an und lebte seit 1939 in → Palästina. Während der Kämpfe um El Alamein im Oktober 1942 trat sie in den Dienst der Palmach (Streitkräfte der Hagana). Anschließend meldete sie sich zur Fallschirmtruppe und sprang am 21. September 1944 über der → Slowakei ab mit dem Ziel, den Slowakischen Nationalaufstand zu unterstützen und jüdische → Partisanengruppen zu gründen (→ Jüdischer Widerstand). Ende Oktober 1944 zog sie sich mit einer jüdischen Partisanengruppe ins Tatra-Gebirge zurück, wo sie von Einheiten der ukrainischen Waffen-SS gefangengenommen wurde. Am 20. November 1944 wurde R. in Kremníčka von den Deutschen hingerichtet.

Reinhardt, Fritz (1895–1969), Staatssekretär im Reichsfinanzministerium; während des Ersten Weltkriegs Internierung in Sibirien; 1919 Direktor der Thüringischen Handelsschule; 1923 Eintritt in die NSDAP; 1924 Gründung der ersten deutschen Fernhandelsschule in Herrsching; 1. Oktober 1928 bis 14. September 1930 Gauleiter des Gaues Oberbayern; im Mai 1929 Erklärung der Fernhandelsschule zur Rednerschule der NSDAP; 1930 Mitglied des Reichstages; 1932 Wirtschaftsbeauftragter in der Reichsleitung der NSDAP; seit 1. April 1933 bis Kriegsende Staatssekretär im Reichsfinanzministerium. Über R. lief u. a. 1942/1943 die Abrechnung der von der → SS an die Reichsbank abgelieferten Wertgegenstände, die im Rahmen der wahrscheinlich nach R. benannten → Aktion Reinhardt den ermordeten Juden abgenommen worden waren. 1950 wurde R. von einer Münchner Spruchkammer als «Hauptschuldiger» eingestuft.

Rettung. In der nationalen israelischen Gedenkstätte Yad Vashem in Jerusalem wurden seit 1963 etwa 18 262 Frauen und Männer (Stand: Januar 2001) als «Gerechte unter den Völkern» ausgezeichnet, die sich während der Zeit der Verfolgung und Ermordung selbstlos und unter hohem persönlichen Risiko für die Rettung jüdischen Lebens eingesetzt hatten. Zahlenmäßig am stärksten vertreten sind Retter aus Polen, gefolgt von Niederländern und Franzosen. Allerdings können die tatsächlich geleisteten Akte der Solidarität und Hilfe für Juden in den einzelnen Ländern des besetzten oder neutralen Europa kaum quantitativ erfasst werden, und auch die Zahl der Juden, die dank der Hilfe von Nichtjuden den Holocaust überlebten, ist nicht zuverlässig feststellbar, da jahrzehntelang nicht systematisch darüber geforscht wurde. Auch lassen sich die Motive für Rettungsaktionen, die von humanistisch begründeter Hilfsbereitschaft und religiösen Überzeugungen bis hin zu politischem Widerstand reichten, nicht genau bestimmen, zumal auch bezahlte Hilfeleistungen keine Seltenheit waren. Versuche, «typische» Retterpersönlichkeiten auszumachen, bleiben unzureichend, da die unterschiedlichen historischen Vorbedingungen, die jeweiligen Kriegs- und Besatzungssituationen und die damit verbundenen Handlungsspielräume in den einzelnen Ländern die Bereitschaft zur Hilfe und ihre Erfolgschancen stark beeinflussten. Das Verhältnis einer Mehrheitsgesellschaft zum jüdischen Bevölkerungsteil bis 1939 bzw. der Integrationsgrad des letzteren, die jeweilige politische und militärische Situation, insbesondere aber die Art des NS-Besatzungsregimes, das in West- und Nordeuropa mildere Formen hatte als etwa der Besatzungsterror im → Generalgouvernement, waren wichtige Faktoren.

Wie schwierig Rettung aber auch bereits vor Ausbruch des Krieges in einem Land mit restriktiven Einwanderungsgesetzen sein konnte, zeigt das Beispiel von Paul Grüninger, Kommandant der St. Galler Kantonspolizei, der aus Gewissensgründen 1938/39 entgegen den fremdenpolizeilichen Anordnungen aus Bern bis zu 3000 Juden illegal in die → Schweiz einreisen ließ. Eine beispiellose kollektive Fluchthilfe unter Beteiligung der Bevölkerung fand im besetzten → Dänemark statt, wo im Oktober 1943 innerhalb von drei Nächten fast 8000 dänische Juden in Fischerbooten über den Öresund nach → Schweden in Sicherheit gebracht wurden, während in Kopenhagen bereits die Schiffe für die Deportation in die Vernichtungslager bereitlagen. Dies ist nicht zuletzt dem deutschen Diplomaten Ferdinand Duckwitz zu verdanken, der den dänischen Untergrund vor der drohenden Verschleppung gewarnt und zur Rettungsaktion in Booten aufgerufen hatte.

Die Überlebenschancen in den → Niederlanden waren angesichts der geschlossenen Grenzen und der Entfernung zu den neutralen Ländern dagegen eher gering; die Konzentration der jüdischen Bevölkerung in Amsterdam erleichterte die Deportation und war für Rettungsbemühungen ungünstig. Nach Louis de Jong waren es vor allem Mitglieder von Minderheiten wie Kommunisten, Sozialdemokraten sowie reformierte Protestanten bzw. Protestanten in katholischer Umgebung oder Katholiken in protestantischer Umgebung, die Juden halfen. In → Belgien und → Frankreich engagierten sich insbesondere antifaschistische Untergrundgruppen, Verstecke für untergetauchte Juden ausfindig zu machen. Dass in Frankreich etwa drei Viertel der Juden überleben konnten, lag nicht zuletzt an der zunehmenden Ablehnung des Vichy-Regimes und der deutschen Besatzung, die die Hilfsbereitschaft in der französischen Bevölkerung erhöhte. Auch in → Italien führte der Stimmungsumschwung wegen des brutalen deutschen Vorgehens gegen die italienische Zivilbevölkerung nach dem deutschen Einmarsch im Herbst 1943 dazu, dass zahlreiche italienische Juden gerettet werden konnten, indem sie Unterschlupf bei italienischen Familien fanden oder mit falschen Papieren über die Schweizer Grenze in Sicherheit gebracht wurden.

Im → Protektorat Böhmen und Mähren waren zwar öffentliche Sympathiebekundungen für die Notlage der Juden verbreiteter als in anderen besetzten Ländern, aber die Beteiligung der Bevölkerung an Rettungsversuchen gilt als relativ gering, was mit der besonders scharfen Gestapoüberwachung und der Todesgefahr begründet wird. Entgegen der klischeehaften Vorstellung von den «antisemitischen Ukrainern» werden für die → Ukraine mehrere Tausend Retter geschätzt. Zwar kann auch das Verhalten der ukrainischen Bevölkerung nicht genauer bestimmt oder gar quantifiziert werden, doch scheint die Kenntnis von der totalen Vernichtung die Hilfsbereitschaft von Nichtjuden auch unter Androhung der Todesstafe verstärkt zu haben. → Weißrussland, ein sozial und politisch extrem heterogenes Territorium mit einer Vielfalt ethnischer Gruppen, bot für die jüdische Bevölkerung nur wenig Überlebenschancen, nicht zuletzt weil es in diesem Gebiet mehr Mut brauchte, Juden zu retten, als in allen anderen von Deutschland besetzten Ländern.

Auch in → Polen, wo 1939 mit 3,35 Millionen die größte jüdische Gemeinschaft gelebt hatte, von denen mindestens 2,7 Millionen in den auf polnischem Boden errichteten Konzentrations- und Vernichtungslagern ermordet wurden, ist Hilfe für Juden von den deutschen Besatzern unerbittlich verfolgt und mit dem Tode bestraft worden. Nach Schätzungen konnten 40000–60000 Juden mit Hilfe nichtjüdischer Polen auf der «arischen» Seite überleben. Neben der individuellen Hilfe wurde der im Herbst 1942 im Auftrag der Londoner Exilregierung geschaffene «Hilfsrat für Juden» mit dem Decknamen «Żegota» vor allem für die in Warschau untergetauchten Juden zum wichtigsten Garanten für das Überleben. Die Mitarbeiter des Hilfsrats vermittelten Unterkünfte, beschafften Nahrung und Kleidung, und die «Kindersektion» ließ Geburtsurkunden fälschen und brachte jüdische Kinder in Klöstern unter. Die Żegota, eine der drei Organisationen, denen in der «Allee der Gerechten» in Jerusalem ein Baum gepflanzt wurde, kooperierte auch mit jüdischen Untergrundgruppen und kämpfte gegen Spitzel, Erpresser und Denunzianten, denen viele Untergetauchte und ihre Helfer ausgeliefert waren.

Eine bedeutende Rolle bei Rettungsversuchen spielten Diplomaten, die bereit waren, sich den Anweisungen ihrer Regierungen zu widersetzen und Einreisevisa in freie Staaten zu gewähren, wie etwa der japanische Konsul Sempo Sugihara in Kaunas (Litauen) oder Aristide de Sousa Mendes, der portugiesische Konsul in Frankreich, der an Tausende von Flüchtlingen Sichtvermerke ausstellte. Der schwedische Diplomat Raoul Wallenberg versuchte 1944 in einem riskanten, aber großenteils erfolgreichen Unternehmen, die weitere Deportation der Budapester Juden nach Auschwitz zu verhindern, wodurch er mehrere Zehntausend retten konnte. Rund 5200 Juden der ungarischen Hauptstadt verdanken ihr Leben der individuellen Initiative und Kühnheit des italienischen Kaufmanns Giorgio Perlasca, der sich in Budapest Amt und Status anmaßte und mit spanischen Stempeln und Dokumenten zur R. von Juden agierte. Wichtige Voraussetzung war die Bereitschaft → Portugals, als nächste Station des Transitweges nach Übersee zu fungieren. Portugal wurde insgesamt für mehr als 40 000 jüdische Flüchtlinge zur R.

In den besetzten Ländern Europas gibt es auch einzelne Beispiele von Hilfeleistungen für Juden durch Deutsche, die entweder als Angehörige der Wehrmacht zu «Rettern in Uniform» wurden oder im Rahmen der Kriegswirtschaft tätig waren und ihre Stellung dazu nutzten, den tödlich bedrohten Juden zu helfen. Dies gilt für den aus dem Sudetenland stammenden, geschäftstüchtigen Profiteur Oskar Schindler, der sich in der Gegend des besetzten Krakau ein Vermögen mit einer Emaillewaren- und Munitionsfabrik, in der jüdische → Zwangsarbeiter eingesetzt waren, erworben hatte. Er fühlte sich von der sinnlosen Brutalität der Nationalsozialisten gegen die schutzlose jüdische Bevölkerung zunehmend abgestoßen und versuchte schließlich mit Erfolg, möglichst viele «seiner» Juden der Vernichtungsmaschinerie zu entreissen. Berthold Beitz, der im ostgalizischen Borysław in der Karpathen-Öl-AG eine leitende Stellung innehatte und dort Zeuge von Mordaktionen wurde, gelang es immer wieder, Juden vor der Deportation nach → Belzec zu retten; mehrere Hundert jüdische Frauen und Männer konnte er durch falsche Arbeitsbescheinigungen von der Deportation zurückstellen lassen, und mit Hilfe seiner Frau Else versteckte er auch einzelne Verfolgte in seinem Haus. Auch auf dem Gebiet des Deutschen Reiches konnten von den bis zu 10 000 Juden, die sich der Deportation im Untergrund zu entziehen versuchten, schätzungsweise 5000 mit Hilfe mehrerer Zehntausend nichtjüdischer Deutscher den Holocaust überleben, davon mindestens 1500 in Berlin.

Beate Kosmala

Lit.: Wolfgang Benz, Juliane Wetzel (Hrsg.), Solidarität und Hilfe für Juden während der NS-Zeit. Regionalstudien 1: Polen, Rumänien, Griechenland, Luxemburg, Norwegen, Schweiz, Berlin 1996. – Dies., Regionalstudien 2: Ukraine, Frankreich, Böhmen und Mähren, Österreich, Lettland, Litauen, Estland, Berlin 1998. – Dies., Regionalstudien 3: Dänemark, Niederlande, Spanien, Portugal, Ungarn, Albanien, Weißrußland, Berlin 1999. – Beate Kosmala, Claudia Schoppmann (Hrsg.), Überleben im Untergrund. Hilfe für Juden in Deutschland 1941–1945, Berlin 2002. – Mordecai P. Paldiel, The Path of the Rigtheous. Gentile Rescuers of Jews During the Holocaust, Hoboken 1993.

Revisionismus. Negationisten bzw. «Revisionisten», wie sich die Vertreter dieser pseudo-wissenschaftlichen Geschichtsklitterung selbst nennen, versuchen die NS-Zeit aus politischen Motiven umzudeuten. Um die NS-Ideologie wertfreier rezipieren zu können, stellt der R. den Genozid an den Juden in Frage («Auschwitz-Lüge») und versucht etwa die Kriegsschuldfrage umzudeuten. Gegen die objektive wissenschaftliche Auffassung wird bewusst eine ganze Bandbreite von Argumenten ins Feld geführt. Der R. verharmlost mit unlauteren Vergleichen, zweifelt das Ausmaß der Vernichtung mit simplen Zahlenspielen an und leugnet z. T. den → Holocaust überhaupt. Die seriöse Wissenschaft wird diffamiert und die eigenen «Forschungsergebnisse» werden mit Hilfe von Zirkelschlüssen als Wahrheit, als eine Position im Diskurs über die NS-Judenverfolgung präsentiert und zu einer Schule hochstilisiert. Der R. ist Bestandteil des nationalen und internationalen Rechtsextremismus, als eine Form des aktuellen → Antisemitismus dient er der Vernetzung der gesamten Szene. Die Protagonisten des R. sind publizistisch tätig, vertreiben Publikationen über Buchversandadressen, formieren sich in internationalen Kongressen bzw. pseudo-wissenschaftlichen Institutionen (Institute for Historical Review, Vrij Historisch Oderzoek, Committee for Open Debate on the Holocaust, Adelaide Institute) und bedienen sich seit 1995 in zunehmendem Maße des Internets als Verbreitungs- und Vernetzungsmediums. Eine Quellengrundlage des R. sind die Gutachten unseriöser «Fachleute» wie jene von Germar Rudolf, Fred Leuchter, Walter Lüftl und Emil Lachout, die mit dilettantischen Mitteln zu dem Ergebnis kommen, es habe keine Vergasungen in den → Vernichtungslagern gegeben. Damit wird die massenhafte fabrikmäßige Tötung der jüdischen Bevölkerung Europas durch Giftgas und die Einzigartigkeit des Phänomens geleugnet. Die Vertreter des R. bedienen sich auch der Tatsache, dass kein Dokument über einen Befehl Hitlers zur «Endlösung» vorliegt. Daraus schließen sie in unlauterer Weise, der Holocaust habe nicht stattgefunden und negieren die historischen Ereignisse. Überlieferte Quellen unterschiedlichster Provenienz hingegen diskreditieren sie als gefälscht; u. a. das Tagebuch der Anne Frank oder die Niederschrift des Kommandanten von → Auschwitz Rudolf Höß. Um die Opfer vor solcher Art Diffamierungen zu schützen, erging 1979 ein Urteil des Bundesgerichtshofs, das die Leugnung der NS-Judenverfolgung und -vernichtung unter Strafe stellt. Diesem Grundsatz wurde im August 1985 Rechnung getragen, als die «Auschwitz-Lüge» nun in Form eines Offizialdelikts mit einem Zusatz im § 194 StGB (Beleidigung) aufgenommen wurde. Seit 1. 12. 1994 ist die Leugnung des Genozids an den Juden ausdrücklich vom Tatbestand der Volksverhetzung erfasst und mit bis zu 5 Jahren Haft bedroht.

Juliane Wetzel

Lit.: Brigitte Bailer-Galanda u. a., Die Auschwitzleugner. «Revisionistische» Geschichtslüge und historische Wahrheit, Berlin 1996. – Richard J. Evans, Der Geschichtsfälscher. Holocaust und historische Wahrheit im David-Irving-Prozess, Frankfurt am Main, New York 2001.

Richter, Gustav (geb. 1913), SS-»Judenberater« bei der rumänischen Regierung; Mitarbeiter Adolf Eichmanns im → Reichssicherheitshauptamt; auf Initiative Manfred Freiherr von Killingers seit April 1941 als «Berater für Judenfragen» in Bukarest (→ Rumänien), um die rumänische Regierung bei der Formulierung antijüdischer Gesetze zu unterstützen; nach kurzem Aufenthalt in Deutschland seit September 1941 bis zur rumänischen Kapitulation im August 1944 erneut auf diesem Posten. R. führte alle Vorkehrungen zur Ghettoisierung und → Deportation der rumänischen Juden ins → Vernichtungslager → Bełżec durch, konnte aber seine Pläne aufgrund der inzwischen veränderten rumänischen Politik nicht durchführen. Am 23. August 1944 in sowjetische Kriegsgefangenenschaft geraten, kehrte R. 1955 nach Adenauers Moskaubesuch nach Deutschland zurück. 1982 wurde er zu vier Jahren Haft verurteilt.

Riga (Ghetto). Das Ghetto R. wurde ab August 1941 unter der deutschen Militärverwaltung nach Anweisungen der Sicherheitspolizei eingerichtet. Am 12. 8. 1941 begann ein «Umsiedlungsbüro» seine Tätigkeit. Als der Gebietskommissar der Stadt R. am 23. 10. 1941 seine «Anordnung über die Bildung eines Ghettos in R. und den Umgang mit den Juden» bekanntgab, war der Großteil der Rigaer Juden bereits in das → Ghetto in der «Moskauer Vorstadt», einem ärmlichen Stadtviertel ohne Kanalisation, gezwungen worden. Am 25. 10. 1941 um 18 Uhr wurde es offiziell geschlossen. Nach Angaben des → Judenrates befanden sich zum Zeitpunkt der Ghettoschließung 29 602 Personen darin, unter ihnen 5652 Kinder. 8300 sog. Arbeitsunfähige, 15 650 Arbeitsfähige, davon 6143 Männer und 9507 Frauen wurden gezählt. Kommandant war zunächst SS-Oberscharführer Kurt Krause und ab Herbst 1942 SS-Hauptscharführer Eduard Roschmann. Die Bewachung des Ghettos erfolgte durch Einheiten des 20. Lettischen Schutzmannschaftsbataillons, anfangs 150 Mann, bei späterer Veränderung der Ghettogrenzen 88 Mann. In zwei Erschießungsaktionen am 29./30. 11. 1941 und 8./9. 12. 1941 wurde ein Großteil der Insassen des Ghettos im Wald → Rumbula, ca. 6 km von R. entfernt, unter der Leitung des Höheren SS- und Polizeiführers Friedrich Jeckeln, ermordet. Die ca. 4500 Überlebenden der Großaktion, vorwiegend Zwangsarbeit leistende Männer, wurden zuvor im «kleinen Ghetto» untergebracht. Der größere Teil des Ghettos diente zur Unterbringung von nach R. deportierten deutschen, österreichischen und tschechischen Juden. Die Straßen des «Großen Ghettos» wurden teilweise nach den Herkunftsorten der Deportierten umbenannt (Köln, Berlin, Hannover, Prag etc.). Für die innere Ordnung hatte in beiden Ghettoteilen die jüdische Ordnungspolizei, ca. 40 lettische Juden zu sorgen. Im Herbst 1942 bildete sich im «Kleinen Ghetto» eine Widerstandsgruppe, die einen Vorrat an Waffen und Lebensmitteln anzulegen versuchte. Sie wurde denunziert und der Kommandeur der Sicherheitspolizei Lettland, Dr. Rudolf Lange, ordnete die Erschießung von 80 Juden aus dem «Kleinen Ghetto» am 31. 10. 1942 an, einschließlich sämtlicher Angehöriger der jüdischen Ordnungspolizei (die sog. Blechplatz-Aktion). Die ersten Erschießungen von Juden aus dem → Deutschen Reich und dem → Protektorat Böhmen und Mähren fanden am 5. 2., 9. 2., 14. 3. und 26. 3. 1942 (die «Dünamünde-Aktion» mit ca. 2000 Opfern) statt. Als am 8. 2. 1942 ein Transport litauischer Juden aus → Kaunas eintraf, besiedelten etwa 5000 Personen das «Kleine Ghetto». Die Zahl der Insassen des «Großen Ghettos» lag bis zur Liquidierung des Ghettos bei 6000–7000 Personen. Ein Charakteristikum des Rigaer Ghettos war die starke Tendenz zur Kasernierung: ein Großteil der Juden verbrachte den Arbeitstag oder mehrere Wochen auf ihren Arbeitsstellen. Das Ghetto wurde auf Befehl Himmlers am 2. 11. 1943 offiziell liquidiert. Der letzten Selektion des Ghettos am Tag zuvor waren ca. 1400 deutsche Juden zum Opfer gefallen. Die als arbeitsfähig erachteten Ghettoinsassen wurden in das KZ → Kaiserwald gebracht.

Katrin Reichelt

Lit.: Gertrude Schneider, The Riga Ghetto 1941–1943, New York 1973. – Margers Vestermanis, Die nationalsozialistischen Haftstätten und Todeslager im okkupierten Lettland 1941–1945, in: Ulrich Herbert, Karin Orth und Christoph Dieckmann (Hrsg.), Die nationalsozialistischen Konzentrationslager – Entwicklung und Struktur, Bd. 1, Göttingen 1998, S. 473–492.

Ringelblum, Emanuel (1900–1944), polnisch-jüdischer Historiker, Gründer und Leiter des Geheimarchivs im Warschauer Ghetto → Oneg Schabbat (Sabbat-Freude); 1927 Promotion in Warschau; im November 1938 im Auftrag des Joint Distribution Committee Tätigkeit im Lager Zbąszyń, in dem 6000 polnische Juden lebten, die im Oktober 1938 aus Deutschland vertrieben worden waren (→ Polenausweisung). Während des Krieges engagierte sich R. im → Warschauer Ghetto, wo er die jüdische Selbsthilfe mitgestaltete, kulturelle Aktivitäten organisierte, sich mit der Abfassung einer Chronik befasste und das Oneg Schabbat, die umfangreichste Dokumentation jüdischen Lebens unter dem NS-Regime gründete. R. verließ Warschau kurz vor dem Ghettoaufstand vom 19. April 1943, wurde im Juli 1943 im Zwangsarbeitslager → Trawniki interniert und tauchte nach seiner Befreiung durch zwei Mitglieder des Warschauer Untergrunds unter (→ Jüdischer Widerstand). Sein Versteck wurde am 7. März 1944 entdeckt, R. und seine Familie zunächst im Warschauer Pawiak-Gefängnis inhaftiert und wenige Tage später in den Ruinen des Ghettos erschossen.

Ringelblum-Archiv s. Oneg Schabbat

Risiera di San Sabba. Die 1913 erbaute ehemalige Reismühle von San Sabba am Stadtrand von Triest wurde nach dem 8. September 1943 von den Deutschen zunächst als Lager für italienische Militärinternierte (Stalag 339) eingerichtet und im Oktober 1943 zum Polizeihaftlager für italienische → Partisanen, slowenische und kroatische Geiseln sowie politische Gefangene umfunktioniert. Darüber hinaus diente die R. als Transitlager für 20 000 Deportierte, darunter über 1200 Juden. Das Kommando oblag Mitgliedern des «Einsatzkommandos R(einhardt)», die bereits am T 4 Programm (→ Aktion T 4; → Euthanasie) und an der → Aktion Reinhardt in → Polen aktiv beteiligt waren. Als Kommandanten fungierten nacheinander SS-Sturmbannführer Christian Wirth, SS-Hauptsturmführer Gottlieb Hering und SS-Obersturmführer Joseph Oberhauser. Massenerschießungen – Gefangene wurden z. T. nur zum Zweck der Exekution eingeliefert – und der Einsatz von → Gaswagen gaben der R. den

Charakter eines → Vernichtungslagers; seit April 1944 war auch ein Krematorium in Betrieb. Im Lager selbst wurden zwischen 3000 und 4500 Häftlinge ermordet, darunter ca. 30 Juden. 1965 wurde die R. zum Nationalmonument erklärt und 1975 eine Gedenkstätte mit Museum eingeweiht.

Juliane Wetzel

Lit.: Capire la Risiera. A Trieste un Lager del sistema nazista, Triest 1996. – Adolfo Scalpelli (Hrsg.), San Sabba. Istrutoria e processo per il Lager della Risiera, 2. Bde., Triest 1988.

Robota, Róża (1921–1945), jüdische Untergrundaktivistin in Auschwitz-Birkenau; R. wurde in Ciechanów (Polen) geboren und schloss sich als Jugendliche der zionistischen Jugendorgansiation Haschomer Hazair an (→ Zionismus). 1942 wurde sie nach → Auschwitz II (Birkenau) deportiert, wo 1943 eine jüdische Untergrundorganisation zu ihr Kontakt aufnahm (→ Jüdischer Widerstand). 1944 schmuggelte sie zusammen mit einer Gruppe junger Jüdinnen kleine Mengen Sprengstoff aus dem Lager Monowitz, die dem Untergrund in Auschwitz I (Stammlager) und dem Sonderkommando in Birkenau übergeben wurden. Im Rahmen der Untersuchungen nach dem Aufstand vom 7. Oktober 1944 wurde R. verhaftet. Am 6. Januar 1945 wurden R. und drei weitere Gefangene des Frauenlagers Birkenau erhängt.

Röthke, Heinz (1912–1966), Leiter des Judenreferats der Gestapo in → Frankreich, SS-Obersturmführer; 1941 Kriegsverwaltungsrat in → Brest; im Frühjahr 1942 Stellvertreter, ab Juli 1942 Nachfolger von Theodor Dannecker als Leiter des Judenreferats der Gestapo in Frankreich. R. war für die → Deportation Zehntausender Juden aus Frankreich verantwortlich. 1945 von einem französischen Gericht in absentia zum Tode verurteilt, lebte er, von der deutschen Justiz unbehelligt, bis zu seinem Tode als Rechtsberater in Wolfsburg.

Rosenberg, Alfred (1893–1946), NS-»Chefideologe« und langjähriger außenpolitischer Berater Hitlers, NSDAP-Reichsleiter, Reichsminister für die besetzten Ostgebiete (RMfdbO); 1919 Beitritt zur Deutschen Arbeiterpartei (Vorgängerin der NSDAP), Mitglied in der antisemitischen Thule-Gesellschaft; 1921 Redakteur beim Völkischen Beobachter; Teilnehmer am Hitler-Putsch im November 1923; 1929 Gründung des Kampfbundes für Deutsche Kultur; 1930 Mitglied des Reichstages, Veröffentlichung seines Hauptwerks *«Der Mythus des 20. Jahrhunderts»* (1930ff.). Seit 1. April 1933 als Chef des Außenpolitischen Amtes der NSDAP vor allem für die Kontaktpflege mit den faschistischen Parteien anderer Staaten zuständig. Ab 2. Juni 1933 Reichsleiter. 1939 Einrichtung des 1941 eröffneten → Instituts zur Erforschung der Judenfrage mit dem Ziel der Plünderung von in jüdischem Eigentum befindlichen Galerien, Bibliotheken und Archiven. Seit Oktober 1940 Chef des Einsatzstabes Reichsleiter R., der während des Krieges Kunstschätze aus den besetzten Ländern raubte und nach Deutschland verbrachte. Seit 17. Juli 1941 als RMfdbO zuständig für die wirtschaftliche Ausbeutung der unter Zivilverwaltung stehenden besetzten sowjetischen Gebiete (→ Sowjetunion), trotz ständiger Kompetenzkonflikte enge Kooperation mit der → SS bei der Ermordung der Juden. Am 16. Oktober 1946 wurde

R. nach seiner Verurteilung in den → Nürnberger Prozessen hingerichtet.

Rüdin, Ernst (1874–1952), Rassenhygieniker (→ Rassentheorie); 1905–1907 Redakteur, ab 1907 Mitherausgeber des «Archivs für Rassen- und Bevölkerungsbiologie»; 1905 Mitbegründer der Gesellschaft für Rassenhygiene; ab 1916 Leiter der genealogisch-demographischen Abteilung der Deutschen Forschungsanstalt für Psychiatrie; 1924–1930 Professor für Psychiatrie in Basel und München. 1933 Mitarbeiter des Reichsministers des Innern Wilhelm Frick auf den Gebieten der Bevölkerungs- und Rassenpolitik, in dieser Funktion Beteiligung an der Formulierung des «Gesetzes zur Verhinderung erbkranken Nachwuchses» vom 14. Juli 1933 (→ Euthanasie). Seit 16. Juli 1933 Vorsitzender der Deutschen Gesellschaft für Rassenhygiene. R. war wie Fritz Lenz ein Propagandist der nationalsozialistischen Rassen- und Erbgesundheitslehre.

Rumänien. In den 20er und 30er Jahre entstanden in R. zahlreiche antisemitische und faschistische Organisationen, z. B. die «Liga der National-Christlichen Abwehr» (1923), sowie die Legion des «Erzengel Michael» (1927) unter der Leitung von Corneliu Zelea-Codreanu, die 1930 in «Eiserne Garde» umbenannt wurde. 1937 beauftragte König Carol II. die rechtsgerichtete National-Christliche Partei (unter Prof. A. C. Cuza und Octavian Goga) mit der Regierungsbildung, die eine Reihe antijüdischer Gesetze einführte. Im September 1940 wurde Carol II. zur Abdankung gezwungen und General Ion Antonescu übernahm die Regierungsführung. Aufgrund der Beteiligung am Überfall auf die Sowjetunion erhielt R. im August 1941 einen Landstrich der südlichen Ukraine zwischen den Flüssen Dnjestr und Bug, der → Transnistrien genannt wurde. In dieses Gebiet erfolgte zwischen 1941 und 1944 die von Ion Antonescu angeordnete Deportation der Juden (aus → Bessarabien, → Bukowina und dem Dorohoi Gebiet), Roma, Ukrainer sowie Angehöriger einiger religiöser Gemeinschaften. Die Durchführung der bereits vereinbarten → Deportationen der Juden aus R. in → Vernichtungslager verweigerte Ion Antonescu im Herbst 1942. Ion Antonescu und der Gouverneur von Transnistrien, Gheorghe Alexianu, wurden 1946 wegen Massenverbrechen zum Tode verurteilt.

Brigitte Mihok

Lit.: Mariana Hausleitner, Brigitte Mihok, Juliane Wetzel (Hrsg.), Rumänien und der Holocaust. Zu den Massenverbrechen in Transnistrien 1941–1944, Berlin 2000. – Radu Ioanid, The Holocaust in Romania. The Destruction of Jews and Gypsies Under the Antonescu Regime, 1940–1944, Chicago 2000.

Rumbula. In einem Wald, 8km von Riga entfernt an der Bahnstation R. wurden vom 29. November bis 9. Dezember 1941 insgesamt 38 000 Juden ermordet. Opfer der ersten «Aktion» waren mindestens 25 000 lettische Juden, Insassen des Ghettos → Riga, weitere 10 000 Juden aus Deutschland, → Österreich und dem → Protektorat Böhmen und Mähren wurden mit der Eisenbahn direkt nach R. deportiert, dort erschossen und in Massengräbern beerdigt.

Wolfgang Benz

Lit.: Bernhard Press, Judenmord in Lettland, Berlin 1992 ([2]1995).

Rumkowski, Chaim Mordechaj (1877–1944), Vorsitzender des Judenrats im Ghetto von Łódź; vor dem Krieg Kaufmann in Łódź. Seit dem 13. Oktober 1939 bis zur Räumung des → Ghettos Vorsitzender des dortigen → Judenrats (in Łódź «Ältestenrat»). Die Person R.s ist unter Historikern umstritten. R. wurde Ende 1941 von den Deutschen gezwungen, die → Deportationen von Teilen der Ghettobevölkerung ins → Vernichtungslager → Chełmno zu organisieren. Auch später wandte er sich bei weiteren Deportationen gegen jede Form des Widerstandes (→ Jüdischer Widerstand) gegen die Deutschen und regierte im Ghetto mit diktatorischer Härte. Am 30. August 1944 wurden R. und seine Familie nach → Auschwitz deportiert und dort ermordet.

Rust, Bernhard (1883–1945), Reichsminister; Teilnahme am Ersten Weltkrieg; seit 1919 Betätigung in verschiedenen völkischen Gruppierungen Hannovers; 1925 Mitglied der NSDAP; 1930 Mitglied des Reichstages; seit September 1933 Staatsrat und Mitglied der Akademie für Deutsches Recht. Am 20. April 1933 übergab R. Hitler zu dessen Geburtstag die Nationalpolitischen Erziehungsanstalten (NAPOLA) als neuen Schultypus, wofür er am 30. April 1934 zum Reichsminister für Wissenschaft, Erziehung und Volksbildung ernannt wurde. In dieser Eigenschaft war R. maßgeblich für die Ideologisierung der Lehrpläne im nationalsozialistischen Sinne, die Militarisierung der Jugend und die «Entjudung» der deutschen Wissenschaft zuständig.

Sachsenhausen (KZ). Als → Konzentrationslager für die Reichshauptstadt und Ost- und Norddeutschland ließ die → SS das KZ S. im Sommer 1936 von Häftlingen aus den Emslandlagern auf staatlichem Forstgelände beim Ortsteil S. der 25 km nördlich von Berlin gelegenen Kleinstadt Oranienburg errichten. Nach Worten des Reichsführers SS Heinrich Himmler von 1937 sollte das erste in der alleinigen Zuständigkeit der SS neu errichtete KZ ein «vollkommen modernes, vollkommen neuzeitliches Konzentrationslager» darstellen. Mit seiner streng symmetrischen Anordnung von Häftlingslager, Kommandanturbereich und Truppenlager auf einer Hauptachse und der Ausrichtung aller Blickachsen auf den Turm A, das Verwaltungszentrum der Lager-SS, sollte das KZ S. die gesellschaftspolitischen Vorstellungen der SS in Architektur umsetzen und als idealtypisches Konzentrationslager Vorbild für weitere Lagergründungen sein. Weil sie keine beliebigen Erweiterungen zuließ, wurde die architektonische Konzeption von S. zwar nicht für andere Lager übernommen. Das KZ S. blieb aber dennoch Modelllager, weil hier SS-Führer wie der spätere Auschwitz-Kommandant Rudolf Höß ihre entscheidende Prägung erhielten und 1938 mit der Inspektion der Konzentrationslager die Verwaltungszentrale des gesamten KZ-Systems von Berlin nach Oranienburg verlegt wurde.
Im selben Jahr ließ die SS in der Nähe des Lagers ein riesiges Klinkerwerk errichten, in dem Häftlinge unter besonders brutalen Bedingungen die Ziegel für die von Hitler geplanten monumentalen Bauvorhaben in Berlin produzieren sollten. Nachdem am Klinkerwerk 1941 das erste Außenlager des KZ S. errichtet worden war, wurden ab 1942 Außenlager bei allen größeren Industriebetrieben in Berlin und Brandenburg gebaut. Hier wurden die Häftlinge vor allem im Panzerbau und in der Luftrüstung beschäftigt. Insgesamt wa-

ren im KZ S. mehr als 200000 Menschen inhaftiert, von denen Zehntausende den seit Kriegsbeginn immer schlechteren Lebens- und Arbeitsbedingungen, Misshandlungen oder systematischen Vernichtungsaktionen der SS zum Opfer fielen. Schon ab 1940 stellten nichtdeutsche Häftlinge die Mehrheit, 1944 sogar 90% der Häftlinge.

Juden wurden zunächst nur als Kommunisten oder Sozialdemokraten oder nach einer Verurteilung wegen «Rassenschande» im KZ S. inhaftiert. Nachdem schon bei der «Aso-Aktion» im Juni 1938 mehrere Hundert Juden ausschließlich auf Grund ihres Glaubens oder ihrer Herkunft eingeliefert worden waren, kamen nach den → Novemberpogromen 1938 mehr als 6000 Juden ins KZ S., von denen viele schon in den ersten Haftwochen umkamen. Die meisten Überlebenden wurden aber entlassen, wenn sie ihre Absicht zur Auswanderung aus Deutschland nachweisen konnten. Noch wesentlich höher war die Todesrate unter den Juden mit polnischer Staatsangehörigkeit, die nach dem deutschen Überfall auf → Polen in Berlin verhaftet und in das KZ S. verschleppt wurden.

Viele Juden befanden sich auch unter den mehr als 10000 sowjetischen Kriegsgefangenen, die im Herbst 1941 in einer provisorischen Genickschussanlage im Industriehof des KZ S. ermordet wurden. Als Rache für das Attentat von Exil-Tschechen auf Reinhard Heydrich in Prag am 27. Mai 1942 wurden an den folgenden Tagen im KZ S. 250 jüdische Häftlinge und in Berlin festgenommene jüdische Geiseln in dem gerade erbauten und von der SS als «Station Z» bezeichneten Krematorium erschossen. Als auf Befehl Himmlers im Herbst 1942 alle jüdischen Häftlinge aus den Konzentrationslagern im Reichsgebiet nach → Auschwitz verschleppt werden sollten, kam es am 22. Oktober 1942 im KZ S. zu einer einzigartigen Protestaktion: 18 jüdische Jugendliche protestierten auf dem Appellplatz lautstark gegen ihren Transport nach Auschwitz. Im KZ S. gab es danach zunächst nur noch wenige jüdische Häftlinge in Sonderkommandos wie der «Fälscherwerkstatt», wo britische Pfundnoten gefälscht, oder dem «Uhrenkommando», wo die Uhren der in Auschwitz ermordeten Juden verwertet wurden.

Die Zahl der jüdischen Häftlinge des KZ S. stieg erst wieder stark an, als 1944 ungarische und polnische Juden vor ihrer Vernichtung zum Arbeitseinsatz in Außenlager des KZ S. wie das «Jüdische Arbeitslager Lieberose» verschleppt, Arbeitslager für Juden aus Polen nach Westen verlegt und schließlich → Vernichtungslager wie Auschwitz geräumt und die überlebenden Häftlinge in westlich gelegene Lager wie S. getrieben wurden. Als die Rote Armee die Oder erreichte, wurden auch die östlichen Außenlager des KZ S. evakuiert, wobei es in Lieberose zu einem Massaker an mehr als 1000 jüdischen Männern, Frauen und Kindern kam. Bei der Räumung des Hauptlagers wurden am 20. und 21. April 1945 33000 Häftlinge auf → Todesmärschen nach Nordwesten getrieben. Die Überlebenden wurden erst Anfang Mai bei Schwerin und Ludwigslust von sowjetischen und amerikanischen Truppen befreit. Schon am 23. April 1945 dagegen konnten die etwa 3000 im Hauptlager zurückgebliebenen kranken Häftlinge Einheiten der sowjetischen Armee als Befreier begrüßen.

Die im KZ S. begangenen Verbrechen waren Gegenstand zahlreicher Strafverfahren gegen ehemalige SS-Leute und belastete Häftlinge. In einem spektakulären Schauprozess verurteilte ein sowjetisches Militärtribunal im Oktober 1947 in Berlin den letzten Kommandanten des KZ S. Anton Kaindl und Angehörige seines Stabes zu lebenslanger Zwangsarbeit. Weitere Verfahren fanden in der DDR und der BRD statt, wo 1959 der Prozess vor dem Landgericht Bonn gegen Gustav Sorge und Wilhelm Schubert als erster großer KZ-Prozess Aufsehen erregte (→ Nachkriegsprozesse). Das Gelände und die Einrichtungen des KZ S. wurden von August 1945 bis März 1950 für ein Speziallager des sowjetischen Geheimdienstes genutzt, in dem mehr als 60000 Frauen und Männer interniert oder inhaftiert waren, von denen etwa 12000 an Unterernährung und Krankheiten ums Leben kamen. Im ehemaligen Häftlingslager wurde 1961 von der Regierung der DDR die Nationale Mahn- und Gedenkstätte S. errichtet, die seit 1993 als Gedenkstätte und Museum S. zur Stiftung Brandenburgische Gedenkstätten gehört.

Winfried Meyer

Lit.: Jean Bezaut, Oranienbourg 1933–1935, Sachsenhausen 1936–1945. Étude, Strassbourg 1989. – Günter Morsch, Alfred Reckendrees (Hrsg.), Befreiung. Sachsenhausen 1945, Berlin 1996. – Günter Morsch (Hrsg.), Jüdische Häftlinge im KZ Sachsenhausen 1936–1945, Berlin 2002. – Harry Naujoks, Mein Leben im KZ Sachsenhausen 1936–1942. Erinnerungen des ehemaligen Lagerältesten, Köln 1987.

Safran, Alexander (Alexandru Şafran, geb. 1910), 1940–1947 Oberrabbiner in → Rumänien; Studium am Wiener Rabbinerseminar und Promotion an der Universität Wien; 1940 zum Oberrabiner von Rumänien gewählt. In dieser Position vertrat S. die Interessen der rumänischen Juden gegenüber den Behörden und half nach dem Ausschluss jüdischer Schüler von rumänischen Schulen beim Aufbau jüdischer Erziehungsanstalten. 1941 versuchte er, allerdings erfolglos, zusammen mit Wilhelm Fildermann die → Deportation der Juden aus → Bessarabien und der → Bukowina nach → Transnistrien zu verhindern. Nach der Auflösung der jüdischen Gemeinden am 17. Dezember 1941 gehörte S. zu den Mitbegründern eines jüdischen Rates, der für die Verhinderung der Deportation rumänischer Juden nach → Polen Bedeutung erlangte. 1947 wurde er von den Kommunisten aus dem Amt gedrängt, ließ sich in der Schweiz nieder und wurde Rabbiner der jüdischen Gemeinde in Genf.

Sajmište (Semlin). Das Lager S. wurde Ende Oktober 1941 auf Anordnung der deutschen Militärverwaltung in → Serbien auf dem ehemaligen Belgrader Messegelände im Vorort Zemun als «Durchgangslager 183» eingerichtet. Anfang 1942 befanden sich in S. 6000–7000 Juden und Roma (→ Sinti und Roma), vor allem Frauen, Kinder und Greise aus Belgrad, dem Banat und anderen Teilen des jugoslawischen Raums. Es handelte sich um Angehörige der im Verlauf von «Vergeltungsmaßnahmen» von der → Wehrmacht seit Herbst 1941 erschossenen Männer. Zuständig für das Lager war ab Januar 1942 SS-Standartenführer Emanuel Schäfer als Befehlshaber der Sicherheitspolizei und des SD in Serbien. Schäfer (oder der Chef der Militärverwaltung Harald Turner) forderte von der Gestapo aus Berlin einen → Gaswagen an, der im März 1942 in S. eintraf. Bis Mitte Mai wurden alle jüdischen Insassen des Lagers ermordet. Die sterblichen Überreste wurden 1943 von einem Spezialkommando für Leichenverbrennung beseitigt. Nach der Ermordnung der Juden diente S. vor allem als Durchgangslager für gefangene Widerstandskämpfer aus verschiedenen Teilen Jugoslawiens. Während die gesunden Personen nach Deutschland oder in die besetzten Länder zum Arbeitseinsatz transportiert wurden, fielen die Schwachen und Kranken den Exekutionen im Lager zum Opfer. Im Juli 1944 wurde das Lager aufgelöst. Die staatliche jugoslawische Kommission zur Feststellung der Kriegsverbrechen schätzte die Zahl der Opfer in S. (offenbar stark überhöht) auf 40000 Personen.

Holm Sundhaussen

Lit.: Christopher R. Browning, Konačno rešenje u Srbiji – Judenlager na Sajmištu. Studija slučaja, in: Jevrejski istorijski muzej – Beograd, Zbornik 6 (1992), S. 407–428. – Lazar Ivanović, Mladen Vukmanović, Dani smrti na Sajmištu. Novi Sad 1969. – Venceslav Glišić, Concentration Camps in Serbia (1941–1945), in: The Third Reich and Yugoslavia, 1933–1945. Belgrade 1977, S. 702 ff.

Sauckel, Fritz (1894–1946), Generalbevollmächtigter für den Arbeitseinsatz; 1922 Eintritt in die SA, 1923 in die NSDAP; 1927 Gauleiter in Thüringen, dort 1929–1932 Mitglied des Landtages; am 26. August 1932 Ministerpräsident und Innenminister von Thüringen; am 5. Mai 1933 Ernennung zum Reichsstatthalter. Am 21. März 1942 Ernennung zum Generalbevollmächtigten für den Arbeitseinsatz. In dieser Position sorgte S. für die → Deportation und rücksichtslose Ausbeutung von insgesamt ca. 5 Millionen Zwangsarbeitern aus nahezu allen von Deutschland besetzten Gebieten. Da die → Zwangsarbeit mit dem geringsten Kostenaufwand verbunden sein sollte, war er u. a. für den Tod Tausender jüdischer Zwangsarbeiter in → Polen verantwortlich. Im Nürnberger Hauptkriegsverbrecherprozess angeklagt, zum Tod verurteilt, am 16. Oktober 1946 hingerichtet.

Schäfer, Emanuel (1900–1974), Befehlshaber der Sicherheitspolizei und des SD (BdS) in Serbien; Studium der Rechte, 1925 Promotion; anschließend Eintritt in den Polizeidienst; 1933 Chef der politischen Polizei in Breslau; 1936 Eintritt in die NSDAP und die → SS; während des Polenfeldzugs Angehöriger der → Einsatzgruppe II. Seit Dezember 1941 BdS in → Serbien und in dieser Funktion u. a. zuständig für das Lager → Sajmište bei Belgrad, wo S. seit Frühjahr 1942 ca. 6000 Juden mittels eines → Gaswagens ermorden ließ. 1952 wurde S. in der Bundesrepublik Deutschland zu sechseinhalb Jahren Haft verurteilt.

Scherner, Julian (1895–1945), SS- und Polizeiführer (SSPF) in Krakau; 1923 Teilnahme am Hitler-Putsch; 1932 Eintritt in die NSDAP und die → SS; 1937 Leitung der SS-Führerschule → Dachau; Januar 1941 SS-Standortkommandant in Prag; 4. August 1941 SSPF Krakau (→ Generalgouvernement). S. war in seinem Distrikt für die Vorbereitung der → Deportationen nach → Bełżec verantwortlich. Die Deportationen und Massenerschießungen in Tarnów östlich von Krakau leitete S. persönlich. Im Frühjahr und Herbst 1943 wurden die S. unterstehenden → Ghettos aufgelöst, in der Regel durch Deportationen nach → Auschwitz oder Szebnie. Im April 1944 wurde S. wieder nach Dachau, im Oktober 1944 zur Sondereinheit Oskar Dirlewangers versetzt. S. starb kurz vor Ende des Krieges.

Schindler, Oskar (1908–1978), deutscher Geschäftsmann, der 1944 in Polen ca. 1200 Juden das Leben rettete. Der durch Steven Spielbergs → Film «Schindlers Liste» (1993) bekannt gewordene S. wurde in Zwittau (Mähren) geboren. Seit Anfang 1939 war er Mitglied der NSDAP und leistete für die deutsche Abwehr in → Polen Spionagedienste. Im Oktober 1939 übte er zunächst die Treuhänderschaft für zwei ehemals jüdische Betriebe in Krakau aus und erwarb anschließend eine Emaillefabrik in Krakau-Podgórze, wo S. vorwiegend jüdische Arbeiter beschäftigte, die er damit vor der → Deportation bewahrte. Als mit der Liquidierung des → Ghettos von Krakau im März 1943 ca. 8000 Juden zur → Zwangsarbeit ins → Konzentrationslager → Krakau-Płaszów deportiert wurden, erreichte er bei dessen für seine Grausamkeit berüchtigten Kommandanten Amon Göth die Errichtung eines «Sonderlagers» neben der Fabrik, wo S. 900 Juden beschäftigte. Aufgrund des Vormarsches der Roten Armee wurde S. im Oktober 1944 gestattet, seine Fabrik in Brünnlitz (Sudetenland) als Rüstungsbetrieb neu zu gründen und «seine» jüdischen Arbeiter mitzunehmen. Ein Zug mit 800 Männern wurde jedoch ins KZ → Groß-Rosen, ein weiterer mit 300 Frauen nach → Auschwitz umgeleitet. Mit Bestechungen, Schmeicheleien und Drohungen erreichte S. die → Rettung dieser Menschen. 100 weitere jüdische Häftlinge wurden von S. und jüdischen Arbeitern auf dem Bahnhof von Zwittau aus einem Zug befreit und anschließend in seiner Fabrik in Brünnlitz versorgt. 1962 wurde S. von Yad Vashem als «Gerechter unter den Völkern» geehrt.

Schirach, Baldur von (1907–1974), Reichsjugendführer, Gauleiter; am 28. August 1925 Eintritt in die NSDAP; 1928 Führer des NS-Studentenbundes; 30. Oktober 1931 Ernennung zum Reichsjugendführer der NSDAP und Usurpierung aller Jugendverbände der Partei. 17. Juni 1933 Ernennung S.s zum Jugendführer des Deutschen Reiches, zuständig für die gesamte außerschulische Jugenderziehung. In dieser Eigenschaft ließ S. die Jugend im Sinne des Nationalsozialismus, vor allem zu bedingungslosem Glauben an den «Führer» erziehen. Am 7. August 1940 Ernennung S.s zum Gauleiter von Wien, Anfang 1941 Organisation von Judendeportationen aus seinem Gau. Am 1. Oktober 1946 wurde S. in den → Nürnberger Prozessen wegen seiner Beteiligung an der → Deportation von Juden zu 20 Jahren Haft verurteilt.

Schmelt, Albrecht (1899–1945), Regierungspräsident in Oppeln, Sonderbeauftragter des Reichsführers SS (RFSS); Ausbildung zum Landwirt, dann mittlere Beamtenlaufbahn; 1930 Mitglied der NSDAP; ab 1932 NSDAP-Abgeordneter im schlesischen Landtag und im Reichstag; 1933 Regierungsrat am Oberpräsidium Breslau; 1934 Polizeipräsident von Breslau; 1939 Mitglied der → SS; Leiter der Abteilung Arbeit im Amt des Höheren SS- und Polizeiführers im → Generalgouvernement; SS-Brigadeführer; 1941 bis 1944 Regierungspräsident in Oppeln. Ab 15. 10. 1940 «Sonderbeauftragter des RFSS für den fremdvölkischen Arbeitseinsatz in Ostoberschlesien», als solchem unterstand S. die nach ihm benannte → Organisation Schmelt in Sosnowitz (poln. Sosnowiec), ab September 1943 in Annaberg, die Zwangsarbeiterlager für Juden bald im gesamten Wehrkreis VII bzw. im SS-Oberabschnitt Südost (Ober-, Niederschlesien und Teile des Sudetengaus) betrieb. 1944 musste sich S. wegen Unterschlagung von Geldern aus dem Zwangsarbeitereinsatz vor einem SS-Gericht verantworten. S. beging unmittelbar nach Kriegsende Selbstmord.

Schöngarth, Eberhard (1903–1946), Befehlshaber der Sicherheitspolizei und des SD (BdS); März 1920 Beteiligung am Kapp-Putsch; 1921 Mitglied des Jungdeutschen Ordens, 1922 des Wiking-Bundes, 1922/1923 erstmals Mitglied der NSDAP. 1933 Wiedereintritt in die NSDAP und die → SS. Seit 1936 Tätigkeit im SD, anschließend Chef der Gestapo Dortmund. Seit 30. Januar 1941 BdS im → Generalgouvernement, wo S. wesentliche Koordinationsaufgaben bei der Durchführung der → Endlösung der Judenfrage wahrnahm. Seit Sommer 1941 war er Chef der → Einsatzgruppe z. b. V. Im Januar 1942 vertrat S. den Höheren SS- und Polizeiführer Friedrich Wilhelm Krüger bei der → Wannsee-Konferenz. Im Juni 1943 wirkte er an der Durchführung der → Enterdungsaktion mit. Im September 1943 zeitweise Versetzung zur Waffen-SS. Seit Mai 1944 BdS in den → Niederlanden, wo er für die Durchführung der letzten → Deportationen aus dem Durchgangslager → Westerbork nach → Auschwitz verantwortlich war. 1946 wurde S. von einem britischen Gericht zum Tode verurteilt und in Hameln hingerichtet.

Schutzmannschaften (Schuma). Sammelbegriff für die in den besetzten Gebieten der → Sowjetunion aufgestellte einheimische «Hilfspolizei». In Regionen, die der Militärverwaltung unterstanden, wurde die Bezeichnung «Ordnungsdienst» (OD) benutzt. Die Initiative zum Aufbau dieser «fremdländischen Einheiten» ging unmittelbar nach der Entfesselung des Krieges gegen die Sowjetunion von lokalen Repräsentanten der → Wehrmacht, → SS und → Polizei aus. Sie resultierte zum einen aus dem eigenen, akuten Personalmangel und zum anderen aus der Erkenntnis, dass zur Aufrechterhaltung von «Ruhe und Ordnung» in den neu eroberten Gebieten und zur Durchführung der nationalsozialistischen Besatzungspolitik ein Heer an landeseigenen Sicherungskräften unerlässlich war. Ende Juli 1941 wurden von den zentralen Führungsinstanzen in Berlin, allen voran vom Kommandoamt der Ordnungspolizei, die ersten Weisungen erlassen. Sie regelten Aufstellungen und Aufgaben, Unterstellungen und Befehlswege sowie Dienstgrade und Bezüge, Versorgungsansprüche und Sonderzuteilungen.

Angehörige der Sch. rekruierten sich zunächst vorwiegend aus den Kollaborateuren, die sich an den ersten Pogrom- und Erschießungswellen beteiligt hatten. Sie wurden als «Freiwillige» angeworben, von der Sicherheitspolizei auf ihre Zuverlässigkeit überprüft und – in regelmäßigen Abständen – über Pflichten und Aufgaben belehrt. Dazu gehörte auch der «politische Schulungsunterricht». Nach einer halbjährigen Probe- oder Bewährungszeit verlängerte sich der Dienstvertrag. Mit zunehmender Kriegsdauer wurde das Recht auf Kündigung außer Kraft gesetzt. Unzufriedenheit breitete sich aus und die Zahl der Deserteure stieg an. Die «Hilfspolizisten» legten einen besonderen Eid auf Adolf Hitler ab und waren der SS- und Polizeistrafgerichtsbarkeit unterworfen.

Die Sch. verteilten sich auf mehrere Gruppen oder Aufgabenbereiche. «Hilfspolizisten», die in Städten oder Gemeinden ihren Dienst versahen, wurden in der «Schutzmannschaft des Einzeldienstes» zusammengefasst und der örtlichen deutschen Polizeibehörde unterstellt. Der Kommandeur der Ordnungspolizei (KdO) übernahm auch die Kontrolle über die «Sch. in geschlossenen Verbänden», über die kasernierten Schutzmannschaft-Bataillone, die – je nach nationaler Herkunft – fortlaufend durchnummeriert und von ihrem Aufstellungs- oder Heimatstandorten zu auswärtigen Einsätzen abkommandiert wurden. Unterteilt in Kompanien, Zügen und Gruppen, wurden sie – je nach Einsatz und Kräftebedarf – Einheiten der Wehrmacht und Waffen-SS, der SS und Polizei zugeteilt. Offiziere der Ordnungspolizei fungierten als Verbindungsoffiziere. Zur dritten und vierten Gruppe zählten die «Feuerwehr-Schutzmannschaft» und die «Hilfs-Schutzmannschaft», die u. a. zur Bewachung von Kriegsgefangenen herangezogen wurde. Ende 1941 bemühte sich auch die Sicherheitspolizei, die in ihren Diensten stehenden einheimischen Kräfte der politischen Polizei, Kriminalpolizei und politischen Sicherungsabteilungen in eine «Schutzmannschaft der Sicherheitspolizei» aufzunehmen.

1942 überstieg die Gesamtstärke der Sch. 300 000 Mann. Im deutschen Programm der → Endlösung der Judenfrage nahmen die «Hilfspolizisten» als Fußvolk des Judenmordes wichtige, unverzichtbare Funktionen wahr. Sie beteiligten sich an der Aufspürung, Verhaftung und → Deportation der Juden und anderer Opfergruppen. Sie bewachten → Ghettos, Zwangsarbeitslager und → Vernichtungslager. Mit Vorliebe wurden sie zu «Judenaktionen» herangezogen, vor allem immer dann, wenn es galt, die «Schmutzarbeit» zu leisten, d. h. Frauen und Kinder zu ermorden. Nach dem Zweiten Weltkrieg wurden etliche Angehörige der Sch. in der Sowjetunion hingerichtet oder zu langjähriger Zwangsarbeit verurteilt. Anderen gelang die Auswanderung in westliche Länder. Erst im Zuge der späten Untersuchungen wurden einige entdeckt und angeklagt. Angehörige der Sch. bilden heute das Gros der Beschuldigten in den ausländischen Verfahren gegen Nazi-Täter.

Konrad Kwiet

Lit.: Richard Breitman, Himmler's Police Auxiliaries in the Occupied Soviet territories, in: Simon Wiesenthal Center Annual 7 (1990), S. 23–37.

Schutzstaffel s. SS

Schweden. S. war auch während der nationalsozialistischen Ära bemüht, seine traditionell neutrale Außenpolitik zu bewahren. Innenpolitisch spielte weder die kleine jüdische Gemeinde von rund 7000 Mitgliedern noch die sektiererischen schwedischen Nationalsozialisten (Reichstagswahl 1936 höchster Stimmenanteil mit 0,7 %) eine Rolle. Allerdings sympathisierten auch Teile der schwedischen Eliten im konservativen Lager und in der Bauernpartei mit rassistischen und antidemokratischen Programmpunkten des europäischen Faschismus. Während des Zweiten Weltkrieges war S. nach der Besetzung → Dänemarks und → Norwegens und dem Ausbruch des deutsch-sowjetischen Krieges praktisch vom Westen abgeschnitten und geriet bei Kohle- und Chemieprodukten zunehmend in eine von Deutschland abhängige Lage. Zur Versorgung der deutschen Truppen in Norwegen und Finnland stellte

S. außerdem bis Juli 1943 seine Transportwege zur Verfügung. Auf die von der NS-Judenpolitik ausgelöste Flüchtlingswelle reagierte S. wie seine skandinavischen Nachbarn restriktiv. So wurde Verfolgung aus rassischen Gründen nur als Asylgrund anerkannt, wenn Flüchtlinge als Verwandte schwedischer Staatsbürger ebenfalls Anspruch auf deren Staatsbürgerschaft hatten. Immerhin wird die Zahl der in S. aufgenommenen jüdischen Flüchtlinge 1944 auf 12000 geschätzt (neben Zehntausenden finnischer und norwegischer Kriegsflüchtlinge, unter ihnen allein 20000 finnische Kinder). Bereits 1939–1941 hatte die Schwedische Mission der Protestantischen Kirche S.s rund 3000 österreichischen Juden die Auswanderung nach S. und in andere neutrale Länder ermöglicht. 1942 nahm S. 900 geflüchtete norwegische Juden auf, im Herbst 1943 über 7000 Juden (neben insgesamt 9000 nichtjüdischen Flüchtlingen) aus → Dänemark. 1944–1945 bemühte sich in Budapest ein Kreis schwedischer Diplomaten um Raoul Wallenberg, ungarische Juden vor der Deportation nach → Auschwitz zu bewahren. In den letzten Kriegsmonaten unterstützte S. tatkräftig die dänisch-norwegischen Bemühungen, Landsleute aus deutschen Lagern herauszuholen und noch vor Kriegsende nach S. zu überführen. Das gelang auch mit den über 400 nach → Theresienstadt deportierten dänische Juden, die Mitte April 1945 vom Schwedischen Roten Kreuz ebenso nach S. gebracht wurden wie die 14000 Überlebenden des Frauen-KZ → Ravensbrück, unter denen sich über 2000 Jüdinnen befanden. Über das Schwedische Rote Kreuz schickten ferner jüdische Organisationen Lebensmittel vor allem in das KZ → Bergen-Belsen. Nach dem Krieg unterstützte neben der jüdischen Gemeinde S. auch die schwedische Regierung die Wiedereingliederung Tausender jüdischer Flüchtlinge und Überlebender nationalsozialistischer Lager in das normale Leben. Etwa der Hälfte der nach S. geflüchteten Juden wurde das Land zur zweiten Heimat.

Hermann Weiß

Lit.: Steven Koblik, The Stones Cry Out. Sweden's Response to Persecution of the Jews 1933–1945, New York 1988. – Paul A. Levine, From Indifference to Activism. Swedish Diplomacy and the Holocaust 1939–1945, Stockholm 1996. – Ragnar Ulstein, Svensketrafikken. Flyktinger till Sverige 1940–1943, Oslo 1974.

Schweiz. Die S. wurde bereits 1933 mit den Folgen der antisemitischen Politik der Nationalsozialisten konfrontiert. Auf Grund der antisemitischen Exzesse, die die ersten Wochen nationalsozialistischer Herrschaft begleiteten, flohen mehrere Tausend Juden aus Deutschland in die S. Die Schweizer Behörden weigerten sich jedoch, den geflohenen Juden den Status anerkannter politischer Flüchtlinge zuzugestehen. Eine seit dem Ersten Weltkrieg antisemitisch geprägte Einwanderungspolitik verwehrte jüdischen Flüchtlingen bis 1944 ein sicheres Asyl in der S. Als 1941/42 die Vertreibung der Juden aus dem deutschen Machtbereich in eine Politik der Vernichtung umschlug, reagierte die S. auf die in großer Zahl aus dem besetzten Europa an die Schweizer Grenze flüchtenden Juden mit einer Verstärkung der Grenzsperren. Blieb eine völlige Schließung der Grenzen während einiger Tage im August 1942 die Ausnahme, so wurde doch bis zum Juni 1944 jüdischen Flüchtlingen die Einreise verweigert. Auch wurden Juden nach geglücktem Grenzübertritt wieder des Landes verwiesen. Die genaue Anzahl der dadurch der nationalsozialistischen Judenvernichtungspolitik zum Opfer gefallenen Menschen lässt sich nicht mehr rekonstruieren. Es dürfte sich aber um mehrere Tausend handeln. Am Ende des Zweiten Weltkrieges befanden sich rund 29000 jüdische Flüchtlinge in der S.

In der S. wussten die politisch Verantwortlichen schon früh vom Judenmord. Das neutrale Land, 1940–1944 völlig umschlossen von den Achsenmächten, fungierte während des Krieges auch bezüglich des Holocaust als wichtige Nachrichtendrehscheibe. Bereits im Oktober 1941 waren Nachrichten über Massenmorde an Juden in Osteuropa in die S. gelangt. Als im Sommer 1942 die → Deportationen aus Westeuropa in die → Vernichtungslager begannen, gelangten schnell genauere Informationen zu christlichen und jüdischen Persönlichkeiten in der S. Gerhard Riegner, der Vertreter des World Jewish Congress in Genf, leitete die Informationen, die er im Juli 1942 über den deutschen Industriellen Eduard Schulte erhalten hatte, Anfang August an die Schweizer Behörden weiter und telegrafierte sie prominenten Juden in Großbritannien und in den USA. Von dort gelangten diese allerersten Berichte über den Genozid innerhalb weniger Wochen bis an die Spitze der jeweiligen Regierungen, die ihnen jedoch zunächst misstrauten. Einzelne jüdische Persönlichkeiten und Gruppierungen in der S. engagierten sich seit Beginn der Vernichtungspolitik für die Rettung von bedrohten Juden. So wurde untergetauchten Juden in Berlin Geld zum Überleben zur Verfügung gestellt und auch vereinzelt die Flucht in die S. ermöglicht. Mit gekauften Pässen lateinamerikanischer Länder wurden Menschen aus dem → Warschauer Ghetto herausgeholt und entgingen so dem sicheren Tod. Zahlreiche jüdische Kinder wurden durch die Zusammenarbeit christlicher und jüdischer Hilfsorganisationen aus dem besetzten → Frankreich in die S. gerettet. In der Schweizer Flüchtlingspolitik hatten die Kenntnisse vom Massenmord erst 1944 konkrete Auswirkungen. Im Juni 1944 wurden die Grenzbehörden angewiesen, jüdischen Flüchtlingen generell Aufnahme zu gewähren.

Offizielle Vertreter der S. in → Ungarn beteiligten sich 1944 aktiv an den Rettungsmaßnahmen für das ungarische Judentum. Anfang Juli 1944 gelang es, die Deportation der rund 200000 Mitglieder zählenden jüdischen Gemeinde von Budapest zu verhindern. Bis zum Einmarsch der Roten Armee in Budapest im Januar 1945 setzte sich an prominenter Stelle der Schweizer Diplomat Carl Lutz unermüdlich für die Rettung der bedrohten Juden ein. Er stellte mehrere Tausend Schutzpässe aus und ließ zahlreiche Häuser unter diplomatischen Schutz stellen. Mehrere Zehntausend Juden verdanken seinem Einsatz ihr Leben. Im letzten Kriegsjahr durften über 3000 Juden legal in die S. einreisen. Rund 1700 Juden gelangten nach zähen Verhandlungen zwischen dem SS-Offizier Kurt Becher und dem jüdischen Funktionär Rudolf (Reszö) Kasztner 1944 von Budapest via → Bergen-Belsen in die S. Am 7. Februar 1945 konnten 1200 Juden und Jüdinnen aus → Theresienstadt in die S. einreisen. Die Rettung dieser Menschen gelang nach Verhandlungen des Vertreters des American Jewish Joint Distribution Committee in der S., Saly Mayer, und Altbundesrat Jean-Marie Musy mit Heinrich Himmler. Kurz nach der Befreiung des KZ → Buchenwald erlaubte die Schweizer Regierung Ende Juni 1945 die Einreise von rund 350 jugendlichen Überlebenden.

In der Nachkriegszeit blieb der Holocaust für Schweizer Politik und Öffentlichkeit ein brisantes Thema. Dabei standen zwei Themen im Vordergrund: Die «nachrichtenlosen Vermögen» und die Flüchtlingspolitik. Schon kurz nach Kriegsende kam es zu Debatten über den Umfang der Vermögenswerte von Holocaust-Opfern in der S. Da die Banken sich Überlebenden und ihren Angehörigen gegenüber bei der Suche nach möglichen Vermögenswerten wenig kooperativ zeigten, blieb der Verdacht bestehen, Schweizer Finanzinstitute hätten sich an den jüdischen Opfern bereichert. Im Jahre 2000 kam es nach langwierigen Verhandlungen zwischen jüdischen Organisationen und Schweizer Banken zu einer Einigung, die zu einem Vergleich in der Höhe von ca. 1,2 Milliarden US-Dollar führte. Die Frage, inwiefern sich die S. durch ihre judenfeindliche Flüchtlingspolitik am Judenmord mitschuldig gemacht habe, wurde bis in die jüngste Gegenwart diskutiert. Eine staatliche Historikerkommission untersuchte die Flüchtlingspolitik während des Holocaust. Die wichtigsten Ergebnisse wurden in einem umfassenden Bericht 1999 veröffentlicht. Der Bericht der sog. Bergier-Kommission löste in der Öffentlichkeit heftige Diskussionen aus. Die ganze Debatte führte zur Schaffung eines Fonds zur Unterstützung bedürftiger Überlebender des Holocaust.

Daniel Gerson

Lit.: Yehuda Bauer, Freikauf von Juden? Die Verhandlungen zwischen dem nationalsozialistischen Deutschland und jüdischen Repräsentanten von 1933–1945, Frankfurt am Main 1996. – Gaston Haas, «Wenn man gewusst hätte, was sich drüben im Reich abspielt». Was man in der Schweiz von der Judenvernichtung wusste, Basel 1994. – Jacques Picard, Die Schweiz und die Juden 1933–1945. Schweizerischer Antisemitismus, jüdische Abwehr und internationale Migrations- und Flüchtlingspolitik, Zürich 1994. – Gerhart M. Riegner, Ne jamais désespérer. Soixante années au service du peuple juif et des droits de l'homme, Paris 1998. – Theo Tschuy, Carl Lutz und die Juden von Budapest, Zürich 1995. – Unabhängige Expertenkommission Schweiz – Zweiter Weltkrieg (Hrsg.), Die Schweiz und die Flüchtlinge zur Zeit des Nationalsozialismus, Bern 1999.

SD (Sicherheitspolizei) s. Polizei

Seidl, Siegfried (1911-1945), Kommandant des Ghettos Theresienstadt; 1930 Eintritt in die NSDAP, 1931 in die SA, 1932 in die SS; nach Kriegsausbruch an den SD in Prag überstellt, wo er ab 1941 in → Theresienstadt das Ghetto für Juden aufbaute. 1943 Versetzung nach → Bergen-Belsen, von wo er nach kurzem Aufenthalt nach Budapest versetzt wurde. Dort organisierte er die Deportation der Juden → Ungarns nach → Auschwitz mit. Nach seiner Verurteilung wurde S. in Wien gehängt.

Semlin s. Sajmište

Serbien und Banat. Unmittelbar nach Hitlers Balkanfeldzug vom April 1941 wurden die etwa 17000 Juden in den deutschen Besatzungsgebieten S. und dem B. denselben Diskrimierungsmaßnahmen unterworfen wie im → Deutschen Reich. Die Ausbreitung des Widerstands seit Sommer 1941 bot der Besatzungsmacht einen willkommenen Anlass, durch kollektive Gleichsetzung von Juden, Roma (→ Sinti und Roma), Kommunisten und Partisanen, die jüdische Bevölkerung Schritt für Schritt zu ermorden. Der «Sühnebefehl» des Oberkommandos der → Wehrmacht vom 16. September 1941 und der «Geiselnahmebefehl» vom 28. September leiteten die massenhafte Vernichtung der Juden und Roma ein. Am 10. Oktober befahl der Kommandierende General in Serbien, Franz Böhme, die Festnahme «aller Kommunisten», «sämtlicher Juden» sowie einer bestimmten Anzahl nationalistisch gesinnter Bürger, um sie als Geiseln für Vergeltungsmaßnahmen (100 Geiseln für einen getöteten deutschen Soldaten) bereit zu halten. Grundsätzlich sollten alle jüdischen Männer der Truppe als Geiseln zur Verfügung gestellt werden, während die Frauen, Kinder und Greise in verschiedenen Lagern, darunter im Lager → Sajmište, inhaftiert wurden. Im Zuge von «Sühne- und Vergeltungsmaßnahmen» wurden im Oktober 1941 und in den nachfolgenden Wochen nahezu alle jüdischen Männer aus S. und dem B., sofern sie nicht geflohen waren, von Einheiten der Wehrmacht und der → Einsatzgruppe der SS erschossen. Nach Ermordung der Frauen, Kinder und Greise im Lager Sajmište im Frühjahr 1942 meldete der Befehlshaber der Sicherheitspolizei und des SD in Serbien, Emanuel Schäfer, dem Reichssicherheitshauptamt in Berlin, dass «Serbien judenfrei» sei. Der Chef der Militärverwaltung, Harald Turner, erklärte im August 1942, dass Serbien das «einzige Land» sei, in dem die «Juden- und Zigeunerfrage endgültig gelöst» sei.

Holm Sundhaussen

Lit.: Christopher Browning, Wehrmacht Reprisal Policy and the Mass Murder of Jews in Serbia, in: Militärgeschichtliche Mitteilungen 33 (1983), S. 31–47. – Venceslav Glišić, Teror i zločini nacističke Nemačke u Srbiji 1941–1944. Beograd 1970. – Walter Manoschek, «Serbien ist judenfrei». Militärische Besatzungspolitik und Judenvernichtung in Serbien 1941/42. München 1993.

Seyß-Inquart, Arthur (1892–1946), österreichischer Politiker, Reichskommissar in den besetzten niederländischen Gebieten. Auf Drängen Deutschlands seit Juni 1937 Mitglied des österreichischen Staatsrates; am 16. Februar 1938 Innenminister Österreichs. Am 13. März 1938 Durchsetzung des «Anschlusses» → Österreichs im Parlament. 15. März 1938 Ernennung zum SS-Obergruppenführer. 16. März 1938 bis 30. April 1939 Reichsstatthalter der «Ostmark». Am 12. Oktober 1939 Ernennung zum Stellvertreter Hans Franks im besetzten → Polen (→ Generalgouvernement). Mai 1940–1945 Reichskommissar in den → Niederlanden, wo S. die primäre Verantwortung für die Zwangsrekrutierung von Arbeitern, die Ausbeutung der niederländischen Wirtschaft, die Verfolgung des Widerstandes und die → Deportation der Juden trug. S. wurde in den → Nürnberger Prozessen zum Tode verurteilt und am 16. 10. 1946 hingerichtet.

Shoah. Die Bezeichnung von Verfolgungen mit einem einzelnen aussagekräftigen Begriff hat in der jüdischen Tradition verschiedene Vorgänger. Die hebräischen Berichte zu den Verfolgungen während des ersten Kreuzzuges 1096 sprechen von «Geserah» (Verfolgung); das Ende der mittelalterlichen Wiener Gemeinde 1421 wird entsprechend der Formulierung der Überlieferung als «Wiener Geserah» bezeichnet. In anderen Zusammenhängen begegnet traditionell «Churban» (Zerstörung, Katastrophe) in Anlehnung an die Zerstörung des Ersten Tempels («Churban Beit»); dieser Begriff unterstreicht die Wiederkehr von Verfolgungen und ihre religiöse Dimension. Der biblisch abgeleitete, aber eher säkulare und auf die

Einzigartigkeit des Geschehens verweisende Begriff S. (Schrei um Hilfe, Ex 2, 23: der Söhne Israels; 1 Sam 5, 12: der Philister; ferner öfter in Propheten und Psalmen) spielt in der mittelalterlichen und frühneuzeitlichen jüdischen Memorialüberlieferung keine Rolle; er hat sich aber zunächst in Israel seit den späten 40er Jahren (Nennung in der Unabhängigkeitserklärung von 1948) als Bezeichnung für die Judenverfolgung der Nationalsozialisten durchgesetzt. Zunächst keine offizielle Bezeichnung, hat S. mit der Benennung des 1951 eingeführten Gedenktages an die Verfolgung der Juden 1933–1945 als «Yom ha'(siqaron le')Shoah» (S.-Tag) am 27. Nissan jeden jüdischen Kalenderjahres an Verbindlichkeit gewonnen; er ist mittlerweile, auch außerhalb jüdischer Gemeinden, weltweit zu einem gängigen Begriff neben → Holocaust geworden. Der «Yom ha'Shoah» ist kein religiöser Gedenkfeiertag im eigentlichen Sinn, etwa mit eigener Gebetsordnung, nimmt aber im gesellschaftlichen Leben in Israel wie auch im Jahreskreis der jüdischen Gemeinden der Diaspora einen zentralen Platz ein und wird auf vielfältige Weise begangen. Dabei ist S. in Israel ein sich selbst erklärender, ansonsten aber, besonders im nicht-jüdischen Kontext, ein Begriff mit umschreibender und gelegentlich auch verunklarender Tendenz. Für Deutschland füllen beide Begriffe, Holocaust und S., aber auch → Auschwitz und alle daran geknüpften Begriffe, seit den späten 70er Jahren eine Leerstelle aus: es ist im Deutschen kein eigener Begriff entstanden, der den nationalsozialistischen zynischen Euphemismus → Endlösung der Judenfrage angemessen ersetzte. So wurden nach 1948 entweder distanzierende Umschreibungen eingesetzt («Schicksal», «Leid», «Verfolgung») oder – wo die Ereignisse beim Namen genannt wurden – Reihungen vorgenommen: « [die Opfer wurden] ... ermordet ..., vergast, verbrannt, erschossen, zu Tode geprügelt oder [haben] die unmenschliche Behandlung im Konzentrationslager nicht überstanden» (Th. Heuss, Unsere jüdischen Mitbürger). Mehr als 50 Jahre nach dem millionenfachen Mord an den europäischen Juden erscheint es unwahrscheinlich, dass künftig ein dem Geschehen angemessenerer und nicht berechtigter Kritik ausgesetzter deutscher Begriff gefunden werden kann.

Johannes Heil

Lit.: David G. Roskies, Against the Apocalypse. Responses to Catastrophe in Modern Jewish Culture, Cambridge, Mass, London 1984.

Sicherheitsdienst (SD) s. Polizei

Sicherheitspolizei s. Polizei

Sinti und Roma. Die traditionelle Diskriminierung der «Zigeuner» ging unter nationalsozialistischer Herrschaft in Verfolgung über. Die → Nürnberger Gesetze von 1935 machten auch S. zu Bürgern minderen Rechts, 1938 wurde im Reichskriminalpolizeiamt eine «Reichszentrale zur Bekämpfung des Zigeunerunwesens» gebildet, am 8. Dezember 1938 verfügte Heinrich Himmler als Reichsführer SS und Chef der deutschen Polizei, die «Regelung der Zigeunerfrage» müsse «aus dem Wesen dieser Rasse heraus» erfolgen. NS-Institutionen wie die → Rassenhygienische und bevölkerungsbiologische Forschungsstelle unter Leitung von Dr. Robert Ritter erstellten seit 1936 pseudowissenschaftliche anthropologische Gutachten über «Zigeuner», die der Polizei als Grundlage der Verfolgung und dann der → Deportation dienten.

Die Ghettoisierung in Lagern hatte, wie in Berlin, Frankfurt am Main und anderen Großstädten, 1936 begonnen. Opfer einer reichsweiten Verhaftungsaktion der «vorbeugenden Verbrechensbekämpfung» (13.–16. Juni 1938) waren S., die als «Asoziale» und «Arbeitsscheue» in die → Konzentrationslager → Dachau, → Buchenwald und → Mauthausen eingeliefert wurden. Mit Kriegsausbruch wurden S. durch Himmlers Festschreibungserlass (17. Oktober 1939) zwangsweise sesshaft gemacht und registriert. Die organisierte Deportation aus dem Gebiet des Deutschen Reiches über Sammellager nach → Polen begann im Mai 1940. Der Aufenthalt in → Ghettos und Zwangsarbeitslagern im → Generalgouvernement war eine Station auf dem Weg zur physischen Vernichtung. Die → Einsatzgruppen ermordeten seit Sommer 1941 Zehntausende Roma auf dem Territorium der → Sowjetunion vom Baltikum bis zur Krim und zum Kaukasus, ebenso wurden Roma in → Jugoslawien Opfer von Massenexekutionen. Im Dezember 1941 wurden 5000 Sinti aus dem Deutschen Reich in das Ghetto Litzmannstadt (→ Łódź) deportiert, die Überlebenden wurden in → Chełmno (Kulmhof) mit → Gaswagen ermordet.

Durch Befehl Himmlers vom 16. Dezember 1942 sollten alle im deutschen Herrschaftsgebiet lebenden S. (auch «Zigeunermischlinge») in KZ eingewiesen werden, dies erfolgte ab März 1943 mit Deportationen nach → Auschwitz-Birkenau, wo ein «Familienlager für Zigeuner» Ende 1942 eingerichtet worden war. An den Haftbedingungen gingen viele zu Grunde, ein erster Liquidierungsversuch des «Zigeunerlagers» am 16. Mai 1944 stieß auf Widerstand, die Arbeitsfähigen wurden daraufhin verlegt, die 2897 Zurückgebliebenen endeten am 2./3. August 1944 in der → Gaskammer. Die Zahl der Opfer in Auschwitz beträgt mindestens 17000. Die Gesamtzahl ist schwer zu bestimmen. Nachweisbar sind etwa 200000 ermordete S., die Schätzungen reichen bis 500000. Die Entschädigung der Überlebenden war bis in die 70er Jahre ein Skandal, da die Behörden im Einklang mit Politikern und Medien auf der Linie traditioneller Diskriminierung argumentierten, also behaupteten, die «Zigeuner» seien als Kriminelle und Asoziale inhaftiert und nicht Opfer rassistischer Verfolgung gewesen. Auch die historische Forschung hat sich der Verfolgung der S. erst spät angenommen.

Wolfgang Benz

Lit.: Michail Krausnick, Wo sind sie hingekommen? Der unterschlagene Völkermord an den Sinti und Roma, Gerlingen 1995. – Martin Luchterhandt, Der Weg nach Birkenau. Entstehung und Verlauf der nationalsozialistischen Verfolgung der «Zigeuner», Lübeck 2000. – Romani Rose (Hrsg.), Der nationalsozialistische Völkermord an den Sinti und Roma, Heidelberg 1995. – Michael Zimmermann, Rassenutopie und Genozid. Die nationalsozialistische Lösung der «Zigeunerfrage», Hamburg 1996.

Six, Franz Alfred (1909–1975), Leiter eines Einsatzkommandos, enger Mitarbeiter Heydrichs; 1930 Eintritt in die NSDAP; 1934 Leiter der «Reichsfachabteilung Zeitungswissenschaft» in Berlin; 1935 Eintritt in die → SS und Leiter der Zentralabteilung I/3 («Presse und Museum») im SD-Hauptamt, bis Sommer 1939 zusätzlich der Zentralabteilung II/1 («Weltanschauliche Auswertung»), II/2 («Lebensgebietmäßige Auswertung»), des für die Informationssammlung über die → Sowjetunion zuständigen «Wannsee-Instituts» sowie der «Nordost-Abteilung», baute in enger Zusammenarbeit mit Heydrich die ihm unterstehenden Abteilungen zu Instrumenten systematischer «Gegnererfassung» aus; leitete im März 1938 die SD-Aktionen in Österreich; 1940 Ernennung zum Professor durch Hitler; übernahm im März 1941 das Amt VII («Weltanschauliche Forschung und Auswertung») im → Reichssicherheitshauptamt. Ende Juni bis Ende August 1941 befehligte S. das «Vorkommando Moskau» bei der → Einsatzgruppe B und wurde anschließend «wegen besonderer Verdienste» zum SS-Oberführer befördert. Im September 1942 Wechsel in die kulturpolitische Abteilung des Auswärtigen Amtes, im August 1943 Ernennung zum Gesandten I. Klasse; im Januar 1945 Beförderung zum SS-Brigadeführer. Im Einsatzgruppenprozess (→ Nürnberger Prozesse) wurde S. am 10. April 1948 zu 20 Jahren Haft verurteilt, jedoch bereits 1952 wieder entlassen. 1961 sagte er im → Eichmann-Prozess als Zeuge der Verteidigung aus. Von 1952 bis zu seinem Tode am 9. Juli 1975 machte S. in der Bundesrepublik Karriere als Marketing-Stratege.

Slowakei. Die S. existierte seit dem 14. 3. 1939 als selbständiger Staat, durch verschiedene Verträge eng an das Deutsche Reich gebunden. Die dominierende politische Kraft war die alleinregierende HSLS (Hlinkas Slowakische Volkspartei). Bereits im November 1938 hatte sie versucht, Juden in die durch den 1. Wiener Schiedsspruch an → Ungarn fallenden Gebiete zu deportieren. Die jüdische Bevölkerung, etwa 5 % der Einwohnerschaft, wurde sukzessive entrechtet. Es ergingen Verordnungen, wer als Jude zu gelten hatte, Berufsbeschränkungen aller Art wurden eingeführt, Besitz konskribiert, ein Arisierungsgesetz erlassen. 1941 erfolgte die Systematisierung der antijüdischen Maßnahmen im «Judenkodex». Nun wurde, wer als Jude zu gelten hatte, «rassisch» definiert. Die Durchführung der Maßnahmen lag bei der slowakischen Regierung, die seit dem Sommer 1940 auf die koordinierende Tätigkeit des «Judenberaters», SS-Hauptsturmführer Dieter Wisliceny, vom → Reichssicherheitshauptamt zurückgreifen konnte. Die → Arisierungen standen wegen der Behauptung, die Juden hätten sich in «unrechtmäßiger Weise nationales Eigentum angeeignet», im Mittelpunkt der antijüdischen Maßnahmen. Die daraus resultierende Verarmung der Juden stellte zunehmend ein soziales Problem dar. Der Slowakische Staat reagierte mit der Errichtung von Arbeitslagern (u. a. Sered, Nováky, Vyhne). Die deutsche Anfrage nach Arbeitskräften wurde trotz einer Besichtigung von Zwangsarbeitslagern in Oberschlesien, bei der die geringen Überlebenschancen auch den slowakischen Besuchern nicht verborgen blieben, mit der Entsendung von Inhaftierten aus den slowakischen Lagern beantwortet. Von März bis Oktober 1942 wurden in 57 Transporten fast 58 000 Menschen, etwa zwei Drittel der slowakischen Juden, vor allem nach → Auschwitz und Lublin (→ Majdanek) deportiert. Nur knapp 300 Personen überlebten. Die verbliebenen Juden lebten zumeist in den Arbeitslagern oder mit «Ausnahmepapieren» als «wirtschaftswichtige Juden» in relativer Sicherheit, da auch in der Bevölkerung – eine Rolle spielten hier die Kirchen und der vatikanische Nuntius Burzio – die Transporte zunehmend abgelehnt wurden. Nach dem Ausbruch des Slowakischen Nationalaufstandes im August 1944 und der Besetzung des

Landes durch deutsche Einheiten verließen zwischen September 1944 und März 1945 weitere elf Transporte die S.; wie viele der etwa 11 500 Deportierten überlebten, ist umstritten. Ungewiss ist auch die Zahl der Opfer auf dem Gebiet des Aufstandes. Quellen nennen bis Anfang Dezember 1944 die Zahl von 2257 → Sonderbehandlungen. Zählungen nach dem Ende des Krieges weisen für das Gebiet der S. etwa 20 000 jüdische Überlebende aus, so dass man gegenüber Zahlen von 1940 von fast 70 000 Opfern des Holocausts in der S. ausgehen muss.

Tatjana Tönsmeyer

Lit.: Ivan Kamenec, Po stopách tragédie [Die Stufen der Tragödie], Bratislava 1991. – Ladislav Lipscher, Die Juden im Slowakischen Staat, 1939–1945, München 1980. – Eva Schmidt-Hartmann, Tschechoslowakei; in: Wolfgang Benz (Hrsg.), Dimension des Völkermords. Die Zahl der jüdischen Opfer des Nationalsozialismus, München 1991, S. 353–379. – Tatjana Tönsmeyer, Die Einsatzgruppe H in der Slowakei, in: Joachim Hösler u. a. (Hrsg.), Finis mundi – Endzeiten und Weltenden im östlichen Europa, Stuttgart 1998, S. 167–188.

Sobibór. Zweites Vernichtungslager der → Aktion Reinhardt im östlichen Teil des Distrikts Lublin, wurde im März/April 1942 nahe dem gleichnamigen Dorf und Bahnhof Sobibór als verbesserte Ausführung seines Vorbilds → Bełżec erbaut. Angelegt auf einer Fläche von 58 Hektar, bestand S. aus folgenden, voneinander getrennten, mit Stacheldraht umzäunten und gut getarnten Bereichen: dem Vorlager, das als Garnison diente, dem Lager mit Wohnbaracken und Werkstätten der jüdischen Arbeitshäftlinge; dem Lager II, das die Aufgabe hatte, die Opfer aufzunehmen und den Vernichtungsvorgang vorzubereiten sowie dem Lager III, in dem Juden getötet, in Massengräbern verscharrt und dann von jüdischen Sonderkommandos ab Sommer 1943 auf Scheiterhaufen verbrannt wurden. Lager II und III waren über einen schmalen, von Stacheldrathzaun gesäumten und durch Zweige abgeschirmten Weg, («Schlauch») verbunden, durch den die Opfer nackt in die → Gaskammern getrieben wurden. Nach der Erprobung der «Funktionsfähigkeit» der Vernichtungsanlagen im April 1942 begann die systematische Massentötung mit Kohlenmonoxid. In Betrieb waren anfänglich drei und ab September 1942 sechs Gaskammern. Die Vernichtungsaktion erfolgte in zwei Etappen. Die erste Vernichtungswelle zwischen Mai und Juni 1942 betraf Juden aus dem Distrikt Lublin, dem → Protektorat Böhmen und Mähren, der → Slowakei, dem Reichsgebiet und → Österreich. Wegen der Reparaturarbeiten an der Eisenbahnlinie und des Baus von größeren Gaskammern, wurde der Vernichtungsprozess zeitweilig unterbrochen. In der zweiten Phase zwischen Oktober 1942 und September 1943 trafen Transporte aus den → Ghettos und Arbeitslagern des Distrikts Lublin, aus den → Niederlanden, → Frankreich, Ostgalizien und dem Reichskommissariat Ostland ein. Die Gesamtzahl der jüdischen Opfer liegt bei rund 250 000.

Für den industriell organisierten Massenmord verantwortlich war das deutsche und österreichische Lagerpersonal (20–30 Personen, meist Organisatoren und Mitarbeiter der → Aktion T4), dem 90–120 → Trawniki-Männer, hauptsächlich ukrainischer Herkunft, zugeteilt wurden. Nach dem Befehl Himmlers, S. in ein → Konzentrationslager umzuwandeln, begann man ab Juli 1943 mit der Errichtung des Lagers IV zum Sortieren erbeuteter sowjetischer Munition. Am 14. 10. 1943 brach in S. der bewaffnete Aufstand aus. Rund 300 Häftlingen gelang die Flucht, jedoch wurden die meisten wieder festgenommen und erschossen. Etwa 50 Juden erlebten das Kriegsende. Nach dem Aufstand wurde das Lager aufgelöst und bis Ende 1943 alle Spuren beseitigt. Zur Vertuschung errichtete man auf dem Lagergelände einen Bauernhof.

Wiesław Wysok

Lit.: Yitzhak Arad, Belzec, Sobibor, Treblinka. The Operation Reinhard Death Camps, Bloomington 1987. – Thomas Toivi Blatt, Nur die Schatten bleiben. Der Aufstand im Vernichtungslager Sobibór, Berlin 2000.

Sonderbehandlung. Als «verhehlender Euphemismus für Massenmord» (Sternberger/Storz/Süskind) war der Begriff eng mit der Vernichtung von Gegnern des Nationalsozialismus verbunden. Ursprünglich wurde S. sowohl von Staats- und Parteiinstanzen wie auch von den Betroffenen durchaus wörtlich als von üblichen Rechts- oder Verhaltensnormen abweichende Behandlung verstanden, wobei deren reale Bedeutung aufgrund der Nebelhaftigkeit des Kompositums zunächst unklar blieb. Prinzipiell durchaus positiv (im Sinne einer Vorzugsbehandlung) interpretierbar, implizierte der Begriff allerdings schon in der Anfangsphase der NS-Herrschaft eine extrem einseitige Sozialbeziehung, die auf der angenommenen, politisch oder rassisch hergeleiteten Ungleichheit von Handelndem (dem Staat, der Partei und ihren Sachwaltern) und Behandeltem («Reichsfeinden» und «Gegnern» unterschiedlichster Art) basierte. Ihre erste Anwendung im Sinne physischer Vernichtung fand die S. außerhalb traditioneller Bereiche staatlicher Machtausübung und Gewaltmonopolisierung, wobei dem → SS- und Polizeiapparat (→ Polizei) besondere Bedeutung zukam. Gehörte in den → Konzentrationslagern die als «Selbstmord» oder «Fluchtversuch» verschleierte Tötung von Gefangenen frühzeitig zum Alltagsgeschehen, so wurde sie im September 1939 von Heydrich im Interesse «der inneren Staatssicherung während des Krieges» zur Standardmethode im Umgang mit «volks- und reichsfeindlichen» Bestrebungen erhoben. Die von Berliner Zentralinstanzen erlassenen Rahmenrichtlinien zu Exekutionen in den KZ waren diffus genug, um sowohl den willkürlichen, der Eigeninitiative nachgeordneter Funktionsträger überlassenen Mord als auch systematische Liquidierungen innerhalb und außerhalb der KZ zu legitimieren. Derartige «Aktionen» richteten sich gegen kranke, nicht arbeitsfähige oder aus anderen Gründen für lebensunwert befundene Häftlinge (→ Aktion 14 f 13), sowjetische Kriegsgefangene, Zigeuner (→ Sinti und Roma), «Asoziale», Homosexuelle und Juden.

Im Kontext des Judenmordes war der Begriff – anders als andere Tarnbezeichnungen wie «Judenaktion» oder «Umsiedlung» – in doppeltem Sinn irreführend: er verschleierte nicht nur den Massenmord, sondern gab ihm den Anschein des prozedural Außergewöhnlichen noch dann, als die unterschiedslose Vernichtung von Männern, Frauen und Kindern längst gängige Praxis war. In seiner Funktion als Geheimcode verlor der Begriff im Laufe der Zeit an Bedeutung und musste durch andere Chiffren ersetzt oder ergänzt werden. Dies lässt sich zum einen an seiner Übernahme in das bürokratische Vokabular staatlicher Instanzen wie des Außen- und Justizministeriums, zum anderen an einer Weisung

Himmlers vom Frühjahr 1943 ablesen, der zufolge in einem Bericht des SS-Statistikers Korherr (→ Korherr-Bericht) zur «Endlösung» statt von «S. der Juden» davon gesprochen werden sollte, die Juden seien durch die Lager im Osten «durchgeschleust» worden. Wenngleich – statt für den öffentlichen Diskurs – als Mittel interner Sprachregelung konzipiert, erfüllte S. eine legitimatorische Schlüsselfunktion für die Täter, den in die Vernichtung involvierten Verwaltungsapparat und für die deutsche Gesellschaft insgesamt: als terminologisches Konstrukt, mit dem sich die mörderische Normalität als «besondere», zeitlich wie konzeptionell beschränkte Maßnahme ausgeben ließ.

Jürgen Matthäus

Lit.: Wolfgang Sofsky, Die Ordnung des Terrors. Das Konzentrationslager, Frankfurt 1993. – Dolf Sternberger, Gerhard Storz, W.E. Süskind, Aus dem Wörterbuch des Unmenschen, München 1962.

Sonderkommando 1005 s. Enterdungsaktion

Sonderkommando Bothmann s. Chełmno

Sonderkommando Kulmhof s. Chełmno

Sonderkommando Lange s. Chełmno, s. Gaswagen

Sowjetunion (Union der Sozialistischen Sowjetrepubliken). Die am 30. 12. 1922 gegründete S., seit 1939/40 erweitert um die baltischen Staaten (→ Estland, → Lettland, → Litauen), Westweißrussland und die Westukraine, die → Bukowina und → Bessarabien (Moldawien), wurde am 22. 6. 1941 vom Deutschen Reich und seinen Verbündeten angegriffen. Im Zuge der Besetzung ihrer westlichen und südwestlichen Gebiete (bis zur Wolga bei Stalingrad) wurden die angetroffenen Juden und als Juden angesehenen Menschen (einschließlich der Karaiten) ermordet. Ein nach Osten hin zunehmender, jedoch insgesamt geringer Anteil konnte evakuiert werden. Eine Ghettoisierung (→ Ghetto) gab es nur in → Transnistrien und anfangs in den westlichsten Gebieten. Aus den westlichen Teilen fanden → Deportationen in die → Vernichtungslager statt, während die Ermordung im übrigen Gebiet zumeist durch Erschießung erfolgte. Bezogen auf das Gebiet von 1941 ist von ca. 2 800 000 ermordeten Juden auszugehen.
Während in den ersten Wochen nach dem Einmarsch Juden oft als Angehörige von Eliten oder Kommunisten umgebracht wurden, erfasste die Mordaktion bereits im Herbst 1941 ohne Einschränkungen alle Juden. In wenigen Fällen gelangen Rettungsmaßnahmen durch die Flucht nach Transnistrien, das Verstecken oder Tarnen und den Anschluss an prosowjetische → Partisanen.
Während des Kriegs und danach wurde in der S. nur anfangs, und auch dies vor allem für den Gebrauch in der Auslandspropaganda, auf die besonders gegen Juden gerichteten Mordaktionen der Deutschen und ihrer Verbündeten hingewiesen. So wurde ein «Jüdisches Antifaschistisches Komitee» (JAK) ins Leben gerufen und 1948 begründete Andrej Gromyko die anfängliche sowjetische Unterstützung der Staatsgründung Israels mit dem Schicksal der europäischen Juden. Sonst wurde der Massenmord an den Juden stets als ein integraler Bestandteil der Vernichtung von Sowjetbürgern (bzw. Bürgern anderer Staaten) dargestellt und damit als

Teil der Auseinandersetzungen innerhalb der bürgerlichen Gesellschaft bzw. zwischen der bürgerlichen und der sozialistischen Gesellschaftsform interpretiert. Das 1944 verfasste und 1946 gedruckte «Schwarzbuch des sowjetischen Judentums» von Vasilij Grossman und Ilja Ehrenburg wurde daher nicht veröffentlicht. Die meisten Mitglieder des JAK wurden hingerichtet. Im Zuge des vor allem zwischen 1948 und 1953 sowie nach 1956 und nach 1967 unter verschiedenen Tarnbezeichnungen (Antikosmopolitenkampagne, Antizionismus) praktizierten und in Publikationen verbreiteten Antisemitismus wurden Verweise auf eine Judenverfolgung durch die Kriegsgegner der S. unterdrückt. Eine Ausnahme machte seit 1961 die einzige jiddischsprachige Zeitschrift Sovetish Heymland (monatlich, Auflage 7000), die jedoch keine große Publizität hatte. Eine Reaktion darauf war Evgenij Evtušenkos Gedicht «Nad Bab'im Jarom pamjatnikov net» (Es gibt keine Denkmäler in → Babij Jar) aus dem Jahre 1961. Das 1976 schließlich enthüllte Denkmal enthielt jedoch keinen Hinweis darauf, dass die ersten Opfer die Kiewer Juden gewesen waren. Erst im Zuge der Perestrojka öffnete sich nach 1987 auch die 1991 untergegangene S. der Wahrnehmung der deutschen Judenvernichtung.

Frank Golczewski

Lit.: Lucjan Dobroszycki, Jeffrey S. Gurock (Hrsg.), The Holocaust in the Soviet Union. Armonk, London 1993. – Wassili Grossman, Ilja Ehrenburg, Das Schwarzbuch. Der Genozid an den sowjetischen Juden. Frankfurt am Main, Wien 1996. – The Jews of the Soviet Union. Cambridge 1988. – Gert Robel, «Sowjetunion», in: Wolfgang Benz (Hrsg.), Dimension des Völkermords. Die Zahl der jüdischen Opfer des Nationalsozialismus, München 1991, S. 499–560. – Joshua Rubenstein, Stalin's secret pogrom. The postwar inquisition of the Jewish Anti-Fascist Committee. New Haven 2001.

Sozialdarwinismus s. Rassentheorie

Spanien. Nach dem Bürgerkrieg (1936–1939) klerikal-faschistische Diktatur, betrieb nach Ausbruch des Zweiten Weltkriegs bis 1943 eine Schaukelpolitik zwischen Neutralität und «Nichtkriegführung». Im Hinblick auf jüdische Flüchtlinge hatte S. seine Einreisebestimmungen eingeschränkt: 1933 wurde die Visumspflicht für Deutsche wiedereingeführt, Juden und Anhänger der spanischen Republik erhielten ab Mai 1939 nur noch Transitvisa, ab Oktober 1940 wurde die Visavergabe durch das spanische Außenministerium kontrolliert. Dennoch konnte 1940 während des Zusammenbruchs Frankreichs der Großteil der Flüchtlinge S. ungehindert passieren; allerdings wies S. Flüchtlinge zurück, die nicht nach → Portugal einreisen konnten. Gelegentliche Grenzschließungen (September 1940/März 1943) wurden nach Protesten der Alliierten aufgehoben. In wenigen Fällen wurden Flüchtlinge in den deutschen Machtbereich zurückgewiesen oder an die deutschen Behörden ausgeliefert. Illegale Grenzgänger und Flüchtlinge, die aus Geldmangel nicht weiterreisen konnten, wurden in Internierungslagern oder Gefängnissen inhaftiert, danach in Zwangsaufenthaltsorte eingewiesen. Bis 1944 passierten 80000 mehrheitlich jüdische Flüchtlinge S. Wenn auch zögerlich rettete S. durch Repatriierung (→ Frankreich und → Griechenland) oder Schutzpapiere (→ Ungarn) 3800 Juden vor den → Deportationen in die → Vernichtungslager.

Renate Heß

Lit.: Patrik von zur Mühlen, Fluchtweg Spanien – Portugal. Die deutsche Emigration und der Exodus aus Europa, 1933–1945, Bonn 1992. – Bernd Rother, Spanien zwischen Hilfe und Restriktion, in: Wolfgang Benz, Juliane Wetzel (Hrsg.), Solidarität und Hilfe für Juden während der NS-Zeit, Regionalstudien 3, Berlin 1999, S. 135–160.

Speer, Albert (1905–1981), Architekt, Reichsminister für Rüstung und Kriegsproduktion; 1931 Eintritt in die NSDAP und die SA; seit 1932 erste Aufträge für die Partei; 1937 Ernennung zum Generalbauinspektor für die Reichshauptstadt Berlin. Am 9. Februar 1942 als Nachfolger Fritz Todts Ernennung zum Reichsminister für Bewaffnung und Munition (ab 2. September 1943 Reichsminister für Rüstung und Kriegsproduktion). S. gelang es, u. a. durch die Ausbeutung der Arbeitskraft von Millionen Zwangsarbeitern und KZ-Häftlingen (→ Zwangsarbeit), die Rüstungsproduktion entscheidend zu erhöhen. Im Hauptkriegsverbrecherprozess (→ Nürnberger Prozesse) wurde er zu 20 Jahren Haft wegen Verbrechen gegen die Menschlichkeit verurteilt.

Sporrenberg, Jacob (1902–1952), SS- und Polizeiführer (SSPF); 1925 Eintritt in die NSDAP, 1929 in die SA, 1930 Wechsel zur → SS. In den 30er Jahren verschiedene Tätigkeiten für die SS. August 1941 SSPF Weißruthenien in → Minsk. August 1943 SSPF im Distrikt Lublin als Nachfolger Odilo Globocniks. Im November 1943 Organisation der → Aktion Erntefest. Ende November 1944 Versetzung nach → Norwegen. Nach seiner Auslieferung an Polen wurde S. 1950 in Lublin zum Tode verurteilt und 1952 in Warschau gehenkt.

SS (Schutzstaffel). Die SS entwickelte sich während des Nationalsozialismus zu einem der mächtigsten Instrumente der NS-Führung. Sie entstand als Sicherungstruppe für hohe NSDAP-Führer. Aus Misstrauen gegenüber der SA ließ Hitler 1923 und erneut im Frühjahr 1925 eigene Einheiten aufstellen, die ihm bedingungslos Gehorsam leisteten. Ab Sommer 1925 trugen sie die Bezeichnung «Schutzstaffeln». 1926 wurden sie zwar formal in die SA eingegliedert, blieben aber relativ selbständig. Die SS beteiligte sich häufig an Straßenkämpfen. Schusswaffen waren jedoch aus taktischen Gründen verboten. Unter Himmler, der im September 1927 stellvertretender Reichsführer, im Januar 1929 Reichsführer der SS wurde, erfuhr die Organisation eine starke Zentralisierung. Von 1929–1934 wuchs die Mitgliederzahl der SS von 280 auf über 200 000, danach wegen starker Kontrolle der Neuaufnahmen nur noch langsam (1938: 238 000). Die SS wurde wie die SA nach militärischen Gesichtspunkten aufgebaut. Ab etwa 1930 entstanden spezialisierte Abteilungen, z. B. Reiterverbände, Fliegerkorps und ein eigener Informationsdienst («Sicherheitsdienst», Abk.: SD). In das rasch expandierende Führerkorps nahm Himmler bevorzugt Adlige und Angehörige der höheren sozialen Schichten auf. Um das Ziel einer rassischen Elite zu verwirklichen, mussten sich alle SS-Bewerber – im Falle des Heiratswunsches auch alle künftigen Ehefrauen – einer Prüfung ihrer «arischen» Abstammung und ihrer Erbgesundheit unterziehen (→ SS-Rasse- und Siedlungs-Hauptamt).

Nach der Ernennung Hitlers zum Reichskanzler waren SA und SS auf verschiedene Weise daran beteiligt, die Macht möglichst ganz in nationalsozialistische Hände zu bringen. Dazu gehörte vor allem die Verfolgung der politischen Gegner und die Besetzung wichtiger politischer und gesellschaftlicher Positionen. Bei der Mordaktion gegen die SA-Führung Mitte 1934 erwies sich die SS wie schon bei früheren Konflikten mit der SA als verlässliches Instrument Hitlers. Deren Entmachtung öffnete den Weg für die neue machtpolitische Rolle der SS, die nun zur eigenständigen Parteigliederung erklärt wurde. 1933/34 übernahm Himmler auch die Leitung der Gestapo und der → Konzentrationslager, 1936 der gesamten deutschen → Polizei. Der SD wurde im September 1939 mit der Sicherheitspolizei (Gestapo und Kriminalpolizei) unter Leitung Heydrichs im → Reichssicherheitshauptamt zusammengefasst.

Während des Krieges nahm die Sicherheitspolizei in großem Umfang Verhaftungen vor; bis Mitte 1944 stieg deren Zahl auf über 60000 Menschen pro Monat. Die meisten wurden nicht mehr der Justiz übergeben, sondern willkürlich in Polizeigefängnissen, «Arbeitserziehungslagern», → Konzentrationslagern oder anderen Lagern der Polizei oder des SS-Imperiums inhaftiert. Himmlers Ziel war es, die Polizei aus der inneren Verwaltung zu lösen und zu einem militärisch ausgerichteten, von der SS durchdrungenen «Staatsschutzkorps» umzubilden. Ab 1938 ernannte er schrittweise die Führer der SS-Oberabschnitte zu Höheren SS- und Polizeiführern. Ihre Befugnisse waren aus taktischen Gründen zunächst gering, wurden aber während des Krieges stark erweitert. In den besetzten Gebieten besaßen sie von Anfang an eine führende Stellung. Besondere Schwerpunkte ihrer Tätigkeit bildeten dort die Verfolgung der Juden und die Bekämpfung der → Partisanen. Mobile Einheiten der Sicherheitspolizei und des SD (→ Einsatzgruppen) verübten seit 1939 in den besetzten Gebieten Morde an politischen Gegnern und unerwünschten Bevölkerungsgruppen, vor allem an Juden. Unterstützung erhielten sie von Verbänden der Ordnungspolizei und der Waffen-SS, zum Teil auch der → Wehrmacht.

Die Konzentrationslager ließ Himmler ab 1934 zu einem einheitlichen System weniger, gut abgeschirmter Großlager umbauen, in denen die Häftlinge → Zwangsarbeit zum Nutzen der SS verrichteten. Vor und während des Krieges nahm der Umfang der Lager stark zu, da die Verfolgung auf immer neue gesellschaftliche Gruppen ausgedehnt wurde. Zu Kriegsbeginn waren 20000–25000 Menschen in ihnen inhaftiert, im August 1943 ca. 224000 und Mitte Januar 1945 ca. 714000. Die Zahl derer, die dort zugrunde gerichtet und umgebracht wurden, betrug ein Vielfaches davon. Ab 1942 arbeiteten KZ-Gefangene zunehmend als Arbeitskräfte in der Kriegswirtschaft, meist in eigens gegründeten Außenlagern. Insgesamt bestanden bis Kriegsende über 1000 derartige Außenlager.

In den 30er Jahren gelang es der SS-Führung, bewaffnete Truppen aufzubauen. 1934 gestattete die Reichswehr die Aufstellung einiger bewaffneter SS-Einheiten zur Niederschlagung innenpolitischer Unruhen und bildete diese selbst aus (SS-Verfügungstruppe). Außerdem ließ Himmler aus den Wachtruppen der Konzentrationslager militärisch trainierte Einheiten bilden (Totenkopfverbände). 1939/40 wurden die bewaffneten SS-Verbände zur Waffen-SS zusammengeschlossen. Seit der Annexion → Österreichs waren SS-Einheiten regelmäßig unter dem Kommando der Wehrmacht an militärischen Operationen beteiligt. Im Herbst 1939 wurden die ersten Divisionen aufgestellt. Mitte 1944 verfügte die Waffen-SS über 22 Divisionen mit knapp

600 000 Soldaten; mit der Aufstellung von 16 weiteren Divisionen wurde bis 1945 begonnen.
Ab Oktober 1939 war Himmler als Reichskommissar für die Festigung deutschen Volkstums für die Ansiedlung Volksdeutscher und die Gestaltung deutscher Siedlungsgebiete in den eingegliederten Ostgebieten, später auch in anderen besetzten Gebieten verantwortlich. Unter Leitung des Stabshauptamtes in Berlin wurden bis Ende 1942 332 000 Umsiedler auf 65 000 Höfen in den eingegliederten Ostgebieten angesiedelt, nachdem Polen und Juden vertrieben worden waren. Unter der Bezeichnung → Generalplan Ost ließ Himmler umfassende Planungen zur Ansiedlung Deutscher in Städten, Stützpunkten und Wehrdörfern in polnischen und sowjetischen Gebieten zwischen Leningrad und der Krim ausarbeiten; dabei ging man davon aus, dass Millionen Einheimischer zugrunde gehen würden.
Zur Unterstützung ihrer politischen Ziele gründete die SS-Führung seit Mitte der 30er Jahre in zunehmendem Umfang eigene Wirtschaftsunternehmen (→ SS-Wirtschaftsverwaltungshauptamt).
Während des Krieges wurde das SS-Imperium durch 12 Hauptämter geleitet. Im Laufe der Jahre gelang es der SS-Führung, immer neue Einflussgebiete zu erobern. Zeitweise drang sie in die Wirtschafts-, die Außen-, die Wissenschaftspolitik und andere Bereiche vor. Die Allgemeine SS diente zunehmend nur noch als personelles Rekrutierungspotential für die vielfältigen Tätigkeitsbereiche. 1943 wurde Himmler Innenminister, 1944 Oberbefehlshaber des Ersatzheeres und Chef der Heeresrüstung. Kernbereich der Macht blieben jedoch Polizei und Waffen-SS. Auf allen anderen Gebieten blieb der SS-Führung letztlich ein maßgeblicher Einfluss versagt.

Hermann Kaienburg

Lit.: Heinz Höhne, Der Orden unter dem Totenkopf. Die Geschichte der SS, Gütersloh 1967. – Robert Lewis Koehl, The Black Corps. The Structure and Power Struggles of the Nazi SS, Madison 1983. – Ronald Smelser, Enrico Syring (Hrsg.), Die SS: Elite unter dem Totenkopf. 30 Lebensläufe, Paderborn u. a. 2000.

SS-Rasse- und Siedlungs-Hauptamt. Das S. hatte die Aufgabe, die → SS im Bund mit dem Bauerntum zu einem rassischen Eliteverband aufzubauen. In dem am 1. 1. 1932 gegründeten SS-Rasseamt, im Juli 1932 erweitert zum Rasse- und Siedlungsamt (RAS), wurden dazu unter Leitung des späteren Reichsbauernführers Darré Prüfungsverfahren ausgearbeitet, denen sich alle SS-Bewerber und alle Heiratswilligen zu unterziehen hatten. Himmlers Heiratsbefehl vom 31. 12. 1931, später auf Verlobungen ausgedehnt, bestimmte, dass auch die künftigen Ehefrauen ihre «arische» Abstammung und ihre Erbgesundheit nachzuweisen hatten. 1935 wurde das RAS, das anfangs personell und finanziell stark vom Reichsnährstand abhängig war, zum Hauptamt erhoben (RuSHA) und neu gegliedert. Für die rassischen Prüfungen war das Sippenamt zuständig. Mit großem Aufwand wurden dort Personalunterlagen und Ahnentafeln aller SS-Angehörigen zusammengetragen. Um das Amt zu entlasten, richtete das S. 1938 bei den Standorten der Allgemeinen SS und der bewaffneten SS-Verbände «Sippenpflegestellen» ein. Das Rassenamt befasste sich mit allgemeinen ideologischen Fragen; es förderte z. B. germanenkundliche Projekte und bemühte sich um die Verbreitung der Blut-und-Boden-Ideologie; ihm unterstanden anfangs auch Vereine wie «Ahnenerbe» und «Lebensborn». Das Schulungsamt verfügte über ein Netz von haupt- und ehrenamtlichen Referenten, die für die ideologische Rüstung der SS-Einheiten verantwortlich waren. Das Siedlungsamt entwickelte Pläne für Bauern- und Gartensiedlungen und wählte dazu geeignete SS-Angehörige aus. Nach dem Rücktritt Darrés als Chef des S. 1938 forcierte das Siedlungsamt unter Kurt von Gottberg einige Monate lang eine eigenständige SS-Siedlungspolitik, die 1939 in der Übernahme des Prager Bodenamts und in Vorbereitungen zur umfangreichen Ansiedlung Deutscher im → Protektorat Böhmen und Mähren gipfelte; die Pläne mussten jedoch aufgegeben werden, weil Hitler dort eine vorsichtigere Strategie der Germanisierung verfolgte. Himmler, dem es im Oktober 1939 gelungen war, mit der Ansiedlung Volksdeutscher und der Gestaltung deutscher Siedlungsgebiete in den eingegliederten Ostgebieten, später auch in anderen besetzten Gebieten beauftragt zu werden (Reichskommissar für die Festigung deutschen Volkstums) übertrug die Wahrnehmung dieser Aufgaben nicht mehr dem Siedlungsamt, sondern dem neu geschaffenen Stabshauptamt. Ersteres blieb jedoch für die Auswahl und Ausbildung von SS-Bauern zuständig, die 1942/43 in die besetzten sowjetischen Gebiete geschickt wurden. Auch die Tätigkeit der übrigen Ämter veränderte sich unter der Leitung der Nachfolger Darrés (ab September 1938 Günther Pancke, ab Juli 1940 Otto Hofmann, ab April 1943 Richard Hildebrandt). Das Rassenamt gab den größten Teil seiner bisherigen Tätigkeit auf. Zu seinem umfangreichsten Arbeitsgebiet entwickelte sich ab 1940 die rassische Prüfung von volksdeutschen Umsiedlern und von Rekruten der Waffen-SS. Das Sippenamt wurde Ende 1941 geteilt. Das Heiratsamt übernahm die Bearbeitung der SS-Aufnahme- und der Verlobungs- und Heiratsgesuche, das Ahnentafelamt die ahnengeschichtliche Erfassung aller SS-Angehörigen. Der verbleibende Teil des Sippenamtes nahm nur noch statistische Aufgaben wahr. Die Rasse- und Siedlungsführer bei den Höheren SS- und Polizeiführern, die regional für die Aufgabengebiete des S. verantwortlich waren, führten ebenfalls zunehmend Rasseprüfungen durch. 1942–1944 war dem S. vorübergehend das Hauptfürsorge- und Versorgungsamt angegliedert, das für die gesamte Versorgung der Waffen-SS zuständig war. Wegen der zunehmenden Bombardierung Berlins verlegten 1943 alle S.-Ämter ihren Dienstsitz aus der Stadt hinaus, das Siedlungsamt nach Dimokur (Protektorat), das Rasseamt und Teile des Hauptfürsorge- und Versorgungsamtes nach Prag, das Heirats- und das Ahnentafelamt zum «Burghof Kyffhäuser», wo die US-Armee die Unterlagen im April 1945 fand.

Hermann Kaienburg

Lit.: James J. Weingartner, The SS Race and Settlement Main Office. Toward an Orden of Blood and Soil, in: The Historian 33 (1971), S. 62–77.

SS-Wirtschaftsverwaltungshauptamt. Das S. wurde im Februar 1942 aus mehreren Verwaltungseinrichtungen der → SS gebildet. Seinen Chef Oswald Pohl hatte Himmler im Februar 1934 von der Marine abgeworben und ihm den Auftrag erteilt, in der SS eine an militärischen Grundsätzen ausgerichtete Verwaltung aufzubauen. 1935 wurde Pohl zum SS-Reichskassenverwalter und zum Verwaltungschef im Stabe des Reichsführers-SS ernannt, dem die Verwaltungen der 3 SS-Hauptämter (SS-Hauptamt, SD-Hauptamt, → Rasse-

und Siedlungshauptamt) unterstanden. Im Laufe der 30er Jahre erlangte er die Kontrolle über die Verwaltungen und das Bauwesen aller SS-Bereiche einschließlich der → Konzentrationslager, jedoch mit Ausnahme der Polizei, wo er seinen Einfluss erst während des Krieges vergrößerte. Ab Mitte der 30er Jahre gründete bzw. übernahm die SS-Verwaltung zahlreiche Wirtschaftsbetriebe, viele von ihnen ab 1938 bei Konzentrationslagern, um die Arbeit der KZ-Insassen zu nutzen. Da der SS-Verwaltungschef die finanziellen Mittel kontrollierte, die die SS von der NSDAP und aus dem Reichsetat erhielt, stieg Pohl zu einem der mächtigsten Gefolgsleute Himmlers auf. Im April 1939 übernahm er die Leitung zweier neugebildeter Hauptämter: Das Hauptamt Verwaltung und Wirtschaft sollte für Allgemeine-SS und SS-Wirtschaft zuständig sein, das Hauptamt Haushalt und Bauten für die staatlich finanzierten Bereiche. Die Aufgabenteilung wurde aber nie konsequent eingehalten. Außerdem war Pohl Ministerialdirektor im Reichsinnenministerium. Am 1. 2. 1942 wurden die beiden Hauptämter und das Verwaltungsamt-SS aus dem SS-Führungshauptamt zum S. zusammengefasst. Die Amtsgruppe A (Truppenverwaltung) war vor allem für Haushalts-, Prüfungs-, Rechts- und Personalangelegenheiten zuständig, die Amtsgruppe B (Truppenwirtschaft) für die Versorgung der SS-Einrichtungen und -Einheiten. Die SS-Bauverwaltung bildete die Amtsgruppe C. Die Amtsgruppe W leitete die insgesamt ca. 30 SS-Wirtschaftsunternehmen. Am 3. 3. 42 ordnete Himmler an, das KZ-System dem S. zu unterstellen; damit wollte er verhindern, dass der neue Generalbevollmächtigte für den Arbeitseinsatz Einfluss auf die Häftlingsarbeit erhielt. Am 16. März wurde daraufhin die Inspektion der Konzentrationslager in Oranienburg als Amtsgruppe D ins S. eingegliedert. Sie blieb jedoch de facto weitgehend unabhängig; Anordnungen erhielt sie zum Teil von Himmler direkt, zum Teil von Pohl, zum Teil von Dienststellen des Reichssicherheitshauptamtes. Mächtigster Amtsgruppenchef im S. war der Leiter des SS-Bauwesens, Hans Kammler. Ab 1943 wurde er in großem Umfang mit Bauarbeiten zur Untertageverlagerung von Rüstungsfertigungen beauftragt, wo er Zehntausende KZ-Gefangene als Arbeitskräfte einsetzte. In den besetzten Gebieten waren die «SS-Wirtschafter» bei den Höheren SS und Polizeiführern für alle Angelegenheiten des S. einschließlich Bauwesen und Konzentrationslager verantwortlich.

Hermann Kaienburg

Lit.: Michael Thad Allen, Engineers and Modern Managers in the SS: The Business Administration Main Office (SS-Wirtschaftsverwaltungshauptamt), Pennsylvania 1995. – Hermann Kaienburg, KZ-Haft und Wirtschaftsinteresse. Das Wirtschaftsverwaltungshauptamt der SS als Leitungszentrale der Konzentrationslager und der SS-Wirtschaft, in: ders., Konzentrationslager und deutsche Wirtschaft 1939–1945, Opladen 1996, S. 29–60. – Miroslav Kárný, Das SS-Wirtschaftsverwaltungshauptamt. Verwalter der KZ-Häftlingsarbeitskräfte und Zentrale des SS-Wirtschaftskonzerns, in: «Deutsche Wirtschaft». Zwangsarbeit von KZ-Häftlingen für Industrie und Behörden, Hamburg 1991. – Walter Naasner, Neue Machtzentren in der deutschen Kriegswirtschaft 1942–1945. Die Wirtschaftsorganisation der SS, das Amt des Generalbevollmächtigten für den Arbeitseinsatz und das Reichsministerium für Bewaffnung und Munition/Reichsministerium für Rüstung und Kriegsproduktion im nationalsozialistischen Herrschaftssystem, Boppard 1994.

Stahlecker, Franz Walther (1900–1942), Einsatzgruppenführer; 1932 Eintritt in die NSDAP; 1934 Leiter der Württembergischen → Polizei, anschließend Karriere beim SD. 1939 Befehlshaber der Sicherheitspolizei und des SD (BdS) im → Protektorat Böhmen und Mähren; 1940 BdS in → Norwegen und Beförderung zum SS-Oberführer. Seit Juni 1941 Führer der → Einsatzgruppe A., die unter S. im Bereich der Heeresgruppe Nord in den baltischen Ländern und westlich Leningrads operierte. Am 23. März 1942 wurde S. bei einem Gefecht mit sowjetischen → Partisanen getötet.

Stangl, Franz (1908–1971), Kommandant des Vernichtungslagers Treblinka; seit 1931 Tätigkeit bei der österreichischen Polizei; im Mai 1938 Eintritt in die NSDAP (Rückdatierung auf 1936); 1940 Aufsichtsbeamter in der → Euthanasie-Anstalt Hartheim, seit Oktober 1941 in Bernburg (→ Aktion T 4). Im März 1942 Versetzung nach Lublin und Aufbau des → Vernichtungslagers → Sobibór. August 1942 bis August 1943 Kommandant des Vernichtungslagers → Treblinka, wo unter seiner Leitung Hunderttausende Juden und Tausende von → Sinti und Roma ermordet wurden. Februar 1943 SS-Hauptsturmführer. August 1943 Versetzung nach → Italien zur Partisanenbekämpfung (→ Partisanen). 1947 wegen Beteiligung an der Euthanasie in Linz inhaftiert; 1948 Flucht nach Syrien. 1951 Emigration nach Brasilien, dort von Simon Wiesenthal aufgespürt und 1967 an die Bundesrepublik Deutschland ausgeliefert. Am 22. Dezember 1970 wurde S. vom Landgericht Düsseldorf zu lebenslanger Haft verurteilt (→ Nachkriegsprozesse).

Stara Gradiška s. Jasenovac

Steengracht von Moyland, Gustav Adolf Baron (1902–1969), Jurist und Diplomat; 1925–1933 Mitglied des Stahlhelms; 1. Mai 1933 Eintritt in die NSDAP, 1. September 1933 in die SA; 20. April 1934 SA-Sturmführer; 1. Oktober 1936 Eintritt in die «Dienststelle Ribbentrop», anschließend Landwirtschaftsattaché bei der Londoner Botschaft; 1938 Legationssekretär im Auswärtigen Amt; 1939 Legationsrat im persönlichen Stab des Reichsaußenministers; 1940 Legationsrat I. Klasse; 9. November 1940 SA-Standartenführer; Juli 1941 Gesandter I. Klasse als Ministerialdirigent im persönlichen Stab Ribbentrops; 31. März 1943 bis 8. Mai 1945 als Nachfolger Ernst v. Weizsäckers Staatssekretär im Auswärtigen Amt. Im April 1949 wurde er wegen Beteiligung an Kriegsverbrechen und Verbrechen gegen die Menschlichkeit – die billigende bürokratische Mitwirkung an → Deportationen von Juden aus den besetzten Gebieten nach → Auschwitz – im Wilhelmstraßenprozess (→ Nürnberger Prozesse) zu 7 Jahren Haft verurteilt, jedoch schon am 12. Dezember 1949 wegen guter Führung vorzeitig aus der Haft entlassen.

Steimle, Eugen (1909–1987), SS-Einsatzkommandoführer; Studium der Geschichte, Germanistik und Romanistik; seit 1936 verschiedene Tätigkeiten für den SD. September bis Dezember 1941 Führer des Einsatzkommandos 7a der → Einsatzgruppe B bei der 9. Armee; 24. Juli 1942 bis 15. Januar 1943 Führer des Einsatzkommandos 4a der Einsatzgruppe C bei der 2. und 6. Armee. In diesen Positionen verantwortlich für die Ermordung Tausender jüdischer Zivilisten. Seit Februar 1943 Tätigkeit im → Reichssicherheitshauptamt. Im Nürnberger Einsatzgruppenprozess (→ Nürnberger Prozesse) zunächst zum Tode verurteilt, wurde S.s Strafe auf 20 Jahren Haft reduziert. 1954 wurde er vorzeitig entlassen. Anschließend arbeitete er als Geschichtslehrer an Privatgymnasien in Baden-Württemberg.

Streckenbach, Bruno (1902–1977), Einsatzgruppenführer, Befehlshaber der Sicherheitspolizei und des SD (BdS) im Generalgouvernement; 1930 Eintritt in die NSDAP und die SA, 1931 Wechsel zur → SS. September 1933 Chef der Gestapo in Hamburg; seit Dezember 1938 verschiedene Tätigkeiten beim SD. 1939 Chef der → Einsatzgruppe I in → Polen, BdS für das → Generalgouvernement. Januar 1941 Chef des Amtes I (Personal) im → Reichssicherheitshauptamt. Im Dezember 1942 auf eigenen Wunsch zur Waffen-SS versetzt. 1952 in Moskau wegen Kriegsverbrechen zu 25 Jahren Arbeitslager verurteilt, 1955 in die Bundesrepublik Deutschland entlassen. Gegen S. eingeleitete Verfahren wurden 1976 wegen dauernder Verhandlungsunfähigkeit eingestellt.

Streicher, Julius (1885–1946), Gauleiter; Volksschullehrer; 1918 Mitglied des Deutschvölkischen Schutz- und Trutzbundes und Betätigung als antisemitischer Hetzredner. Im Januar 1920 Eintritt in die antisemitische Deutschsoziale Partei (DSP). Oktober 1922 Übertritt mit 2000 Mitgliedern der DSP in die NSDAP. 16. April 1923 bis 1945 Herausgeber der antisemitischen und polit-pornographischen Wochenzeitung → Der Stürmer. Am 2. April 1925 Gauleiter aller fränkischen Regierungsbezirke. Seit 28. März 1933 Leiter des «Zentralkomitees zur Abwehr der jüdischen Greuel- und Boykotthetze», das die antijüdischen Boykottmaßnahmen vom 1. April 1934 koordinierte. Das von S. 1938 im Stürmer-Verlag herausgegebene antisemitische Bilderbuch «Der Giftpilz» sollte bereits Schulanfänger zum Hass auf die Juden erziehen. Wegen → Korruption und anderen Vorwürfen am 13. Februar 1940 von Hitler seiner Ämter enthoben, jedoch weiterhin Herausgeber des Stürmer und Beibehaltung des Titels Gauleiter. Am 16. Oktober 1946 wurde S. in Nürnberg wegen Verbrechen gegen die Menschlichkeit hingerichtet (→ Nürnberger Prozesse). S. war ein prominenter Prototyp des primitivsten und zugleich unbarmherzigsten → Antisemitismus im Dritten Reich.

Stroop, Jürgen (1895–1952), Höherer SS- und Polizeiführer (HSSPF); 1932 Eintritt in die NSDAP und die → SS; 1934 Beförderung zum SS-Hauptsturmführer, 1939 zum SS-Oberführer und Obersten der → Polizei. 1942 SS- und Polizeiführer (SSPF) Lemberg. Vom 19. April bis 16. Mai 1943 war S. verantwortlich für die Niederschlagung des Aufstandes im → Ghetto von → Warschau. Bis September 1943 SSPF Warschau; September bis November 1943 HSSPF → Griechenland; November 1943–1945 HSSPF Rhein. Von einem amerikanischen Militärgericht am 21. März 1947 wegen der Erschießung von Kriegsgefangenen zum Tode verurteilt (→ Nachkriegsprozesse), wurde S. anschließend an Polen ausgeliefert, wo der «Henker von Warschau» nach seiner Verurteilung vom 8. September 1951 am 6. März 1952 gehenkt wurde.

Stroop-Bericht. Unter dem Titel «Es gibt keinen jüdischen Wohnbezirk in Warschau mehr!» ließ SS-Gruppenführer und Generalmajor der Polizei Jürgen Stroop (1895–1952), beauftragt mit der Niederschlagung des Ghetto-Aufstandes in → Warschau (19. 4.-16. 5. 1943) und der Liquidierung des Ghettos, einen Gesamtbericht über den Verlauf dieser «Großaktion» anfertigen. Grundlage des S. sind die täglich an den Höheren SS- und Polizeiführer Krüger nach Krakau telegrafierten Rapporte über den Fortgang der Kämpfe. Im letzten Tagesbericht vom 16. Mai 1943 wird festgehalten, dass von den 56065 gefangen genommenen Juden 13929 umgebracht worden und 5000–6000 durch Bomben und Brände umgekommen waren. Der wie ein Familienalbum anmutende, nur in 3 Exemplaren (eines war für den Reichsführer SS Himmler bestimmt) hergestellte S. besteht 1. aus einem Berichtsteil (mit Namenslisten der deutschen Verwundeten und einer Liste der beteiligten Einheiten), 2. aus 32 detaillierten täglichen Meldungen nach Krakau und 3. aus einer Serie von 54 Fotografien. Im Berichtsteil werden die Errichtung des Warschauer Ghettos, die «Umsiedlungsaktionen» vom Sommer und Herbst 1942 mit mehr als 310000 und vom Januar 1943 mit etwa 6000 Juden referiert und die Niederschlagung des Aufstandes, die Zahl der Opfer und das Schicksal eines Teils der Überlebenden geschildert. Aus der Reihe der Fotografien, mit zynischen handschriftlichen Bildunterschriften versehen, gehört das Bild des verängstigten Jungen mit erhobenen Händen zu den berühmtesten Bilddokumenten des 20. Jahrhunderts.

Beate Kosmala

Lit.: Kazimierz Moczarski, Gespräche mit dem Henker, Düsseldorf 1981. – Andrzej Wirt (Hrsg.), «Es gibt keinen jüdischen Wohnbezirk in Warschau mehr», Neuwied 1960.

Stuckart, Wilhelm (1902–1953), Staatssekretär; Jurastudium; im Dezember 1922 Eintritt in die NSDAP; seit 1926 Rechtsberater der Partei. Ab Juni 1933 Staatssekretär im preußischen Kultusministerium; seit März 1935 als Staatssekretär im Reichsministerium des Innern (RMdI) zuständig für Verfassung und Gesetzgebung. In dieser Eigenschaft Beteiligung an der Formulierung der → Nürnberger Gesetze und zusammen mit Hans Globke 1936 Verfasser des Kommentars zur deutschen Rassengesetzgebung. 1936 Eintritt in die → SS. Am 20. Januar 1942 Vertreter des RMdI bei der → Wannsee-Konferenz. Januar 1942 SS-Gruppenführer; Januar 1944 SS-Obergruppenführer. Als Angeklagter im Nürnberger Wilhelmstraßenprozess (→ Nürnberger Prozesse) am 11. April 1949 wegen Mangels an Beweisen lediglich zu vier Jahren Haft verurteilt, die als bereits verbüßt galten. Später Tätigkeit im Block der Heimatvertriebenen und Entrechteten (BHE); zuletzt Geschäftsführer des Instituts zur Förderung der niedersächsischen Wirtschaft.

Stürmer, Der. Die pathologischen Vorstellungen im nationalsozialistischen Weltbild, die in der bösartigen Karikatur des Juden, in Phantasien von der jüdischen Weltverschwörung gipfelten (und sie mit der von vielen als existenzbedrohend empfundenen Gefahr des Bolschewismus verknüpften), trafen auf verbreitete Ängste im Publikum, die mit jeder Art von Propaganda geschürt wurden. Julius Streicher, Volksschullehrer und seit 1918 völkischer Hetzer und antisemitischer Agitator, hatte im April 1923 in Nürnberg das Wochenblatt S. gegründet. Die Zeitschrift war Forum eines Antisemitismus, der an die primitivsten Instinkte appellierte. Als Motto diente seit 1927, wöchentlich als Fußleiste im Blatt erscheinend, das Zitat des Historikers Treitschke «Die Juden sind unser Unglück». Mit pornographischen Mitteln wurden im S. alle judenfeindlichen Klischees, die es seit dem Mittelalter gibt, inszeniert, Gräuelgeschichten über Ritualmorde oder geschändete christliche Jungfrauen gedruckt und gegen das Schlachten von Tieren nach jüdischem Ritus gehetzt. Zu den Methoden gehörten die Aufforderung zur Denunziation von «Judenfreunden» und deren öffentliche Anprangerung sowie grobschlächtige und obszöne Karikaturen, mit denen schlichte Gemüter beeindruckt wurden. Das Blatt hatte 1933 eine Auflage von 20000 Exemplaren, die sich bis 1944 auf fast 400000 steigerte. Die Wirkung beruhte auch auf den «Stürmerkästen», in denen überall in Deutschland an besuchten Plätzen die aktuelle Ausgabe ausgehängt war.

Wolfgang Benz

Lit.: Randall L. Bytwerk, Julius Streicher, Briarcliff Manor 1983. – Hermann Froschauer, Renate Geyer, Quellen des Hasses – Aus dem Archiv des «Stürmer» 1933–1945. Eine Ausstellung des Stadtarchivs Nürnberg, Nürnberg 1988. – Dennis E. Showalter, Little Man, What Now? Der Stürmer in the Weimar Republic, Hamden 1982.

Struthof (KZ) s. Natzweiler-Struthof

Stutthof (KZ). Unmittelbar nach Kriegsbeginn als Provisorium östlich von Danzig an der Weichsel-Mündung gegründet, unterstand S. zunächst als Zivilgefangenenlager, ab Oktober 1941 als Arbeitserziehungslager der regionalen SS mit SS-Sturmbannführer Max Pauly als Kommandant. Bis Ende 1940 durchliefen im Rahmen der angestrebten «Eindeutschung» und «politischen Säuberung» des Gebiets mehr als 10000 zumeist männliche Zivilgefangene das Lager. Die Existenzbedingungen der Gefangenen – in erster Linie polnische Christen, die der geistigen Führungsschicht oder anderen unliebsamen Gruppen zugerechnet wurden, und Juden – waren katastrophal, Todesfälle und Hinrichtungen schon in dieser Phase an der Tagesordnung. Himmler, der anfangs nicht geneigt war, die ohne seine Autorisierung von ehrgeizigen SS-Führern in den Grenzregionen des Reiches errichteten Lager als Dauererscheinungen zu akzeptieren, unterstellte S. zum November 1941 der Inspektion der → Konzentrationslager; ab Februar 1942 firmierte S. als staatliches KZ. Ab Sommer 1944 wurde S. zum Zielort und Umschlagplatz für Evakuierungstransporte aus den KZ im Baltikum. Von den bis Kriegsende etwa 115000 Gefangenen in S. und seinen zahlreichen Außenlagern überlebten etwa 50000, in ihrer Mehrheit Frauen; ein Großteil von ihnen starb Anfang 1945 auf den Todesmärschen ins Reichsgebiet an den Misshandlungen durch das Wachpersonal, an Unterernährung oder an Krankheit.

Jürgen Matthäus

Lit.: Hermann Kuhn (Hrsg.), Stutthof. Ein Konzentrationslager vor den Toren Danzigs, Bremen 1995. – Gabriele Lotfi, SS-Sonderlager im nationalsozialistischen Terrorsystem: Die Entstehung von Hinzert, Stutthof und Soldau, in: Norbert Frei, Sybille Steinbacher, Bernd C. Wagner (Hrsg.), Ausbeutung, Vernichtung, Öffentlichkeit. Neue Studien zur nationalsozialistischen Lagerpolitik, München 2002, S. 209–229.

Sugihara, Sempo (1900–1986), japanischer Generalkonsul in → Kaunas (→ Litauen), der 1940 gegen die Anweisung Tokios für ca. 2000 jüdische Flüchtlinge aus → Polen Transitvisa über die UdSSR und Japan auf die unter niederländischer Flagge stehende Insel Curaçao ausstellte, für die keine Einreiseerlaubnis erforderlich war (→ Rettung). S. wurde nach → Rumänien strafversetzt und nach seiner Rückkehr nach Tokio 1947 seines Postens enthoben. Nach dem Krieg wurde er von der japanischen Regierung auf Drängen Israels rehabilitiert. 1984 wurde S. von der Gedenkstätte Yad Vashem der Titel «Gerechter unter den Völkern», die höchste Auszeichnung, die der Staat Israel an Nichtjuden zu vergeben hat, verliehen.

Szálasi, Ferenc (1897–1946), Führer der Pfeilkreuzler-Partei, ungarischer Ministerpräsident; seit 1925 Dienst im ungarischen Generalstab; in den 30er Jahren Mitglied verschiedener rechtsextremer ungarischer Parteien; 1938–1940 Gefängnishaft wegen regierungsfeindlicher Aktivitäten. 1937 gründete S. die antisemitisch-faschistische Pfeilkreuzler-Partei. Nach dem Sturz Miklós Horthys am 16. Oktober 1944 mit deutscher Unterstützung Ministerpräsident → Ungarns. Unter S. waren die Juden Budapests der Terrorherrschaft der Pfeilkreuzler ausgesetzt. Am 12. März 1946 wurde er in Budapest hingerichtet.

Tenenbaum, Mordechaj [Tamaroff, M.] (1916–1943), Mitglied der jüdischen Untergrundbewegungen in → Wilna, → Warschau und Białystok, Kommandeur des Untergrundes beim Aufstand im → Ghetto von → Bialystok; 1936 Student am Warschauer Orientinstitut; nach dem Fall Warschaus im September 1939 Flucht nach Wilna. Seit Anfang Januar 1942 Teilnahme an Untergrundaktivitäten in Wilna; ab März 1942 in Warschau, Mitbegründung des Antifaschistischen Blocks und der Widerstandsbewegung Żydowska Organizacja Bojowa (ŻOB). Seit November 1942 befand sich T. auf Beschluss der ŻOB in Ghetto von Bialystok, wo er mit Unterstützung von Efraim Barasz den Widerstand (→ Jüdischer Widerstand) aufbaute und ein Archiv des Untergrunds einrichtete, dessen größter Teil heute in Yad Vashem liegt. Am 17. August 1943 begann unter T.s Kommando der Aufstand im Ghetto von Bialystok. Die näheren Umstände seines Todes sind ungeklärt.

Thadden, Eberhard von (1909–1964), Referatsgruppenleiter im Auswärtigen Amt; Jurastudium; seit 1927 Betätigung in der DNVP; 1. Mai 1933 Eintritt in die NSDAP, September 1936 in die → SS; seit Mai 1933 Mitarbeiter im Auswärtigen Amt. April 1943 bis Kriegsende als Nachfolger Franz Rademachers Leiter des Judenreferats (umbenannt in Inland II A), auch zuständig für die Verbindung zu Himmler und den verschiedenen SS-Dienststellen. In dieser Position war T. an der Organisation der → Deportation der Juden aus ganz Europa beteiligt. T. kam 1964 bei einem Autounfall ums Leben; ein Strafverfahren beim Landgericht Essen wegen Beihilfe zum Mord konnte nicht mehr verfolgt werden.

Theresienstadt. Ab Juli 1942 war die nordböhmische Festungsstadt (die zunächst seit November 1941 als Internierungslager für insgesamt 53 272 Juden aus Böhmen und Mähren diente) Deportationsziel für «privilegierte» Juden aus dem → Deutschen Reich: Über 65jährige, Gebrechliche, dekorierte Weltkriegsteilnehmer, Prominente, Künstler und Wissenschaftler sollten im «Altersghetto» T. Betreuung und Pflege finden. Dafür mussten sie in «Heimeinkaufsverträgen» ihre Vermögenswerte abtreten. Tatsächlich unterschieden sich die Lebensbedingungen in den überbelegten Kasernen in T. kaum von denen im → Konzentrationslager. Das Lager unterstand ebenso wie die zu T. gehörende «kleine Festung», die der Gestapo als Haftort für tschechische Widerstandskämpfer u. a. diente, dem Befehlshaber der Sicherheitspolizei und des SD in Prag, Kommandanten waren die SS-Offiziere Siegfried Seidl (Dezember 1941 bis Juni 1943), Anton Burger (Juli 1943 bis Februar 1944), Karl Rahm (Februar 1944 bis Mai 1945). Die äußere Bewachung erfolgte durch tschechische Gendarmen. Im Inneren bestand eine «Selbstverwaltung» unter den Judenältesten Jakob Edelstein (Dezember 1941 bis Januar 1943), Paul Eppstein (Januar 1943 bis September 1944) und Benjamin Murmelstein (September 1944 bis Mai 1945). Wie die Dekorationen für den Besuch einer Delegation des Internationalen Roten Kreuzes (23.7. 1944) und der Propagandafilm vom Sommer 1944 (nicht authentischer Titel: «Der Führer schenkt den Juden eine Stadt») beruhte T. auf Betrug und Täuschung. Das Lager diente als Station für die Deportation in → Vernichtungslager (ab Oktober 1942 ausschließlich nach → Auschwitz). Insgesamt wurden 141 000 Juden nach T. deportiert, davon 75 000 aus der Tschechoslowakei, 42 345 aus Deutschland, 15 324 aus Österreich, 4897 aus den Niederlanden, 1270 aus Polen, 1074 aus Ungarn, 466 aus Dänemark. Gestorben sind in T. etwa 33 500 Menschen, in Vernichtungslager deportiert wurden ca. 88 000. Insgesamt sind 118 000 Opfer zu beklagen, 23 000 wurden gerettet. Am 8. Mai 1945 wurde T. durch die Rote Armee befreit.

Wolfgang Benz

Lit.: H. G. Adler, Theresienstadt 1941–1945. Das Antlitz einer Zwangsgemeinschaft, Tübingen 1955. – Miroslav Karny, Vojtech Blodig, Margita Karna (Hrsg.), Theresienstadt in der Endlösung der Judenfrage, Prag 1992. – Theresienstädter Studien und Dokumente, hrsg. von Miroslav Karny u. a. 1994 ff.

Thierack, Otto Georg (1889–1946), Präsident des Volksgerichtshofs, Reichsjustizminister; Studium der Rechtswissenschaft; 1. August 1932 Eintritt in die NSDAP, 12. Mai 1933 bis 31. März 1935 Staatsminister der Justiz in Sachsen; 1934 Eintritt in die SA. Seit 1. Mai 1936 Präsident des Volksgerichtshofes. 20. August 1942 bis 30. April 1945 Reichsjustizminister, Präsident der Akademie für Deutsches Recht, Leiter des Rechtsamtes der NSDAP und des NS-Rechtswahrerbundes. Sowohl als Volksgerichtshof-Präsident als auch als Reichsjustizminister war T. bestrebt, die Justiz in ein willfähriges nationalsozialistisches Herrschaftsinstrument umzuwandeln, was ihm auch weitgehend gelang. Am 18. September 1942 vereinbarte er mit Himmler die Abtretung der Zuständigkeit der Justiz für die Strafverfolgung von «Fremdvölkischen» sowie die Auslieferung «asozialer Elemente» an die → Polizei zur → Vernichtung durch Arbeit. Einer Anklage im Nürnberger Juristenprozess (→ Nürnberger Prozesse) entzog sich T. am 22. November 1946 durch Selbstmord.

Thomas, Max (1891–1945), Einsatzgruppenführer, Befehlshaber der Sicherheitspolizei und des SD (BdS), Höherer SS- und Polizeiführer (HSSPF); Jura- und Medizinstudium; Facharzt für Psychiatrie; ehrenamtliche Tätigkeiten für den SD; 1939 Leitung des SD-Oberabschnitts Rhein. Oktober 1941 bis 28. August 1943 Führer der → Einsatzgruppe C, in dieser Eigenschaft verantwortlich für die Ermordung Zehntausender Juden u. a. in → Gaswagen. März 1942 BdS in Kiew, mitverantwortlich für die Auflösung der → Ghettos in der → Ukraine; seit August 1943 HSSPF Schwarzes Meer. T. beging im Dezember 1945 Selbstmord.

Tiso, Josef (1887–1947), katholischer Priester, slowakischer Staatspräsident; 1911 Promotion in Philosophie; 1927–1929 Gesundheitsminister in der Tschechoslowakei; seit 1938 Parteivorsitzender der separatistischen Slowakischen Volkspartei. Nach dem Münchener Abkommen (29./30. September 1938) Ministerpräsident (seit Oktober 1939 Staatspräsident) der → Slowakei, die er zum Verbündeten Deutschlands machte. T., ein überzeugter Antisemit, wollte die slowakischen Juden zwar nicht ermorden lassen, legte aber der nationalsozialistischen Judenvernichtungspolitik, trotz mehrerer Proteste des Vatikans (→ Kirche), keinerlei Hindernisse in den Weg und blieb bis Kriegsende ein getreuer Vasall Hitlers. Am 18. April 1947 wurde T. in Preßburg (Bratislava) hingerichtet.

Todesmärsche. Mit der Räumung der → Konzentrations- und → Vernichtungslager verbundene Märsche von Häftlingen in den letzten Kriegsmonaten, die Zehntausende Opfer kosteten. Der von den Häftlingen geprägte Begriff T. markiert die letzte und eine der schrecklichsten Phasen des Lagersystems. Auf tagelangen Fußmärschen, zum Teil in offenen Güterwaggons und auf Schiffen, wurden die Häftlinge vor den heranrückenden Alliierten über Hunderte von Kilometern ins Landesinnere «evakuiert». Gefangene, die vor Erschöpfung nicht mehr weiter konnten, wurden am Straßenrand von den Bewachern erschossen oder erschlagen. Die Routen der T. waren gesäumt von notdürftig verscharrten Leichnamen. Irrtümlicherweise beschossen auch alliierte Tiefflieger einzelne Züge und Schiffe, da sie diese für Truppentransporte hielten.

Die Räumung der Konzentrationslager vollzog sich zeitlich in drei Phasen, die gekennzeichnet waren vom Fehlen stringenter Planungen und eindeutiger Befehlsstrukturen für die Bewacher, von zunehmender Brutalisierung der Räumungen und immer größere Opferzahlen. Himmler hatte die Entscheidungsgewalt für die Behandlung der Häftlinge im Falle einer Räumung an die jeweiligen Lagerkommandanten delegiert. Somit waren die Bedingungen auf den T. und die Behandlung der Häftlinge sehr stark von den örtlichen Gegebenheiten abhängig. In die erste Phase der T bis zum Frühherbst 1944 fällt die Räumung der beiden im Westen befindlichen Konzentrationslager → ’s Hertogenbosch-Vught in Holland und → Natzweiler im Elsass sowie des KZ → Majdanek in Polen. Einer der ersten T. folgte am 28. 7. 1944 der Auflösung des KZ für jüdische Gefangene in → Warschau. Von den 3600 Häftlingen überlebten 1000 den über 100km langen Marsch nach Kutno nicht. Obwohl die Lagerauflösungen in der ersten Phase noch relativ kontrolliert durchgeführt wurden, waren auch zu diesem frühen Zeitraum die Opferzahlen horrend.

Ab Januar 1945 begann die zweite Phase der T. Das Zusammenbrechen der deutschen Fronten im Osten forcierte den Exodus der Häftlinge aus den Konzentrations- und Vernichtungslagern. 60 000 Häftlinge des KZ → Auschwitz wurden in verschiedene frontfernere Lager getrieben. Die Konzentrationslager → Groß-Rosen mit 40 000 Häftlingen und → Stutthof und seine Nebenlager mit fast 50 000 Gefangenen wurden Ende Januar ebenfalls geräumt. Aufgrund des raschen Vorrückens der Alliierten verschärften sich die Bedingungen für die Häftlinge rapide. Auch Häftlinge, die in Güterwaggons «evakuiert» wurden, starben zu Tausenden während der tagelangen Transporte in der eisigen Kälte und ohne Nahrung. Die Lager im Inneren des → Deutschen Reiches waren durch die ankommenden Häftlinge vollkommen überbelegt. Die letzte Phase der Lagerräumungen lässt sich ab April 1945 datieren, als alle Konzentrations- und Nebenlager im Reichsinneren geräumt wurden. Die von der Front noch am weitesten entfernten Lager dienten jeweils als Auffangstation für die gerade aufgelösten. Die Lagerkomplexe → Buchenwald, → Flossenbürg, → Dachau und → Mauthausen, die vor der Ankunft der heranrückenden amerikanischen Armeen geräumt werden sollten, wurden über die sog. Südroute in Richtung Tirol «evakuiert». Aufgrund der Großoffensive der Roten Armee und des raschen Vordringens der britischen Einheiten wurden die Kolonnen mit Häftlingen aus → Sachsenhausen, → Ravensbrück und → Neuengamme auf der Nordroute nach Schleswig-Holstein getrieben. Die T. endeten erst mit der bedingungslosen Kapitulation des Deutschen Reiches am 8. Mai 1945. Die Opfer der T. waren vor allem unter denjenigen Häftlingsgruppen zu verzeichnen, die schon in den Lagern am untersten Ende der Gefangenenhierarchie gestanden hatten – jüdische und osteuropäische Häftlinge. Neueste Forschungen gehen davon aus, dass von den über 700 000 Häftlingen, die sich im Januar 1945 im System der Konzentrationslager befanden, bis zu 300 000 bei den T. ums Leben kamen.

Jörg Skriebeleit

Lit.: Daniel Blatman, Die Todesmärsche – Entscheidungsträger, Mörder und Opfer, in: Ulrich Herbert, Karin Orth, Christoph Dieckmann (Hrsg.), Die nationalsozialistischen Konzentrationslager – Entwicklung und Struktur, Band II, Göttingen 1998. – Karin Orth, Das System der Konzentrationslager. Eine politische Organisationsgeschichte, Hamburg 1999. – Jürgen Zarusky, Von Dachau nach nirgendwo. Der Todesmarsch der KZ-Häftlinge im April 1945, in: Bayerische Landeszentrale für politische Bildungsarbeit (Hrsg.): Spuren des Nationalsozialismus. Gedenkstättenarbeit in Bayern, München 2000.

Transnistrien. Aufgrund der Beteiligung am Überfall auf die → Sowjetunion erhielt → Rumänien im August 1941 einen Landstrich der südlichen → Ukraine zwischen den Flüssen Dnjestr und Bug, der T. genannt wurde. Durch die deutsch-rumänische Vereinbarung von Tighina (30. August 1941) wurde dieses Gebiet zwischen 1941 und 1944 der rumänischen Verwaltung unterstellt. Der rumänische Staatsführer General Ion Antonescu setzte den Juristen Gheorghe Alexianu als Gouverneur ein. Unter seiner Leitung entstanden in T. zahlreiche → Ghettos und → Konzentrationslager. Zwischen 1941 und 1944 wurde T. zu einem Massengrab vieler dorthin deportierter Juden, Roma, Ukrainer und Angehöriger einiger religiöser Gemeinschaften. Die Lage der Deportierten war gekennzeichnet von Entbehrungen, Seuchen, Misshandlungen, → Zwangsarbeit und willkürlichen Exekutionen, die bis 1943 zum Alltag gehörten.

Ab September 1941 bis Ende 1942 wurden etwa 150000 Juden aus dem Norden Rumäniens (→ Bukowina, → Bessarabien und dem Dorohoi Gebiet) nach T. deportiert, von denen nur etwa ein Drittel das Jahr 1943 überlebte. Im Oktober 1941 ließ die rumänische Militärverwaltung etwa 20000 jüdische Bürger von → Odessa erschießen, die restliche jüdische Bevölkerung wurde in den Bezirk Golta deportiert. Der Großteil dieser Menschen wurde von rumänischen Gendarmen erschossen. Zwischen Juni und Oktober 1942 wurden 25000–30000 Roma aus Rumänien nach T. deportiert, von denen Schätzungen zufolge 1500 bis max. 6000 Personen überlebt haben. Darüber hinaus wurden zwischen 1941 und 1943 etwa 175000 Juden, die auf transnistrischem Gebiet lebten, ermordet. An den zahlreichen willkürlichen Ermordungen und den Massenexekutionen waren sowohl rumänische und deutsche Einheiten, wie auch volksdeutsche und ukrainische Milizen beteiligt. Nachdem die Rote Armee im März 1944 T. erobert hatte, konnten die Überlebenden die Ghettos und Konzentrationslager verlassen. Die sowjetische Verwaltung teilte T. zwischen der Ukraine und der Moldaurepublik auf.

Brigitte Mihok

Lit.: Jean Ancel, Transnistria, Bucuresti 1998. – Mariana Hausleitner, Brigitte Mihok, Juliane Wetzel (Hrsg.), Rumänien und der Holocaust. Zu den Massenverbrechen in Transnistrien 1941–1944, Berlin 2000.

Trawniki. Im okkupierten Ostpolen, südöstlich von Lublin gelegene Ortschaft, in der vermutlich nur für wenige Monate ein kleines → Ghetto existierte. Im März 1942 wurde es liquidiert. Nicht weit entfernt, von Wäldern umgeben, über eine Straße und ein Bahngleis erreichbar, wurde ein Doppel-Lager aufgebaut, das als Zwangsarbeitslager und als Ausbildungslager der → SS fungierte. Das Arbeitslager – auf dem Gelände einer Zuckerfabrik errichtet – unterstand zunächst dem SS- und Polizeiführer im Distrikt Lublin, Odilo Globocnik, dann dem → SS-Wirtschaftsverwaltungshauptamt in Berlin. Etwa 20000 jüdische Häftlinge durchliefen das Baracken-Lager. Sie kamen aus den → Niederlanden und aus dem → Deutschen Reich, aus → Polen und der → Sowjetunion. Die meisten waren aus den großen Ghettos von → Warschau, → Białystok und → Minsk zum Arbeitseinsatz in T. «umgesiedelt» worden. Die → Zwangsarbeit konzentrierte sich nicht nur auf die Sammlung und Verwertung von «Judennachlässen» sondern auch, und vor allem, auf umfangreiche Wehrmachtsaufträge, die in den Betrieben der Bürsten-, Textil- und Pelzverarbeitung erfüllt werden mussten. Bei der Rekrutierung und Ausbeutung der Zwangsarbeiter trat vor allem die Fa. Schultz hervor.

Im angrenzenden Ausbildungslager wurden ab Sommer 1941 Angehörige der → Schutzmannschaften zum Mord erzogen – in Theorie und Praxis. Als einheimische «Hilfspolizisten» gehörten sie den «fremdländischen Einheiten» an. Sie rekrutierten sich in erster Linie aus Ukrainern und «Volksdeutschen», aber auch aus Esten, Letten und Litauern. 4000–5000 «Trawnikis» oder «Trawniki-Männer», auch «Asaris» genannt, absolvierten die mehrmonatige Ausbildung, wobei sie einer strengen Disziplin unterworfen waren. Als geschultes Fußvolk des Völkermordes wurden sie nicht nur zum → «Partisanen- und Bandenkampf» oder zur Niederschlagung des Ghetto-Aufstandes in → Warschau, sondern auch

zu den großen «Judenaktionen» herangezogen, die im Jahre 1942/1943 im Rahmen der → Aktion Reinhardt das polnische Judentum auslöschten.
Am 3. November 1943 wurde T. im Zuge der → Aktion Erntefest liquidiert – zusammen mit den anderen Lagern im Distrikt Lublin. Etwa 8000–10 000 Juden fielen dem Massaker zum Opfer, das – an nahegelegenen Gruben ausgeführt – mehrere Stunden dauerte. Die Exekutions-Kommandos erhielten die begehrten Sonderrationen an Schnaps und Zigaretten. Laute Musik aus Lautsprechern sollte das Schreien der Opfer übertönen. Einigen Juden gelang es zu fliehen. Eine andere, kleine Gruppe wurde noch am Leben gelassen, um die Spuren der Verbrechen zu verwischen.

Konrad Kwiet

Lit.: Helge Grabitz, Wolfgang Scheffler, Letzte Spuren, Ghetto Warschau SS-Arbeitslager Trawniki. Aktion Erntefest, Berlin 1988.

Treblinka. → Vernichtungslager im nordöstlichen Teil des → Generalgouvernements, errichtet unweit der Bahnstrecke Warschau-Białystok, lag 4 km vom gleichnamigen Dorf entfernt. T. wurde aufgrund seiner Abgeschiedenheit und seiner Bahnanbindung als Ort für das dritte Lager der → Aktion Reinhardt ausgesucht. Es war bezüglich der Tarnung und des Vernichtungsbetriebes bald das «perfekteste». Das Lager wurde im Mai/Juni 1942 von jüdischen Zwangsarbeitern aus benachbarten Städten und Häftlingen des seit Frühjahr 1941 bestehenden Straflager T. I erbaut. Mit dem Eintreffen des ersten Transportes aus dem → Warschauer Ghetto am 23. 7. 1942 war das Lager «funktionsfähig». T. umfasste eine Fläche von etwa 17ha auf einer bewaldeten Anhöhe und war von zwei Stacheldrahtzäunen umgeben. Es bestand aus drei voneinander getrennten Bereichen: dem Wohnlager, dem Auffanglager und dem Vernichtungsbereich. Anfangs gab es drei → Gaskammern. Nach der Reorganisation des Lagers im September 1942 durch den Kommandanten Franz Stangl existierten 10 Kammern, mit einer Vernichtungskapazität von 4000 Menschen pro Vergasung. Das deutsche und österreichische Lagerpersonal, 25–35 Männer mit Erfahrung im Massenmord aus der → Aktion T 4, wurde durch 100–120 → Trawniki-Männer, ehemals sowjetische Kriegsgefangene meist ukrainischer Herkunft,verstärkt.
T. wurde den Opfern als Durchgangslager vorgetäuscht. Vor ihrem Tode wurden die Menschen nach Geschlechtern getrennt, sie mussten sich nackt ausziehen, ihre persönliche Habe ablegen, sich die Haare schneiden lassen (Frauen) und wurden dann über einen eingezäunten und mit Zweigen getarnten Pfad, («Schlauch») in die als Duschräume getarnten Gaskammern getrieben. Nach 20–30 Minuten erfolgte der quallvolle Erstickungstod durch Kohlenmonoxid, das von Dieselmotoren erzeugt wurde. Die Massentötungen erfolgten bis August 1943. In den Gaskammern starben etwa 900 000 Menschen, vorwiegend waren es polnische Juden (95 %) aus dem → Warschauer Ghetto, den Distrikten Radom und Lublin und dem Bezirk Białystok, weiterhin Juden aus → Theresienstadt, der → Slowakei, → Griechenland und → Makedonien sowie mindestens 1000 → Sinti und Roma. Die Verbrennung der ursprünglich in Massengräbern verscharrten Leichen begann im Frühjahr 1943. In der Endphase des Lagers kam es zu einem bewaffneten Aufstand der «Arbeitsjuden», was die Auflösung

des Lagers beschleunigte.Über 60 Gefangenen gelang die Flucht. Die im Lager zurückgebliebenen und nicht sofort erschossenen Juden zwang man, die Lagergebäude abzureissen und alle Spuren zu beseitigen. Bis November 1943 war das Gelände eingeebnet und neu bepflanzt.

Wiesław Wysok

Lit.: Richard Glazar, Die Falle mit dem grünem Fall. Überleben in Treblinka, Frankfurt am Main 1992. – Eugen Kogon, Hermann Langbein, Adalbert Rückerl (Hrsg.), Nationalsozialistische Massentötungen durch Giftgas, Frankfurt am Main 1995.

Tschechoslowakei s. Protektorat Böhmen und Mähren, s. Slowakei

Turner, Harald (1891–1947), Leiter des Verwaltungsstabs der Militärverwaltung in Serbien; 1929 Finanzkommissar für das Versorgungswesen des Saarlandes; 1930 Eintritt in die NSDAP, 1932 in die → SS; 1933 Regierungspräsident in Koblenz; 1939 in der Verwaltung des → Generalgouvernements tätig; 1940 Chef des Militärverwaltungsbezirks Paris. Seit April 1941 Leitung des Verwaltungsstabs der Militärverwaltung in → Serbien. T. votierte für eine brutale Vergeltungspolitik gegenüber serbischen → Partisanen sowie die Ermordung von Juden, → Sinti und Roma. Aufgrund von Konflikten mit dem Militärbefehlshaber in Serbien musste er 1942 sein Amt aufgeben. 1947 wurde er in Jugoslawien als Kriegsverbrecher hingerichtet.

Uckermark s. Ravensbrück

Ukraine. Die U., die vom Westen bis zum Dnepr (Dnipro) aus Gebieten bestand, die bis zu den Teilungen → Polens zur Rzeczpospolita gehörten und zusammen mit den Ende des 18. Jahrhunderts durch Russland annektierten Gebieten des Chanats der Krim (Nordufer des Schwarzen Meeres, «Neurussland») einen wesentlichen Teil des Ansiedlungsrayons der Juden im Russländischen Reich bildete, besaß 1941 um 2000000 jüdische Einwohner, von denen etwa die Hälfte durch sowjetische Deportationen, Evakuierung und die Einberufung in die Rote Armee dem Zugriff der Deutschen entzogen werden konnte.

Mit dem Überfall auf die → Sowjetunion am 22. Juni 1941, an dem auch zwei kleine, von der Abwehr aufgestellte ukrainische Verbände teilnahmen, wurde auch die Judenvernichtung auf die U. ausgedehnt. Unmittelbar nach dem oft hastigen Abzug der Sowjets und häufig noch vor dem Eintreffen deutscher oder ungarischer Truppen kam es in zahlreichen Orten zu lokalen Ausschreitungen gegen die jüdischen Einwohner, als deren Urheber ukrainische Nationalisten auszumachen waren. Die → Einsatzgruppen C (im Norden) und D (entlang des Schwarzen Meeres) führten Massenerschießungen von Juden und angeblichen Kommunisten aus. Die Wehrmachtsführung bezeichnete den Angriff als einen ideologischen Krieg und vertrat die Auffassung, die Einhaltung der Regeln des Kriegsvölkerrechts sei nicht notwendig. Sie leistete ebenso wie ein Teil der Einheimischen den Einsatzgruppen Hilfe. Die Deutschen tolerierten die als «Selbstreinigungsbestrebungen» (Heydrich) bezeichneten Judenmorde der Einheimischen zunächst, so den mehrtägigen sog. Petljura-Pogrom in Lemberg Ende Juli 1941 und andere pogromartige Mordaktionen, zu denen sie auch die Einheimischen ermunterten. Die Gleichsetzung von Juden und Bolschewisten war seit 1926 ein Axiom des ukrainischen Nationalismus und wirkte sich nun, von den Deutschen unterstützt, schrecklich aus. Als Reaktion auf Sabotageakte sowjetischer → Partisanen wurden am 29./30. September 1941 die Kiewer Juden zum Schein zur Umsiedlung aufgerufen, stattdessen jedoch im Tal → Babij Jar ermordet.

Entgegen den Erwartungen der ukrainischen Nationalisten reagierten die Deutschen nach der Ausrufung eines ukrainischen Staates in Lemberg (L'viv) am 30. Juni 1941 mit der Verhaftung der Führungsspitze der Bandera-Fraktion der mit ihnen zusammenarbeitenden Organisation Ukrainischer Nationalisten (OUN). Die OUN hatte jedoch weiterhin die Möglichkeit, ihre Repräsentanten in den auf lokaler und Kreis(Rayon-)Ebene entstehenden einheimischen Verwaltungen unterzubringen. Auch die durch die Mel'nyk-Fraktion der OUN im Oktober 1941 eingesetzte ukrainische Landesverwaltung in Kiew wurde Ende des Jahres aufgelöst. Ihre Führer wurden zum Teil erschossen bzw. in → Konzentrationslager eingeliefert. Auf lokaler und Rayon-(Kreis-)Ebene arbeiteten Einheimische (Ukrainer, aber auch Russen und «Volksdeutsche») jedoch weiterhin mit der Okkupationsmacht zusammen und bildeten dem Militär und der Polizei angeschlossene Hilfsverbände (Milizen, → Schutzmannschaften, Wachmannschaften etc.), die sich an der Verfolgung und Ermordung der Juden beteiligten. Teilweise wurden die in der U. aufgestellten Einheiten auch in → Weißrussland zur Partisanenbekämpfung und bei der Liquidierung der → Ghettos eingesetzt. Von Ende 1942 an wurden aus den Distrikten des Generalgouvernements Galizien und Lublin Ukrainer für die Ausbildung zu SS-Wachmannschaften nach → Trawniki eingezogen, die dann als KZ- und Vernichtungslager-Bewacher sowie zur Niederschlagung des Ghetto-Aufstands in → Warschau 1943 eingesetzt wurden. Auf der Basis von Freiwilligenmeldungen entstand zudem 1943 die 14. Waffengrenadierdivision der SS «Galizien», die 1945 in 1. Division der Ukrainischen Nationalarmee umbenannt wurde.

Zum heutigen Staatsgebiet der U. gehörten die folgenden okkupierten Territorien: Das bis 1918 österreichische Ostgalizien wurde als Distrikt Galizien dem → Generalgouvernement angeschlossen. Hier fand eine Ghettoisierung der Juden statt, wobei die Ghettobewohner jedoch bis auf einen kleineren Anteil in Arbeitslagern bald vorwiegend in die → Vernichtungslager → Sobibor und → Belzec deportiert wurden. Aus Wolhynien-Podolien, später konsekutiv aus den eroberten Gebieten bis östlich des Dnepr (Dnipro), wurde das Reichskommissariat U. (RKU) mit dem Sitz in Rowno (Rivne) gebildet, das formal dem Reichsminister für die besetzten Ostgebiete Rosenberg unterstand, tatsächlich jedoch von dem Reichskommissar und gleichzeitigen ostpreußischen Gauleiter Erich Koch – unter brutaler Ausbeutung – verwaltet wurde. Wie in den östlich davon unter Militärverwaltung verbliebenen Gebieten wurden die Juden im RKU zumeist im ersten Besatzungsjahr durch Erschießungskommandos ermordet. Danach versuchten vor allem die Schutzmannschaften versteckte Juden aufzuspüren. Die → Bukowina, → Bessarabien und das Gebiet zwischen Dnestr und Südlichem Bug (→ Transnistrien) wurden → Rumänien angeschlossen. 1941 kam es auch hier zu Massenmorden (wie in → Odessa), danach blieben jedoch Ghettos bis zur Befreiung durch die Rote Armee bestehen, so dass trotz grauenhafter Lebensbedingungen ein Teil der Juden überlebte. Die Juden der bereits am 16. März 1939 von Ungarn annektierten Karpatho-Ukraine wurden wie die anderen außerhalb Budapests lebenden ungarischen Juden 1944 zum größten Teil zur Vernichtung nach → Auschwitz deportiert.

Da viele Ukrainer der ukrainisch-nationalistischen und deutschen Propaganda aufsaßen und die Juden mit den sowjetischen Kommunisten gleichsetzten, nicht wenige zudem eine «nationale Befreiung» der U. durch die Deutschen erwarteten, begrüßten sie den deutschen Einmarsch und beteiligten sich an der Judenverfolgung. Nach den ersten Enttäuschungen und unter dem Eindruck der rücksichtslosen und willkürlichen Besatzung änderten manche ihre Einstellung, obgleich für viele die Option zwischen Deutschen und Sowjets immer noch zugunsten der ersteren entschieden wurde. Dennoch kam es zu Versuchen, Juden zu retten, wobei die Beispiele von der Beschaffung «arischer» Papiere über das Verstecken in griechisch-katholischen Klöstern (unter der Ägide des gegen die Judenverfolgungen beim Papst protestierenden Metropoliten Andrij Šeptyćkyj) und bei Bauern bis zur Ermöglichung der Flucht nach Transnistrien reichten.

Frank Golczewski

Lit.: Dieter Pohl, Nationalsozialistische Judenverfolgung in Ostgalizien 1941–1944, München 1996. – Peter J. Potichnyj, Howard Aster (Hrsg.), Ukrainian-Jewish Relations in Historical Perspective, Edmonton 1989. – Shmuel Spector, The Holocaust of Volhynian Jews 1941–1944, Jerusalem 1990. – Gert Robel, «Sowjetunion», in: Wolfgang Benz (Hrsg.), Dimension des Völkermords. Die Zahl der jüdischen Opfer des Nationalsozialismus, München 1991, S. 499–560. – Hansjakob Stehle, «Der Lemberger Metropolit Šeptyćkyj und die nationalsozialistische Politik in der Ukraine», Vierteljahrshefte für Zeitgeschichte 34 (1986), S. 407–425.

Ungarn. In U. wurde Miklós Horthy 1920 zum «Reichsverweser» gewählt. Konservative und liberale Gruppierungen schlossen sich zur Regierungspartei (Partei der Nationalen Einheit/NEP) zusammen, die alle nachfolgenden Wahlen gewann und den jeweiligen Ministerpräsidenten stellte. Die von Ferenc Szálasi gegründete faschistische Pfeilkreuzlerpartei (1937) gewann zunehmend an Boden, doch die ungarische Regierung strebte keine Kooperation mit ihr an, sondern versuchte ihr durch die Verabschiedung von drei anti-jüdischen Gesetzen entgegenzuwirken: Das erste Gesetz (1938) beschränkte den Beschäftigungsanteil der jüdischen Bevölkerung im Presse- und Theaterbereich, im Rechtswesen und in der Medizin auf max. 20 %; das im Dezember 1938 verkündete zweite Gesetz basierte auf einer rassistischen Definition (davon betroffen waren auch die 62 000 zum Christentum konvertierten Juden) und schränkte deren Anteil auf 6 % ein. Ferner wurde die → Arisierung des jüdischen Eigentums eingeleitet. Das 1941 verabschiedete dritte Gesetz entsprach in vielen Punkten den → Nürnberger Gesetzen. Die Regierung unter Miklós Kállay (9. 3. 1942–19. 3. 1944) weigerte sich gegen die jüdische Bevölkerung im Sinne der von den Nationalsozialisten geforderten «Endlösung» vorzugehen.

Nach dem Sturz Mussolinis versuchte die ungarische Regierung Friedensverhandlungen mit den Alliierten aufzunehmen, doch Deutschland kam diesem Schritt zuvor, besetzte U. am 19. 3. 1944 und setzte drei Tage später eine Kollaborationsregierung unter Döme Sztójay ein. Dann begannen SS-Einheiten, Gestapo und ungarische Faschisten (Pfeilkreuzler) mit der → Deportation der ungarischen Juden nach → Auschwitz. Der Massendeportation, die zwischen dem 15.5. und dem 9.7.1944 stattfand, fielen etwa 476000 Juden – überwiegend aus den ländlichen Regionen – zum Opfer. Unmittelbar nach der Ankunft in Auschwitz wurde der Großteil der Deportierten als nicht arbeitsfähig selektiert und in den → Gaskammern ermordet. Etwa 10 % der Deportierten wurden zur → Zwangsarbeit in verschiedene Außen- und Nebenlager verschickt.

Ferenc Szálasi, der Führer der Pfeilkreuzler, wurde am 16.10.1944 als Regierungschef eingesetzt. Zwischen Oktober 1944 und Januar 1945 kam es in Budapest zu zahlreichen anti-jüdischen Aktionen. Im November 1944 wurden die zwei Pester → Ghettos, das «große Ghetto» und das «internationale Ghetto» errichtet. Die Interventionsversuche zahlreicher internationaler Organisationen, neutraler Gesandtschaften und zionistischer Verbände bei den ungarischen Behörden und den deutschen SS-Führern führten zur Rettungsaktion dieser Ghettos, wo etwa 120000 Juden das Kriegsende überlebt haben. Weitere Zehntausende Juden konnten in Budapest durch Untertauchen mit gefälschten Papieren sowie durch Unterbringung in Gebäuden, die unter diplomatischer Immunität oder dem Schutz des Internationalen Roten Kreuzes standen, überleben. Im Dezember 1944 etablierten die Sowjets eine provisorische Regierung unter Ministerpräsident Miklós Béla Dálnoki, die am 20.1.1945 das Waffenstillstandsabkommen zwischen den Alliierten und U. in Moskau unterzeichneten. Am 4.4.1945 war U. endgültig befreit.

Brigitte Mihok

Lit.: Götz Aly, Christian Gerlach, Das letzte Kapitel – Der Mord an den ungarischen Juden, München 2001. – Randolph L. Braham, The Politics of Genocide. The Holocaust in Hungary. Bd. 1 und 2, New York 1981. – Péter Sípos, Hungary. The Occupied Satellite, in: Wolfgang Benz, Johann Houwink ten Cate, Gerhard Otto, Anpassung. Kollaboration. Widerstand, Berlin 1996. – Margit Szöllösi-Janze, Die Pfeilkreuzlerbewegung in Ungarn. Historischer Kontext, Entwicklung und Herrschaft, München 1989.

USA s. Emigration

Vaivara (KZ). → Konzentrationslager im Nordosten → Estlands mit zahlreichen Außenlagern, u.a. in → Klooga und → Kiviöli, in das ab September 1943 mehrheitlich jüdische Gefangene zur → Zwangsarbeit verschleppt wurden. Die von Hans Aumaier geführte Lager-SS bestand neben einem kleinen Kader deutschen Personals im wesentlichen aus estnischen Wachmännern. Da etwa 20000 der Insassen aus den ab Mitte 1943 aufgelösten → Ghettos im «Ostland», insbesondere aus → Wilna und → Kaunas, stammten, fanden sich unter ihnen viele Familien. Als nicht arbeitsfähig eingestufte Männer und Frauen, Kinder und Alte wurden in zahlreichen Selektionen ausgesondert und erschossen; viele der Zwangsarbeiter fielen den Arbeitsbedingungen, Krankheiten, der Mangelernährung oder Misshandlungen zum Opfer. Wie die anderen KZ in der deutsch besetzten Sowjetunion wurde auch V. und seine Außenlager vor dem Herannahen der Roten Armee im Sommer 1944 evakuiert und die Überlebenden nach → Stutthof deportiert. Trotz der großen Zahl der in V. Gefangenen ist die Geschichte des Lagers nur bruchstückhaft überliefert; ein Großteil der verfügbaren Informationen stammt von den wenigen Überlebenden und aus Strafverfahren gegen die SS-Lagerleitung.

Jürgen Matthäus

Lit.: Alfred Streim, Konzentrationslager auf dem Gebiet der Sowjetunion, in: Dachauer Hefte 5 (1989), S. 174–187.

Vallat, Xavier (1891–1972), Chef des Commissariat Général aux Questions Juives unter der Vichy-Regierung; Teilnahme am Ersten Weltkrieg, danach Mitglied in der nationalistischen Action Française und Mitglied der französischen Rechtsextremisten im Parlament. Im März 1941 von Pétain zum Chef des Judenkommissariats ernannt. V. verdrängte die Juden in Vichy → Frankreich aus dem öffentlichen Leben. Antijüdisch und antideutsch eingestellt, vertrat V. einen → Antisemitismus, der den französischen und nicht den deutschen materiellen Interessen dienen sollte. Als die Deutschen zur → Deportation von Juden aus dem unbesetzten Teil Frankreichs übergingen, wurde er im Mai 1942 aus dem Amt gedrängt. 1947 wurde er zu 10 Jahren Haft verurteilt, zwei Jahre später wieder entlassen.

Veesenmayer, Edmund (1904–1977), Diplomat, Bevollmächtigter des Großdeutschen Reiches in → Ungarn; Studium der Staatswissenschaften; Februar 1933 Eintritt in die NSDAP, Juni 1934 in die → SS; Wirtschaftsreferent im Verbindungsstab der NSDAP; zusammen mit Wilhelm Keppler Vorbereitung des «Anschlusses» → Österreichs; seit Juli 1938 Tätigkeit im Auswärtigen Amt. 1941–1943 versuchte V. bei mehreren Aufenthalten in Zagreb, Belgrad und Preßburg, die → Deportation der Juden zu forcieren. Im März 1944 zum Gesandten I. Klasse und SS-Brigadeführer sowie zum «Bevollmächtigten des Großdeutschen Reiches in Ungarn» ernannt, wo er die Deportation der Juden betrieb. V. war nahezu überall involviert, wenn es darum ging Regierungen zu stürzen, deutschen Einfluss zu forcieren, eine deutsche Annexion oder ein Protektorat vorzubereiten. Zu seinen wichtigsten Anliegen gehörte die Deportation der Juden. 1949 wurde V. im Nürnberger Wilhelmstraßenprozess (→ Nürnberger Prozesse) zu 20 Jahren Haft verurteilt, 1951 durch den amerikanischen Hochkommissar McCloy begnadigt.

Vernichtung durch Arbeit. Der Begriff V. bezeichnet die Bedingungen der → Zwangsarbeit, die auf den massenhaften Tod der Zwangsarbeiter abzielten oder diesen in Kauf nahmen. Insbesondere im Rahmen des Programms der Judenvernichtung beschreibt V. eine Methode des Massenmordes. Die hohe Sterberate von Häftlingen während und infolge des Arbeitseinsatzes durch Hunger, Erschöpfung, Misshandlung, Krankheit und Mord sowie die regelmäßigen Selektionen der «Arbeitsunfähigen», die in «Schonungsblocks», in denen die Häftlinge regelrecht verendeten, verlegt oder unmittelbar zur Vernichtung abtransportiert wurden, bilden den konkreten Hintergrund. Der zeitgenössische Gebrauch des Terminus ist nur vereinzelt überliefert, so 1942 bezogen auf die Behandlung der an die SS auszuliefernden Strafgefangenen durch Goebbels und Himmler. Bekannter ist die sinngemäße Anweisung des Chefs des SS-Wirtschaftsverwaltungshauptamtes Pohl an die KZ-Kommandanten 1942, der «Arbeitseinsatz» der Häftlinge müsse «im wahrsten Sinne des Wortes erschöpfend» sein. Ähnliche Intentionen wurden auf der → Wannsee-Konferenz formuliert – «natürliche Verminderung» der jüdischen Arbeitskräfte –, auf der die Judenvernichtung verhandelt wurde. In der Forschung wird der Begriff V. breiter verwendet und seit den 80er Jahren im Einzelnen diskutiert. Insbesondere werden die Verhältnisse der Zwangsarbeit in den → Konzentrationslagern und den jüdischen → Ghettos und Arbeitslagern genauer auf die nationalsozialistische Vernichtungsintention hin untersucht. Es wird unterschieden, in welchen Lagern die Vernichtung tatsächlich intendiert war und in welchen der Erhalt der Arbeitskraft der Häftlinge Vorrang vor ihrer Ermordung hatte. Teilweise werden die Begriffe Arbeit und Vernichtung in der historischen Forschung für eine analytische Betrachtung mit einem «und» verbunden. Als ein Kriterium für V., ohne einen Beweis entsprechender programmatischer Anweisungen, kann sicherlich die Abnahme der durchschnittlichen Überlebenszeit der eingesetzten KZ-Häftlinge auf wenige Wochen und Monate gelten, wie es z. B. bei den Arbeiten im Steinbruch und Bauarbeiten von Stollen und Bunkern für die Untertage-Verlagerungen von Fabriken vornehmlich für jüdische KZ-Häftlinge der Fall war. Aber auch in den jüdischen Zwangsarbeitslagern lag die Lebenserwartung bei drei bis sechs Monaten, wie bei dem Bau der Durchgangsstraße IV in der Ukraine, so dass mehrfach ganze Lagerbelegschaften ersetzt wurden.

Monika Schmidt

Lit.: Ulrich Herbert, Arbeit und Vernichtung. Ökonomisches Interesse und Primat der «Weltanschauung» im Nationalsozialismus, in: Ulrich Herbert (Hrsg.), Europa und der «Reichseinsatz». Ausländische Zivilarbeiter, Kriegsgefangene und KZ-Häftlinge in Deutschland 1938–1945, Essen 1991.

Vernichtungslager. Die nationalsozialistischen V. waren – anders als die → Konzentrationslager – «Todesfabriken», in denen im Rahmen der → Endlösung der Judenfrage die europäischen Juden und andere Opfergruppen durch Giftgase getötet und die Leichen beseitigt wurden. Die Massenmorde durch Giftgase stellten den zentralen Verbrechenskomplex des NS-Regimes dar. Sie folgten den Massenexekutionen, die im Sommer 1941 – unmittelbar nach Beginn des Krieges gegen die Sowjetunion – den millionenfachen Judenmord eingeleitet hatten. Die physische Belastung der Schützen und die «unrationale» Tötungstechnik des Erschießens beflügelten die Architekten der «Endlösung», nach modernen und effizienteren Methoden der Menschenvernichtung zu suchen. Im → Euthanasie-Programm, dem staatlich verordneten Mord an behinderten Menschen, wurden das Personal und die Technik getestet. Das Erschießen blieb jedoch auch noch nach dem Vergasen – und bis zuletzt – eine dominierende Form der Ermordung, vor allem in den besetzen Gebieten der → Sowjetunion. Juden aus West-, Mittel-, und Südosteuropa wurden überwiegend in die V. deportiert und in geschlossenen Installationen vergast. Juden in den besetzten Ostgebieten wurden in der Regel an Ort und Stelle umgebracht.

Die V. wurden seit Ende 1941 im okkupierten → Polen errichtet – in → Chełmno und → Bełżec, → Sobibór und → Treblinka, in → Auschwitz-Birkenau und → Majdanek. Topographische Faktoren (Waldgebiete und verkehrstechnische Überlegungen), Bahnanschlüsse und Straßenzugänge bestimmten die Auswahl der Standorte. Unter strengster Geheimhaltung wurde der industrielle Massenmord durchgeführt. Unterschiedlich waren die Unterstellungen im Apparat von → SS und → Polizei: Das → SS-Wirtschaftsverwaltungshauptamt, zuständig für die Verwaltung der Konzentrationslager, behielt die Kontrolle über Auschwitz-Birkenau. Das → Reichssicherheitshauptamt und der Höhere SS- und Polizeiführer im → Warthegau führten die Aufsicht über Chełmno. Bełżec, Sobibór, Treblinka und Majdanek unterstanden Odilo Globobcnik, SS- und Polizeiführer von Lublin und von Heinrich Himmler beauftragt, im Rahmen der → Aktion Reinhardt die Juden im → Generalgouvernment zu liquidieren. Das Führungspersonal der V. rekrutierte sich aus den KZ-Verwaltungen und dem Euthanasie-Programm. Die Wachmannschaften, einer besonderen Schweigepflicht unterworfen, kamen aus den Reihen der → SS und → Polizei sowie der → Schutzmannschaften. Zu ihnen gehörten die «Trawnikis», Wachmänner, die im SS-Ausbildungslager → Trawniki auf ihren Dienst vorbereitet und zum Mord erzogen worden waren. Die Vernichtungsprozesse waren arbeitsteilig organisiert. Sie wurden laufend verbessert und reibungslos durchgeführt. Nach dem Eintreffen der Transporte wurden die Opfer auf den Rampen selektiert. Die Habseligkeiten wurden requiriert und in Magazinen gestapelt. In Chelmno wurden → Gaswagen eingesetzt und die Toten nach einer kurzen Fahrt in einem «Waldlager» abgeladen und verscharrt. In den anderen V. wurden stationäre Vergasungseinrichtungen (→ Gaskammern) installiert. Die Opfer wurden in Kammern getrieben und entweder durch Abgase aus laufenden Motoren (Kohlenmonoxid) oder – wie in Auschwitz-Birkenau und Majdanek – durch → Zyklon B zu Tode gebracht. Die Leichen wurden nach Wertgegenständen abgesucht und dann in Krematorien verbrannt. Jüdische «Sonderkommandos» waren gezwungen, am Vernichtungsprozess mitzuwirken.

Konrad Kwiet

Lit.: Dick de Mildt, In the Name of the People: Perpetrators of Genocide in the Reflection of their Post-War Prosecution in West Germany, The Hague u. a. 1996. – Adalbert Rückerl (Hrsg.), NS-Vernichtungslager im Siegel deutscher Strafprozesse, München 1979.

Vilnius s. Wilna

Vrba-Wetzler-Bericht. Erste umfassende Darstellung von Augenzeugen über die Ermordung von Juden im → Vernichtungslager → Auschwitz. Seine Autoren sind Rudolf Vrba und Alfred Wetzler, denen im April 1944 die Flucht aus Auschwitz-Birkenau gelang. Beide waren 1942 aus der → Slowakei dorthin deportiert worden. Als konkreten Anlass, den Fluchtversuch zu wagen, nannte Vrba später die Absicht, die ungarischen Juden vor der bevorstehenden → Deportation zu warnen. Zu diesem Zweck verfassten Vrba und Wetzler Ende April 1944 in der Slowakei für einen Kontaktmann des slowakischen → Judenrates ihren Bericht. Darin werden erstmals Auschwitz I und II einschließlich der → Gaskammern und Krematorien beschrieben, die innere Organisation, der Häftlingsalltag sowie die wirtschaftliche Bedeutung des Lagers für das NS-Regime dargelegt und Schätzungen der bisherigen Opferzahlen genannt. Der Bericht gelangte auf verschiedenen, heute nicht mehr ganz zu rekonstruierenden Wegen nach Budapest, in die → Schweiz und in den Vatikan. Nach dem Krieg spielte der Bericht eine Rolle in der Kontroverse, ob die ungarischen Juden hätten gerettet werden können. Während Vrba verschiedenen jüdischen Funktionären vorwirft, die Betroffenen aufgrund des Berichtes nicht gewarnt zu haben, weisen Historiker darauf hin, es sei praktisch nicht möglich gewesen, die in der Provinz lebenden Juden zu warnen noch hätten die Betroffenen Widerstand leisten können, da sie nicht über Waffen verfügten und nicht auf Unterstützung der Mehrheitsbevölkerung hoffen konnten. Somit blieb die eigentliche Absicht des Berichtes, nämlich die Weltöffentlichkeit aufzurütteln, unerfüllt; seine historische Bedeutung liegt jedoch darin, dass erstmals die Morde in Auschwitz von Augenzeugen detailliert beschrieben wurden.

Tatjana Tönsmeyer

Lit.: Yehuda Bauer, Anmerkungen zum «Auschwitz-Bericht» von Rudolf Vrba; in: Vierteljahrshefte für Zeitgeschichte 45 (1997), S. 297–307. – Rudolf Vrba, Bestic Alan, Ich kann nicht vergeben, München 1964. – Rudolf Vrba, Die mißachtete Warnung. Betrachtungen über den Auschwitz-Bericht von 1944; in: Vierteljahrshefte für Zeitgeschichte 44 (1996), S. 1–24.

Vught s. ’s Hertogenbosch

Waffen-SS s. SS

Wagner, Gerhard (1888–1939), Reichsärzteführer; 1914–1918 Frontdienst als Arzt; seit 1919 Allgemeinpraktiker; in den 20er Jahren Mitglied verschiedener rechtsextremer Organisationen; 1929 Eintritt in die NSDAP; seit 1933 Leiter des Hauptamts für Volksgesundheit in der Reichsleitung der NSDAP; 1934 Ernennung zum Reichsärzteführer; «Beauftragter des Führers für Fragen der Volksgesundheit». Seit Dezember 1935 Leiter der Reichsärztekammer. W. war ein vehementer Befürworter der → Nürnberger Gesetze sowie mitverantwortlich für die → Euthanasie und Zwangssterilisation von Juden und Behinderten.

Wagner, Robert (1895–1946), Chef der Zivilverwaltung im Elsaß; Beteiligung am Hitler-Putsch 1923; ab 1925 Gauleiter in Baden, dort 1929–1933 Mitglied des Landtages; seit 1933 Mitglied des Reichstages. März bis Mai 1933 badischer Staatspräsident; seit Mai 1933 auch Reichsstatthalter. 2. August 1940 bis Ende 1944 Chef der Zivilverwaltung im Elsass, wo W. eine brutale Germanisierungspolitik betrieb und 1940 Tausende von Juden in das Internierungslager → Gurs deportieren ließ. Seit 1942 Reichsverteidigungskommissar für den Gau Baden. Am 14. August 1946 wurde W. in Straßburg hingerichtet.

Wallenberg, Raoul (geb. 1912), schwedischer Diplomat, der in Budapest Zehntausenden Juden das Leben rettete; 1931–1935 Architekturstudium in den USA; 1936 Absolvierung einer sechsmonatigen Banklehre in Haifa; anschließend Tätigkeit für eine Import-Exportfirma. Seit dem 9. Juli 1944 befand sich W. auf Empfehlung des schwedischen Verbandes des World Jewish Congress und mit Unterstützung des War Refugee Board in Budapest, um eine Hilfsaktion für 200 000 Budapester Juden zu unterstützen, nachdem Miklós Horthy am 7. Juli die → Deportationen hatte einstellen lassen. W. richtete sog. Judenschutzhäuser ein, in denen insgesamt 15 000 Personen untergebracht werden konnten und stellte Tausende von Schutzpässen aus (→ Rettung), die in der Regel von den ungarischen Behörden und den Deutschen auch weitgehend akzeptiert wurden. Er setzte seine Tätigkeit auch nach dem Staatsstreich in → Ungarn vom 16. Oktober 1944 fort, wobei es ihm teilweise gelang, Menschen aus den Zügen nach → Auschwitz zu holen. W. wurde am 13. Januar 1945 von sowjetischen Soldaten in Budapest verhaftet und am 17. Januar ins sowjetische Hauptquartier nach Debrecen gebracht. Dann verliert sich seine Spur.

Wannsee-Konferenz. Besprechung am 20. Januar 1942 zwischen dem Chef des → Reichssicherheitshauptamtes, Reinhard Heydrich, und 13 Angehörigen des SS- und Polizeiapparats (→ SS; → Polizei), Staatssekretären und Beamten in einer Villa am Berliner Wannsee. Bis heute kursiert die Legende, dass auf der W. der Beschluss zur Ermordung der europäischen Juden gefasst worden sei, was nicht der Fall ist. Zum Zeitpunkt der Konferenz führten die → Einsatzgruppen bereits Massenexekutionen an den sowjetischen Juden durch, und → Gaswagen waren in → Polen im Einsatz. Aus dem → Deutschen Reich wurden bereits Juden «nach dem Osten» deportiert. Der Beschluss zum Judenmord war früher gefallen. Die auf der W. anwesenden Beamten hatten zudem nicht die Kompetenz für eine derartig weitreichende Entscheidung. Heydrich beabsichtigte mit der Konferenz, das Zusammenwirken aller für die Ermordung der Juden benötigten Instanzen zu gewährleisten. Es ging ihm weniger um praktische «Ausführungsbestimmungen» als darum, «Klarheit in grundsätzlichen Fragen zu schaffen». Darunter verstand er die bedingungslose Anerkennung seiner Zuständigkeit für diesen Bereich und die Gewissheit, dass keiner der Teilnehmer am Ende der Konferenz noch Zweifel daran hatte, welches Schicksal den europäischen Juden bevorstand. Zudem rückte das Thema, wer als Jude galt, wie also mit → «Mischlingen» und in «Mischehe» lebenden Juden zu verfahren sei, in den Mittelpunkt. Die Konferenzteilnehmer betrachteten die Besprechung, die das Schicksal von elf Millionen Juden thematisierte, als reinen Verwaltungsakt. Das Besprechungsprotokoll, das zur «Geheimen Reichssache» deklariert und erst 1947 in den Akten des Auswärtigen Amtes gefunden wurde, spricht deutliche Worte: «Unter entsprechender Leitung sollen nun im Zuge der Endlösung die Juden in geeigneter Weise im Osten zum Arbeitseinsatz kommen. In großen Arbeitskolonnen, unter Trennung der Geschlechter, werden die arbeitsfähigen Juden straßenbauend in diese Gebiete geführt, wobei zweifellos ein Großteil durch natürliche Verminderung ausfallen wird. Der allfällig endlich verbleibende Restbestand wird, da es sich bei diesem zweifellos um den widerstandsfähigsten Teil handelt, entsprechend behandelt werden müssen, da dieser, eine natürliche Auslese darstellend, bei Freilassung als Keimzelle eines neuen jüdischen Aufbaues anzusprechen ist.» Wegen des Tagungsortes erhielt die offiziell «Staatssekretär-Besprechung» genannte Veranstaltung nach 1945 die Bezeichnung W. Seit 1992 ist die Villa eine Gedenkstätte mit der Bezeichnung «Haus der Wannsee-Konferenz».

Angelika Königseder

Lit.: Kurt Pätzold, Erika Schwarz, Tagesordnung: Judenmord. Die Wannsee-Konferenz am 20. Januar 1942. Eine Dokumentation zur Organisation der «Endlösung», Berlin 1992. – Mark Rosemann, Die Wannseekonferenz. Wie die NS-Bürokratie den Holocaust organisierte, Berlin 2002.

Wapniarka. Unter rumänischer Regie, bewacht von Gendarmerie, wurde in W. (Oblast → Winniza) in → Transnistrien im Oktober 1941 in ehemaligen sowjetischen Kasernen ein Internierungslager für Juden aus → Odessa und → Bessarabien eingerichtet, das den Charakter eines → Konzentrationslagers hatte. 1942 wurden Juden aus der → Bukowina nach W. deportiert, der letzte Transport mit 1046 Opfern (die zum Teil beschuldigt worden waren, Kommunisten zu sein) kam aus → Rumänien. Viele gingen an den sanitären Verhältnissen (Typhus-Epidemie) zu Grunde oder wurden bei Massenerschießungen ermordet. Vor allem die Ernährung hatte lebenslange Folgen für die überlebenden Häftlinge, sie bestand u. a. aus der giftigen, nur als Tierfutter geeigneten Hülsenfrucht Lathyrus sativus, die beim Menschen spastische Paraparese (Lathyrismus) mit schmerzhaften Muskelkontraktionen, Funktionsstörungen der Ausscheidungsorgane und Lähmungserscheinungen hervorruft. Als im Januar 1943 Hunderte Häftlinge erkrankt waren, wurde nach einem Hungerstreik dem jüdischen Hilfskomitee Bukarest medizinische Hilfe erlaubt. Im Oktober 1943 wurde das Lager wegen des Vormarsches der Roten Armee aufgelöst, die Häftlinge sind teils ermordet worden, teils wurden sie auf Haftstätten in Transnistrien und Rumänien (Tirgu-Jiu) verteilt. Viele Häftlinge litten an den Folgen von Lathyrismus, das deutsche private «Hilfswerk W» unterstützt die meist in Israel lebenden ehemaligen Häftlinge.

Wolfgang Benz

Lit.: Charlotte Petersen, Hilfe für die Opfer von Wapniarka, in: Tribüne 22 (1983), S. 172–180. – Nathan Simon, «... auf allen Vieren werdet ihr hinauskriechen!» Ein Zeitzeugenbericht aus dem KZ Wapniarka, Berlin 1994.

Warschau (Ghetto). Die polnische Hauptstadt mit 1,3 Millionen Einwohnern, davon etwa 350 000 Juden, wurde am 16. 10. 1939 Distrikthauptstadt des → Generalgouvernements. Mit dem deutschen Einmarsch am 29. 9. 1939 begann der schrittweise Prozess der Entrechtung und Ausbeutung der Juden. Mit der Ernennung von → Judenräten durch die Besatzungsbehörden (in Warschau am 4. 10. 1939 unter Leitung von Adam Czerniaków), die die Umsetzung der deutschen Befehle persönlich verantworten mussten, wurde die Voraussetzung für die spätere Ghettoisierung geschaffen. Im Februar 1940 begann die Planung für die Errichtung eines → Ghettos in Warschau, im nationalsozialistischen Sprachgebrauch «jüdischer Wohnbezirk» genannt. Mitte November 1940 wurde das inzwischen von einer 3,5 m hohen Mauer umgebene Stadtgebiet in einem überwiegend von Juden bewohnten Bezirk, in das alle Warschauer Juden «umgesiedelt» wurden, abgeriegelt und von der Polizei rigoros bewacht. Im überfüllten Ghetto lebten, zusammengedrängt in 73 Straßenzügen, 500 000 Menschen, deren Alltag von Unterdrückung und Hunger gekennzeichnet war. Während die Oberschicht noch über gewisse Reserven verfügte, bestand die tägliche Ration für die meisten Bewohner aus weniger als 200 Kalorien. Seit Frühjahr 1941 starben täglich Tausende an Unterernährung und Seuchen. Ein Teil der arbeitsfähigen Ghettobewohner wurde in deutschen Betrieben beschäftigt, die seit Sommer 1941 eigene Werkstätten ins W. verlegten (die wichtigste von Walther Többens). Trotz der unmenschlichen Verhältnisse führte der Wille zum Überleben zur Fortsetzung kultureller und religiöser Lebenszusammenhänge. Politische Parteien und ihre Jugendgruppen publizierten ihre Untergrundpresse (am wichtigsten der → Bund und Poale Zion), und Verbindungsmänner und -frauen, schufen Kontakte zu anderen Ghettos.

Nachdem SS-Chef Heinrich Himmler am 19.7. 1942 formell die Ermordung der meisten Juden im Generalgouvernement bis Jahresende angeordnet hatte, begann am 22. 7. die Räumung des W. und die systematische Ermordung der Warschauer Juden im → Vernichtungslager → Treblinka im Rahmen der → Aktion Reinhardt. Die Hoffnung des Judenrats, die Deutschen würden das Ghetto aus ökonomischen Gründen erhalten, hatte sich als falsch erwiesen. Als Adam Czerniaków den Befehl erhielt, täglich 7000 Juden zu liefern, beging er Selbstmord. Während zu Beginn der sog. Aussiedlungsaktion die jüdische Ghettopolizei die Aufgabe hatte, Delinquenten für die Deportation festzunehmen, wurde dies danach von SS- und Polizeiverbänden übernommen. Bis 12.9. 1942 trieben sie fast täglich 5000 jüdische Männer, Frauen und Kinder in Marschkolonnen zum Umschlagplatz und pferchten sie in die Güterwaggons zum Transport nach Treblinka. Nach Abschluss der «Großen Aktion» wurde aus drei unzusammenhängenden Teilen ein neues Ghetto mit dem Charakter von Zwangsarbeitslagern gebildet. In einer erneuten Deportationswelle (18.-22. 1. 1943) von weiteren 5000–6000 Juden kam es zu ersten Widerstandshandlungen unter dem Einfluss der am 28.7. 1942 geschaffenen Jüdischen Kampforganisation Żydowska Organizacja Bojowa (ŻOB) unter Mordechaj Anielewicz, der es gelungen war, einige wenige Waffen in das Ghetto zu schleusen. In den folgenden Monaten bereitete die ŻOB den Boden für den W. Ghettoaufstand. Sie organisierte im Restghetto den Bau eines unterirdischen Bunkernetzes und bereitete die noch verbliebene jüdische Bevölkerung auf den Widerstand gegen weitere Deportationen vor. Als die Deutschen am 19.4. 1943 mit der Deportation der 60000 noch verbliebenen Juden und der Liquidierung des Ghettos begannen, brach der Warschauer Ghetto-Aufstand aus. Wenngleich Waffen, Munition und nachhaltige Unterstützung von Seiten des polnischen Untergrunds fehlten, leisteten die Ghetto-Kämpfer verzweifelten Widerstand gegen die Übermacht deutscher Einheiten unter dem Kommando von Jürgen Stroop. Der → Stroop-Bericht vom 16. 5. 1943 über die vollzogene Liquidierung des «jüdischen Wohnbezirks» markierte den Endpunkt der im Herbst 1939 eingeleiteten Entwicklung. Am 11.6. 1943 gab Himmler den Befehl, in Warschau ein KZ zu errichten und das Gelände des zerstörten Ghettos in einen Park zu verwandeln. Von den knapp 500000 Juden im W. haben nur einige Tausend die Shoah überlebt.

Beate Kosmala

Lit.: Warschauer Ghetto. Das Tagebuch des Adam Czerniaków 1939–1942, München 1986. – Ruta Sakowska, Die zweite Etappe ist der Tod. NS-Ausrottungspolitik gegen die polnischen Juden, gesehen mit den Augen der Opfer. Ein historischer Essay und ausgewählte Dokumente aus dem Ringelblum-Archiv 1941–1943, Berlin 1993. – Dies., Menschen im Ghetto. Die jüdische Bevölkerung im besetzten Warschau 1939–1943, Osnabrück 1999. – Wolfgang Scheffler, Helge Grabitz, Der Ghetto-Aufstand Warschau 1943, München 1993.

Warschau (KZ). Nach der Zerstörung des → Warschauer Ghettos wurde auf

Befehl des Reichsführers SS Heinrich Himmler am 15. August 1943 ein → Konzentrationslager auf dem ehemaligen Ghettogelände errichtet. Hierfür wurden in mehreren Transporten 6000 Juden aus den Konzentrationslagern → Auschwitz-Birkenau und → Buchenwald nach Warschau verbracht. Die Häftlinge waren zur Schuttbeseitigung der gesprengten und verbrannten Häuser im Ghetto eingesetzt. Ein Großteil der Häftlinge starb an Unterernährung oder an Misshandlungen. Das ehemalige Ghettogelände nutzten die deutschen Besatzer darüber hinaus als Hinrichtungsstätte für Juden, die im «arischen» Teil der Stadt aufgegriffen worden waren. Ab Frühjahr 1944 wurde das Lager als Kommando des KZ → Majdanek geführt. Ende Juli 1944 begann die SS, das Konzentrationslager zu evakuieren. Ein paar Hundert Juden waren noch im Lager verblieben, als am 1. August 1944 der Warschauer Aufstand begann. Sie wurden von der polnischen Untergrundarmee befreit.

Markus Meckl

Lit.: Charles Goldstein, Leben ohne Stern, München 1964.

Warthegau. Der Reichsgau Wartheland, zunächst (bis Januar 1940) Reichsgau Posen, umfasste den überwiegenden Teil Großpolens sowie größere zentralpolnische Gebiete mit Kutno, Kalisz und Łódź ebenso wie einen niederschlesischen Gebietsstreifen im Süden. Die deutsche Zivilverwaltung unter Arthur Greiser betrieb eine Politik der völligen Ausgrenzung und Entrechtung der ortsansässigen polnischen Bevölkerung, das Gebiet sollte vollständig «regermanisiert» und zu einem NS-Mustergau gemacht werden. Neben der brutalen Vertreibung bzw. Ermordung vor allem der polnischen Intelligenz und des Klerus hatten insbesondere die Juden – in dieser Region stellten sie zum Teil bis zu 20 % der Bevölkerung – ab September 1939 unter dem Terror von → SS und → Wehrmacht, wilden Vertreibungen, Morden, Diskriminierung und Entrechtung zu leiden. Schon ab November 1939 galt hier die Pflicht zur → Kennzeichnung für Juden, seit Ende 1939 wurde die jüdische Bevölkerung entweder ins → Generalgouvernement deportiert oder in Kleinghettos und Arbeitslagern untergebracht, wo sie unter z. T. katastrophalen Bedingungen → Zwangsarbeit für deutsche Betriebe und die Zivilverwaltung leisten mussten. Ab Februar 1940 konzentrierten sich die «Umsiedlungen» auf größere Ghettos in den Städten (z. B. in → Łódź). Ab Ende 1941 wurden die Juden in das → Vernichtungslager → Chełmno deportiert, wo 152 000 Juden aus der Region den Tod fanden. Weitere 70 000 Juden wurden nach → Auschwitz deportiert. Von der jüdischen Vorkriegsbevölkerung überlebten nur 1,3 % das Vernichtungsprogramm.

Andrea Rudorff

Lit.: Czesław Łuczak, Arthur Greiser, Hitlerowski władca w Wolnym Mieście Gdańsku i w Kraju Warty [Arthur Greiser. Der nationalsozialistische Machthaber in der Freien Stadt Danzig und im Wartheland], Poznan 1997. – Czesław Łuczak, Pod niemieckim jarzmem. Kraj Warty 1939–1945 [Unter dem deutschen Joch, Wartheland 1939–1945], Poznan 1996. – Volker Rieß, Die Anfänge der Vernichtung «lebensunwerten Lebens» in den Reichsgauen Danzig-Westpreußen und Wartheland 1939/40, Frankfurt am Main 1995.

Wehrmacht. Bis 1935 hieß die deutsche bewaffnete Macht «Reichswehr». Die Bestimmungen des Versailler Vertrags (100 000 Mann-Heer) reduzierten ihr Einsatzfeld auf Grenzschutz und innere Sicherheit. 1933 setzte ihre Aufrüstung ein, die das Ausland hinnahm und schließlich sanktionierte (z. B. Flottenabkommen). 1935 erfolgten die Einführung der Allgemeinen Wehrpflicht, die «Enttarnung» der Luftwaffe, die Verleihung neuer Symbole und die Umbenennung in W. Oberbefehlshaber war bis 1938 der Reichswehr-/Reichskriegsminister Generaloberst Werner von Blomberg, dann Hitler, der die Verwaltungsaufgaben über das Oberkommando der W. (OKW) unter Generalfeldmarschall Wilhelm Keitel und die Führungsaufgaben über den «W.-Führungsstab» unter Generaloberst Alfred Jodl wahrnahm. W.-Teile waren Heer, Kriegsmarine und Luftwaffe, die von Oberbefehlshabern (ObdH, ObdM, ObdL) mit Hilfe von Generalstäben (Marine: Seekriegsleitung) geführt wurden. Als ObdM standen Großadmiral Erich Raeder für den offensiven Seekrieg mit Großkampfschiffen, sein Nachfolger (Januar 1943) Großadmiral Karl Dönitz für den Primat des strategisch defensiven U-Boot-Krieges. Göring legte als ObdL den Schwerpunkt in solchem Maß auf die Bomber («Kampfflugzeuge»), dass die Jagdwaffe insgesamt nie für die Luftverteidigung zureichte. Größter W.-Teil war das Heer mit 1939: 3,74 Millionen, 1941: 5,2 Millionen, 1943: 6,55 Millionen, 1945: 5,3 Millionen Mann. Es wurde bis Februar 1938 von Generaloberst Werner von Fritsch, bis Dezember 1941 von Generalfeldmarschall Walther von Brauchitsch, dann von Hitler selbst geführt. Von September 1938 bis September 1942 leitete als Chef des Generalstabs des Feldheeres Generaloberst Franz Halder kontinuierlich die Landoperationen; nach seiner Entlassung wechselte Hitler die Chefs mehrfach. Das Heer bestand neben dem Feldheer aus dem Ersatzheer, das für Heeresrüstung, Truppenaufbau und Personalaufbringung zuständig war. Die Wahrung der inneren Sicherheit (Vollziehende Gewalt) oblag in den besetzten Gebieten dem Feldheer bzw. seinen Befehlshabern der Rückwärtigen Armee- und Heeresgebiete, im Reich dem Befehlshaber des Ersatzheeres (bis Juli 1944: Generaloberst Friedrich Fromm) und den Befehlshabern der 19 Wehrkreise. Die Feldverbände der Waffen-SS (1944: 0,6 Million Mann) gehörten nicht zur W., wurden aber operativ im Feldheer eingesetzt. Ihre Höchststärke erreichte die W. 1943 mit 9,48 Millionen Mann.

Als einzige Streitkräfte aller Kriegsparteien waren 1939/40 Heer und Luftwaffe der W. weitgehend und zureichend mit Waffen der jüngsten Generation ausgerüstet. Dank ihrer modernen Bewaffnung, Ausrüstung und Einsatzgrundsätze dem Gegner taktisch sowie zahlenmäßig überlegen, dazu operativ kompetent geführt («Sichelschnitt» in Belgien/Nordfrankreich), konnten die Panzerkeile und Sturzkampfbomber der W. den Polen-, West- und Balkanfeldzug entscheiden. Im Fall → Norwegen siegte die unterlegene deutsche Marine mittels Überraschung über die britische Navy. In der «Luftschlacht um England» besaß dann der Gegner die modernere Technik und zerschlug die deutschen Angriffe. Der Umschwung setzte im Krieg gegen die → Sowjetunion mit seinem verfehlten Vorstoß in ein Schlachtfeld ein, das sich trichterförmig ausweitete und eine laufende Verstärkung erforderte, während die W. durch die Härte der Kämpfe ungeahnte Verluste erlitt und kontinuierlich schrumpfte. Dass der Angriff die Rote Armee mitten in der laufenden Umrüstung traf, erlaubte bis Herbst 1941 und im Sommer 1942 große deutsche Erfolge. Nach Stalingrad (1942/43, Verlust von 21 Divisionen) vermochte die W. die Modernität und Masse der Roten Armee nicht mehr zu kompensieren. Erst recht geriet die W. gegen die USA, mit deren Innovations- und Produktionskapazität sich die deutsche Kriegswirtschaft nicht messen konnte, ins Hintertreffen. Der U-Boot-Krieg ging im Mai 1943 verloren und mündete in schwere Verluste. Seit Mitte 1943 konnten die Alliierten relativ ungehindert die deutschen Städte planmäßig zerbomben. Die W. hat ihre 1943 eingetretene technische und quantitative Unterlegenheit mittels der Bevorzugung der «kämpferischen» vor militärfachlichen Fähigkeiten aufzufangen gesucht. Dieses Prinzip und die ungeheuren Verluste führten dazu, dass zahllose eilig beförderte Tapferkeitsoffiziere Führungsposten übernahmen, die sie nicht mehr ausfüllten, und ihre Defizite durch «Haltung» ersetzten. Eine Radikalisierung in der → Judenfrage ist als Begleiterscheinung unverkennbar und hat sich 1944 im Ausschluss der gesetzlich noch «wehrwürdigen Vierteljuden» aus der W. manifestiert. Als Konsequenz aus dem Staatsstreichversuch des 20. Juli 1944, in den ca. 200 Offiziere verwickelt waren, hat sich die W. der NSDAP geöffnet, an die sie die weltanschauliche Kontrolle abgab («NS-Führungsoffiziere»). Die Vollziehende Gewalt ging an die Gauleiter über (Reichsverteidigungskommissare). Die Kontrolle über die innere Sicherheit und die Befehlstreue des Feldheeres, dazu eine rasant wachsende Zahl von militärischen Führungspositionen fiel an die SS. Befehlshaber des Ersatzheeres, aus dem die Auflehnung gegen Hitler, Krieg und Partei hervorgegangen war, wurde Reichsführer SS Himmler. Die Reichswehr hat sich 1933 zur anderen Säule des Drittes Reichs neben der NS-Bewegung und ihren Organisationen erklärt, aber sich organisatorisch von ihr abgegrenzt, so dass bis 1944 der Wehrdienst die Parteizugehörigkeit ausschloss. Die W. nahm viel «innere Emigration» auf. Hitlers Weltanschauung hat sie aber verbindlich gemacht und hat unaufgefordert den → Arierparagraphen auf aktive Soldaten ausgedehnt – nicht ohne jüdische Kameraden von 1914–18 noch lange zu schützen. 1939/40 hat die W. die Judenmorde der SS in Polen derart angeprangert, dass Hitler ihr im Westfeldzug vorübergehend Gegenvollmachten zugestand. Ab 1941 aber hat die W. Hitlers Ziel, den «jüdisch-bolschewistischen Weltfeind» zu vernichten, mitgetragen. Die Truppe hat die Einsatzgruppen logistisch und mit der Abgabe jüdischer Kriegsgefangener an den SD auch handelnd unterstützt. In den rückwärtigen Gebieten des Ostens haben Waffen-SS und Sicherungsdivisionen der W. im Partisanenkrieg Juden pauschal als «Geiseln» erschossen. In Serbien holten sich die Einheiten jüdische Exekutionsdeputate zur Vergeltung für Verluste durch → Partisanen aus den Lagern. Aber: Obwohl der «Gerichtsbarkeitserlass Barbarossa» (13. 5. 1941) des OKW die Strafverfolgung willkürlicher Bolschewisten- und Judenmorde von Einzeltätern unterband, hat die Truppe Entgleisungen, wie die Beteiligung von Soldaten am Massaker von → Borissow, in der Regel auf dem Disziplinarweg doch zu verhindern gesucht. Und die Verwicklung in die Mordaktion von → Babij Jar hat so hohe Wellen geschlagen, dass die obere Führung in geharnischten Dienstbefehlen Einsicht in die «Notwendigkeit der harten, aber gerechten Sühne am jüdischen Untermenschentum» verlangte (zuerst 6. Armee,

10. 10. 1941). In der offensichtlichen Niederlage griff die W. in der Dienstschrift «Wofür kämpfen wir?» (1944) Hitlers Kriegseröffnungsphrasen über die Einkreisung des Reichs durch «das internationale Judentum» (1. 9. 1939) auf und machte damit den Holocaust zum höheren Kriegszweck. Wie viele der 21 Millionen Deutschen, die 1939–1945 in der W. gedient haben, sich mit dergleichen identifizierten oder sich davon distanzierten, muss dahingestellt bleiben. Die W. als hierarchische Organisation hat jedenfalls ab 1941 mit ihren Vormärschen dem Holocaust bewusst den Boden bereitet und ihn, gelegentlich sogar durch den Einsatz von Soldaten, gefördert.

Wolfgang Petter

Lit.: Das Deutsche Reich und der Zweite Weltkrieg, Militärgeschichtliches Forschungsamt, (Hrsg.) bisher 9 Bde., Stuttgart 1979 ff. – Manfred Messerschmidt, Die Wehrmacht im NS-Staat, Hamburg 1969. – Klaus-Jürgen Müller, Das Heer und Hitler, Stuttgart 1969. – Rolf-Dieter Müller, Hans-Erich Volkmann, Die Wehrmacht – Mythos und Realität, München 1999.

Weißrussland. W. war eine Sowjetrepublik, deren westliche, bis dahin zu → Polen gehörende Hälfte erst 1939 annektiert worden und in den folgenden zwei Jahren einem tiefgreifenden politischen und sozialen Wandel unterworfen war. Alte Kulturformen – in W. lagen berühmte Zentren jüdischer Kultur – und soziale Strukturen brachen dort zusammen. Zehntausende wurden 1939–1941 von den sowjetischen Behörden inhaftiert und nach Osten deportiert, viele andere kamen aus Zentralpolen als Flüchtlinge in das Land. Im Westen arbeiteten Juden meist in traditionellen Berufen als Handwerker und Kaufleute, in der Osthälfte, wo die Integration stärker vorangeschritten war, vielfach als Angestellte und Arbeiter. W. wurde zwischen dem 22. Juni und August 1941 von der deutschen → Wehrmacht besetzt. Es hatte 650 000–680 000 jüdische Einwohner (6,5 % der Bevölkerung), von denen 150 000–180 000 vor den Deutschen ins Innere der → Sowjetunion fliehen oder evakuiert werden konnten. Sowohl lokale → Pogrome als auch Massenmorde durch deutsche Fronteinheiten gab es bei der Invasion nur vereinzelt. Der Osten Weißrußlands blieb unter Militärverwaltung vorwiegend im rückwärtigen Heeresgebiet Mitte, der Westen wurde zwischen August und Oktober 1941 den deutschen Zivilverwaltungen übergeben (Generalkommissariat Weißruthenien im Reichskommissariat Ostland; Teile gehörten zu den Generalkommissariaten für Wolhynien und Podolien bzw. Shitomir im Reichskommissariat → Ukraine sowie zum Bezirk Bialystok).

Die weißrussischen Juden zählten zu den potentiellen Opfern einer vor dem deutschen Einmarsch geplanten deutschen Hungerpolitik, die zugunsten der deutschen Ernährungsbilanz und der Truppenversorgung Millionen Tote besonders unter der städtischen Bevölkerung einplante. Juden galten als Urheber des sowjetischen Systems und voraussichtliche Träger des Widerstandes gegen die Besatzung. In den ersten Wochen organisierte die deutsche Militärverwaltung zahlreiche antijüdische Maßnahmen wie → Kennzeichnung, gesonderte Registrierung, → Zwangsarbeit und vielerorts Ghettoisierung (→ Ghetto). Erste Massenmorde an Juden in W. durch Einsatzkommandos (→ Einsatzgruppen) und Polizeibataillone richteten sich seit Ende Juni 1941 vorwiegend gegen erwachsene Männer vor allem in größeren Städten wie Minsk und Brest, die einer weit gefassten «jüdischen Intelligenz» zugeordnet wurden. In der ersten Augusthälfte ermordeten die SS-Kavallerie-Regimenter etwa 15 000 Juden in den Pripjetsümpfen (→ Polesje). In einer Übergangsphase zwischen August und Anfang Oktober 1941 begannen all diese Einheiten, offenbar nach noch uneinheitlichen Befehlen, zunächst auch Frauen und Kinder zu erschießen und dann ganze jüdische Gemeinden auszulöschen. Zwischen Oktober und Dezember 1941 wurde mit 80 000–90 000 Personen der größte Teil der Juden in der unter Militärverwaltung stehenden Osthälfte, vor allem von den Einsatzkommandos 8 und 9, auf dem Land teils auch von Wehrmachteinheiten (→ Wehrmacht), ermordet. Im Generalkommissariat Weißruthenien fielen im gleichen Zeitraum etwa 60 000 Menschen vor allem am Ostrand, in Minsk und entlang der Durchgangsstraßen der 707. Infanteriedivision, dem Polizei-Reservebataillon 11 und der Sicherheitspolizei zum Opfer. Dokumenten zufolge spielten dabei oft lokale Krisen in der Ernährungs- und Wohnungslage eine Rolle. Bei vielen Massakern nahmen auch weißrussische oder polnische Hilfspolizisten (→ Schutzmannschaft bzw. Ordnungsdienst) an den Exekutionen teil.

Das Interesse der Zivilverwaltungen, ein gewisses Maß an handwerklich-industrieller Produktion aufrechtzuerhalten, bewog diese zeitweise zum Veto gegen weitere umfassende Mordaktionen. Jedoch wurden die in Ghettos zusammengepferchten und unter Hungerrationen zur → Zwangsarbeit gepressten Juden zunehmend Selektionen nach «Arbeitsfähigkeit» unterworfen und durch kleinere und große Massaker dezimiert. So erschoss die Sicherheitspolizei unter maßgeblichem Einfluss der Gebietskommissare 1942 115 000 Juden im Generalkommissariat Weißruthenien, vor allem zwischen Mai und August. Im weißrussischen Teil des Generalkommissariats Wolhynien-Podolien wurden im September und Oktober 1942 allein ungefähr 80 000 jüdische Menschen von der Sicherheits- und Ordnungspolizei ermordet, die Ernährungspolitik war auch hier ein Motiv. Aus dem Bezirk Białystok wurden zwischen November 1942 und März 1943 rund 60 000 weißrussische Juden in die → Vernichtungslager → Treblinka und → Auschwitz deportiert und dort ermordet. Zwischen November 1941 und Oktober 1942 waren überdies mindestens 24 000 Juden aus dem → Deutschen Reich, → Österreich sowie dem → Protektorat Böhmen und Mähren nach Minsk deportiert und dort mit wenigen Ausnahmen zwischen Mai 1942 und September 1943 getötet worden. Die letzten etwa 20 000 Juden aus Minsk, Lida und Glebokie wurden zwischen August und Oktober 1943 teils ermordet, teils nach Polen deportiert. Es gelang 30 000–50 000 weißrussischen Juden, aus den Ghettos zu fliehen. In zahlreichen kleineren Orten im westlichen W. gab es seit Juni 1942 Massenausbrüche kurz vor geplanten Mordaktionen. Doch nur ein kleiner Teil erreichte die → Partisanen oder Flüchtlingslager in den Wäldern. Nur wenige Tausend überlebten die fortgesetzte Verfolgung durch die Deutschen als Kämpfer oder Flüchtlinge in den Partisanengebieten unter härtesten Bedingungen bzw. das Leben in der Illegalität. Aus Minsk wurden laut Aussagen Überlebender Tausende Juden herausgeschmuggelt, von denen viele die Front in Richtung Osten passieren konnten. Die Zahl der jüdischen Opfer der deutschen Besatzung in W. belief sich auf 500 000 Menschen.

Christian Gerlach

Lit.: Martin Dean, Collaboration in the Holocaust. Crimes of the Local Police in Belorussia in Ukraine, New York, London 2000. – Christian Gerlach, Kalkulierte Morde. Die deutsche Wirtschafts- und Vernichtungspolitik in Weißrußland 1941–1944, Hamburg 1999.

Weizmann, Chaim (1874–1952), Präsident der World Zionist Organisation, erster Präsident des Staates Israel; in Motol (Russland) geboren; Studium der Chemie in Deutschland und der Schweiz; seit 1913 Dozent für Biochemie an der Universität Manchester. 1920–1946 Präsident der World Zionist Organisation. 1929 regte er die Erweiterung der Jewish Agency for Palestine an. W. bemühte sich um eine kontrollierte Einwanderung deutscher Juden nach → Palästina. W. bemühte sich während des Krieges um ausgedehnte Hilfs- und Rettungsmaßnahmen für die europäischen Juden, die letztlich von Großbritannien vereitelt wurden. 1948 wurde er zum ersten Staatspräsidenten Israels gewählt.

Westerbork. Die niederländische Regierung errichtete 1939 in der Provinz Drenthe das Zentrale Flüchtlingslager W., das außerhalb des gleichnamigen Dorfes ungefähr 40 km von der deutschen Grenze entfernt lag. Bis Anfang 1941 waren hier ca. 1100 Juden, in erster Linie deutsche Flüchtlinge, interniert. Das Lager unterstand zu Beginn der → Deportationen nach → Polen dem niederländischen Justizministerium. Am 1. Juli 1942 wurde dem Befehlshaber der Sicherheitspolizei und des SD in den → Niederlanden die Kontrolle über das Lager übertragen, und W. wurde polizeiliches Durchgangslager für Juden. Bereits zuvor war eine einschneidende Erweiterung des Lagers angeordnet worden. Der Bau des Lagers war größtenteils von jüdischen Organisationen in den Niederlanden finanziert worden. Ausbau und Unterhalt des Durchgangslagers wurden von den deutschen Behörden aus dem beschlagnahmten jüdischen Vermögen finanziert. Es entwickelte sich schnell eine «jüdische Stadt» mit eigenem sozialen und kulturellen Leben. Insgesamt lebten mehr als 100 000 Menschen für kurze oder längere Zeit im Lager, das bereits mit 10 000 Häftlingen überbelegt war. Am längsten bekleidete A. K. Gemmeker das Amt des Lagerkommandanten, ein Bürokrat, der seine unbegrenzte Macht genoss. Er befehligte die interne Organisation, in die auch Häftlinge auf unterschiedlichen Ebenen einbezogen waren. Das Leben in W. wurde von der mit großer Regelmäßigkeit erfolgenden Abfahrt der Deportationszüge beherrscht. Insgesamt fuhren aus W. 93 Züge nach Polen ab, der erste am 15. Juli 1942 mit 1135 Juden ging nach → Auschwitz, der letzte am 13. September 1944 brachte 279 Menschen nach → Bergen-Belsen. Als im April 1945 kanadische Truppen das Lager W. befreiten, lebten dort noch 876 Insassen. Direkt nach dem Krieg wurden in W. Kollaborateure interniert, später wurden hier in die Niederlande emigrierte Süd-Molukker untergebracht. Heute befinden sich auf dem ehemaligen Lagergelände eine Gedenkstätte und ein nationales Denkmal.

Peter Romijn

Lit.: Louis de Jong, Het Koninkrijk der Nederlanden in de Tweede Wereldoorlog, Bd. VIII, Gevangenen en gedeporteerden, Den Haag, Leiden 1978. – Philip Mechanicus, In depot. Tagebuch aus Westerbork, Berlin 1993. – Coenraad J. F. Stuldreher, Deutsche Konzentrationslager in den Niederlanden: Amersfoort, Westerbork, Herzogenbusch, in: Dachauer Hefte 5 (1989), S. 141–173.

Wetzel, Erhard (geb. 1903), Rassenreferent; 1933 Eintritt in die NSDAP; seit 1935 Mitarbeiter im Rassenpolitischen Amt der Partei; 1939 Mitverfasser einer Denkschrift zur «Behandlung der Fremdvölkischen» im Osten. Seit 2. Oktober 1941 Rassenreferent im Reichsministerium für die besetzten Ostgebiete, in dieser Eigenschaft involviert in die → Endlösung der Judenfrage, u. a. durch Beteiligung an der Diskussion um den → Generalplan Ost und Verhandlungen um die Abschiebung von Juden → Rumäniens in die UdSSR, wo sie ermordet wurden. Seit 1955 Ministerialrat im Innenministerium Niedersachsens. Ein Ermittlungsverfahren gegen W. wurde 1961 eingestellt.

Widerstand s. Jüdischer Widerstand, s. Rettung

Wiedergutmachung. Allgemein wurde W. häufig als sprachliche Alternative zu Begriffen wie «Rückerstattung», «Entschädigung» und «Reparationen» gebraucht. Als juristischer Fachterminus dagegen hat sich W. als Oberbegriff eines komplexen Vertrags- und Gesetzeswerkes eingebürgert, das sich in die Bereiche Rückerstattung und Entschädigung gliedert. Auf US-Initiative hin wurde schon 1947 die Rückerstattung von in der NS-Zeit zu Unrecht eingezogenem Vermögen, das noch auffindbar war, geregelt. Nicht mehr auffindbare Werte wurden erst 1957 im Bundesrückerstattungsgesetz mit insgesamt 3 Milliarden DM entschädigt. Die Bundesrepublik schloss auch zahlreiche kollektive Entschädigungsabkommen. Mit Israel vereinbarte die BRD 1952 die Zahlung von 3 Milliarden DM für die Eingliederung ehemaliger Verfolgter in die israelische Gesellschaft. 450 Millionen DM für den Wiederaufbau von jüdischen Gemeinden und für Gedenkstätten erhielt die Claims Conference, ein Zusammenschluss von 22 jüdischen Organisationen. Für die Regierung Adenauer war die Globalentschädigung eine Möglichkeit, den moralischen Wandel Deutschlands zu demonstrieren und somit die Westintegration der BRD zu fördern. Die DDR war nicht zu kollektiven Entschädigungszahlungen bereit.
Für die NS-Verfolgten war die individuelle Entschädigung die wichtigste Form der W. Sie begann als spontane Fürsorge, führte über landesgesetzliche Regelungen zum Bundesentschädigungsgesetz von 1953, das bis zum Entschädigungs-Schlussgesetz von 1965 immer wieder novelliert wurde. Nach den im Einzelnen sehr komplizierten Gesetzen besaß derjenige in der NS-Zeit rassistisch, religiös oder politisch Verfolgte einen Entschädigungsanspruch, der während der Verfolgung im → Deutschen Reich in den Grenzen von 1937 gelebt hatte oder der während eines eng begrenzten Zeitraumes nach 1945 im Gebiet der BRD wohnte. Durch dieses Territorialitätsprinzip wurde ein Großteil der ausländischen Verfolgten von der Entschädigung ausgeschlossen. Auch von den deutschen Verfolgten wurden längst nicht alle entschädigt, weil bestimmte Verfolgtengruppen auch in der BRD immer noch diskriminiert wurden, wie z. B. → Sinti und Roma, die bis 1963 für eine vor 1943 erlittene Verfolgung nicht entschädigt wurden. Auch Kommunisten, Wehrdienstverweigerer, Homosexuelle, in der NS-Zeit als «asozial» verfolgte Menschen und nach dem «Erbgesundheitsgesetz» Zwangssterilisierte erhielten keine Entschädigung. So erklärt sich die Diskrepanz zwischen etwa 20 Millionen NS-Verfolgten und etwa 1,5 Mil-

lionen Entschädigungsempfängern. Auch die Entschädigungspraxis gab häufig Anlass zu Kritik. Schwierig war es z. B., bei gesundheitlichen Schäden den Zusammenhang zwischen der Krankheit und der erlittenen Verfolgung nachzuweisen. Häufig fiel auch die gezahlte Entschädigung im Vergleich zur Schwere der erlebten Verfolgung gering aus. Insgesamt wurden für die staatliche W. etwa 77 Milliarden DM ausgegeben. Erst im Jahr 2000 wurden angesichts der Entschädigungsforderungen ehemaliger Zwangsarbeiter an die deutsche Industrie als gemeinsamer Fonds mit 5 Mrd. Euro eine Bundesstiftung «Erinnerung, Verantwortung und Zukunft» errichtet.

Dennis Riffel

Lit.: Karl Doehring, Bernd J. Fehn, Hans Günther Hockerts (Hrsg.), Jahrhundertschuld – Jahrhundertsühne: Reparationen, Wiedergutmachung, Entschädigung für nationalsozialistisches Kriegs- und Verfolgungsunrecht, München 2001. – Constantin Goschler, Westdeutschland und die Verfolgten des Nationalsozialismus 1945–1954, München 1992. – Constantin Goschler, Jürgen Lillteicher (Hrsg.), «Arisierung» und Restitution: die Rückerstattung jüdischen Eigentums in Deutschland und Österreich nach 1945 und 1989, Göttingen 2002. – Ludolf Herbst, Constantin Goschler, Wiedergutmachung in der Bundesrepublik Deutschland, München 1989. – Christian Pross, Wiedergutmachung: Der Kleinkrieg gegen die Opfer, Berlin 2001.

Wiesel, Eli (geb. 1928), jüdischer Schriftsteller, Friedensnobelpreisträger 1986; in Rumänien geboren, 1944 zusammen mit seiner Familie nach → Auschwitz deportiert; anschließend → Deportation nach → Buchenwald, wo er im April 1945 die Befreiung erlebte. Anschließend Studium an der Sorbonne; Auslandskorrespondent der israelischen Tageszeitung Jediot Acharonot. 1956 erschien seine Autobiographie *Un di velt hot geschvign* (Und die Welt hat geschwiegen). 1980–1986 Vorsitzender des U.S. Holocaust Memorial Council. W. hat entscheidend zur Auseinandersetzung der amerikanischen Gesellschaft mit dem Holocaust beigetragen.

Wiesenthal, Simon (geb. 1908), Schriftsteller, Diplomingenieur; in Buczacz (Galizien) geboren; Mitglied in der zionistisch-sozialistischen Jugendbewegung Haschomer Hazair (→ Zionismus); studierte Architektur in Prag und Lemberg (Lwów); am 6. Juli 1941 durch ukrainische Miliz verhaftet. W. war in KZ und Zwangsarbeitslagern in Lemberg, → Krakau-Płaszów, → Groß-Rosen und → Mauthausen, wo er am 5. Mai 1945 von der US-Army befreit wurde. Nachdem er dort mit der Arbeit des US-War Crimes Office in Kontakt gekommen war, übergab er am 20. Mai den US-Behörden eine Liste mit den Namen von 91 NS-Verbrechern. Sein weiteres Leben widmete W. der Suche nach NS-Verbrechern. Im Juli 1945 wurde W. vom Office of Strategic Services beauftragt, nach Adolf Eichmann zu fahnden. 1947 gründete er zusammen mit 30 anderen jüdischen Displaced Persons das «Zentrum für jüdische historische Dokumentation» in Linz. Aufgrund sinkenden öffentlichen Interesses wurde das Zentrum 1954 geschlossen, seine Materialien nach Yad Vashem überstellt. Nachdem im Kontext des → Eichmann-Prozesses das Interesse an der Verfolgung von NS-Verbrechern wieder anstieg, nahm W. 1961 in Wien seine Arbeit wieder auf. Seiner Tätigkeit ist die Enttarnung und gerichtliche Verfolgung von mehr als 1200 NS-Straftätern zu danken, darunter Franz Stangl, Gustav Franz Wagner, der stellvertretende Kommandant von → Sobibór, Franz Murer, der Kommandant des → Wilnaer Ghettos und Karl Silberbauer, der 1944 Anne Frank verhaftete. 1977 wurde ihm zu Ehren in Los Angeles das Simon Wiesenthal Center zur Erforschung der Verfolgung der europäischen Juden gegründet. Darüber hinaus hat W. mit Büchern und öffentlichen Auftritten dazu beigetragen, das Gedenken an die jüdischen Opfer des Nationalsozialismus wachzuhalten.

Wilna (Ghetto). Am 6. September 1941, nach der großen Pogrom- und Tötungswelle in → Litauen, wurden in W. (Vilnius), dem «Jerusalem des Ostens», zwei Stadtteile hermetisch abgeriegelt, in denen zuvor etwa 4000 Menschen gewohnt hatten. Die beiden neuen jüdischen Ghettoteile wurden durch die «Deutsche Straße» getrennt. 30 000 Juden wurden in Ghetto 1 zusammengepfercht; 20 000 waren es in Ghetto 2. Es folgte eine Serie von Tötungsaktionen, die nicht abriss. Die Massenerschießungen in → Ponary reduzierten nicht nur die Zahl der Ghettoinsassen (in der Regel als «unproduktive Juden» oder «unnütze Esser» betrachtete Menschen), sondern löschten auch die Existenz des zweiten Ghettos aus, das für ungelernte Arbeiter vorgesehen war. Im Dezember 1941 lebten noch 16 500 Juden im Schatten des Todes. Unter ihnen befanden sich knapp 3000 «illegale» Bewohner, die in Verstecken hausten. Amtliche Bescheinigungen waren erforderlich: Sie dokumentierten die befristete Wohngenehmigung und Arbeitserlaubnis.

Der jüdische «Wohnbezirk» unterstand dem deutschen Stadtkommissariat, einer zivilen Behörde, die innerhalb des Generalkommissariats Litauen des Reichskommissariats Ostland die Interessen des Deutschen Reiches vertrat. Die Kontrolle über das Ghetto fiel in die Zuständigkeit der Sicherheitspolizei und des SD. Für die Überwachung des Ghettos wie für die Ermordung der Insassen wurden litauische Hilfspolizisten herangezogen, die in den → Schutzmannschaften dienten. Um den Schein einer jüdischen Selbstverwaltung zu wahren, wurde ein → Judenrat errichtet, der als Befehlsübermittlungszentrale fungierte und zur Durchführung der deutschen Anordnungen und Maßnahmen verpflichtet war. Die jüdische Ghettopolizei übernahm den «Ordnungsdienst». Nach innen, gegenüber der isolierten Ghettogemeinschaft, bemühten sich die jüdischen Repräsentanten um die Sicherung jüdischer Existenz. Medizinische und soziale Versorgungssysteme wurden aufgebaut, Kinderheime und Schulen unterhalten, Nahrungsmittelrationen und andere Güter verteilt. Ein Kulturleben entfaltete sich. Ghettobewohner besuchten Vorlesungen, Musik- und Theatervorführungen. Sie suchten auch Zuflucht in den religiösen Traditionen ihrer Vorfahren. → Zwangsarbeit wurde innerhalb und außerhalb des Ghettos verrichtet – in Betrieben der Textil- und Pelzindustrie oder auf Bauplätzen und in Werkstätten der → Wehrmacht. Hinter den Mauern des Ghettos formierten sich im Untergrund Widerstandsgruppen, die weitgehend vom Hechalutz – der zionistisch-sozialistischen Jugendbewegung – getragen wurden und die sich in der «Vereinigten Partisanen Organisation» (FPO) zusammenschlossen. Solange Ghettoexistenz und Zwangsarbeit die Hoffnung auf ein Überleben liessen, trafen die frühen Aufrufe zum Widerstand auf taube Ohren. Abba Kovner entwarf das berühmte, erste Manifest, das am 31. Dezember 1941 verkündet wurde:

«Hitler will alle Juden Europas töten. Die Juden Litauens stehen an erster Stelle. Laßt uns nicht wie Schafe zur Schlachtbank gehen». Die Auseinandersetzungen zwischen dem Judenrat unter der Führung von Jacob Gens und der Widerstandsbewegung erreichten im Juli 1943 ihren Höhepunkt. Auf Drängen und Drohungen Gens' wurde der im Untergrund versteckte Yitzhak Wittenberg, Kommandeur der FPO, den Deutschen ausgeliefert. Im Gefängnis nahm sich der Widerstandskämpfer vermutlich das Leben.

Im Zuge der Ghetto-Liquidierungen im «Reichskommissariat Ostland» wurden im Herbst 1943 mehr als 10000 arbeitsfähige Ghettoinsassen, Männer und Frauen in estnische und lettische Zwangsarbeitslager verfrachtet. Über 4000 wurden in das → Vernichtungslager → Sobibór deportiert. Kleinere Gruppen – Gebrechliche, Kranke und Kinder – wurden schon in → Ponary umgebracht. Am 23. September 1943 wurde das Ghetto aufgelöst. Zurück blieben weniger als 3000 Juden, die in dem Heereskraftfahrzeugparks der Wehrmacht und in den Pelzbetrieben noch dringend benötigt wurden. Einigen Juden gelang es, sich im geräumten Ghetto zu verstecken und dann auf der «arischen Seite» unterzutauchen. Andere schlugen sich zu den → Partisanen durch, um in den Wäldern und jüdischen «Familienlagern» den Überlebens- und Widerstandskampf fortzusetzen. Einheiten der Roten Armee und jüdische Angehörige der Litauischen Brigade befreiten W. am 13. Juli 1944.

Konrad Kwiet

Lit.: Yitzhak Arad, Ghetto in Flames, Jerusalem 1980. – Abraham Wajnreb, Medizin im Ghetto Wilna, in: Dachauer Hefte 4 (1988), S. 78–118. – Wolfgang Benz, Marion Neiss (Hrsg.), Judenmord in Litauen. Studien und Dokumente, Berlin 1999.

Wilner, Arie (1917–1943), Mitbegründer der polnischen Widerstandsorganisation Żydowska Organizacja Bojowa (ŻOB); Mitglied der zionistischen Jugendorganisation Haschomer Hazair (→ Zionismus) in Warschau; im September 1939 Flucht nach → Wilna; nach der deutschen Besetzung → Litauens Rückkehr nach → Warschau, wo er sich im dortigen → Ghetto dem Untergrund anschloss und im Juni 1942 zu den Gründern der ŻOB zählte. Am 6. März 1943 wurde er von der Gestapo verhaftet und nach seiner Identifizierung als Jude in ein KZ verbracht. Nach seiner Befreiung kehrte er ins Warschauer Ghetto zurück, wo er während des Aufstandes (→ Jüdischer Widerstand) im April/Mai 1943 umkam.

Wirth, Christian (1885–1944), Inspekteur der Vernichtungslager; nach dem Ersten Weltkrieg Kriminalpolizist; 1931 Eintritt in die NSDAP, 1933 in die SA, 1939 Übernahme in die → SS. Ende 1939 im Rahmen der → Euthanasie nach Grafeneck versetzt, wo W. die ersten Vergasungen durchführte; anschließend Verwaltungsleiter der Euthanasieanstalt Brandenburg. 1940 Inspekteur der Euthanasieanlagen in Deutschland. Im Sommer 1941 zusammen mit ca. 100 Mann des Personals der → Aktion T 4 im Rahmen der → Aktion Reinhardt ins → Generalgouvernement entsandt, um das → Vernichtungslager → Belzec zu errichten, dessen erster Kommandant er wurde. Seit August 1942 war W. Inspekteur der Vernichtungslager der Aktion Reinhardt. Im Herbst 1943 wurde W. zur Partisanenbekämpfung nach Istrien (→ Risiera die San Sabba) versetzt, wo er von → Partisanen getötet worden sein soll.

Wirtschaftsverwaltungshauptamt s. SS-Wirtschaftsverwaltungshauptamt

Wisliceny, Dieter (1911–1948), enger Mitarbeiter Adolf Eichmanns, SS-Hauptsturmführer; 1931 Eintritt in die NSDAP, 1934 in die → SS, seit Juni 1934 Mitarbeiter des SD. 1938 Mitarbeiter Adolf Eichmanns in der Zentralstelle für jüdische Auswanderung. Seit September 1940 Judenberater der deutschen Delegation in der → Slowakei, wo er sich von einem jüdischen Hilfskomitee mit 50 000 Dollar bestechen ließ, die für 1942 geplanten → Deportationen aufzuschieben. 1943 zur Vorbereitung der Deportation der Juden → Griechenlands nach Saloniki entsandt. Seit März 1944 organisierte er in Eichmanns Sonderkommando in Budapest die Deportation der Juden → Ungarns. In Nürnberg (→ Nürnberger Prozesse) trat W. als Zeuge der Anklage auf, bevor er in die ČSR ausgeliefert wurde. Am 27. Februar 1948 wurde er in Preßburg wegen Beihilfe zum Massenmord hingerichtet.

Witebsk (Ghetto). Als die schwer zerstörte Stadt im Nordosten → Weißrusslands am 11. Juli 1941 von den Deutschen erobert wurde, befanden sich von den 170 000 Einwohnern noch etwa 50 000 dort. Am 18. Juli und in den folgenden Tagen wurden 16 000 Jüdinnen und Juden auf ein 400 mal 1000 m großes, am Fluss Zapadnaja Dwina liegendes halbzerstörtes Fabrikareal getrieben. Dabei kamen mindestens 150 Menschen um, darunter Alte und Kinder, als sie – wahrscheinlich durch das Einsatzkommando 7a (→ Einsatzgruppen) und möglicherweise Wehrmachtsangehörige – gezwungen wurden, den Fluss zu durchqueren und dabei beschossen wurden. Innerhalb von nur drei Monaten starben im → Ghetto zwischen 5000 und 10 000 Menschen an Hunger und Krankheiten. Nach mehreren Massenerschießungen durch das Einsatzkommando 9 im August und September 1941 in W., die wahrscheinlich mehr als 3300 Opfer forderten, wurde das Ghetto im Oktober «liquidiert». Zwischen dem 8. und 10. Oktober 1941 erschossen das Einsatzkommando 9, ein ihm zugeteiltes Kommando der SS-Division «Das Reich» und einheimische Miliz an der Ilowski-Schlucht zwischen 4000 und 8000 Jüdinnen und Juden. Viele transportunfähige Gefangene wurden in den folgenden Tagen auf dem Ghettogelände selbst ermordet. Als die Rote Armee am 26. Juli 1944 W. befreite, hatte kein jüdischer Einwohner überlebt.

Babette Quinkert

Lit.: Christian Gerlach, Kalkulierte Morde. Die deutsche Wirtschafts- und Vernichtungspolitik in Weißrußland 1941–1944, Hamburg 1999.

Wolff, Karl (1900–1984), Chef des Persönlichen Stabes des Reichsführer SS (RFSS), Höchster SS- und Polizeiführer (SSPF) in Italien; 1920–1925 kaufmännischer Angestellter; 1931 Eintritt in die NSDAP und schnelle Karriere bei der → SS; seit 1936 Chef des Persönlichen Stabes des RFSS; 1939 Verbindungsoffizier Himmlers im Führerhauptquartier. Im Juli 1942 intervenierte W. im Reichsverkehrsministerium, um zusätzliche Züge für die → Deportation von Juden in das → Vernichtungslager → Treblinka zu erhalten. Seit 23. September 1943 Höchster SSPF in → Italien. 26. Juni 1944 Bevollmächtigter General der → Wehrmacht in Italien; seit Februar 1945 Geheimverhandlungen mit Briten und Amerikanern, mit dem Ergebnis, dass am

2. Mai 1945 die deutschen Truppen in Italien kapitulierten. Am 30. September 1964 wurde er in München wegen seiner Beteiligung an den Deportationen nach Treblinka zu 15 Jahren Zuchthaus verurteilt (→ Nachkriegsprozesse), 1971 jedoch wegen Haftunfähigkeit entlassen.

Żegota s. Rettung

Zentrale Stelle der Landesjustizverwaltungen zur Aufklärung nationalsozialistischer Verbrechen. Eine mit Richtern und Staatsanwälten besetzte Dienststelle zur Aufklärung nationalsozialistischer Tötungsverbrechen mit Sitz in Ludwigsburg. Die Z. wurde im Oktober 1958 von den Justizministern und -senatoren aller elf Bundesländer der Bundesrepublik Deutschland ins Leben gerufen und nahm am 1. 12. 1958 ihre Arbeit auf. Sie war zunächst zuständig für die Aufklärung von NS-Verbrechen, die während des Krieges außerhalb des Gebietes der späteren Bundesrepublik Deutschland an Zivilpersonen abseits der eigentlichen Kriegshandlungen begangen worden waren. Gedacht war dabei an Straftaten, die in → Konzentrationslagern und → Ghettos und von den → Einsatzgruppen und Einsatzkommandos der Sicherheitspolizei und des SD verübt worden waren. Nicht in die Zuständigkeit der Z. fielen die Straftaten von Mitarbeitern des → Reichssicherheitshauptamtes (RSHA). Diese sollten von der Generalstaatsanwaltschaft beim Kammergericht in Berlin verfolgt werden, da der Tatort in der Regel der Sitz des RSHA – Berlin – war. Am 20. 11. 1964 erweiterten die Landesjustizminister die Zuständigkeit der Z. auf die im Inland begangenen NS-Verbrechen und verstärkten die Z. personell. Die Z. trägt alle einschlägigen Unterlagen und Beweismittel zusammen, sichtet sie und ermittelt den Verbleib der Täter. Sie wird dabei von der örtlichen Kriminalpolizei und bei den Landeskriminalpolizeiämtern eingerichteten Sonderkommissionen unterstützt. Da die Z. keine Staatsanwaltschaft ist, kann sie keine Anklage erheben oder Haftbefehl beantragen. Nach Abschluss der Vorermittlungen gibt sie den Vorgang an die für den Wohn- bzw. Aufenthaltsort des Täters zuständige Staatsanwaltschaft zur Einleitung eines förmlichen Ermittlungsverfahrens ab. Bereits 1959 leitete die Z. 400 Vorermittlungsverfahren ein. Die Gründung der Z. kehrte die bis dahin übliche Strafverfolgung von NS-Verbrechen um, indem nicht mehr infolge einer Anzeige gegen einen Tatverdächtigen ermittelt wurde, sondern Hinweise jeder Art Ermittlungen auslösten. Zudem erhielt die Z. die Aufgabe, die Ermittlungs- und Strafverfahren, die bei den verschiedenen Staatsanwaltschaften und Gerichten anhängig sind, zu koordinieren, um Mehrfachermittlungen auszuschließen. Bis zum 31. 12. 1999 hat die Z. 7190 Verfahren an die Staatsanwaltschaften zur Einleitung eines förmlichen Ermittlungsverfahrens abgegeben. Es gibt darüber hinaus eine Vielzahl von Überprüfungsvorgängen, die nicht oder noch nicht zu einem förmlichen Ermittlungsverfahren kommen oder gekommen sind. Die zu archivierenden Unterlagen der Z. werden seit dem Jahr 2000 vom Bundesarchiv verwaltet, das in Ludwigsburg eine neue Außenstelle eingerichtet hat.

Angelika Königseder

Lit.: Adalbert Rückerl, NS-Verbrechen vor Gericht. Versuch einer Vergangenheitsbewältigung, Heidelberg 1982.

Zentralstelle für Jüdische Auswanderung s. Emigration. s. Reichszentrale für jüdische Auswanderung

Zigeuner s. Sinti und Roma

Zionismus. Die jüdische Nationalbewegung, deren Name sich vom Tempelberg Zion in Jerusalem ableitet, entstand als Reaktion auf den Antisemitismus gegen Ende des 19. Jahrhunderts mit dem Ziel, einen jüdischen Staat in Palästina zu schaffen. Wichtigster geistiger Vater des Z. war der jüdische Journalist Theodor Herzl, der durch sein Buch «Der Judenstaat» nicht nur die theoretischen Grundlagen der Bewegung schuf, sondern auch als erster Präsident der Zionistischen Weltorganisation (ZWO) erste praktische Schritte zur Verwirklichung seines Ziels unternahm. Während der Z. unter den osteuropäischen Juden viele Anhänger fand, lehnten die meisten der akkulturierten Juden Westeuropas den Z. ab. Dies änderte sich auch nach der Machtübernahme Hitlers in Deutschland nur allmählich. Um die Auswanderung aus Deutschland voranzutreiben, förderten die Nationalsozialisten bis zum November 1938 die «Zionistische Vereinigung für Deutschland» (ZVfD). Das → Haavara-Abkommen, ein Transferabkommen, das es den jüdischen Auswanderern aus Deutschland ermöglichte, einen Teil ihrer Vermögen nach Palästina mitzuführen, erleichterte die Auswanderung. 1939 schränkte die britische Mandatsmacht für Palästina die Einwanderung stark ein, um die Araber zu besänftigen. Die Zionisten versuchten in der Folgezeit, die Zahl der jüdischen Bewohner Palästinas durch illegale Einwanderung zu erhöhen. Erst nach dem Bekanntwerden des Ausmaßes der NS-Judenvernichtung wurde der Z. von einem Minderheitenprogramm zum Anliegen der meisten Juden. Am 14. Mai 1948 erreichten die Zionisten ihr Ziel – die Gründung eines jüdischen Staates in Palästina.

Dennis Riffel

Lit.: Heiko Haumann (Hrsg.), Der Traum von Israel. Die Ursprünge des modernen Zionismus, Weinheim 1998. – Walter Laqueur, Der Weg zum Staat Israel. Geschichte des Zionismus, Wien 1975. – Jehuda Reinharz, Anita Shapira (Hrsg.), Essential Papers on Zionism, London 1996. – Amnon Rubinstein, Geschichte der Zionismus: von Theodor Herzl bis heute, München 2001. – Ekkehard W. Stegemann (Hrsg.), 100 Jahre Zionismus: von der Verwirklichung einer Vision, Stuttgart u. a. 2000.

Zöpf, Wilhelm (geb. 1908), SS-Hauptsturmführer, Judenreferent in den Niederlanden; Jurastudium; 1933 Eintritt in die NSDAP; 1937 in die → SS; 1940 Tätigkeit im → Reichssicherheitshauptamt. Im Juni 1940 Versetzung in die → Niederlande, wo er das Judenreferat beim Befehlshaber der Sicherheitspolizei und des SD übernahm, in dieser Eigenschaft hatte Z. maßgebliche Verantwortung für die → Deportation der Juden in die → Vernichtungslager. Im Februar 1967 vom Landgericht München wegen Beihilfe zum Mord an 54982 Personen zu neun Jahren Zuchthaus verurteilt.

Zwangsarbeit. Zur «Reichsarbeit» oder «Arbeitseinsatz» genannten Z. im Nationalsozialismus wurden «Fremdarbeiter» (ausländische Zivilarbeiter), Kriegsgefangene, KZ-Häftlinge und Juden aus dem gesamten besetzten Europa herangezogen. 1944 überzog ein dichtes, rassistisch gegliedertes System von etwa 30000 Lagern mit über 8 Millionen ausländischen Arbeitskräften, die fast ein Drittel aller Beschäftigten ausmachten, das gesamte Gebiet des → Deutschen Reiches. Eingesetzt wurden sie in allen Wirtschaftszweigen, bis 1941 noch überwiegend in der Landwirtschaft, danach zunehmend in der Rüstungsindustrie. Kurz nach Kriegsbeginn 1939 begann der breite zwangsweise «Ausländereinsatz» von ca. 300 000 polnischen Kriegsgefangenen und ca. 1,7 Millionen polnischer Zivilisten, die vor allem im → Generalgouvernement in regelrechten Menschenjagden zwangsrekrutiert wurden. Im weiteren Kriegsverlauf wurden über eine Million französische Kriegsgefangene zur Arbeit ins Reich gebracht und in den verbündeten und besetzten Gebieten weitere zivile Arbeitskräfte unter Zwangsandrohung «angeworben». Im Frühjahr 1941 waren es beinahe 3 Millionen Zwangsarbeiter. Von den Millionen sowjetischer Kriegsgefangener ab Sommer 1941, die man größtenteils verhungern ließ oder ermordete, wurde nur ein geringer Bruchteil zur Z. eingesetzt. Ihr Status glich dem der KZ-Häftlinge. Der im März 1942 eigens ernannte Generalbevollmächtigte für den Arbeitseinsatz Fritz Sauckel ließ für den nun folgenden «Russeneinsatz» mit großer Brutalität in knapp zweieinhalb Jahren 2,5 Millionen sowjetische Zivilisten ins Reich deportieren. Die Repression und Diskriminierung dieser «Ostarbeiter» übertraf noch die der polnischen Zwangsarbeiter. Über 50 % der polnischen und sowjetischen, mit «P» bzw. «Ost» gekennzeichneten zivilen Zwangsarbeiter waren Frauen unter 20 Jahren, viele waren 13- und 14jährige Kinder.

Die Häftlingsarbeit in den → Konzentrationslagern war von Anfang an als Strafe und «Erziehung» fester Bestandteil des Terrorsystems der SS und forderte unausgesetzt Tote, insbesondere in den berüchtigten Strafkommandos und in den SS-eigenen Steinbrüchen und Ziegeleien. Seit Ende 1942 konnten auf Veranlassung von Rüstungsminister Albert Speer kriegswichtige Betriebe KZ-Häftlinge für 4 bzw. 6 RM pro Tag anfordern. Hierfür wurden vor allem 1944 KZ-Außenlager auch in Fabriken eingerichtet. Ende 1944 waren an die 500 000 KZ-Häftlinge neben der Rüstungsindustrie für unterirdische Betriebsverlagerungen und Bauprojekte der Organisation Todt eingesetzt. Ihre Überlebenschance betrug hier oft nur wenige Monate.

An unterster Stelle der nationalsozialistischen Rassenideologie standen die Juden. Bereits 1938 mussten sie in Deutschland im «geschlossenen Einsatz» kolonnenweise Z. leisten, die letzten jüdischen Zwangsarbeiter im Reich wurden Anfang 1943 in die Lager im Osten deportiert. Bald nach Kriegsbeginn richtete die SS im Generalgouvernement besondere Arbeitslager für Juden ein, in denen viele aufgrund katastrophaler Bedingungen starben. In den größeren jüdischen Ghettos, die von 1940/41–1943/44 existierten und die immer mehr Arbeitslagern ähnelten, verrichteten aus ganz Europa deportierte Juden Z. für deutsche Firmen und die → Wehrmacht. Die begehrten Arbeitsplätze schützten jedoch bei einer Entlohnung von beispielsweise einem Teller Suppe und einem Stück Brot am Tag kaum vor dem drohenden Hungertod. Ende 1940 leisteten über 700 000 Juden in → Polen Z., Mitte 1943 waren es nur noch 100 000. Seit Ende 1941 war die Z. der europäischen Juden in den → Ghettos und Arbeitslagern bis zu deren Auflösung von den → Deportationen in die → Vernichtungslager begleitet. 1944/45 wurde der am Leben gebliebene Rest der jüdischen Bevölkerung als KZ-

Häftlinge zur Z. ins Reich verschleppt, darunter in großer Zahl ungarische Juden. Die Z. von Juden in der besetzten → Sowjetunion ist bisher wenig erforscht; regional sehr unterschiedlich und eher von kurzer Dauer, war sie von den systematischen Massenerschießungen der jüdischen Bevölkerung bestimmt.

Monika Schmidt

Lit.: Ulrich Herbert (Hrsg.), Europa und der «Reichseinsatz». Ausländische Zivilarbeiter, Kriegsgefangene und KZ-Häftlinge in Deutschland 1938–1945, Essen 1991. – Ders., Fremdarbeiter. Politik und Praxis des «Ausländer-Einsatzes» in der Kriegswirtschaft des Dritten Reiches, Bonn 1985. – Hermann Kaienburg (Hrsg.), Konzentrationslager und deutsche Wirtschaft 1939–1945, Opladen 1996.

Zyklon B. Z. ist eine Handelsform der hoch giftigen Blausäure (chem. Cyanwasserstoff, HCN), von der bereits 60 mg für den Menschen tödlich sind. Seit 1923 wurde das Gift von der Deutschen Gesellschaft für Schädlingsbekämpfung (DEGESCH), an der die IG Farben beteiligt waren, als Mittel zur Ungezieferbekämpfung vertrieben. Auch bei der → Wehrmacht und der Waffen-SS (→ Gerstein-Bericht) fand Z. als Entwesungsmittel Verwendung. Als Rudolf Höß, Kommandant des Konzentrationslagers → Auschwitz, im Sommer 1941 von Himmler den Auftrag erhielt, sein Lager auf den Massenmord an den Juden vorzubereiten, begann er auch mit Giftgas zu experimentieren. Das vom Kriminaltechnischen Institut des Reichskriminalamtes empfohlene Kohlenmonoxid (CO), das später meist aus den Abgasen von Verbrennungsmotoren gewonnen wurde (→ Gaswagen) und ab 1942 in den Vernichtungslagern der → Aktion Reinhardt das Standardverfahren darstellte, war, von den IG Farbwerken in Stahlflaschen geliefert, bei der Ermordung von Geisteskranken in den → Gaskammern der Euthanasieanstalten (→ Euthanasie) schon seit 1940 angewendet worden. Höß entschied sich jedoch für das schnell wirkende Z., das unter Beachtung einiger Vorsichtsmaßregeln auch relativ einfach anzuwenden war. Die Blausäure, beim Z. mit einem Stabilisator versetzt an einen aus Kieselgur bestehenden Träger gebunden, tritt beim Überschreiten ihres Siedepunktes von 25,7 Grad als Gas aus, das eingeatmet die Zellatmung lähmt und zum Tod durch Ersticken führt. In den → Gaskammern der Vernichtungslager Auschwitz (erstmals am 3.9. 1941 bei einer «Probevergasung» eingesetzt) und → Majdanek, in geringerem Umfang auch in den Konzentrationslagern → Mauthausen, → Neuengamme, → Ravensbrück, → Sachsenhausen und → Stutthof, wurden mit Z. Millionen von Menschen ermordet.

Hermann Weiß

Lit.: Jürgen Kalthoff, Tesch und Stabenow, eine Firmengeschichte zwischen Hamburg und Auschwitz, Hamburg 1998. – Eugen Kogon u. a. (Hrsg.), Nationalsozialistische Massentötungen durch Giftgas, Frankfurt am Main 1983. – Jean-Claude Pressac, Die Krematorien von Auschwitz, München 1994.

Abkürzungen

BdS	Befehlshaber der Sicherheitspolizei und des SD
CIC	(US-Army) Counter Intelligence Corps
CV	Centralverein Deutscher Staatsbürger Jüdischen Glaubens
DNVP	Deutschnationale Volkspartei
DP	Displaced Person
Gestapa	Geheimes Staatspolizeiamt
Gestapo	Geheime Staatspolizei
HJ	Hitlerjugend
HSSPF	Höherer SS- und Polizeiführer
IKL	Inspektion der Konzentrationslager
IMG	Internationaler Militärgerichtshof
KdS	Kommandeur der Sicherheitspolizei und des SD
KL/KZ	Konzentrationslager
Kripo	Kriminalpolizei
Orpo	Ordnungspolizei
NS	Nationalsozialismus
NSDAP	Nationalsozialistische Deutsche Arbeiterpartei
RKF	Reichskommissar für die Festigung deutschen Volkstums
RM	Reichsmark
RMdI	Reichsministerium/Reichsminister des Inneren
RMfdbO	Reichsministerium/Reichsminister für die besetzten Ostgebiete
RSHA	Reichssicherheitshauptamt
RuSHA	Rasse- und Siedlungshauptamt
RVK	Reichsverteidigungskommissar
SA	Sturmabteilung
SD	Sicherheitsdienst
Sipo	Sicherheitspolizei
SS	Schutzstaffel
SSPF	SS- und Polizeiführer
SS-TV	SS-Totenkopfverbände
Stapo	Staatspolizei
WVHA	Wirtschafts-Verwaltungshauptamt

Autoren

Carina Baganz (Berlin)
Frank Bajohr (Hamburg)
Wolfgang Benz (Berlin)
Werner Bergmann (Berlin)
Claudia Curio (Berlin)
Anja von Cysewski (Köln)
Barbara Distel (Dachau)
Kaspar Dreidoppel (Berlin)
Hagen Fleischer (Athen)
Detlef Garbe (Hamburg)
Christian Gerlach (Berlin)
Daniel Gerson (Zürich)
Frank Golczewski (Hamburg)
Alfred Gottwaldt (Berlin)
Wolf Gruner (Berlin)
Ulrike Hasenfuß (Berlin)
Mariana Hausleitner (Berlin)
Johannes Heil (Berlin)
Renate Heß (Darmstadt)
Hermann Kaienburg (Hamburg)
Gioia Karnagel (Berlin)
Angelika Königseder (Berlin)
Mona Körte (Berlin)
Beate Kosmala (Berlin)
Karsten Krieger (Berlin)
Konrad Kwiet (Sydney, Australien)
Benoit Majerus (Brüssel)
Klaus-Michael Mallmann (Ludwigsburg)
Jürgen Matthäus (Berlin)
Markus Meckl (Berlin)
Beate Meyer (Hamburg)
Winfried Meyer (Oranienburg)
Brigitte Mihok (Berlin)
Wolfgang Petter (Potsdam)
Babette Quinkert (Berlin)
Katrin Reichelt (Fairfax, VA, USA)
Dirk A. Riedl (Augsburg)
Dennis Riffel (Berlin)
Peter Romijn (Amsterdam)
Andrea Rudorff (Berlin)
Monika Schmidt (Berlin)
Claudia Schoppmann (Berlin)
Stefanie Schüler-Springorum (Berlin)
Jörg Skriebeleit (Weiden)
Sybille Steinbacher (Bochum)
Holm Sundhaussen (Berlin)
Tatjana Tönsmeyer (Berlin)
Ulrike Weckel (Berlin)
Hermann Weiß (München)
Alexandra-Eileen Wenck (Berlin)
Juliane Wetzel (Berlin)
Peter Widmann (Berlin)
Wiesław Wysok (Lublin, Polen)